에코페미니즘

Ecofeminism

# 에코페미니즘

마리아 미스 · 반다나 시바 지음

손덕수 · 이난아 옮김

창비

**일러두기**

1. 원서에서 이탤릭체로 강조되어 있는 부분은 볼드체로 표시했다.

2. 'abortion'은 일반적으로 '낙태(落胎)'로 번역되는데 문언상 '태아를 떨어뜨려 죽임'이라는 뜻으로 '낙태'는 임신중지에 대한 도덕적 낙인을 함축한다. 이 책에서는 문맥에 따라 타의에 의해 강제된 경우 'abortion'을 '낙태'로, 당사자의 의사가 포함된 의미인 경우 '임신중지'로 구별해 옮겼다.

3. 'reproduction' 역시 문맥상 생물학적 생식만을 의미할 경우 '생식'으로, 임신이나 출산에 한정하지 않고 사회문화적인 가치나 제도의 차원을 포함할 경우 '재생산'으로 구별해 옮겼다.

# 개정판 서문<sup>●</sup>

에어리얼 샐러

'에코페미니즘'이라는 단어는 낯설게 들릴지 모른다. 하지만 그뒤에 뛰는 맥박은 항상 여성들이 자기 삶을 지키고 공동체를 안전하게 만들고자 노력하는 데 동력이 되어왔다. 300년 전쯤 인도 북부 칩꼬 산악 거주민부터 지금 애팔래치아산맥 석탄광에서 일하는 엄마들까지, 삶을 긍정할 수 있는 사회를 창출하기 위한 투쟁은 계속되어왔다. 오늘날 그러한 노력은 기업의 세계화가 확대되고 긴밀해짐에 따라, 모든 수단과 방법을 다 동원해서 더욱 거세지고 있다. 마리아 미스(Maria Mies)와 반다나 시바(Vandana Shiva)의 파트너십은 이렇게 여성들 사이에 존재하는 공통의 기반을 상징한다. 그것은 모든 대륙을 가로지르는 움직임에서 발견되는 풀뿌리 에너지를 말한다. 생태주의적 페미니스트는 거

● 이 개정판 서문과 뒤이은 반다나 시바, 마리아 미스의 서문은 2014년 초 영국의 제드북스 출판사(Zed Books)가 '비판·영향·변화' 총서(Critique Influence Change edition)의 하나로 이 책을 재출간하면서 덧붙인 글이다. '비판·영향·변화' 총서는 '변화란 미래의 새로움에 있는 것이 아니라 과거의 생각을 깨닫는 데 있다'를 주요 모토로 삼는다. (이하 ●는 옮긴이 주)

리의 투사인 동시에 철학자다.

"오직 연계하라." 이 말은 에코페미니즘의 관점을 한마디로 요약한다. 신자유주의적 자본, 군사주의, 기업을 대변하는 과학, 노동자 소외, 가정 내 폭력, 재생산기술, 섹스관광, 아동 성추행, 신식민주의, 이슬람 혐오주의, 자원착취주의, 핵무기, 산업 유독물질, 토지 및 수역 점탈, 삼림 파괴, 유전공학, 기후변화와 근대적 진보라는 신화 사이의 역사적 연계를 분명히 밝힐 수 있는 정치적 틀은 내가 아는 한 에코페미니즘밖에 없다. 또한 에코페미니즘의 해법은 시너지 효과가 크다. 자급(subsistence)● 수준으로 일상생활을 운영해가다보면 식량주권, 참여민주주의, 자연 생태계와의 상호작용도 더 원숙해진다.

미스와 시바의 공동 작업은 필연이었다. 그 강력한 후기식민주의적 통찰, 20세기의 '따라잡기식' 개발 이데올로기의 허상을 폭로하는 것, 지속가능한 지역경제를 보호하기 위해 여성의 기술을 강조하는 것 등 등 두 사람은 많은 공통적 기반을 갖고 있다.

미스는 사회학자로 교육을 받았다. 1980년 영어로 출판된 박사 논문 『인도 여성과 가부장제: 학생 및 일하는 여성의 갈등과 딜레마』(*Indian Women and Patriarchy: Conflicts and Dilemmas of Students and Working*

---

● 흔히 '최저 생계' 혹은 '생존 경제'라는 말로 번역되는 이 단어는 '… 밑의'라는 뜻의 'sub-' 와 '존재한다'는 뜻의 '-sistence'가 결합되어 만들어진 것이다. 즉 어떤 존재가 존재할 수 있을 정도로, 즉 목숨을 유지할 수 있을 정도로 혹은 그보다 약간 빠듯하게 살아가는 방식을 의미하는 말이다. '최저 생계'는 다른 사람들과 생태계에 부담을 주지 않을 정도로 가장 최소한의 에너지와 자원을 사용하여 살아가는, 가장 생태주의적인 삶의 방식을 말하는 것이다. 이는 전통사회에서 거의 대부분의 사람들이 택했던 삶의 방식이다. 다만 우리 사회에서 '최저 생계비' 등 다른 어감의 용어가 많이 쓰여 오해를 불러일으킬 수 있는 만큼 이 책에서는 '자급'이라는 용어로 통일해 번역했다.

*Women*)는 인도 여성의 역할 갈등에 초점을 맞춘 것이었다. 인도의 레이스 직공인 주부들에 대한 자본주의적 착취를 조사한 경우도 있었다. 고향에서 그녀는 여성운동에 참여하면서 반핵 운동 및 생태주의 운동 등 수많은 사회운동에서 적극적인 역할을 했다. 이런 경험들 덕분에 헤이그의 사회과학원에서 여성학을 강의하기도 했다. 미스는 페미니즘 연구방법론을 개발해서, 베로니카 벤홀트톰젠(Veronika Bennholdt-Thomsen) 및 클라우디아 폰 베를호프*와 함께, 그 방법론을 맑스주의 비판에 적용하기도 했다. 『가부장제와 자본주의: 여성, 자연, 식민지와 세계적 규모의 자본축적』(*Patriarchy and Accumulation on a World Scale*, 한국어판 갈무리 2014)은 1986년 제드북스(Zed Books)에서 출판되었다. 1999년 미스는 『자급의 삶은 가능한가: 힐러리에게 암소를』(*The Subsistence Perspective*, 한국어판 동연 2013)이라는 책을 공저했으며, 2010년에는 자서전 『마을과 세계』(*The Village and the World*)를 펴냈다.

시바는 캐나다에서 이론물리학 박사학위를 받았다. 하지만 시바는 지구 생명에 대한 핵의 위협을 걱정하는 젊은 엄마로서, 직장을 떠나 고향인 데흐라둔(Dehradun)에서 과학·기술·자연자원 정책 연구재단을 설립했다. 그녀의 첫번째 저서인 『살아남기: 여성, 생태학, 개발』(*Staying Alive: Women, Ecology, and Development*)은 1989년 제드북스에서 출판되었다. 그것은 인도의 소위 '녹색혁명'과, 그로 인해 식량작물, 토양 및 농부의 삶이 궁극적으로 파괴되는 것을 경험적으로 설명한 책이다. 미스와 공저한 『에코페미니즘』은 1993년 출판되었다. 그밖에도 1995년

---

* Claudia von Werlhof. 오스트리아 인스브루크대학 정치학연구소 여성연구 전공 명예교수. '비판적 가부장제 이론'의 창시자이며, 가부장제에 대한 페미니즘적 대안 모색 작업에 힘을 기울여왔다. 오랫동안 개발도상국가, 특히 라틴아메리카에 살면서 연구해왔다.

공동 편집한 생명공학에 대한 개론서 『자연과 지식의 약탈자들』(*Bi-opiracy*), 2002년 『물전쟁』(*Water Wars*), 2005년 『지구 민주주의』(*Earth Democracy*) 등의 저서가 있다. 수상 경력도 많은 시바는 여러 곳을 다니며 강연하고 있으며, 세계에서 가장 영향력 있는 여성의 하나로 언급되고 있다.

미스와 시바는 주도적인 에코페미니즘 사상가다. 하지만 1970년대부터 세계 각지의 여성들은 소위 '근대화'라는 것이 건강과 환경에 미치는 영향에 대해 생태주의적 페미니즘으로 반응을 형성해왔다. 사실 '근대화'란 2차대전 동안 개발된 기술이, 원자력 발전이나 정원용 살충제처럼 소비자용 상품으로 둔갑한 것을 듣기 좋게 부르는 이름이나 마찬가지다. 오늘날 생태주의적 페미니즘에 대한 문헌은 책에서 논문에 이르기까지 세계적으로 쏟아져나오고 있으며, 생태윤리학, 생태 사회·정치 사상, 젠더 연구, 인문지리학, 환경인문학, 그리고 최근에는 정치생태학에 이르기까지, 대학의 강의와 전공에서 소개된다.

그렇다고 해서 사람들이 에코페미니즘과 페미니즘의 관계에 대해 반드시 명확하게 알고 있다는 것은 아니다. '페미니즘'의 주류에는 많은 지류가 있어 서로 목적과 전략이 다르다. 가장 기본적인 형태의 페미니즘은 여성이 남성 지배 아래 일상적으로 겪는 경험의 모순을 급진적 페미니스트들이 조명할 때 표현된다. 한편, 문화적·영적 페미니스트들은 '여성적 가치' 중 많은 부분이 역사적으로 여성에게 부과되어왔다는 것을 인정하면서도, 이러한 여성적 가치가 사람들을 해방할 잠재력이 있다고 해서 높이 평가한다. 사회주의 페미니스트들은 여성에 대한 경제적 착취라는 독특한 형태를 전지구적 시장의 무보수 가사노동으로 보고 연구한다. 자유주의 페미니스트들은 바로 이런 자본주의사회 문제는 건드리지 않고 단지 여성을 위해 공평한 기회를 확보하려고 노력한다. 후기구조주의 페미니스트들은 대중매체, 문헌, 종교, 법률 등에서 여성이 어떻게 사회적으로 구성되고 자리매김되는지 살펴본다.

에코페미니즘의 경우 정치적 초점이 외부로 향한다. 그것의 첫번째 전제는 여성 및 자연을 '물질적'으로 착취하는 것이 자본주의 가부장제와 구조적으로 얽혀 있다는 점이다. 에코페미니즘은 때때로 다른 페미니즘의 특성을 공유하기는 하지만, 자유주의적이며 포스트모던한 접근법은 노동자, 농민, 원주민, 그밖에 자본축적을 향한 서구의 돌진에 희생된 다른 이들과 전지구적인 정치적 연대를 구축하는 데 대체로 도움이 안 된다. 에코페미니즘에서 결정적으로 중요한 측면은 자본주의적 상품화가 문화를 동질화하면서 커져가는 상대주의에 대안을 제시한다는 것이다. 미스와 시바는 수동적 소비주의라는 사회적 부패와, 정교하고 자족적이며 자율적인 생계형 경제, 즉 자급경제라는 사회적 생동성 사이의 대조를 날카롭게 그려낸다.

『에코페미니즘』이 처음 출판된 후 20년 동안, 거기서 논의된 중요한 사회경제적이며 문화심리적인 문제는 모두 현재진행형이다. 또한 전지구적 신자유주의가 목을 조여옴에 따라 악화된 상황도 많다. 권력의 방법론은 '분열하여 통치하라'는 것이다. 따라서 미스가 지적했듯이 잘사는 사회는 테러리즘에 대한 공공의 공포를 조장하여 이기적인 해외간섭을 정당화하려 한다. 시바는 인도에서 자유무역 관련 구조조정이 강제됨에 따라, 일부 공동체에서 여성에 대한 공격이 8배 증가했다고 보고할 정도로 많은 혼란과 압박이 생겨났음을 목격했다. 하지만 저자들의 가장 강력한 해체적 통찰은 낡은 가부장적 동기에 깊이 영향을 받아온 도그마인 동시대 과학의 '환원주의'에 적용되었다.

이 책의 메시지가 20년 전에 받아들여졌다면 많은 불행한 결과들을 방지할 수 있었을 것이다. 예를 들면 『에코페미니즘』은 경제위기와 환경위기가 모두 성별화되어 있음을 설명한다. 무엇보다 이 책은 왜 각각의 위기가 청년, 고용불안정 노동자, 지리적 주변부에서 온 난민 등 새로운 종류의 정치적 저항을 더 강력하게 만드는지 예견한다. 오늘날 세계사회포럼(World Social Forum), 비아 깜페시나(Via Campesina), 원주민 환경 네트워크(Indigenous Environmental Network), 세계 여성의 행진(World March of Women), 점거 및 동물해방(Occupy and Animal Liberation) 등 많은 지구화반대 행동가들이 노동현장에 뛰어들어, 아직까지 주도적이라고 할 수는 없어도 활발한 활동을 하고 있다. 이들은 성장 감소, 커머닝(commoning),* 부엔 비비르(buen vivir)**를 주장한다. 지금의 골치 아픈 세상을 포괄적으로 진단하고 싶은 사람들에게 이 책보다 더 좋은 선구적 작업이 없다고 본다.

"오직 연계하라." 자유주의든 사회주의든 페미니즘이든 환경주의든 다른 어떤 정치적 관점도 에코페미니즘처럼 폭넓은 문제에 종합적으로 대응할 수 없다. 왜 집시들이 아직 짐승처럼 취급되고 있는지, 왜 여성이 세계 모든 일의 65퍼센트를 10퍼센트도 되지 않은 임금을 받으며 하

---

• 미국의 맑스주의 역사가인 피터 라인보우(Peter Linebaugh)가 제창한 개념으로, 민중이 사회의 공유자산을 자신의 기본적 수요에 의해 이용할 수 있어야 한다는 주장을 말한다.
•• '부엔 비비르'는 스페인어이며, 번역하자면 '좋은 삶' 혹은 '잘 사는 삶'을 의미한다. 남미의 대안적 사회운동으로, 대표적 이론가인 에두아르도 구디나스(Eduardo Gudynas)는 이 개념이 영어의 '웰빙'(wellbeing)과 비슷한 것 같지만 다르다고 한다. 웰빙의 주체가 단순히 '개인'이 아니라, '공동체라는 사회적 맥락 및 그것의 독특한 환경적 상황 속에 있는 개인'이라는 것이다. 이 설명에서 알 수 있듯이 부엔 비비르는 사람과 사람, 동물, 생태계가 조화 속에서 사는 사회의 구현을 지향한다.

고 있는지, 왜 성적으로 학대받는 아동의 인터넷 이미지가 수백만달러를 벌어들이는지, 왜 닭이 간과 날개만을 위해 키워지는지, 혹은 왜 지구 자체가 전쟁의 무기로 조작되는지 등등. 생물종의 멸종은 고질적이고, 해수면은 높아지고, 토양은 유기적 통합성을 잃어가고, 대기는 성난 폭풍우로 찢기고 있다. 시바가 말하듯이 "우리는 엄청난 경합의 시기를 살고 있다. (…) 그것은 어머니인 대지의 권리, 그리고 낡아빠진 세계관을 휘두르는 기업과 군사화된 국가들의 권리 사이의 경합이다". 이것이 우리 세대의 도전이다.

시드니대학교
2013년 11월

# '비판·영향·변화' 총서 서문

반다나 시바

20년 전 마리아 미스와 내가 『에코페미니즘』을 썼을 때, 우리는 막 대두하기 시작한 우리 시대의 문제들에 대해 논하고 있었다. 우리가 말했던 모든 위협은 더 심각해졌다. 그리고 그와 더불어, 인간 및 기타 지구상의 다양한 생물이 살아남고자 할 때 자본주의 가부장제에 대한 대안의 중요성도 더 커졌다.

『에코페미니즘』은 지구정상회담*이 열린 이듬해에 출판되었다. 이 회담에서는 세계 각국 정부가 모여 '생물다양성협약'과 '기후변화에 관한 UN 기본협약'이라는 두가지 중요한 협약을 조인했다. 이때 세계무역기구(WTO)는 없었다. 하지만 『에코페미니즘』이 출판된 이후 2년만에 WTO가 설립되어, 회사의 권리와 상업 및 이윤에 특혜를 주는 한편 지구의 권리, 여성의 권리, 미래세대의 권리에 대해서는 더욱 심각하게 침해해왔다. 우리는 세계화가 자연과 여성에게 무엇을 의미할지에

---

* Earth Summit. 1992년 6월 브라질 리우데자네이루에서 열린 '환경과 개발에 관한 UN 회의'를 말한다.

대해 썼다. 우리가 언급했던 모든 위기가 더 심화되었고, 모든 폭력의 표현이 더 잔혹해졌다. '다양성을 위한 다양한 여성'(Diverse Women for Diversity)이 창립되어, 기업에 의한 세계화가 세계를 단일한 문화로 축소해버리는 데 대응하고자 했다. 우리는 1999년 시애틀에서 WTO 장관급 회의를 집단적으로 저지했다. 하지만 EU-인도 자유무역협정, 인도의 식량과 농업을 몬샌토, 카길, 월마트의 손에 넘기기 위해 고안된 미국-인도 농업협정, 범태평양 파트너십, 미국-유럽 파트너십 등 새로운 '자유무역' 협정이 비민주주의적인 방법으로 강행되어 기업의 지배를 확대했고, 우리는 그것이 남긴 잔해를 목도해야 했다. 그 잔해란 피폐한 농가, 강제 이주된 사람들, 황폐해진 생태계, 사라져가는 다양성, 기후 혼란, 분열된 사회, 여성에 대한 폭력 강화 등이다.


## 여성에 대한 폭력 강화

여성에 대한 폭력은 가부장제만큼이나 오래된 것이다. 전통적 가부장제는 우리의 세계관과 사고방식의 구조를 결정지었고, 여성에 대한 지배를 기초로 하여 우리의 사회적·문화적 세계를 구축해왔으며, 여성의 온전한 인간다움과 평등성에 대한 권리를 부인해왔다. 그러나 최근 들어 여성에 대한 폭력이 더욱 심해졌고 더욱 광범위하게 만연하고 있다. 그것은 델리의 집단강간 희생자 살인의 경우처럼, 그리고 찬디가르의 17세 강간 희생자 자살의 경우처럼 더욱 잔인한 형태를 띠어왔다.

지난 몇년간 강간 사례와 여성에 대한 폭력 사례는 증가해왔다. 국립범죄기록청(National Crime Records Bureau, NCRB)에 따르면 1990년

강간이 1만 68건 있었는데, 2000년도에는 1만 6496건으로 증가했다고
한다. 2011년에는 2만 4206건으로, 강간 건수는 국립범죄기록청이 강간
에 대한 통계를 집계하기 시작한 1971년 대비, 873퍼센트가 증가했다.

이러한 폭력을 종식하려는 운동은 폭력을 당한 우리 딸들과 자매들
모두에게 정의가 실현되는 날까지 지속되어야 한다. 우리는 여성에 대
한 정의를 확보하기 위한 투쟁을 더욱 강화하는 한편, 왜 새로운 경제정
책이 도입되기 시작한 1990년대 이래 강간 사례가 늘어났는지 질문해
야 한다.

폭력적이며, 비민주주의적으로 부과되고, 부당하며 불공정한 경제정
책의 증가와, 여성에 대한 범죄에서 잔혹성이 심화되는 것 사이에는 연
관성이 있을까? 나는 있다고 믿는다. 여성에 대한 폭력이 신자유주의
경제에서 비롯했다고 말하려는 것은 아니다. 나는 우리의 전통문화와
사회조직 속에 성 편견이 있다는 것을 익히 알고 있다. 내가 오늘 이만
큼의 힘을 가질 수 있는 것은 앞서간 이들이 여성과 아이에 대한 배척과
편견에 대항하여 싸웠기 때문이다. 나의 할아버지는 여성 평등에 일생
을 바쳤고, 나의 어머니는 페미니즘이라는 단어가 있기 전부터 페미니
스트였다.

전통적 가부장제 구조가 자본주의 가부장제 구조와 혼종(混種)되면
서 여성에 대한 폭력은 새롭고 더욱 사악한 형태를 띠어가고 있다. 우리
는 불공정하고 지속불가능한 경제체제의 폭력과, 여성에 대한 폭력이
더 잦아지고 잔인해지는 현상 사이의 연계를 검토할 필요가 있다. 우리
는 어떻게 전통적 가부장제 구조가 점점 더 커져가는 자본주의 가부장
제 구조와 결합하여 여성에 대한 폭력을 심화하는지 볼 필요가 있다.

사이클론과 허리케인 같은 태풍*은 항상 불어왔던 것이다. 하지만 오

14

리사 슈퍼사이클론, 사이클론 나르기스, 사이클론 아일라, 허리케인 카트리나, 허리케인 쌘디 등에서 볼 수 있듯이, 태풍의 강도와 빈도는 기후변화에 따라 점점 더 심해지고 있다.

우리 사회는 전통적으로 여자아이에 대한 편견을 가지고 있다. 하지만 여아 선별 낙태가 유행처럼 번지면서 3천만명의 여아들이 태어나지도 않고 사라지자, 그 편견은 새로운 규모와 차원의 폭력으로 전이되었다. 신자유주의에 의해 고삐가 풀린 과정들이, 바로 이처럼 더 잔혹하고 더 사악해진 여성에 대한 폭력, 그리고 다중적이며 상호연관된 폭력의 형태라는 맥락에 기여하는 요인이다.

첫째, 근시안적으로 '성장'에만 초점을 맞추는 경제모델은 여성이 경제에 기여하는 몫을 평가절하함으로써, 여성에 대한 폭력으로 시작한다. 정부가 '포용적 성장'과 '재정적 포용'에 대해 지겹도록 얘기하면 할수록, 여성이 경제와 사회에 기여하는 부분은 배제된다. 가부장적 경제모델에 따르면 자급경제를 위한 생산은 '비생산'으로 간주된다. 가부장체계의 구축물인 GDP는 우리의 삶을 지배하는 가장 강력한 숫자인데, 바로 이것이 가치를 비가치로, 노동을 비노동으로, 지식을 비지식으로 만들어버린다. 최근 평론가들은 GDP, 즉 국내총생산을 '국내총문제'(gross domestic problem)라고 부르기 시작했다.

GDP라는 형태로 성장을 계산하는 데 이용되는 국가회계체계는 생

---

• 강한 비바람을 동반하는 열대성 저기압의 이동을 가리키는 명칭은 동아시아에서는 태풍(typhoon)이라고 부르지만, 이것은 북태평양 남서해상에서 발생하여 주로 동아시아에 영향을 미치는 열대성 저기압을 말한다. 북대서양·카리브해·멕시코만 그리고 동부태평양에서 발생하여 주로 아메리카 대륙에 영향을 미치는 것은 허리케인(hurricane), 인도양과 호주 부근 남태평양 해역에서 발생하여 인도와 오세아니아 지방에 영향을 미치는 것은 사이클론(cyclone)이라고 한다.

산자가 자신이 생산한 것을 소비하면, 그것은 생산의 경계 바깥에 있게 되므로, 사실상 전혀 생산하지 않은 것이라고 하는 전제를 기초로 하고 있다. 생산이라는 경계는, 그 적용범위에서 재생하거나 재생될 수 있는 부분을 생산으로 간주하지 않는다는 점에서 정치적 산물이다. 따라서 자신의 가족, 아이, 공동체, 사회를 위해서 생산하는 여성들은 모두 '비생산적'이며, '경제적으로 비활성화된' 부분이다. 경제를 시장 안에만 제한해놓고 보면, 경제적으로 자족한 상태는 경제가 없는 상태로 보인다. 여성의 노동이나 제3세계 자급경제에서 행해진 노동의 가치가 평가받지 못하는 것은 자본주의 가부장제에 의해 구축된 생산의 경계가 낳은 당연한 결과물이다.

생산의 경계는 자본주의 가부장제에 의해 규정된 시장경제의 가치에 스스로를 제한함으로써, 생태계와 인간의 생존에 꼭 필요한 두가지 중요한 경제체, 즉 자연이라는 경제와 생명을 건강하게 유지해주는 경제의 경제적 가치를 무시한다. 이들 경제체에서 경제적 가치는 지구의 삶과 인간의 삶이 어떻게 보호받고 있는가 하는 척도로 평가된다. 통화(currency)는 현금이나 시장가격이 아닌 생명을 주는 과정들을 의미한다.

둘째, 여성의 노동과 부의 창출을 아예 생각에서부터 배제하는 자본주의 가부장제 모델은 여성을 생계소득으로부터 제외하고, 생계소득을 내게 해주는 자연자원, 즉 토지, 삼림, 물, 종자, 그리고 생물다양성으로부터 소외함으로써 폭력을 심화한다. 제한된 세상에서 무제한 성장이라는 개념에 기초한 경제개혁은 오로지 취약계층의 자원을 강탈할 때에만 지속될 수 있다. 이렇게 '성장'을 위해서 필수적인 자원 강탈은 강간의 문화를 낳는다. 지구에 대한 강간, 자족적인 지역경제에 대한 강간, 여성에 대한 강간이다. 이러한 성장을 '포용적'이라고 한다면, 그것은 점점 더 많은 사람들을 이 폭력의 순환고리 안으로 끌어들이고 있다는 점에서 그렇다고 할 수 있다.

나는 지구에 대한 강간과 여성에 대한 강간은 밀접하게 연계된 것이라는 사실을 거듭 강조해왔다. 세계관을 형성한다는 점에서 은유적으로 그럴 뿐 아니라, 여성의 일상생활을 형성한다는 점에서 물질적으로 그렇다. 여성의 경제적 취약성이 점점 심화됨에 따라 여성들은 성적 공격을 비롯한 모든 형태의 폭력에 더욱더 취약해진다. 우리는 이 사실을 국가여성위원회(National Commission on Women)와 과학·기술·생태연구재단(Research Foundation for Science, Technology and Ecology)에서 조직한, 경제개혁이 여성에게 미친 영향을 다룬 일련의 공청회를 통해 확인할 수 있었다.

셋째, 경제개혁은 민주주의를 전복하고 정부를 민영화하는 데로 나아간다. 경제체제는 정치체제에 영향을 준다. 정부는 경제개혁이 정치 및 권력과 아무 상관이 없는 것처럼 말한다. 정부는 심지어 특정 성별 및 계급의 정치학에 의해 형성된 경제모델을 강요할 때에도, 말로는 정치가 계속 경제와 별개의 것이라고 떠든다. 신자유주의 개혁은 민주주의에 위배되는 것이다. 우리는 이 사실을 최근 인도 정부가 외자유치를 통해 월마트를 소매업계에 도입하려고 강행한 '개혁'에서 잘 볼 수 있었다. 기업이 추진하는 개혁은 경제 및 정치 권력의 결탁, 불평등의 심화를 낳고, 정치계급이 자신이 대변해야 할 민중의 의지와 점점 더 분리되도록 만든다. 이런 요인이 정치가들과 대중이 단절되는 현상의 뿌리에 놓여 있으며, 우리는 이것을 델리의 집단강간 사건 이후 점점 커가는 항의시위 동안에 경험할 수 있었다.

더 나쁜 것은 이렇게 소외된 정치계급이 자신들의 시민을 두려워한

다는 점이다. 바로 이것이 비폭력적인 시민들의 시위에 점점 더 많은 경
찰을 투입하여 잔인하게 진압하는 이유다. 델리 시위에서도 그랬고, 바
스따르주 소니 소리 고문 사건의 경우에도 그랬으며, 자르칸드주 다야
마니 바를라 체포 때에도, 꾸단꿀람의 핵발전소 건설을 반대하는 수천
건의 항의시위 때에도 그랬다. 민영화된 기업의 국가는 재빠르게 경찰
국가로 전환될 수 있어야 한다. 바로 이런 이유로 정치가들 주변의 경호
원 수가 날로 늘어가는 것이다. 본래는 여성과 일반 시민을 보호해야 할
그들의 중요한 업무에 지장을 초래해가면서까지.

　넷째, 자본주의 가부장제에 의해 형성된 경제모델은 모든 것을, 심
지어 여성까지도 상품화하는 데 기초를 두고 있다. 우리가 시애틀에서
WTO 장관급 회담을 저지했을 때 우리의 구호는 '세계는 파는 것이 아
니다'였다.

　상업 규제완화, 민영화, 종자·식량·토지·물·여성·아동의 상품화를
근간으로 하는 경제는 사회적 가치를 타락시키고, 가부장제를 심화하
며, 여성에 대한 폭력을 강화한다. 경제체제는 문화 및 사회적 가치에
영향을 준다. 상품화의 경제는 상품화의 문화를 창출하는데, 이런 데서
는 모든 것에 가격이 있고 아무것에도 가치가 없다.

　강간이 증가하는 문화는 경제개혁의 사회적 외부효과다. 우리는 이
시대 가부장제의 중심도구인 신자유주의 정책에 대한 사회감사를 제도
화할 필요가 있다. 만일 종자 부문을 기업화하는 것에 사회감사를 했다
면, 새로운 경제정책이 도입된 이래 인도에서 자살한 2만 8400명의 농
부들 목숨을 구할 수 있었을 것이다. 우리의 먹을거리 및 농업의 기업
화에 대해 사회감사를 행한다면, 인도인 4명 중 1명이 굶주리지 않아도,
여성 3명 중 1명이 영양실조에 시달리지 않아도, 아이들 2명 중 1명이

심각한 영양실조로 쇠약해져 성장 장애를 겪지 않아도 될 것이다. 오늘날 인도는 웃싸 파트나이크(Utsa Patnaik)의 책 제목처럼 '굶주림 공화국'(The Republic of Hunger)이 되지는 않았을 것이다.

여아 낙태에서 경제적 배제, 그리고 성폭행에 이르기까지, 여성에 대한 폭력의 형태는 다양하다. 반세기 전 인도의 독립운동에서 시작하여 여성운동이 지금까지 놓아온 기초 위에, 우리는 여성의 안전, 보안, 평등을 보장해줄 수 있는 사회개혁운동을 지속해야 한다. 사회개혁의 의제인 사회적 정의와 평등은 자본주의 가부장제가 내세우는 '경제개혁' 의제에 밀려 떨어져나가고 말았다.

그리고 이 모든 일을 하는 동안에도 우리는 사회를 경제로 환원하고 경제를 시장으로 환원하는 지배적 패러다임을 바꿀 필요가 있다. 지금의 이 패러다임이야말로 '성장'이라는 이름으로 우리에게 부과되어 사회적·경제적 불평등을 심화하는 한편, 여성에 대한 범죄가 심해지도록 부채질하는 근본요인이다. 사회와 경제는 서로 별개의 것이 아니다. 사회개혁과 경제개혁의 과정은 더이상 분리되어서는 안 된다. 우리는 모든 형태의 불공정, 불평등 및 폭력을 건드리기보다, 사회의 성적 불평등을 수정하는 사회개혁에 토대를 둔 경제개혁이 필요한 것이다. 여성에 대한 폭력을 종식하는 것 또한 자본주의 가부장제가 형성해온 폭력적인 경제를 넘어서서, 여성과 지구를 존중하는 비폭력적이고 지속가능하며 평화로운 경제로 나아가는 행보를 포함해야 한다.

## 인류세˚ 시대: 파괴냐 창조냐에 대한 인류의 선택

『에코페미니즘』을 쓸 때 우리는 환원주의적이며 기계론적인 과학과, 자연을 지배하고 정복하려는 태도가 자본주의 가부장제의 한 표현이라는 문제를 제기했다. 오늘날 생태적이며 페미니즘적인 세계관과 자본주의 가부장제에 의해 형성된 세계관 사이의 경합은 다른 어떤 때보다 치열하다.

이 경합은 특히 식량 부문에서 치열하다. 유전자변형유기체(Genetically Modified Organism, GMO)는 자본주의 가부장제의 비전을 그대로 구현한다. 생명과학이 환원주의를 넘어선 지 한참 지난 지금도 '지배적 분자'라는 개념과 기계론적 환원주의가 지속되고 있으며, 생명에 대해 특허를 낼 수 있다는 생각은 창조에 대한 자본주의 가부장제의 환상을 반영한다. DNA를 '지배적 분자'라고 보는 과학은 없으며, 유기체나 환경에 어떤 영향도 주지 않고 유전자를 움직일 수 있다고 하는, 마치 레고게임 같은 유전공학도 없다. 이것은 새로운 '사이비 과학'인데, 지금에 와서 거의 종교처럼 떠받들리고 있다.

과학은 생명과 종자에 대한 특허를 정당화할 수 없다. 유전자를 이리저리 움직인다고 해서 생명을 만드는 건 아니다. 살아 있는 유기체

---

• 지질학적 시대구분에서 약 8천년 전부터 지금까지는 '인류세'(Anthropocene)라고 불러야 한다는 주장이 공감대를 넓혀가고 있다. 'anthropo-'는 그리스어로 '인간'이라는 의미이며, '-cene'는 '새로운'이라는 뜻으로, 신생대가 시작된 6600만년 전부터 지금까지의 시기는 모두 '-cene'라는 어미로 끝난다. 이 중 가장 마지막 시대를 '완신세'라고 하여 마지막 빙하기가 끝난 1만 2천년 전부터 지금까지를 칭하는데, 그중에서 8천년 전부터는 인간이 농사를 짓기 시작하면서 급속도로 생태계에 대한 부담이 증가되어왔기 때문에, 이 시기를 따로 '인류세'라고 불러야 한다는 주장이다.

20

만이 스스로를 만들어간다. 종자에 대한 특허는 생명체가 수백만년 동안 진화해오고, 농부들이 수천년 동안 개량해놓은 부분을 무시하는 것이다. 새로운 종교, 새로운 우주관, 새로운 창조신화가 생겨나고 있다고 말해도 좋을 정도이다. 이 신화에서는 몬샌토 같은 생명공학 기업이 '창조주'로서 천지창조를 대신하며, GMO는 '역사하시는 하나님'(God move over)을 의미한다. 실제로 스튜어트 브랜드*는 "우리는 신이다. 우리는 이제 이 사실에 익숙해져야 한다"라고 말하기도 했다.

과학자들은 이제 우리가 새로운 시대인 인류세로 들어왔다고 말한다. 이 시대에는 우리 인간이 지구상에서 가장 중요한 힘이 되고 있다. 현재의 기후변화와 생물종 멸종은 인간의 활동, 즉 우리 생물종이 남긴 아주 큰 생태학적 발자취에 의해 가속화되고 있다.

기후재난과 극단적인 기후사태는 이미 많은 목숨을 앗아가고 있다. 2011년 태국의 홍수, 2010년 파키스탄과 라다크의 홍수, 러시아의 산불, 점점 더 빈발하며 심해지는 사이클론과 허리케인, 극심한 가뭄 등은 자기조절하는 행성으로서 지구가 지난 1만년간 안정적으로 제공해주었던 기후체계를 인간이 어떻게 뒤흔들고 있는지 잘 보여주는 예다. 인간은 기업적 농경으로 농작물 다양성의 75퍼센트를 멸절했다. 매일 3~300종 정도의 생물종이 멸종되어간다.

지구와 인간이 미래에 어떻게 진화할 것인지는 지구에 가하는 인간

---

* Stewart Brand(1938~). 생물학을 전공한 대중저술가. 1960년대 신사회운동 때 현대문명의 문제점을 벗어나 자연을 소중히 여기라는 메시지를 담은 『전지구적 목록』(*The Whole Earth Catalogue*) 등의 저술로 유명했으나, 최근 점차 인간이 자연을 다루는 기술의 중요성을 강조하는 방향으로 입장이 바뀌어왔으며, 특히 유전공학 등 생명공학의 옹호자로 활동하고 있다.

의 영향을 어떻게 이해하는가에 달려 있다. 만일 우리가 계속해서 자본주의 가부장제의 낡은 패러다임, 즉 기계론적인 세계관, 자본 중심의 경쟁적 경제, 지배·폭력·전쟁 및 생태계와 인간에 대한 무책임의 문화에 기초한 패러다임에 뿌리를 둔 것으로 우리의 역할을 이해한다면, 점점 더 심해지는 기후재난, 생물종 멸종, 경제 붕괴, 인간의 불의와 불평등을 목격하게 될 것이다.

이것이 인간의 오만함과 자만심으로 가득한 파괴적 인류세다. 기후위기, 식량위기, 에너지위기를 기술적으로 극복하기 위해 과학자들이 지구공학, 유전공학, 합성생물학 등을 하려고 드는 것은 이런 인류세를 잘 보여준다. 하지만 이같은 과학자들의 노력은 낡은 문제를 악화시킬 뿐 아니라 새로운 문제를 만들어내고 있다. 우리는 이미 유전공학에서 이런 문제점을 보아왔다. 유전공학으로 식량생산이 증대될 줄 알았으나, 작물수확량은 늘지 않았다. 화학물질 사용이 줄어들 줄 알았으나, 오히려 농약과 제초제의 사용이 늘어났다. 잡초와 해충이 줄어들 줄 알았으나, 오히려 슈퍼잡초와 슈퍼해충이 생겼다.

우리는 시대적 경합의 와중에 있다. 그것은 어머니인 지구의 권리, 그리고 지구와 인간에 대한 전쟁을 가속화하는 낡은 세계관과 패러다임을 사용하는 군사국가 및 기업의 권리 사이의 경합이다. 가이아<sup>•</sup>의 법칙과 시장 및 전쟁의 법칙 사이의 경합이다. 지구에 대한 전쟁과 지구와의 평화 사이의 경합이다. 행성 차원의 전쟁이 지구공학에서 일어나고 있다. 인공화산을 만들고, 해양에 철분을 첨가하여 부영양화를 일으키고, 하

---

• Gaia. 그리스신화에서 대지의 여신을 가리키는 이름인 '가이아'는 1980년대 제임스 러브록(James Lovelock)의 유명한 동명 저서가 출간된 이래로, 스스로를 조절해가는 지구를 가리키는 말로 많이 쓰여왔다.

늘에 반사체를 발사하여 태양빛을 막으면서, 인간이 지구에 가하는 폭력이라는 진짜 문제와 이를 대하는 오만한 무지를 덮어버리고 있다.

1997년 에드워드 텔러(Edward Teller)는 「물리학에 기초한 전지구적 변화의 조정 전망」이라는 백서를 공저했는데, 거기서 그는 효율적인 '태양 차단'을 위해 대기 상공에 금속 분자를 대규모로 뿌려야 한다고 주장했다.

미 국방성은 죽지 않는 합성유기체를 배양해서 '자연적 진화의 우발성'을 제거하려는 실험을 하고 있다. 기후에 대한 행위는 우주의 진화적 코드에 대한 행위인데, 이런 실험이 어떤 결과를 낳을지에 대해서는 전혀 관심을 갖지 않는다.

합성생물학은 '살아 있는 공장처럼 활동하는 디자이너 유기체'를 창출하는 산업이다. "합성생물학은 기초부터 생물학체계를 구축함으로써, 컴퓨터나 공장처럼 기능하는 생물학체계를 창출할 수 있을 것이다." 목표는 '바이오브릭스'(bio bricks)를 이용해서 생물체를 더 조작하기 쉽게 만드는 것이다.

생물학에 대한 공학적 접근은 원래 생물이 갖고 있는 유기적 복잡성을 단순화해 생물처럼 작동할 수 있는 기계를 만들고자 한다. 이때 표준화된 부품을 사용하고 공식화된 설계과정을 따름으로써 대량생산에 용이하게 하려는 것이다. 이를 위해 역(逆)컴파일링(decompiling), 추상화 등 정보기술에 크게 의존하게 된다.

---

• 컴퓨터는 인식할 수 있으나 인간은 읽지 못하는, 상대적으로 낮은 수준의 프로그램 코드를 인간이 읽을 수 있는 정도의 고도 추상화 수준으로 바꾸어주는 작업.

하지만 식물과 생태계를 '공학적으로 조작하는' 것은 바라지도 기대하지도 않은 생태계적 영향을 갖는다. 예를 들어 녹색혁명은 생물다양성, 수자원, 토양비옥도를 해쳤으며, 온실가스의 40퍼센트가 세계화된 기업농 부문에서 나오는 것이니 심지어 대기까지 망친 셈이다. 제2차 녹색혁명*은 슈퍼해충과 슈퍼잡초의 출현을 낳았으며, 제초제와 농약이 훨씬 더 많이 쓰이게 되었다.

제3차 녹색혁명이라고 하는 합성생물학은 한편으로는 '인공생명체'를 팔아 장사를 하면서도 다른 한편으로는 빈곤층의 바이오매스(biomass)**를 착취할 것이다. 지구의 자원 및 자연의 소유권을 부스러기까지 싹 그러모으려는 시도가 점점 더 치열해지고 있다. 석유 대기업, 제약회사, 식량 및 종자 회사는 생물다양성과 바이오매스를 착취하기 위해 손을 잡고 있다. 살아 있는 탄소라고 할 수 있는 바이오매스를 이용하여 화석연료, 즉 죽은 탄소의 시대를 연장하려는 것이다. 탄소 사용을 고집하는 사람들은 자연과 지역공동체가 쓰는 75퍼센트의 바이오매스를 '낭비되는' 것으로 간주한다. 그들은 이 지구의 살아 있는 자산을 착취해서 바이오연료, 화학물질, 그리고 플라스틱을 만들고자 한다. 그렇게 되면 가난한 사람들은 자신의 생명 및 생계의 원천을 박탈당하게 될 것이다. 이런 새로운 방식의 자원탈취 도구는 유전공학, 합성생물학,

---

* 유전자변형 농산물의 도입을 가리키는 말.
** 살아 있는 혹은 최근까지 살아 있던 유기체로부터 나온 생물학적 물질. 주로 식물에서 유용한 부분을 채취하고 남은 부분 혹은 동물의 고형 배설물 등을 말한다. 과거에는 이를 그대로 말려 태워서 연료로 사용했고, 최근 현대의 기술은 이를 원료로 다양한 형태의 생물연료를 만든다.

지적재산권이라는 기술적 수단들이다.

지구의 살아 있는 자산을 특허를 통해 기업 소유의 자산으로 만들어 감으로써 빈곤과 환경위기가 심화된다. 생물다양성은 우리의 살아 있는 공유자산으로 생명의 기초다. 우리는 자연의 일부이지 자연의 지배자나 소유자가 아니다. 생명 형태, 살아 있는 자원, 생명 과정에 지적재산권을 결부한다는 것은 윤리적·생태적·경제적으로 비뚤어진 행태다. 우리는 어머니 대지의 권리 및 그 자손인 모든 생물종과 생명 과정의 내재적 가치를 인식해야 한다.

파괴적인 인류세만이 유일한 미래는 아니다. 우리는 패러다임 전환을 할 수 있다. 의식의 변화가 이미 세계 도처에서 일어나고 있다. 우리는 우리 생물종이 지구의 생물다양성, 생태계 및 기후체계에 미치는 영향을 볼 수 있으며 방지할 수 있다. 생태적 전환에는 우리 스스로를 생태계의 생명그물 외부에 위치한, 지구 자원의 관리자·정복자·소유자로 보지 않는다는 의미가 포함되어 있다. 우리를 가장 작은 미생물에서 가장 큰 포유동물에 이르기까지, 지구상의 그 다양한 생물종 모두를 돌보려는 책임감을 가진 지구 가족의 한 성원으로 본다는 것이다. 생태적 전환은 생태적 한계 내에서, 생태 공간 중 우리 몫으로 주어진 것 안에서, 다른 생물종이나 다른 사람들의 권리를 침해하지 않은 채 살아가고 생산하며 소비하기 위한 강령을 창출한다. 이는 과학이 이미 분리에서 비(非)분리와 상호연결성으로, 기계론적이며 환원주의적인 발상에서 관계적이며 전일적인 발상으로 패러다임 변화를 일으키고 있음을 인식하는 것이다.

경제적 차원에서는 지속적인 경제성장, 소위 자유무역, 소비주의 및 경쟁이라고 하는 인위적이며 잘못된 범주를 넘어서는 것을 의미한다.

그것은 지구와 인간의 안녕, 살아 있는 경제체, 잘 살아가는 것, 더 많이 갖지 않는 것, 경쟁이 아니라 협력을 가치 있는 것으로 평가하는 쪽으로 방향 전환하는 것을 의미한다. 그것은 유럽의 '분노하는 사람들'(Indignants in Europe) 및 미국의 월스트리트 점거* 같은 새로운 운동에 참여하는 토착 공동체, 농민, 여성, 젊은이 들이 일으키는 방향 전환이다.

이것은 지구와 함께, 공동 창조자 및 공동 생산자로 일하는 것이다. 이를 위해서는 정복하고 훼손하기 위해서가 아니라 보전하고 치유하기 위해서 우리의 지성을 써야 한다. 이야말로 지구 민주주의를 구현하는, 창의적이며 건설적인 인류세다. 지구 민주주의는 오만함 대신 생태적 겸허함에, 부주의하고 맹목적인 권력, 통제, 폭력의 행사 대신 생태적 책임감에 기초를 두고 있다. 인간으로서 지구상의 생명 및 스스로의 미래를 보호하려면, 우리는 어머니인 지구의 권리, 지구에 대한 우리의 의무, 지구가 품고 있는 모든 존재에 대한 일체감을 깊이 인식해야 한다. 우리의 세계는 자본주의 가부장제에 의해 '자본' '기업' '성장' 같은 허구 및 추상개념을 둘러싸고 구조화되어왔으며, 이런 것들이 부정적인 힘을 마구 풀어놓아 파괴적인 인류세를 만들어왔다. 우리는 다시 뿌리를 내려야 한다. 지구에, 지구가 가진 다양성에, 그 삶의 과정에 다시 두 발을 딛고 창조적 인류세를 위한 긍정적 힘을 가득 채워넣어야 한다.

우리는 지구와 평화로운 사이가 되든지, 아니면 지금처럼 수백만의

---

* Occupy Wall Street. 2011년 9월 17일 뉴욕시 월스트리트 금융가에 위치한 주커티공원(Zuccotti Park)에서 시작된 사회운동. "우리가 99퍼센트다"라는 슬로건을 내걸고 사회 및 경제적 불평등, 부패, 정부에 대한 기업의 영향력 행사 등을 반대한다. 캐나다 반소비주의 친환경주의 단체인 '애드버스터'가 주도하여 시작한 이래 전세계의 주목을 받으며 세계 각지에서 유사한 '점거'운동으로 이어졌다.

다른 생물종을 멸종해가면서 인간으로서 멸종을 맞이하든지 둘 중 하나를 택할 수 있다. 지구에 대한 전쟁을 계속하는 것은 지성적인 존재의 선택은 아니다.

# '비판·영향·변화' 총서 서문

마리아 미스

『에코페미니즘』 1993년판 서문을 다시 읽어보니, 20년이 지난 지금 도 변한 게 거의 없다는 걸 알았다. 여성 억압과 자연 착취에 대한 모든 우려, 공동의 것인 어머니 지구를 잔인하게 죽이는 데 대한 모든 분노와 비판은 지금도 여전하다.

하지만 스스로에게 물어본다. 모든 것이 그대로이기만 할까? 아니면 뭔가 변해서 『에코페미니즘』을 새롭게 내야 하는 것일까? 새로운 이슈 는 무엇일까? 아니면 그때와 지금에 연속성이 있는 것일까? 그리고 당 면한 질문, "대안은 무엇인가?"에 대한 답은 있을까? 이번 서문에서 나 는 이 질문들에 답변하고자 한다.

## 오늘날에도 무엇이 그대로인가?

### 자연과 여성에 대한 폭력
여전히 남아 있는 문제 중 하나는 세계 도처에 원자력발전소를 계속

28

짓고 있다는 것이다. 1993년경 미국과 유럽에서는 원자력산업에 대하여 광범위한 반대운동이 있었다. 사회 모든 계층에서 수천명의 사람들이 거리로 나왔다. 독일 사람들은 원자력발전소가 평화적인 목적으로 에너지를 생산하기 위해서가 아니라, 동쪽에 있는 거대한 적, 즉 베를린 장벽 뒤에서 시작되는 영토를 가진 소련과 싸우기 위해 세워졌다는 것을 금방 알아차렸다. 사람들은 새로운 세계대전이 독일에서 시작될까봐 두려워했다.

페미니스트들은 이 운동이 시작되자마자 가담했다. 우리는 시위, 항의캠프, 연좌농성에 참여할 뿐 아니라 스스로 반핵행동을 조직하기도 했다. 시위 동안 우리는 특별한 '페미니스트 블록'을 조직했다. 우리의 구호 중 하나는 "평화 속에서 여성에 대한 전쟁이 계속된다"는 것이었다. 남자들은 이 구호를 좋아하지 않았다. 방사능 낙진으로 입은 피해가 사실상 지구에서 제거될 수 없다는 것은 명백했다. 따라서 우리는 여성 및 아동에 대한 폭력과 자연에 대한 폭력 사이의 연관성을 보았다. 또한 우리는 원자력의 발명이 다른 현대적 기술과는 다르다는 것을 알았다. 로스앨러모스의 맨해튼 프로젝트에 가담했던 사람들은 자연 따위는 이해하려 들지도 않았다. 그들은 스스로 하는 일이 어떤 것인지 알고 있었다. 브라이언 이즐리(Brian Easley)는 그들이 스스로를 '아버지'로 여긴다는 사실을 알게 되었다. 폭탄은 그들의 '아기', 그들의 아들이었다. 그 폭탄이 히로시마에 떨어지기 전, 그들은 자신의 발명품이 성공하기를 기원하는 뜻에서 암호를 붙였다. 대규모 폭발일 경우 암호는 '뚱보'(Fat Man)였다. 소규모 폭발일 경우 그 암호는 '작은 아이'(Little Boy)였다. 히로시마에 떨어뜨린 폭탄이 '성공'한 후 그들은 '작은 아이'의 탄생을 서로 축하했다. 나가사끼 이후에는 '뚱보'에 대해 그랬다. 축하라니! 따

라서 이즐리는 원자폭탄의 발명자들을 '파괴의 아버지'라고 불렀다.[1]

우리는 근대과학이 실제로 그러한 근대적인 '파괴의 아버지'들 머리에서 나온 '자식'임을 처음 알게 되었다. 그들이 새로운 기계를 만들 때 엄마로서 인간 여성은 필요하지 않았다. 이 사실을 깨닫자 우리는 근대과학이야말로 감정도 도덕도 책임감도 모르는 과학이라는 근본적인 비판을 하기에 이르렀다. 이러한 기술 및 그 기술에 의해 움직이는 꼭두각시인 모든 상품을 만들기 위해 필요한 것은 오직 폭력뿐이다. 우리는 또한 가부장제가 시작된 이래 세계의 모든 여성들도 '자연'과 같이 취급되어, 이성이 없이 다른 동물들처럼 본능적인 방식으로 기능하는 신체를 가진 것으로 여겨진 사실을 알게 되었다. 자연과 마찬가지로 여성들도 남성에 의해 억압되고 착취되며 지배될 수 있다는 것이다. 이를 위한 도구는 과학, 기술, 그리고 폭력이다.

자연 파괴, 새로운 무기, 유전자 조작, 근대 농업 및 기타 근대적인 발명품 모두 스스로 가치중립적이라고 주장하는 환원주의적 과학의 '머리에서 나온 것'이다. 이러한 깨달음은 맑스가 자본주의를 연구했던 영국 국립도서관에 들어앉아서 얻어진 게 아니다. 내가 '거리 대학'(University of the Streets)이라고 부르는 공간에서 우리는 가르침을 얻었다. 우리는 행동파 학자다. 우리는 지식을 얻기 위해 책에 의존하는 게 아니라 경험, 투쟁, 그리고 실천에 의존한다. 우리는 비슷한 정신을 가진 여성들의 세계적인 네트워크를 통해, 그들이 저항하는 방법, 그들의 성공과 실패에 대해 배운다. 영국 그리넘 커먼(Greenham Common)의 여성

---

1 Brian Easley, *Fathering the Unthinkable. Masculinity, Scientists and the New Arms Race*, London: Pluto Press 1986.

들처럼, 우리도 독일에서 미국의 미사일 기지를 막아냈다. 우리는 미국의 자매들과 손에 손을 잡고 여성의 사슬로 펜타곤을 둘러쌌다. 이 펜타곤 시위 이후 '지구의 여성과 생명'이라는 새로운 전지구적 네트워크가 탄생했다. 이 네트워크는 오늘날까지 존재한다.

하지만 '파괴의 아버지'들은 학습할 줄을 모르며 기억력이 아주 짧다. 그들은 히로시마와 나가사끼 이후에도 배운 게 없다. 체르노빌 원전 폭발이라는, 결코 일어날 리 없다던 사고가 일어난 뒤에도 배운 게 없다. 그들은 더 많은 나라에서 더 많은 원자력발전소를 계속 짓고 있으며, 이것이 절대적으로 안전하고 더 효율적이라 장담한다. 심지어 일본조차도 히로시마나 나가사끼 혹은 체르노빌에서 배운 게 없다. 후꾸시마의 원자력발전소 역시 가장 안전한 기술을 자랑하고 있었다. 그러던 것이 2011년 폭발했을 때 사람과 환경에 미친 피해는 믿을 수 없는 정도였을 뿐 아니라 '회복 불가능'한 것이었다. 그런데도 일본의 새로운 정부는 또다시 더 안전한 원자력발전소를 더 많이 짓겠노라고 다짐한다. 히로시마, 나가사끼, 체르노빌, 그리고 후꾸시마는 모두에게 더 나은 삶을 약속하지만 결국에는 삶 자체를 죽이고 마는 체제의 이름들이다.

## 여성에 대한 폭력과 생명공학

여성과 자연 사이의 깊은 연관성을 이해하기 전에도, 우리는 우리의 집, 우리의 도시, 우리의 국가와 세계에서 여성에 대한 남성의 폭력에 대항하여 싸우기 시작했다. 이 영역에서도 우리는 행동으로 시작해 그로부터 이론적인 통찰을 얻었다. 여성에 대한 폭력은 전세계 여성을 결집한 최초의 사안이었다.

1970년대 우리는 다양한 형태로 일어나는 여성에 대한 폭력을 중단시키고자 했다. 강간, 가정 내 폭력, 집단 괴롭힘, 낙태금지법, 여성 차별, 기타 모든 성차별주의적 행동이 그 예다. 내가 사는 쾰른에서는 나와 제자들이 남편에게 얻어맞는 여성들을 위해 쉼터를 꾸리는 캠페인을 시작했다. 우리는 1976년 봄에 시작해서 그해 말쯤 '여성의 집'(Frauenhaus)을 세울 수 있었다. 이 책의 제1부에 이 투쟁에 대한 상세한 기술이 나온다. 이 투쟁을 통해 얻은 교훈은 내게 절대적이었다. 우선 여성에 대한 폭력이, 소위 문명화된 국가라고 하는 독일 안에서 얼마나 광범위하게, 얼마나 비인간적으로 퍼져 있는지 알게 되었다. 하지만 가장 중요한 교훈은, 견딜 수 없는 사회적 상황은 그것을 바꾸려고 노력할 때에야 비로소 제대로 이해하게 된다는 점이다. 우리는 가정 내 폭력 문제를 '연구'할 때 흔히 쓰는 방법론적 도구, 즉 사회적 개입의 '필요성'을 수치화하는 통계 수집을 사용하지 않았다. 우리는 독일 가정 내 폭력에 대한 책을 먼저 읽지 않았다. 우리는 거리의 행동에서 시작했고, 매 맞는 여성을 위한 집을 요구했다. '여성의 집'을 위한 우리의 행동에 대한 반응이 열광적이어서, 우리는 그것을 7개월 안에 갖출 수 있었다. 이 투쟁은 이후 나의 삶에 가장 중요한 교훈을 주었다. 경험과 투쟁이 이론적 연구보다 우선한다는 것이다.

이러한 사회적 행동에서 배운 것을 되돌아볼 때, 저 유명한 맑스와 엥겔스의 『포이어바흐에 관한 테제』 중 제11테제가 생각나곤 한다. "철학자들은 여러가지 방식으로 세계를 해석했다. 그러나 중요한 것은 세계를 변화시키는 일이다." 우리는 세계에 대한 철학을 논하기 이전에 세계를 변화시키고자 했다. 하지만 우리의 노력이 언제나 성공적이지는 않았다.

남성의 폭력에 대항하는 페미니즘 투쟁이 많았음에도 불구하고 폭력은 사라지지 않았다. 오히려 늘어났다. 그것은 여전히 우리의 가부장적 사회의 모든 제도에서 빼놓을 수 없는 부분이다. 그것은 경제, 가족, 종교, 정치, 매스컴, 문화의 일부다. 그것은 '후진적인' 국가만이 아니라 소위 '문명화된' 국가에도 존재한다. 이러한 폭력의 형태는 다양할지 몰라도 핵심은 동일하다.

9·11사태의 결과로 시작된 새로운 전쟁에서 여성과 아동에 대한 폭력은 '정상적인' 부작용이며 '부수적인 피해'*다. 오늘날 달라진 것은 어린 소년들을 폭력적인 컴퓨터 게임을 통해 훈련한다는 점이다. 이러한 게임은 전연령대의 '소년들'에게 과녁에 집중하여 적군을 죽이는 방법을 가르친다. 소년들은 가상의 전쟁에서 가상의 적과 싸우며 이런 컴퓨터 기술과 함께 자라난다. 이후 이들이 현실세계에서 이 폭력을 실천하게 되는 것은 너무 당연하다. 컴퓨터게임 산업은 세계에서 가장 빨리 성장하는 업종 중 하나다. 판촉하는 사람들은 어린이들이 '가상' 현실과 '실제' 현실을 구분할 줄 안다고 주장한다. 오늘날 새로운 전쟁이 주로 그런 '소년들'에 의해 치러진다. 이들은 컴퓨터 앞에 앉아서 단추를 클릭하여 로켓포나 미사일을 쏘거나 아프가니스탄 혹은 파키스탄에 있는 '테러리스트'들을 죽이려 한다. 그들은 아무런 감정도 없이, 그리고 그들 자신은 공격을 받는 일 없이 공격하고 죽인다. 그들에게는 이 새로운 전쟁이 컴퓨터게임과 다름없는 가상이다. 하지만 이런 행위는 실제 여성이나 실제 자연과 사랑하는 관계를 맺음이 어떤 건지 모르는 남자들을 만들어내는 군사훈련의 일부다.

따라서 실제 여성이나, 인종적 배경이 다른 이민자 같은 소수자에 대

---

* collateral damage. 불가피한 군사작전 등으로 말미암아 민간인이 입는 피해를 말한다.

한 '실제' 폭력이 늘어났으며 전보다 더 잔인해지고 있다. 하지만 여성에 대한 남성의 폭력은 유전적으로 프로그래밍되어 있다고 생각하는 사람들이 많다.

인터넷 폭력이나 인터넷 전쟁은 '파괴의 아버지'들이 개발해낸 새로운 발명품이다. 여기서 한걸음 더 나아간 것이 유전공학과 재생산기술이다. 둘 다 우리의 세계관과 인류학을 완전히 탈바꿈했다. 이에 따라 대부분의 유전학자들은 인간의 행동을 주로 우리의 유전자가 결정하는 것으로 본다. 따라서 남성의 폭력은 그들의 유전적 구성의 결과물이라는 것이다. 전쟁에 대해서도 마찬가지다. 남성은 천성적으로 '전사'(戰士)인 것으로 간주된다. 전사가 아니라면 진정한 남자가 아니다. 하지만 여성과 기타 '적'들에 대한 남성의 폭력은 유전자에 의해 결정되는 것이 아니다. 남성은 천성적으로 강간범도 아니며, 모든 생명의 원천인 어머니 자연의 살해자로서 유전적으로 프로그래밍된 것도 아니다. 이 폭력은 약 8천년 전에 시작되었던 사회적 패러다임의 결과물이다. 그 이름은 가부장제다. 1993년판에서 가부장제를 다루기는 했어도 특별한 언급을 하지는 않았다. 그것은 가부장제가 왜 자본주의의 도래와 함께 사라지지 않았는가 하는 문제가 제기되었을 때, 혹은 우리가 여성과 자연을 파괴하는 패러다임에 이름을 붙여야 했을 때 나온 정도였다. 우리는 클라우디아 폰 베를호프를 따라 이 패러다임을 자본주의 가부장제라고 불렀다.[2]

가부장제문명은 남성이 갖는 하나의 문제, 즉 남성 스스로 인간 생명

2 Claudia von Werlhof, "The Failure of Modern Civilization and the Struggle for a 'Deep' Alternative: A Critical Theory of Patriarchy as a New Paradigm," in *Beiträge zur Dissidenz* 26, Frankfurt: Peter Lang Verlag 2011.

을 창출하지 못한다는 사실을 해결하기 위한 노력이다. 남성은 시초가 아니다. 남성은 여성이 없이는 아이들, 특히 남아를 낳을 수 없다. 어머니가 시초다. 이는 옛 그리스인들에게도 명백한 것이었다. 어머니는 인간 생명의 시초인 아르케(arche)*다. 따라서 남성은 어머니라는 존재를 필요로 하지 않는 기술을 발명했다. 원자폭탄, 재생산기술과 유전공학, 인터넷 같은 기술은 그러한 '엄마 없는 아이들'이다.

또다른 형태의 여성에 대한 폭력인 재생산기술과 유전공학은 1993년 이나 지금이나 다를 바 없다. 최초의 시험관 아기인 루이즈 브라운(Louise Brown)이 인공수정으로 탄생한 이후, 여성이 생산에 대한 오랜 독점권을 상실한 것이 분명해졌다. 그때부터 남성 재생산기술자들은 여성 없이도 아기를 생산할 수 있게 되었다. 이제 유전공학이 인간과 동물의 생명을 생산하고 재생산하며 조작하는 모든 유전적·생물학적 과정을 통제할 수 있었다. 남성이 드디어 생명의 창조자가 된 것처럼 보였다. 새로운 인간 생명을 창출하는 데 남자와 여자의 인간적 관계는 더이상 필요하지 않았다.

우리는 이러한 발명이 두고두고 미칠 영향에 대해 알고 있었다. 전세계 페미니스트들은 이 새로운 기술에 반대하는 국제적 운동을 시작했다. 1985년 우리는 재생산기술과 유전공학에 반대하는 페미니스트 국제 네트워크(Feminist International Network of Resistance to Reproductive and Genetic Engineering, FINRRAGE)를 설립했다. 유전공학과 재생산기술의 발명이 자연을 이해하려는 인간의 순진한 호기심의 결과라고만 볼 수 없으며, 핵에너지와 마찬가지로 생명공학도 자연이 인간에

---

• 시원(始原) 혹은 원천을 뜻하는 고대 그리스어.

게 부과한 한계를 극복하기 위해 발명되었다는 점은 분명했다. 그리고 특허법을 자유화함으로써 사유화 및 상업화가 새로운 시장이 되었다. 과거에는 이렇게 새로 특허를 받은 상품은 공동의 자산이었다. 그런데 이제는 그것을 사고팔 수 있게 되었다. 유전자 기술이 없었더라면 몬샌토는 오늘날 전세계의 농업과 식량산업을 통제하는 거대 기업이 되지 못했을 것이다.

하지만 여성에 대한 폭력은 '근대과학과 전쟁의 부작용'에 그치는 것이 아니다. (근대과학과 전쟁은 서로 밀접하게 연관되어 있다.) 여성에 대한 폭력은 근대의 문명사회에 통상 나타나는 특징이다. 최근 인도에서 잔혹한 집단강간이 있었을 때 많은 사람들이 충격을 받았다. 하지만 사람들은 남성이 발명한 기술로 시험관 아기가 만들어졌을 때 충격을 받지 않았다. 사람들은 인도와 다른 빈곤국에서 녹색혁명 과정을 통해 유전자조작 쌀이 도입되었을 때 충격을 받지 않았다. 녹색혁명이 인도에서 여성들에 의해 수백년간 보전되어온 벼 품종의 엄청난 다양성을 파괴할 뿐 아니라, 여성에 대한 직접적인 폭력의 새로운 흐름을 가져오기도 했다는 사실을 처음 보여준 것이 반다나 시바였다.

자연, 사람, 그리고 미래세대에 대한 폭력의 또다른 예는 신자유주의, 즉 세계화, 자유화, 민영화, 보편적 경쟁의 원리에 따라 전세계 경제를 구조조정하는 것이다. 모든 나라가 자유무역에 문을 연 이래, 초국적기업은 그들의 생산기지를 '노동력이 값싼 나라'로 옮겼다. 방글라데시도 그중 하나다. 우리가 알다시피 어디서나 가장 값싼 노동력은 젊은 여성이다. 방글라데시 직조공장 노동자의 90퍼센트가 젊은 여성이다. 이들의 임금은 세계 최저 수준이다. 노동조건은 비인간적이어서 화재도 자주 발생하여 수백명의 여성이 숨졌다. 노동 계약도 작업 안전성도 없다.

공장 건물도 안전하지 않고 여성들은 하루에 12시간 이상 일한다. 최근 다까(Dhaka)의 라나 플라자(Rana Plaza)가 붕괴되었을 때 1100명의 사망자와 다수의 부상자가 나왔는데 대부분 여성이었다.[*] 신경제가 야기한 여성에 대한 무자비한 폭력의 한 예다. 그런 폭력이 없다면 자본주의는 성장에 대한 열광을 지속할 수 없을 것이다.

이상은 우리가 20년 전 『에코페미니즘』을 쓴 이유 중 가장 극적인 사례 몇가지일 뿐이며, 오늘날에도 마찬가지로 지속되고 있는 것들이다. 사실 상황은 훨씬 더 악화되어, 한층 위협적이고 무지막지한 차원에 이르렀다. 따라서 이제 우리는 1993년 이래 무엇이 바뀌었는지를 보아야 한다.


## 오늘날은 무엇이 다른가?

이 질문을 던질 때 가장 먼저 떠오르는 것은 2001년 9월 11일 뉴욕 세계무역센터의 붕괴, 즉 9·11이라고 간단하게 불리는 사건이다. 미국은 그 역사상 최초로 자신이 취약하다고 느꼈다. 조지 W. 부시 대통령은 즉각 세계무역센터라는 전지구적 자본주의의 상징을 붕괴시킨 범인들에게 갖다붙일 이름을 만들었다. 그들은 '테러리스트'였다. 그리고 테

---

[*] 2013년 4월 24일 방글라데시 수도 다까 근교에서 8층짜리 아파트형 공장이 붕괴한 사건을 말한다. 건물에는 주로 의복제조공장이 입주해 있었으며, 사건 발생 전날 건물에 균열이 발견되어 경찰이 빌딩을 이용하지 못하도록 경고했다. 1층에 있었던 은행과 상점은 모두 철수했으나 2층 이상에 있었던 봉제공장의 운영자들은 그 다음날도 여성 직공들이 출근하도록 지시했고, 아침 출근시간에 건물이 붕괴되었다.

러리즘은 모든 '자유세계'의 새로운 적이 되었다. 부시는 이 테러리스트들을 부추긴 이데올로기적 배경에도 이름을 붙였다. 그게 이슬람이었다. 9·11 이후 이슬람 국가들은 테러리스트와 테러리즘의 배양지로 의심을 받게 되었다. 이렇게 하여 자유세계의 오랜 적인 공산주의는 테러리즘과 이슬람이라는 새로운 적으로 대치되었다. 이 새로운 적을 염두에 두고 미국에서, 그리고 나중에는 전세계에서 공적이며 사적인 생활이 얼마나 빠르게 변했는지를 보면 기가 막힐 정도다. 즉각적으로 조국안보법(Homeland Security Act)이라고 하는 새로운 법률이 통과되어, 국민과 국가를 테러리즘의 위협에서 보호할 것이라고 했다. 유럽의 북대서양조약기구(NATO) 국가들*은 미국을 따라, 각국에서 의회로부터 별 반대도 없이 유사한 안보법을 만들었다. 이들은 미국에서 하는 것과 똑같은 공항 보안검색을 도입했다. 시간이 지남에 따라 이 통제체계는 더욱 정교해지고 확대되어서, 미국 및 기타 NATO 국가들의 보안체계는 국민 하나하나를 염탐할 수 있게 되었다. 동시에 이슬람교도 인구가 많은 국가에 대한 새로운 전쟁이 시작되었다. 그 첫번째는 미군이 아프가니스탄을 침공한 것이다. 이라크가 그다음 타깃이 되었다.

처음에 나는 이 새로운 전쟁의 진정한 목표가 그 나라들의 석유를 통제하는 것이라고 생각했다. 하지만 곧 이 전쟁의 구실은 알카에다를 제거하는 것과는 거리가 멀고, 그곳의 여성을 히잡(hijab)이라는 머릿수건을 둘러쓰는 등의 후진적인 이슬람 전통으로부터 해방하는 것임을, 특히 아프가니스탄을 보면서 깨달았다. 미국뿐 아니라 NATO 동맹국

● 영국, 독일, 프랑스, 네덜란드, 벨기에, 룩셈부르크, 아이슬란드, 노르웨이, 덴마크, 이딸리아, 뽀르뚜갈, 그리스, 터키, 스페인, 체코, 헝가리, 폴란드, 불가리아, 에스토니아, 라트비아, 리투아니아, 루마니아, 슬로바키아, 슬로베니아, 알바니아, 크로아티아 등 26개국.

인 독일, 프랑스, 네덜란드 등이 새로운 전쟁의 장면에서 여성의 위대한 해방자로 등장했다! 전쟁이 언제, 어디서 적의 여성을 '해방하기' 위해 치러졌던가? 적의 여성이야말로 승자의 첫번째 희생양이라는 사실은 누구나 다 안다. 그들은 강간당하고, 잔혹하게 다루어지고, 굴욕을 당한다. 그런데 외국 남자들이 와서 '베일을 벗겨줌으로써' 그들을 해방한다고? 이건 이제껏 현대 전쟁에서 내세운 가장 말도 안 되는 핑계다.

오늘날 달라진 또 한가지는 서구의 부유한 국가, 처음에는 미국 그리고 지금은 유럽에서 일어나고 있는 새로운 위기다. 그것이 언제, 어떻게 끝날지 아무도 모른다. 정치가나 경제전문가, 대기업 경영자 모두 어찌할 바를 모르고 있다. 갑자기 빈곤이 서구로 되돌아왔다. 유럽 남부의 국가들은 북부보다 이 위기의 영향을 더 크게 받고 있다. 사실상 새로운 위기는 유럽이라는 공간을 부유한 북부와 가난한 남부, 둘로 나누었다. 그리스, 스페인, 이딸리아, 키프로스는 도이체방크(Deutsche Bank) 등 막강한 은행에 너무나 많은 빚을 진 나머지 독일 및 기타 부유한 국가들의 대출에 의존해 사는 거지나 마찬가지 신세가 되어버렸다.

오늘의 위기가 이전과 다른 점은 일찍이 경제 회복에 쓸 수 있었던 자원이 바닥났다는 점이다. 석유, 천연가스 및 석탄, 철, 기타 금속 등 원자재가 부족해졌다. 하지만 더욱 위험한 것은 지구상의 모든 생명체가 의존하는 물, 토양, 공기, 삼림, 그리고 기후 등 필수적인 요소들이 고갈되거나 독성으로 오염되거나 파괴되고 있다는 점이다. 이러한 필수요소들이 사라지거나 크게 훼손된다면 이 지구에서의 삶 자체가 불가능해진다.

## 대안은 무엇인가?

점점 더 많은 사람들, 특히 젊은이들이 이 시나리오에서 미래가 없음을 느낀다. 그들은 이 살인적인 체제, 모든 생명에 대한 돈의 지배에 저항하기 시작하여 근본적인 변혁을 요구한다. '월스트리트 점거' 운동에 영향을 받아 프랑크푸르트의 도이체방크 앞에서도 '블록 점거'(Block-upy) 시위가 있었다. 그리스, 스페인, 뽀르뚜갈, 이딸리아에서 긴축체제에 항의하여 일어났던 대규모 시위는 사람들이 변화를 원한다는 것을 보여준다. 북아프리카에서도 사람들이 변화를 요구하고 있다. 폭동이 시작되었을 때 서구 언론에서는 처음에 그것을 '아랍의 봄'이라고 불렀다. 사람들의 분노는 부패한 독재 정권을 겨냥한 것이었다. 그들은 민주주의와 일자리를 요구했다. 하지만 이들이 말하는 변화란 무엇인가? 그들은 단지 독재자와 부패가 제거되기만을 바라는가, 아니면 새로운 세계관에 입각한 전혀 새로운 체제를 원하는가?

우리는 『에코페미니즘』을 쓸 때, 여성의 관점에서 동일한 질문을 제기했다. 대안은 무엇인가? 새로운 패러다임, 새로운 비전이란 어떤 것인가? 우리는 이 새로운 비전을 '자급적 관점'(subsistence perspective)이라고 불렀다. 지금도 나는 이보다 더 새로운 세계를 잘 개념화하는 표현을 알지 못한다. 하지만 내가 분명히 아는 것은 한가지 있다. 이 '새로운 세계'는 빅뱅이나 대혁명과 함께 오지는 않을 거라는 점이다. 그것은 사람들이 여전히 낡은 세계에 살면서도 '새로운 세계'의 새로운 씨앗을 심기 시작할 때 올 것이다. 이 씨앗이 자라서 열매를 맺기까지는 시간이 걸릴 것이다. 하지만 많은 사람들이 이미 그런 씨앗을 심기 시작했다. 방글라데시 출신의 파리다 아크떼르는 자신의 책 『움직임의 씨앗: 방글라데시의 여성문제』에서 이 과정에 대해 이야기한다.[3] 그녀는 주로 여성이 이 씨앗을 심는 사람일 것임을 보여준다. 여성과 그 아이들이 '파괴의 아버지'가 주도하는 낡은 세계에서 가장 고통을 많이 받아왔기 때문이다.

몇년 전 가톨릭 농촌여성연합(Association of Catholic Rural Women)이 주최하는 회의에 초대되어 트리어(Trier)에 간 적이 있었다. 거기서 나는 자급에 대해 이야기해달라는 부탁을 받았다. 나는 좀 당황스러웠다. 뭐라고 말해야 할까? 맑스의 출생지인 이 시골 마을의 여성들에게 어떻게 자급을 설명해야 하나? 그런데 강당에 들어섰을 때 커다란 펼침막이 연단에 고정되어 있는 게 보였다. 거기에는 이런 글귀가 있었다. "세계는 우리 가정이다." 때는 10월이어서 여성들은 봄, 여름, 가을 동안 일해서 거둔 결실을 가지고 왔다. 양배추, 콩, 당근, 감자, 사과, 배, 자두, 비트, 꽃도 있었다. 그들은 연단에 선 내 앞에 모든 걸 올려놓았다. 자급에 대해 이것 외에 무엇을 더 말할 수 있을까? "세계는 우리 가정이다! 그러니까 잘 돌보자."

우리는 이 책의 신판이 이 돌봄에 보탬이 될 것이라 생각한다. 이 책을 새로운 총서에 포함해준 제드북스에 감사드린다.

2013년 7월

---

3 Farida Akhter, *Seeds of Movements: On Womens's Issues in Bangladesh*, Dhaka: Narigrantha Prabartana 2007.

## 한국의 독자들에게

　1990년 반다나 시바와 내가 이 책을 함께 쓰기로 결정했던 것은, 우리의 차이 ── 인도인과 독일인, 자연과학자와 사회과학자, 환경운동과 페미니즘운동 ── 가 장애물이 아니라 자양분이며 힘의 원천이라는 깨달음 때문이었다. 이 깨달음은 포스트모더니즘이 전세계적으로 설파하는 것, 다시 말해 서로 다른 정체성은 경쟁과 투쟁, 착취·억압·지배의 원인이라는 주장과는 정반대되는 것이다. 이런 전쟁이데올로기와는 반대로, 우리는 지구상에 존재하는 모든 것의 다양성과 상호연관성이 생명의 기반일 뿐 아니라 행복의 원천이라는 것을 보여주고자 했다. 에코페미니즘은 생물적·문화적 다양성과 상호연관성에 관한 것이다. 이 관점은 인간과 비(非)인간, 여성과 남성, 남과 북, 서양과 동양을 모두 포괄할 뿐 아니라, 이론과 실천, 정치와 과학까지 아우르고 있다. 에코페미니즘은 이윤과 지배를 위해 생명의 영역에 단일경작과 독점을 세우고자 애쓰는 이 체제에 도전하는데, 생명영역에서 이 지배의 형태는 가부장적 자본주의사회의 남녀관계이기도 하기 때문이다.
　다양한 사회운동에서 대부분의 이론적 영감을 얻어온 활동적인 학자들이기에, 우리는 이 상호연관성을 분석하는 데 그치지 않았다. 우리는 사회와 경제에 대한 다른 비전(vision)을 발전시키기 위해 다양한 투쟁에 끊임없이 참여했다. 반다나 시바에게 이 비전은 그녀가 간디를 좇아 이야기하는 '지구민주주의'에 가장 잘 개념화되어 있다. 이 지구민주주의는 인간뿐 아니라 동물과 식물도 형제자매로서 포괄한다. 내가 보기에는 '자급적 관점'이, 끊임없는 자본축적을 위해 여성·자연·원주민·이민족과 다른 문화와 계급을 착취하고 식민화하는 이 체제에 혁명을 일으키는 데 필수적인 것이다. 이런 폭넓고 전체론적이며 정치적인 접근 때문에 우리 둘은 지역적·민족적·전지구적 수준에서 신자유주의적 세계화에 반대하는 캠페인에 계속 연합해왔다. 우리는 다자간투자협정(MAI)에 반대하는 국제적인 운동과 이른바 WTO의 밀레니엄라운드를 반대한 1999년 11월의 시애틀 시위에도 참가했다.

이 '아래로부터의 세계화'에 참여함으로써 우리에게는 몇가지가 분명해졌다. ① 우리가 이해하는바 에코페미니스트는 여성이나 환경에 국한하지 않고 지역적·전지구적으로 정치·경제·문화와 관련된 젠더 관계들에 관심을 갖는다. 그러므로 에코페미니즘은 남녀 모두에게 관심을 쏟는다. ② 이런 전체론적 접근 덕분에 에코페미니스트는 수많은 다른 그룹들과 함께 일할 수 있고 낡은 분리-지배 전략에 성공적으로 맞설 수 있다. 다자간투자협정과 WTO에 반대하는 국제적 운동의 성공이 그 증거이다. 반다나 시바가 '시애틀의 역사적 중요성'에 관해 썼던 대로, "노동자가 환경론자와 손잡고, 북반구의 농민과 남반구의 농민이 같이 유전자조작 작물에 대해 '아니오'라고 말할 때, 그들은 자신의 특수이익을 위해 행동하는 것이 아니다. 그들은 모든 곳의 모든 이들의 공동이익과 공동권리를 방어한 것이다. 소비자와 농민, 북과 남, 노동자와

환경론자를 적대시키고자 애써온 분리-지배 정책은 실패했다."(1999년
12월 10일 mstrand@citizen.org로부터 온 이메일 메시지)


2000년 5월 15일 쾰른에서

마리아 미스

# 차 례

## 1장

# 서론: 우리가 이 책을 함께 쓴 이유

## 마리아 미스 & 반다나 시바

공저라고 하면 으레 저자들이 함께 독서하고 토론하는 과정을 통해 오랜 기간 동안 지속적으로 대화하며 작업했다고 생각하기 쉽다. 하지만 이 책의 집필을 구상했을 때 우리 두 사람은 그러한 공동작업이 불가능하다는 사실에 부딪혀야 했다. 한 사람은 이른바 남(南, 개발도상국들―옮긴이)에 속한 인도에, 다른 한 사람은 그 반대편인 북(北, 선진국·산업국들―옮긴이)의 독일에, 이렇게 우리는 서로 수천 마일이나 떨어져 살며 일하고 있다. 이 두 곳은 남의 민족들의 희생을 바탕으로 북의 민족들에게 특권을 제공하는 세계시장체제와 역사·언어·문화에 의해, 분리되어 있기도 하고 또 연결되어 있기도 하다. 우리는 각자 받은 훈련과 배경도 다른데, 반다나는 환경운동 출신의 이론물리학자이며, 마리아는 여성운동 출신의 사회과학자이다. 한 사람은 남의 착취당하는 사람들과 자연의 시각에서 자본주의 세계체제를 보아왔으며, 또 한 사람은 '야수의 마음으로'(in the heart of the beast) 사는 사람의 시각에서 여성에게 영향을 미치는 이 과정을 연구해왔다. 이 모든 차이들이 선의와 노력으로 극복될 수 있을까? 더구나 모든 곳에서 모든 사람들이 성적·민족적·

국가적·인종적·문화적·종교적 차이를 자율성의 근간으로 삼아 자신의 고유한 정체성을 찾기에 여념이 없는 듯한 작금의 상황에서 함께 책을 쓴다는 것이 과연 타당한 일일까? 구시대의 '주의'들, 특히 사회주의적 국제주의가 몰락하는 시점에서 페미니즘과 생태주의의 기치하에 새로운 국제주의를 만들어내려는 시도라고 비난받지는 않을까? 더구나 남의 많은 여성운동가들은 페미니즘이란 서구(북)로부터의 수입품이며, (유럽과 북미의) 백인 페미니스트들이 자국 남성들의 특권을 공유하고 있다고 비난하는 실정이다. 어쩌면 이러한 차이들을 '에코페미니즘'(Ecofeminism)과 같은 보편주의적 용어 안에 담으려 하기보다는 그것들을 인정하는 편이 더 현명했고, 각자의 나라에서 그리고 그 문화적·인종적·정치적·경제적 맥락 안에서 자신의 작업에 전념하고 지역적으로 변화를 도모했어야 했는지도 모르겠다.

그럼에도 불구하고 이런 차이들과는 별개로, 우리는 전세계 여성들이 나날의 삶을 영위하는 가운데 얽혀들고 있는 보이지 않는 전지구적(global) 정치로부터 발생한 공동의 관심사들을 나누고 있으며, 우리를 지탱시키는 과정들을 지켜내려는 여성들의 노력에 동참한 결과 생각이 서로 비슷해졌다. 이렇듯 공통된 사고와 관심은 단일성이나 동질성을 과시하기보다는 우리가 지닌 차이를 창조적으로 뛰어넘는 것을 목표로 삼는다. 이 책을 함께 쓴 이유는 여러가지이다. 그중 하나는 자본축적을 위해 전세계 인간과 자원의 통제에 기반을 두는 새로운 세계질서가 대두함에 따라 점점 비가시화되는 '다른' 전지구적 과정들을 가시화하려는 것이다. 또다른 이유는, 동질화하는 동시에 파편화시키는 자본주의 가부장제 지배세력에 대한 저항의 강령으로 정체성과 차이의 추구가 더욱 중요해지리라는 낙관적 믿음이다.

48

이 자본주의 가부장제의 시각에서는 차이란 위계적인 것이며 획일성이 평등의 선결조건이라고 해석된다. 우리의 목표는 이런 편협한 시각에서 벗어나 우리의 다양성을 표현하는 것이며, 북이 남을 지배하고, 남성이 여성을 지배하며, 갈수록 더욱 불평등하게 분배되는 경제적 이익을 위해 점점 더 많은 자원을 광적으로 약탈하며 자연을 유린하는 세계구조의 내재적 불평등의 문제를 여러 방식으로 다루고자 하는 것이다.

우리가 이러한 공동의 관심사에 이르게 된 것은 아마도 우리의 경험과 통찰, 그리고 우리가 체계화한 분석들이 제도권 학계의 틀 안에서 이루어진 것이 아니라 여성운동과 환경운동에 참여하면서 생겨났기 때문일 것이다. 최근 몇년간 우리는 지구상의 생명체 보호와 생존에 관련된, 마찬가지로 근본적인 문제에 더욱 빈번하게 부닥치게 되었는데, 그것은 여성, 아동 그리고 인간 일반뿐 아니라 동식물군의 폭넓은 다양성까지도 보호하자는 것이었다. 지구상의 생명체를 위협하는 파괴적 경향의 원인을 분석하는 과정에서 우리는 각자 우리가 자본주의 가부장제 세계체제라 부르는 존재를 인식하게 되었다.

이 체제는 여성 및 '이(異)'민족과 그들의 땅을 식민화함으로써 생겨나 뿌리내리며 유지되고, 자연 역시 식민화하고 점차 파괴한다. 우리는 페미니스트로서 무엇보다 남성의 지배로부터 여성이 해방되는 것을 추구하지만, '근대화' 및 '개발' 과정과 '진보'가 자연세계 오염의 원인이라는 사실을 묵과할 수 없었다. 우리는 환경재난과 환경악화가 여성에게 미치는 영향이 남성에 대한 영향보다 더 컸으며, 또 어디서나 환경파괴에 먼저 반대하는 사람도 여성이었음을 알게 되었다. 환경운동가로 일하면서 우리에게 과학과 기술이 성(gender)에 중립적이지 않다는 점이 분명해졌으며, 다른 많은 여성들과 더불어 우리는 16세기 이래의 환원주의적 근대과학이 형성한 남성과 자연 간의 착취적인 지배관계가, 근대 산업사회까지 포함하는 대부분의 가부장제 사회에 팽배한 남성과 여성 간의 착취적·억압적 관계와 긴밀히 연관된다는 것을 인식하기 시작했다.

우리는 환경운동과 여성운동에 대한 각자의 적극적 참여가 두 사람을 공통된 분석과 시각으로 이끌었음을 발견했다. 해답을 찾기 위한 탐구는 우리를 유사한 이론과 유사한 저자들에게 이끌었으며, 결국에는 서로에게로 이르게 했다. 다양한 기회를 통해 서로 다른 청중들을 대상으로 발표했던 논문들을 다시 읽으면서 우리는 각자가 여성으로서 반응했던 객관적 조건으로 인해 우리의 사고가 자연스럽게 수렴했음을 알게 되었다.

현재의 세계체제가 결국 지구상의 생명에 대한 총체적인 위협을 낳는다면, 모든 생명체에 내재한 생존 본능과 의지를 되살리고 가꾸어나가는 일이 긴요할 것이다. 독일의 원자력발전소 반대운동,[1] 히말라야의 백악(chalk) 채굴과 벌목 반대운동,[2] 케냐의 그린벨트 운동,[3] 농약을 사용하는 상업적 농업으로 인한 식품오염에 반대하여 자급적인 생산자·소비자 연결망을 구축하려는 일본 여성들의 운동,[4] 물고기와 새우의 터

---

**1** N. Gladitz, *Lieber heute aktiv als morgen radioaktiv*, Berlin: Wagenbach 1976.

**2** V. Shiva, *Staying Alive: Women, Ecology and Survival*, New Delhi: Kali for Women and London: Zed Books 1988; V. Shiva, "Fight for Survival," (Interview with Chamun Devi and Itwari Devi) *Illustrated Weekly of India*, 1987년 11월 15일.

**3** I. Dankelman & J. Davidson, *Women and Enviromment in the Third World: Alliance for the Future*, London: Earthscan Publications Ltd. 1988.

**4** Paul Ekins, *A New World Order: Grassroots Movements for Global Change*, London and New York: Routledge 1992.

전인 맹그로브숲을 살리기 위한 에꽈도르 빈민여성들의 노력,[5] 더 나은 수자원 관리와 토양보존 및 토지이용을 위해, 그리고 기업주에 맞서 생존의 토대(숲, 연료, 사료 등)를 지키기 위해 남에서 벌어지는 수천명 여성들의 투쟁 등 생태계 파괴와 악화에 대항하는 수많은 지역적 투쟁을 자세히 살펴보면, 세계 도처에서 많은 여성들이 같은 분노와 불안을, 그리고 삶의 토대를 보존하고 파괴를 막아야 한다는 같은 책임을 느끼고 있음을 확인하게 된다. 인종과 민족과 문화와 계급의 배경이 다를지라도 이러한 공통의 관심사를 통해 여성들은 다른 여성, 다른 민족, 심지어 다른 국가와도 유대를 맺는다. 이러한 활동과 반성의 과정에서 유사한 분석과 개념, 그리고 때로는 유사한 전망 역시 떠오르게 되는 것이다.

남서부 독일의 빌(Whyl)운동에 참여한 여성농민들은 이 나라 최초의 반핵운동 가운데 하나였던 이 운동에서 가장 적극적으로 활동했다. 그들은 독일 내의 다른 운동들, 지식인·학생·도시 거주 페미니스트들과 연대했을 뿐만 아니라 국경 너머 스위스와 프랑스의 비슷한 운동들과도 연대했다. 이러한 과정을 통해 그들은 가부장적 남녀관계에 눈뜨게 되었다. 이것은 많은 여성들에게 스스로의 해방을 향한 첫번째 발걸음이기도 했다.[6] 수년이 지난 후, 이 운동을 이끌었던 여성지도자 중 두 사람은 인터뷰에서 성장지향적 산업주의와 소비주의 모델이 아니라 우

---

5 E. Bravo, *Accion Ecologica, Un Ecosistema en peligro: Los bosques de maglar en la costa ecuato-riana*, Quito, n.d.
6 이것은 두명의 반핵운동 여성지도자인 Annemarie Sacher와 Lore Haag의 인터뷰에 기초한 것이다. 독일 남서부 Kaiserstuhl의 빌에서 일어난 이 운동은 독일에서는 첫번째 반핵운동으로서, 1974년부터 핵원자로 건설이 중지된 1976년까지 지속되었다. 더 자세한 내용은 Saral Sarkar, *Green Alternative Politics in West Germany*, Vol. I: The New Social Movements, New Delhi: Promilla Publishers 1992.

리가 자급적 관점(subsistence perspective)이라 부르는 것에 근접한 대안사회의 전망을 명확하게 제시했다.[7] 사회의 파편화를 극복하고 연대를 창출하려는 여성들의 노력의 또다른 예로 유해폐기물 투기에 반대하는 로우이스 깁스(Lois Gibbs)와 나르마다(Narmada)댐 건설에 반대하는 메다 빠뜨까르(Medha Patkar)의 활동을 들 수 있다. 미국 내 여성 활동가들은 유해폐기물 투기에 대한 반대운동을 주도해왔으며, 악명 높은 러브운하(Love Canal) 사건에서 유해폐기물 투기에 반대하는 로우이스 깁스의 정력적이고 집요한 노력은 널리 알려져 있다. 머리 러빈(Murray Levine)은 "러브운하가 로우이스 깁스에게, 그리고 우리들에게 가르쳐준 것이 있다면 그것은 평범한 사람들도 자신의 생명이 위협받을 때는 아주 현명하고 민첩해질 수 있다는 것이다. 그들은 설사 관료적이고 과학적인 전문용어로 은폐되어 있다 해도 부조리를 귀신같이 탐지할 수 있게 된다"라고 썼다.[8]

1980년대에 유해폐기물 처리장이 가난한 유색인종 거주지 근처에 자리잡기 시작했고 오늘날 이들 지역에서는 강력한 반발이 일고 있다. 유해폐기물 투기에 반대하는 여성들에게 이 문제는 단순히 내집 뒷마당에는 안된다(NIMBY, not in my backyard)는 차원이 아니라 '모든 이의 뒷마당에'(시민운동 소식지의 제목) 안된다는 차원의 것이다. 미국 노스캐롤라이나의 슐라지록(Schlage Lock)사가 멕시코 떼까떼(Tecate)에서 마낄라도라(수입한 비관세 부품을 조립해 수출하는 멕시코의 외국인소유 조립공장─옮긴이) 사업을 하기 위해 문을 닫을 때까지 이 회사에 다녔던 조운 샤프

7 Dankelman & Davidson, 앞의 책.
8 Lois Gibbs, *Love Canal: My Story*, Albany: State University of New York 1982, xv면.

52

(Joan Sharp)는 이같은 연대를 잘 보여준다. 1992년 3월 당시 실직 상태였던 조운은 '정의를 위한 흑인 노동자'(Black Workers for Justice)의 대표로 멕시코에 갔다. 멕시코 노동자들에게 회사에 대한 정보와, 30여명의 회사동료를 암에 걸려 죽게 했다고 그녀를 비롯한 이들이 믿고 있는 위험한 화학약품에 대한 정보를 주기 위해서였다. 그녀가 가지고 간 200면에 달하는 서류에는 슐라지가 유해화학품을 사용했고 지하수를 오염시켰으며 생산직 노동자들에게 약속한 해직수당을 주지 않은 사실 등이 기록되어 있었다. 떼까떼의 노동자들 중에는 슐라지가 남부의 흑인 거주지역(Black Belt South)의 값싼 노동력을, 그리고 그 다음에는 멕시코의 값싼 노동력을 이용하기 위해 샌프란시스코의 공장문을 닫았다는 사실을 아는 이가 아무도 없었다.[9] 나르마다계곡에서는 메다 빠뜨까르가 나르마다강에 초대형 댐 건설을 반대하는 인도의 가장 핵심적인 환경운동을 이끌고 있다. 그녀는 한 인터뷰에서 이렇게 밝혔다. "나르마다강이 곧 마따(mata, 즉 어머니)라는 개념이 여기서 매우 커다란 부분을 차지하긴 하지만 여성성 즉 마따의 개념은 자동적으로 이 운동 전체와 연결되어왔습니다. 따라서 만일 지도자와 참여자 모두에게 여성적인 기조가 주어진다면 그때는 이 모든 것이 일체를 이루게 됩니다."[10]

이러한 실례들은 세계 곳곳의 수많은 여성들이 지닌 공통의 관심사가 그들간의 차이를 무화했음을, 그리고 그러한 차이를 경계짓기보다는 그들의 투쟁과 경험을 풍부하게 해주는 것으로 인식하는 연대의 감각을 불러일으켰음을 보여준다.

9 *Voices Unidas*, Vol. I, No. 2, 1992.
10 "Indigenous Vision, Peoples of India, Attitudes to the Environment," *India International Centre Quarterly*, Spring–Summer 1992, 294면에서 인용한 Medha Patkar와의 인터뷰.

## 이 공동의 기반을 알아보기가 왜 그리 어려운가?

하지만 어떤 여성들, 특히 도시의 중산층 여성들은 자신의 해방과 자연의 해방 간의, 그리고 자신과 세계의 '다른' 여성들 간의 공통성을 인식하기가 매우 어렵다. 이는 자본주의 가부장제 혹은 '근대'문명이 현실을 구조적으로 양분하고 이 양자를 위계화하여 서로 적대시하는 우주론과 인류학에 근거를 두기 때문이다. 여기서는 한쪽은 늘 우월하며, 다른 쪽의 희생을 댓가로 늘 번성하고 진보한다. 그리하여 자연은 인간에게 종속되고, 여성은 남성에게, 소비는 생산에, 지역적인 것은 전지구적인 것에 등등으로 종속된다. 페미니스트들은 이 이분법을, 특히 남성과 여성의 구분과 유사한 인간과 자연의 구조적 분리의 부당성을 오래전부터 비판해왔다.[11]

많은 여성들은 이 위계적인 이분법을 극복하려 하기보다는 여성이 남성보다 우월하고 자연이 문명보다 우월하다는 식으로 단순히 그 서열을 뒤바꾸려 했다. 하지만 이 경우 세계관의 기본구조는 유지되며 표면적으로 분리되고 위계화된 두 부분 간의 기본적 적대관계 역시 지속된다. 이 세계관은 '타자'나 '대상'을 단지 다른 것이 아니라 '적'으로 간주하여, 싸르트르(J. P. Sartre)가 『위 끌로』(Huis Clos)에서 말한 것처럼, '다른 사람은 지옥에나 떨어져라!'라는 태도이기 때문이다. 그 결과 생기는 투쟁에서는 한쪽이 궁극적으로 '타자'를 종속시키고 착취함으로써 살아남는다. 이것은 또한 역사와 진보의 개념에 대한 헤겔주의나

---

11 S. Ortner, "Is Female to Male as Nature to Culture?" M. Z. Rosaldo & L. Lamphere, Women, *Culture and Society*, Stanford: Stanford University Press 1974.

맑스주의 변증법의 핵심이기도 하다. 진화론 역시 적대적 생존법칙인, 끝없는 생존경쟁이라는 개념에 기반을 두고 있다. 이런 개념들은 계몽주의 이래 유럽의 이른바 근대성(modernity) 혹은 진보의 기획의 필수불가결한 요소들이다.

홉스(T. Hobbes)의 저서(『리바이어던』—옮긴이) 이후로 사회는 적대적인 이해관계에 따라 움직이는 사회적 원자들의 조합으로 개념화되어왔다. 근대경제학 이론은 개인의 이익추구가 모든 경제활동의 원동력이라고 본다. 이후에 다윈(C. Darwin)은 자연에서 유사한 원칙을 '발견'했다. 따라서 공생관계나 생명을 유지시키고 부양하는 상호연관들은 무시된 채, 자연진화나 사회변동 모두 약자에 대한 강자의 끊임없는 투쟁과 계속적인 교전행위에 의해 추동되는 것으로 이해되었다. 이러한 세계관은 생명체와 문화의 다양성이 지니는 풍부한 잠재력에 대한 이해를 방해하고, 대신 이를 분열적이고 위협적인 것으로 경험한다. 한편 원자화된 부분들을 재결합하려는 시도들은 다양성과 질적 차이를 제거함으로써 다만 표준화·동질화에 이르렀을 뿐이다.

에코페미니즘의 시각은 (인류를 비롯해) 자연 속의 생명이 협력과 상호 보살핌, 사랑을 통해 유지된다는 점을 인식하는 새로운 우주론과 새로운 인류학의 필요성을 제기한다. 이러한 방법을 통해서만 우리는 모든 생명체의 다양성 그리고 그들의 문화적 표현까지도 우리의 안녕과 행복의 진정한 원천으로서 존중하고 보존할 수 있게 된다. 이러한 목표를 위해 에코페미니스트들은 '세계를 새로 짠다' '상처를 치유한다' '망(web)'을 새로이 서로 연결한다는 등의 은유를 사용한다.[12] 전체

---

12 I. Diamond & G. F. Orenstein, *Reweaving the World: The Emergence of Ecofeminism*, San

론적(holistic)인, 모든 생명을 아우르는 우주론과 인류학을 창조하려는 이같은 노력은 계몽주의 이래 사용되어온 것과는 다른 자유 개념을 내포하지 않을 수 없다.

## 자유 대 해방

이런 노력은 인간의 자유와 행복이 자연으로부터의 지속적인 해방의 과정, 이성과 합리성의 능력으로 자연의 과정으로부터 독립하고 그 과정을 지배하는 데 달려 있다는 생각에 대한 거부를 포함한다. 사회주의 이상향 역시, '필요의 영역'(자연의 영역)에서 '자유의 영역' 즉 '진정한' 인간의 영역으로 옮겨가는 역사적 행진이 인간의 운명이며 이 과정은 자연과 자연의 힘을 소위 '제2의 자연' 또는 문화로 변형하는 일을 수반한다고 보는 자유 개념을 지니고 있었다. 과학적 사회주의에 따르면 이 과정에서 자연과 사회 양자의 한계가 변증법적으로 극복된다는 것이다.

환경운동이 시작되기 전까지는 대부분의 페미니스트들 역시 이러한 자유와 해방의 개념을 공유하고 있었다. 하지만 인간을 위한 위대한 해방자로 칭송받아온 근대 과학과 기술의 적용이 왜 갈수록 환경오염을 악화시킬 뿐인지에 대해 점점 더 많은 사람들이 고민하고 질문을 던지기 시작함에 따라, 이들은 계몽주의적 해방논리와 자연의 재생주기를 지키고 북돋워주는 환경논리 간에 모순이 있음을 점차 첨예하게 인식

Francisco: Sierra Club Books 1990; J. Plant, *Healing the Wounds: The Promise of Ecofeminism*, Philadelphia, Pa., Santa Cruz, Ca: New Society Publishers 1989; Y. King, "The Ecology of Feminism and the Feminism of Ecology," Plant, 앞의 책, 18~28면.

하게 되었다. 1987년 독일의 쾰른에서 있었던 '여성과 환경'이라는 모임에서 안젤리카 비르크(Angelika Birk)와 이레네 슈퇴르(Irene Stoehr)는 이러한 모순이, 계몽주의 이념에 고무된 많은 다른 운동과 마찬가지로 특히 재생산의 영역뿐 아니라 가사노동이나 여타의 노동영역에까지 과학과 기술의 진보에 희망을 걸었던 여성운동에도 적용됨을 분명히 설명했다. 이레네 슈퇴르는 이러한 해방 개념이 필연적으로 인간성과 여성성을 아우르는 모든 자연에 대한 지배를 함축한다고 지적했다. 궁극적으로 이 지배관계가 현재 우리가 직면한 생태계의 파괴에 책임이 있다는 것이다. 그렇다면 어떻게 여성들이 이와 똑같은 논리를 통해 여성 자신과 자연의 '해방'에 이르기를 바랄 수 있겠는가?[13]

아직까지도 많은 여성들, 특히 동등화(equalization)정책을 지지하는 많은 여성들이 여성운동의 주요 목표로 삼고 있는 남성의 사회 안에서 남성 '따라잡기'란, 현존 구도 안에서 남성들이 자연에서 취한 것에 대해 더 많은 혹은 동등한 몫을 요구하자는 것이다. 실제로 서구사회에서는 이것이 상당수준 성취되어서, 현대 화학과 가사관련 기술, 제약업 등은 여성을 단조롭고 고된 가사노동으로부터 '해방'시켜줄 것이므로 여성의 구원자라고 선언되었다. 오늘날 우리는 많은 환경오염과 파괴의 원인이 현대의 가사관련 기술에 있음을 알고 있다. 그렇다면 이런 해방의 개념이 우리 삶의 토대로서 지구를 보호한다는 개념과 양립할 수 있겠는가?

이러한 모순은 이어지는 글에서, 특히 생명공학을 다루는 장에서 자

13 A. Birk & I. Stoehr, "Der Fortschritt entläßt seine Tochter," *Frauen und Ökologie: Gegen den Machbarkeitswahn*, Köln: Volksblattverlag 1987.

세히 논할 것이다. 하지만 계몽주의적 해방논리에 대한 우리의 비판은 여성에 대한 계몽주의의 영향을 통찰함으로써 도출해낸 것만은 아니며, '자유의 영역'(realm of freedom)을 향한 백인남성들의 행진이 시작된 이래 이들의 자유를 위해 자신의 주체성과 자유 때로는 생존기반까지도 부정당해온 희생자들에 대한 관심에서 비롯된 것이기도 하다. 여기에는 여성뿐 아니라 자연 그리고 유럽의 (남성)주체들이 '필요의 영역'(realm of necessity)에서 해방되는 과정에서 마음대로 착취·종속시킬 수 있도록 '개방되고', '타자들' '대상들'로 변형된 ——식민화되고 '자연화된' ——타인들이 포함된다.

이들 희생자의 시각에서 보면 이 기획의 허구성은 명백해진다. 희생자들에게 이 기획은 앞서 기술했듯이 생존기반 등의 파괴일 뿐만 아니라 (이른바 따라잡기식 개발을 통해서는) 이 과정의 수혜자들이 얻은 것과 똑같은 물질적 수준을 결코 얻을 수 없음을 의미하기 때문이다. 제한된 지구 안에서 필요로부터의 탈출이란 있을 수 없다. 자유란 '필요의 영역'을 정복하거나 초월함으로써가 아니라 필요의 제약, 즉 자연의 제약 안에서 자유, 행복, '좋은 삶'(good life)에 대한 비전을 발전시켜나가는 데 초점을 맞춤으로써 찾을 수 있다. 우리는 이러한 비전을 자급적 관점이라 부른다. 자연을 '초월'한다는 것은 더이상 정당화될 수 없으며 대신 자연의 생존잠재력이 모든 차원과 모든 발현양태에서 가꿔지고 보존되어야 하기 때문이다. 필요의 영역 내에서의 자유는 모든 이에게 보편화될 수 있지만 필요로부터의 자유는 소수에게만 돌아갈 수 있다.

## 그릇된 전략

현실에 대한 그릇된 인식을 낳는 이러한 이분법은 특히 그릇된 전략으로 이어졌고 또 그것을 이끌고 있다는 점에서 비판받는데, 이는 주로 평등의 문제 즉 억압받고 착취당하는 사람들을 처참한 상황에서 벗어나도록 돕는 문제에서 그러하다. 지금까지의 유일한 처방은 거시적 차원이든 미시적 차원이든 '따라잡기식 개발' 전략이었다. 식민화된 '제3세계'에서 시도되어왔고 또 실패를 거듭한 이 전략은 사회주의국가에서도 적용되었고 이제는 탈사회주의국가들에도 적용되고 있다. 여성운동의 많은 분파도 동등화, 적극적 차별(positive discrimination), 그리고 직업·정치·교육에서의 여성할당제 같은 정책들을 통해 똑같은 전략 곧 남성 '따라잡기' 전략을 추구했다. 요컨대 남성모델을 본뜨고 '승리자'의 특권을 나눠가지려는 것이다. 미국에서는 이같은 동등화정책이 육군이나 해군의 실제 전투부대에 여성들이 배속되는 데까지 이르렀고 해방으로 가는 단계로 환영받는데, 이는 걸프전을 통해서 '성취된' 것이다. 많은 페미니스트들이 이러한 동등화정책에 반발하면서 자본주의 가부장제사회에서 남성의 특권을 공유하기를 거부한다. 하지만 대체로 여전히 많은 사람들이 이 정책을 여성과 여타 피압박집단에게 궁극적으로 해방을 가져다줄 정책으로 여긴다.

## 전지구적인 것 대 지역적인 것

요즘 들어 '전지구적인' 것 대 '지역적인' 것이라는 구도가 환경이나 개발 담론에 널리 쓰이고 있다. 이것을 자세히 관찰해보면, 인간의 노동력과 시장뿐만 아니라 모든 천연자원에까지 마음대로 접근하고자 하는 이익집단들이 흔히 스스로를 '세계공동체' '전지구적 평화' '전지구적 환경' 혹은 보편적 인권과 자유로운 세계시장의 수호자로 자처함을 알게 된다. 이러한 전지구주의(globalism)의 암묵적 약속은 '자유로운 세계시장'이 세계평화와 정의로 이어진다는 것이다. 공통의 전지구적 목표라는 이름을 내걸고 우리 모두가 지구라는 같은 행성에 의존하고 있다는 사실을 인정하는 듯 보이지만 실상 그들은 지역 생태계·공동체·문화 등을 착취할 권리를 요구하는 것이다. 언제나 지역적인 것이 희생된다는 사실은 걸프전의 결과에서 분명히 드러난다. 이 전쟁은 국제연합으로 대표되는 '세계공동체'의 이름으로 외견상 보편적 혹은 전지구적 정의의 원칙에 의해 정당화되었다. 전세계는 이라크의 점령으로부터 쿠웨이트를 해방할 책임을 느끼도록 요구받았던 것이다. 하지만 이 '해방'의 희생물은 지역적인 것이 분명했으니, 이라크와 쿠웨이트의 여성과 아동, 쿠르드족 그리고 걸프지역의 환경이 바로 그것이다.

걸프전 이후 등장한 새로운 '전지구주의'—'새로운 세계질서'—는 미국의 대통령 조지 부시(George Bush)가 주창한 것이다. 구시대 초강대국들의 오랜 대치상태가 종식되면서 이 새로운 세계질서는 세계 평화와 화합의 전조로 제시되었다. 하지만 이것은 낡은 세계질서를 포장만 달리한 것에 불과하다.

이 책 뒷부분에서 강조하겠지만, 전지구적 질서에서 '전지구적'인 것이란, 단지 몇몇 다국적기업들(MNCs)과 강대국들의 통제하에 다양한 차이를 지닌 경제·문화·자연을 포섭함으로써 지역적이고 개별적인 이익을 전지구적으로 지배하는 것을 의미할 뿐이다. 강대국들은 '자유'무역, 구조조정 프로그램, 그리고 점차 더욱 빈번해지는 군사적 분쟁 등을 통해 다국적기업의 전지구적 확장을 지원한다. 통일독일에서는 현재 인종주의자들이 이민자들을 공격하고 있고, 세계시장에 새로이 '편입'된 구소련과 동유럽에서는 내전이 계속되고 있으며, 스리랑카와 인도, 아프리카에서는 종족분쟁이 그치지 않는다. 이 모든 것이 의미하는 바는 사람들에 대해서는 새로운 분리가 이뤄지고 경계선이 획정되고 있고, 반면 초국적기업의 투자와 시장을 위해서는 '새로운 세계질서'나 '전지구적 통합'이라는 거창한 계획을 촉진하도록 모든 경계가 허물어진다는 사실이다.

지배적인 담론에서 '전지구적'인 것이란 우세한 지역들이 지역적·국가적 통제에서 벗어나 전지구적 통제를 획책하는 정치적 공간이다. 하지만 이 말이 연상시키는 바와는 반대로 전지구적이라는 것은 보편적인 인간의 이해를 대표하는 것이 아니다. 그것은 자체의 영향력과 통제력을 통해 전지구적으로 뻗어나간 특정 지역의 제한된 이해를 대변한다. 세계 7대 강대국의 모임인 G7은 전지구적인 문제들을 주관하지만 그들을 움직이는 이해관계란 편협할 뿐이다. 세계은행(World Bank)이라고 해서 실제로 전세계 모든 공동체의 이익을 도모하지 않으며, 기부자들의 정치·경제적 힘에 좌우되는 투표로 의사결정을 하는 하나의 기구일 따름이다. 이 의사결정 과정에서 실제로 댓가를 지불하는 공동체, 즉 (예컨대 나르마다계곡의 부족들 같은) 진정한 기부자들은 전혀 목소리를 내지 못한다.

식민주의에 대항한 독립운동은 식민지로부터 중심부 경제대국으로의 경제유출로 인한 빈곤과 수탈을 폭로했다. 전후 세계질서에서는 정치적으로 독립된 국가들이 남에 출현했고, 저개발과 가난을 명목삼아 개발자금 융자와 외채에 토대를 둔 새로운 식민주의를 만들어낸 세계은행이나 국제통화기금(IMF) 같은 브레턴우즈 기구(Bretton Woods institutions)들 또한 나타났다. 환경운동은 이들 기구가 구상하고 돈을 댄 잘못된 개발로 인한 환경적·사회적 비용을 폭로했다. 환경보호는 이제 미사여구로 동원되거나 세계은행과 같은 '전지구적' 기구들을 강화하고 그것들의 영향력을 확대하기 위한 근거로 인용되고 있다.

이처럼 반대자들의 언어를 포섭해 얻은 정당성에, 전지구적으로 뻗어나간 '지역'이 지리상의 확장과 민주주의의 확산을 나타내는 일종의 위계조직의 형태이며 낮은 단계의 (지역적) 위계는 어떤 식으로든 높은 (전지구적) 단계에 종속되어야 한다는 그릇된 개념에서 도출한 정당성이 더해진다. 가동 중인 비민주적 개발계획들도 이와 유사한 '국가적 이익'이라는 잘못된 개념에 근거하고 있으며, 모든 지역적인 이해는 더 큰 이해라고 여겨지는 것을 위해 희생해야 한다는 도덕적 의무 같은 것을 느끼도록 되어 있다. 독립 이후 인도의 지역공동체들이 대규모 댐의 건설을 허용했던 것도 바로 이런 식이었다. 상이한 '지역적' 이해가 전국적 규모로 서로 맞서게 된 1980년대에 이르러서야 그들은 이른바 '국익'이라는 것이 떼흐리(Tehri)나 나르마다계곡 같은 온갖 댐 건설로부터 이익을 얻는 한줌의 건설업자들과 기업가, 그리고 그들의 돈을 받는 한줌의 정치가들의 선거와 관련된 경제적 이익에 불과했음을 깨닫게 되었다. '국가적' 이익으로 부풀려진 협소하고 이기적인 이해에 대항해 대규모 댐 공사에 반대했던 지역공동체의 집단적 투쟁은 진정어렸지만 진압당해버린 공동의 이익이란 기치로 떠오르게 되었다.

## 보편주의 (서구) 이데올로기의 붕괴와 문화상대주의의 출현

동서대립의 종식이 모든 사회주의자들의 꿈과 이상향의 종말일 뿐 아니라, 인간에 대한 그리고 인간과 자연, 인간들 간의 관계에 관한 보편주의적 개념에 근거한 모든 보편주의 이데올로기의 종말을 나타낸다고 해석하는 사람들이 있다. 이러한 이데올로기들은 유럽중심적이고 자아중심적이며 ─ 일부 페미니스트들에 따르면 ─ 남성중심적이고 물질주의적인 것으로 '해체'되어왔다.

근대화의 보편화 ─ 계몽이라는 유럽적 기획 ─ 가 실패했다고 주장하는 포스트모더니즘 사상가들이 이들 이데올로기의 종말을 선언한다. 또한 일부 환경론자와 개발론자들은 서구의 산업사회 모델이 물질적 혹은 경제적 개발과 경쟁을 강조한 나머지 대다수 비유럽사회에서 문화가 하는 중요한 역할을 제대로 알아보지 못했다고 주장한다. 더구나 대부분의 비근대사회에서는 경제와 문화(혹은 맑스주의 용어로 토대와 상부구조)의 이분법적 구분이란 없다는 것이다. 그들은 더 나아가 근대화전략이 생물다양성뿐 아니라 문화다양성까지 파괴하여 미국식 코카콜라와 패스트푸드 모델로 문화의 동질화를 야기하는 한편, 생명체를 이윤지향적 산업의 요구에 맞추어 동질화했다는 이유로 서구의 개발패러다임을 비판한다. 우리는 서구식 개발패러다임에 대한 이러한 비판에 많은 부분 공감하며 세계시장과 자본주의적 생산과정에서 비롯되는 동질화에 반대한다. 또한 우리는 상부구조 또는 문화와 경제 혹은 토대 간의 이분법적 구분도 비판한다. 우리의 관점에서는 지구 위 생명체의 다양성과 인간사회의 문화다양성을 보존하는 것이 이 지구에서 삶을 지속하기 위한 선결조건이 된다.

하지만 경제를 아예 무시하고 문화 혹은 문화들만을 고려함으로써 이분법적 구조를 그저 뒤집기만 하는 것은 경계해야 한다. 나아가 모든 문화적 전통을 동일한 가치로 볼 수는 없는데, 그러한 태도는 유럽중심적이고 남성중심적이며 교조주의적이고 인종주의적인 보편주의를 문화상대주의로 단순 대체하는 것에 불과하다. 이 문화상대주의에 따르면 우리는 심지어 폭력이나 지참금제도, 음핵절단, 인도의 카스트제도 같은 가부장적이고 착취적인 제도나 관습까지도 그것들이 특정 민족 고유의 문화적 표현물이자 창조물이라는 이유로 받아들여야 한다. 문화상대주의자에게는 언어, 종교, 관습, 식습관, 남녀관계 등으로 표현되는 전통들은 언제나 특수한 것이며 따라서 비판할 수 없는 것이기 때문이다. '차이'에 대한 강조가 극단에 이르면 공통성을 전혀 못 알아보기 쉽고 심지어 의사소통마저 불가능하게 만든다. 가치판단을 정지시킬 지경에 이른 문화상대주의가 전체주의적이며 교조적인 이데올로기적 보편주의의 해결이나 대안이 될 수 없음은 명백하다. 그것은 실상 낡은 동전을 뒤집어놓은 것에 불과하다. 이런 입장은 자유주의적 태도를 취하지만, 유럽의 자유주의와 개인주의가 식민주의와 공유지 파괴, 대규모의 사유화, 그리고 이윤을 위한 상품생산에 근거함을 잊어서는 안된다. 문화적인 것, 지역적인 것, 차이에 대한 이같은 새로운 강조, 이런 문화상대주의가 다국적기업의 이해관계와 맞물린다는 점 또한 분명히 인식해야 한다.

지식인들이 문화와 차이에 열중하는 동안 국제자본은 모든 자연자원과 생명체 그리고 지역문화와 전통과 상품에 대한 자유로운 접근을 주장하면서 생산과 시장을 꾸준히 확장하고 있다. 지역문화들은 조각조각 나뉘어 그 단편들이 세계시장에서 팔릴 만한 상품이 될 때에야 비로소 '가치'를 지닌다고 간주된다. 음식이 '민속음식'이 되고 음악이 '민속음악'이 되고 전통설화가 '민속학'이 되어야만, 그리고 기술이 관광객에게 팔 '민속품' 생산으로 연결되어야만 비로소 자본축적 과정은 이런 지역문화에서 이득을 취할 수 있다.

이처럼 지역문화가 해체되고 그 조각조각이 상품화되는 동안 이 조각난 단편들은 세계시장에서 '재결합'되고 그리하여 모든 문화적 다양성은 표준화되고 동질화된다. 문화상대주의는 이러한 과정을 인식하지 못할 뿐 아니라 도리어 정당화하고 있으며, 차이의 페미니스트이론은 자본주의 세계체제의 작용과, 생명을 상품과 현금으로 바꿔버리는 힘을 간과하고 있다.

문화상대주의에서 벗어날 방도를 찾기 위해서는 차이만 볼 것이 아니라 전세계 여성들 간의, 여성과 남성 간의, 그리고 인간과 다른 생명체 간의 다양성과 상호연관성까지 살펴야만 한다. 여성해방과 지구상의 생명 보존을 위한 공통의 근거는, 개발과정의 희생자였으며 자신의 생존기반을 확보하기 위해 투쟁한 여성들, 예를 들어 인도의 칩꼬(Chipko) 여성들, 초대형 댐 건설에 반대한 사람들, 원자력발전소와 세계 도처에서 행해지는 무책임한 유해폐기물 투기에 반대하여 싸우는 여성들, 그리고 그밖에 전세계의 다른 많은 이들의 활동에서 찾아볼 수 있다.

그러한 풀뿌리 여성활동가들과의 대화에는 문화상대주의가 들어설 자리가 없다. 이 여성들은 전세계 여성을 묶어주는 것이 무엇이며 남성과 여성을 자연의 수많은 생명체와 연결해주는 것이 무엇인지를 분명히 밝히고 있다. 자신들의 생존 — 생활기반 — 을 지키기 위한 이들의 노력에서 뻗어나오는 보편주의는 계몽주의와 자본주의 가부장제가 빚어낸 유럽중심적 보편주의와는 다르다.

이 보편주의는 추상적인 보편적 인간'권리들'을 다루기보다는 생명을 지속시키는 네트워크와 과정들이 손상되지 않고 작동될 때에만 충족되는 공통된 인간욕구를 다룬다. 이 지구상에서 가장 충만한 의미의 삶이 계속될 수 있도록 보장하는 것은 자연과 인간사회 모두에 존재하는 이같은 '공생 혹은 살아 있는 연관성'뿐이다. 의식주, 애정과 보살핌과 사랑, 긍지와 정체성, 지식과 자유, 여가와 기쁨에 대한 이런 기본적 욕구는 문화, 이데올로기, 인종, 정치·경제 체제와 계급을 불문하고 모든 사람에게 공통된다.

대개의 개발담론에서 이들 욕구는 이른바 '기본욕구'(의식주 등)와 자유나 지식의 추구 같은 이른바 '고상한 욕구'로 나뉜다. 여성활동가들이 표현하듯, 에코페미니즘의 관점은 그러한 구분을 인정하지 않는다. 문화는 생계유지와 생명을 위한 그들의 투쟁에서 큰 부분이다. 그들에게 자유란 어머니 대지와의 애정어린 상호관계와 협조적인 생산활동을 뜻하며[14] 지식은 삶을 유지하는 데 필수적인 생존지식을 말한다. 부유한 북의 여성들이나 남의 부유층에 속한 여성들이 이러한 보편주의 개념을 이해하기란 쉽지 않다. 생존은 삶의 궁극적인 목표가 아니라 진부한 것으로, 당연히 주어지는 사실로 여겨진다. 생존·생명을 위한 일상의 노동의 가치, 바로 그것이 소위 '고상한' 가치라는 미명하에 침식당해온 것이다.

---

[14] 이것은 Vandana Shiva가 한 인터뷰에 기초한 것이다. Shiva, 앞의 책, 1987.

## 에코페미니즘

"옛 지혜를 일컫는 새로운 용어"[15]인 에코페미니즘은 여성운동, 평화운동, 환경운동 등 1970년대 말에서 1980년대 초반까지의 다양한 사회운동에서 성장해 나온 것이다. 이 용어를 처음 사용한 이는 프랑쑤아즈 도본느(Françoise D'Eaubonne)지만,[16] 되풀이되는 환경재앙으로 촉발된, 환경파괴에 반대하는 수많은 항의와 운동으로 비로소 널리 퍼지게 되었다. 스리마일섬에서의 원자로 노심 용해를 계기로 수많은 미국 여성들이 1980년 3월 애머스트에서 열린 최초의 에코페미니스트 회의 ― '지구의 여성과 생명: 80년대의 에코페미니즘에 관한 회의' ― 에 모였다. 이 회의에서는 페미니즘, 군사력 강화, 치유, 생태론(ecology) 간의 관계가 논의되었다. 회의 조직자 중 한 사람인 이네스트라 킹(Ynestra King)은 이렇게 적고 있다.

에코페미니즘은 이론과 실천의 연관성과 총체성에 관한 것이다. 그것은 살아 있는 모든 것의 특별한 힘과 완전함을 옹호한다. 우리에게 스네일 다터(북미산 민물고기의 일종―옮긴이)는 어느 공동체의 물에 대한 요구나 마찬가지로 고려되어야 하며, 돌고래는 참치에 대한 기호와 나란히, 그리고 참치의 먹이가 되는 생물은 스카이랩(미국 유인 우주실험실―옮긴이)과 마찬가지로 존중되어야 한다. 우리는 여성 정체성을 지닌 운동세력이며, 이 절박한 시기에 해야 할 특수한 사명이 있다

---

15 Diamond & Orenstein, 앞의 책, 1990.
16 F. D'Eaubonne, "Feminism or Death," Elaine Marks & Isabelle de Courtivron, eds., *New French Feminisms, an Anthology*, Amherst: Amherst University Press 1980.

고 믿는다. 우리는 기업전사(corporate warrior)들의 지구와 생명 파괴, 그리고 군대전사(military warrior)들의 핵전멸 위협에 관심을 기울여야 한다고 본다. 우리의 신체와 성(sexuality)의 권리를 부정하는 것도 바로 이 남성주의적 정신이며, 그것은 복잡다양한 지배체제와 국가권력에 바탕을 두고 자신의 뜻을 관철하고 있다.[17]

어느 곳에서 환경파괴나 핵전멸 위협에 대해 반대활동을 하든, 여성들은 여성과 타인, 자연에 대한 가부장적 폭력 사이에 연관성이 있음을 즉각 깨닫게 된다. 또한 이 가부장제에 도전하는 것이 미래세대와 생명과 이 지구 자체에 충실해지는 길임을 알게 된다. 우리는 여성으로서의 우리의 본성과 경험을 통해 이 점에 대한 깊고 특별한 이해를 갖고 있다.[18]

'기업전사들과 군대전사들'의 환경에 대한 공격은 마치 우리 여성들의 신체에 가하는 공격처럼 직접적으로 감지된다. 운동에 참여하는 많은 여성들이 이러한 느낌을 밝힌 바 있다. 쎄베조(Seveso) 오염 반대시위를 했던 한 스위스 여성은 이렇게 적고 있다. "우리는 우리의 신체를 더 세계적인 차원에서 관리하는 법을 생각해내야만 한다. 우리의 신체를 공격하는 무리에는 남성들이나 의사들뿐만이 아니라 다국적기업도 포함되어 있기 때문이다. 쎄베조의 라로슈지보당(La Roche-Givaudan) 사보다 더 여성의 몸과 어린이를 해치는 것이 또 어디 있단 말인가? 1976년 7월 10일 이후 여성과 어린이의 삶 전체가 그 '사고'에 의해 점

---

17 Y. King, "The Eco-Feminist Perspective," L. Caldecott & S. Leland, eds., *Reclaiming the Earth: Women Speak out for Life on Earth*, London: The Women's Press 1983, 10면.
18 같은 글, 11면.

령되었으며 그 후유증은 앞으로도 오래 계속될 것이다."[19]

1984년 12월 2일과 3일 밤 당시 인도 보빨에 있던 유니언카바이드 살충제공장에서 40톤의 유독가스가 방출되었다. 이 재난으로 3천명이 목숨을 잃었고, 당시 가스에 노출된 40만명의 사람들이 죽어가고 있으며, 고통은 아직도 계속되고 있다. 가장 심한 타격을 입은 이들은 여성이었고 가장 끈질기게 정의를 요구하는 이들 역시 여성이다. '보빨가스 삐디뜨 마힐라 우됴그 상가탄'(Bhopal Gas Peedit Mahila Udyog Sangathan, 보빨가스 피해여성노동자연합이란 뜻―옮긴이)은 사람들이 아직도 고생하고 있으며 아무리 많은 돈을 주어도 희생자들의 목숨과 건강은 되돌릴 수 없다는 것을 인도정부와 유니언카바이드사 및 전세계에 끊임없이 알리고 있다. 이 재난으로 가장 큰 타격을 입은 계층인 바스띠스 출신의 가난한 이슬람교도 여인, 하미다비(Hamidabi)는 이렇게 말한다. "우리 가슴속에 불이 꺼지기 전에는 이 싸움을 그만두지 않을 거예요. 그 불은 3천개의 화장용 장작더미에서 시작된 불이지요. 우리가 정의를 얻을 때까지 타오를 겁니다." 또 씨칠리아에서 핵미사일 기지 건설에 반대하던 여성들은 이렇게 말했다.

우리가 전쟁을 반대하는 것은 곧 해방을 위해 투쟁하는 것이다. 우리는 지금 그 어느 때보다 핵확산과 호전적 남성문화 사이의 연관, 전쟁의 폭력과 강간의 폭력 간의 연관을 뚜렷이 알아본다. 실상 이런 것들이 여성들이 전쟁에 대해 갖는 역사적 기억이다. 하지만 그것은 '평화시' 우리의 일상적 경험이기도 하다. 남성들 대다수가 즐기

19 F. Howard-Gorden, "Seveso is Everywhere," 같은 책, 36~45면.

는 것 같은 전쟁이라는 무시무시한 놀이가 공격·정복·소유·통제라는 남녀관계의 전통적 경로와 동일한 단계를 거치는 것도 결코 우연이 아니다. 대상이 땅이건 여성이건 다를 바가 없는 것이다.[20]

독일에서 원자력발전소 건설 반대운동의 추진력이 된 여성들이 모두 의식적인 페미니스트들은 아니었다. 하지만 그들에게도 기술과 자연·전쟁·여성·미래세대에 대한 전쟁 간의 연관은 분명했다. 독일 남서부의 빌에서 원자력발전소 건설계획에 적극적으로 저항했던 여성농민들도 기술과, 산업체제가 가진 이윤중심의 성장에 대한 광적 집착과, '제3세계'에 대한 착취 간의 연관을 알아보았다.[21] 1986년 체르노빌 참사 이후 한 러시아 여성 또한 이러한 연관을 다음과 같이 극명하게 요약하고 있다. "남자들은 생명을 생각하지 않아요. 자연과 적을 정복하려 할 뿐이지요."

체르노빌 참사는 특히 이러한 전쟁기술과 전반적인 산업의 전사(warrior)체제에 대한 여성들의 분노와 저항을 자연스레 불러일으켰다. 핵기술이 폭탄으로 사용될 때는 나쁜 것이지만 북의 가정의 가전제품을 작동할 전기를 발생시키는 데 사용된다면 좋은 것이라는 허구는 순식간에 사라졌다. 또한 많은 여성들이 그들의 소비적인 생활양식도 자연과 여성과 이민족과 미래세대들을 상대로 하는 이러한 전쟁체제의 커다란 일부임을 인식하게 되었다.

생명공학, 유전공학과 재생산기술의 새로운 발전으로 인해 여성들

---

20 같은 책, 126면에서 인용한 Statement of Sicilian Women.
21 Gladitz, 앞의 책 참조. 이것 역시 1990년 마리아 미스가 한 인터뷰에서 인용한 것이다(각주 6 참조).

은 과학과 기술이 성차별적인 것이고, 과학의 전체적인 패러다임 자체가 가부장적·반자연적·식민주의적인 것이며, 자연의 생산력과 여성의 생식력을 박탈하고자 하는 것임을 깨닫게 되었다. 유전공학과 재생산기술에 반대하는 페미니스트 인터내셔널 네트워크(FINRRAGE)가 1984년 결성된 이래 1985년에는 스웨덴과 독일의 본, 1988년에는 방글라데시, 1991년에는 브라질에서 중요한 회의들이 잇따라 열렸다. 이 운동은 좁은 의미의 여성운동 내지 페미니즘 운동의 범주를 훨씬 넘어선 것이었다. 독일에서는 노동조합·교회·대학에 몸담은 여성들, 도시와 농촌 여성, 노동자와 전업주부들이 이런 기술에 반대하기 위해 모여들었으며, 이 기술의 윤리적·경제적·건강상의 문제들이 계속 치열하게 논의되고 있다. 이 운동은 프랑크푸르트에서 '대리모'대행사 설립을 막는 역할을 했다. 자본주의 가부장제와 그 전사(warrior)격인 과학이 살아 있는 전체를 분리하고 해부하는 데 골몰하는 바로 그 지점에서 연관성을 찾는다는 에코페미니즘의 원칙이 또한 이 운동에 지침을 제공했다. 그리하여 관계자들은 이러한 기술들이 여성에게 미치는 영향뿐만 아니라 북의 산업국이나 제3세계의 동식물과 농업에 미치는 영향까지도 고려한다. 그들은 여성의 해방이 고립된 상태에서가 아니라 이 지구 위의 생명을 보존하려는 더 폭넓은 투쟁의 일부가 될 때에만 성취될 수 있음을 깨달은 것이다.

이 운동은 또한 새로운 연대와 네트워크의 창출을 가능하게 해주었다. 방글라데시 회의에서 이러한 기술에 대해 들은 한 아프리카 여성은 "그게 진보라면 우리는 진보 필요없어요. 다 가져가요"라고 외쳤다.

## '영적' 에코페미니즘 아니면 '정치적' 에코페미니즘?

여성들은 환경, 평화, 여성, 특히 건강 등 다양한 운동영역에서 모든 것의 상호의존성과 연관성을 재발견하면서 이른바 삶의 영적(spiritual) 차원에 대해서도 새로이 발견하게 되었는데, 때로는 이 상호연관성에 대한 깨달음 자체가 영적인 것이라 일컬어지기도 한다. 인간행복의 성취가 근본적으로 물질적인 상품생산의 확대를 조건으로 한다는 자본주의와 맑스주의 유물론은 모두 이러한 차원을 부인하거나 훼손했다. 페미니스트들은 근대가 시작될 무렵 벌어졌던 '마녀사냥'의 중요성을 새삼 깨닫게 되었다. 가부장적 과학과 기술은 이 여성들(마녀들)이 살해당하고 그에 따라 그들의 지식과 지혜, 자연과의 친밀한 관계도 파괴당한 후에야 발전할 수 있었던 것이다.[22] 이런 지혜를 가부장제에 의한 파괴로부터 여성과 자연을 해방시킬 수단으로 회복하고 재생시키려는 욕구 또한 이처럼 영적인 것으로 관심을 돌리게 된 동기가 되었다. '영적'이라는 용어는 사람에 따라 다른 의미를 띨 수 있는 모호한 단어이다. 어떤 이들에게 그것은 일종의 종교를 뜻하지만 이 종교는 기성 종교의 근본적인 전사(戰史) 전통에 비추어볼 때 여성과 자연에 분명 적대적인 기독교·유대교·이슬람교 같은 가부장적이고 일신론적인 종교의 연장선상에 있는 것이 아니다. 그래서 일부에서는 여신을 근간으로 하는 종교를 부활 혹은 재창조하려 시도했고 이때 영성이 여신으로 정의되었다.

---

22 C. Merchant, *The Death of Nature: Women, Ecology and the Scientific Revolution*, San Francisco: Harper & Row 1983.

어떤 이는 이것을 만물에 깃들고 스며 있는 여성원칙이라 부르기도 하는데, 이 경우 영성은 덜 '영적인' 즉 덜 관념론적인 방식으로 이해된다. 여기서 영(靈)은 여성적인 것이지만 물질세계와 분리되어 있지 않고 모든 사물과 모든 인간에 내재되어 있는 생명력으로 간주되며, 따라서 사실상 연결원리이다. 이처럼 좀더 물질적인 의미에서의 영성은 흔히 생각하는 종교라기보다는 주술에 더 가깝다.[23] 영성에 대한 이러한 해석은 스타호크(Starhawk)의 저서[24]에 잘 설명되어 있는데, 그에게는 영성이 대체로 여성의 관능, 여성의 성적인 에너지, 여성의 가장 소중한 생명력과 같은 것이며, 여성을 서로서로에게, 그리고 다른 생명체와 생명요소들에 이어준다. 그것은 여성으로 하여금 생명을 사랑하고 축복하게 해주는 에너지이다. 이처럼 '내세적'이라기보다는 관능적이고 성적인 영성은 정신과 물질, 초월과 내재성 사이에 중심을 잡아 양극 간의 대립을 없앤다. 오직 내재성만 존재하지만 이 내재성이란 주관성과 생명력과 정신이 없는 무기력하고 수동적인 것이 아니다. 영이란 모든 것에, 특히 우리의 관능적인 경험에 내재하는데, 육체를 지닌 존재로서 우리는 물질적인 것과 정신적인 것을 떼어놓을 수 없기 때문이다. 영적인 것은 모든 생명을 꽃피우는 사랑이며 만물에 담겨 있는 주술이다. 새로이 발견된 고대의 지혜는 만물을 감싸안은 이런 연결관계에 대한 오래된 주술적 통찰로 이루어져 있었고, 이 연결관계를 통해 힘없는 여성들이 힘을 가진 남성들에게 영향력을 행사할 수 있었다. 이것은 적어도 1980년대에 미 국무성을 둘러싸고 제례를 거행한 여성들과, 처음으로

[23] M. Mies, TANTRA, Magie oder Spiritualität? beitraege zur.
[24] Starhawk 1982.

에코페미니스트 선언서를 만든 여성들의 사고방식에 적잖은 영향을 미쳤다.[25]

생태학에서 이같은 '영성'의 강조에 해당하는 것은 생명의 신성함에 대한 재발견으로, 그에 따르면 인간이 다시금 모든 생명체를 신성한 것으로 여기고 존중할 때에만 지구상의 생명은 보존될 수 있다. 이러한 자질은 내세의 신이나 초월에 있는 것이 아니라 일상생활에, 우리의 노동에, 우리를 둘러싼 모든 것에, 우리의 내재성에 있다. 그리고 때로 제례의식으로, 춤과 노래로 이 신성함을 찬양해야 한다.

우리가 어머니 대지에 의지하고 있음을 찬양하는 것은 프랜시스 베이컨(Francis Bacon)과 그의 추종자들, 그리고 근대 과학과 기술의 창시자들이 조장하는 태도와는 전혀 다른 것이다. 그들은 이러한 의존성이 자유에 대한 인간의 권리를 침해하고 조롱하는 것이기에 강압적이고 폭력적으로 없애야 한다고 생각했다. 서구적 합리성, 서구과학의 패러다임과 자유의 개념은 모두 이 의존성을 극복하고 초월하려는 데에, 자연을 (남성)의지에 종속시키고 자연의 모든 주술적 힘을 풀어버리려는 데에 바탕을 둔다. 이런 맥락에서 영성은 '어머니 대지를 치유'하고 세계에 다시 주술을 걸고자 노력한다. 막스 베버(Max Weber)가 유럽의 합리성이 진전하는 과정의 필연적 소산이라 본 주술풀기(disenchantment) 과정을 무위로 돌려놓자는 것이다.

미국의 에코페미니스트들은 유럽의 에코페미니스트들보다 '영적'인 것을 더 강조하는 듯하다. 일례로 독일에서는 특히 1980년대 초 이래 종종 이 경향이 정치적 영역에서 일종의 몽상적 세계로의 후퇴를 나타내

---

25 Caldecott & Leland, 앞의 책, 15면.

며, 현실에서 이탈하여 결과적으로 남성의 손에 권력을 맡기는 도피주의라고 비판받았다. 하지만 '영적' 페미니스트들은 비록 작은 공동체에서만 가능하기는 하나 그들의 입장이 일상의 정치이자 근본적인 관계를 변화시킨다고 주장한다. 그들은 이 정치가 남성들의 파워게임을 그와 유사한 게임의 방식으로 반격하는 것보다 훨씬 더 효율적이라 생각한다. 역시 독일에서 이 논쟁은 1978년 이후 의회정치에 참여한 녹색당의 출현이라는 배경에서 고찰할 필요가 있다. 녹색당의 여성운동가들은 환경적 관심보다는 페미니즘적인 관심에서 참여한 경우가 더 많았다. 그러나 녹색당은 이러한 관심사를 그들의 강령과 정치전략에 통합하고자 노력했다. 에코페미니즘 운동 역시 내부에서 '영적'인 입장에 대한 비판은 대개 좌파출신 인사들에게서 나온다. 다수의 여성들 특히 자본주의비판을 가부장제비판과 연결지으면서도 여전히 일종의 '유물론적' 역사관에 매달려 있는 여성들이 영적 에코페미니즘을 받아들이기란 쉽지 않은 일이다. 자본주의는 '영적' 페미니즘의 '물질주의'비판조차 포섭할 수 있음이 명백하기 때문이다

실제로 이런 일은 이미 일어나고 있다. 뉴에이지운동과 비교(秘敎)운동은 비전(秘傳), 명상, 요가, 주술, 대안적 건강법 등의 새로운 시장을 만들어냈는데, 이것들은 대부분 동양의, 특히 중국과 인도 전통의 맥락에서 떼어내 단편적으로 취한 것이다. 식민지에서 물질적 자원을 약탈한 다음 이제는 정신적·문화적 자원마저도 세계시장의 상품으로 변모시킨다.

영적인 것에 대한 이같은 관심은 서구의 가부장적 자본주의문명의 깊은 위기를 보여준다. 서구에서 (언제나 '물질'세계와 분리된) 삶의 정신적인 면이 점점 침식당하면서, 서구인들은 이제 자신의 문명에서 파

괴된 것을 찾아 '동양'으로, 산업사회 이전의 전통으로 눈을 돌린다.

이러한 모색은 분명 온전한 전체(wholeness)를 향한 인간의 깊은 욕구에서 비롯되었지만 지금과 같은 파편적이고 상품화된 방식은 비판받아 마땅하다. 동양의 정신주의에 관심이 있는 사람들은 동양인들이, 예컨대 인도인들이 어떻게 살아가고 있고 자신들이 취한 요가나 태극권 같은 단편들이 어떤 사회경제적·정치적 맥락에 놓인 것인지도 거의 알지 못하며 알려고조차 하지 않는다. 일종의 사치성 정신주의인 것이다. 자랄 자르카르(Saral Sarkar)의 표현대로[26] 이것은 서구적 생활수준이라는 물질주의 케이크 위에 덧붙인 이상주의적 장식에 불과하다. 이와 같은 사치성 정신주의는 정신과 물질, 경제와 문화 간의 이분법을 극복할 수 없다. 전체성을 향한 이같은 모색이 현존하는 착취적 세계체제에 대한 비판 그리고 더 나은 사회를 향한 탐색으로 통합되지 않는 한 그것은 쉽게 흡수되고 무력해지기 십상이기 때문이다.

생존의 터전을 지키기 위해 싸우는 제3세계 여성에게는 이러한 정신주의 케이크장식이나 물질로부터 정신을 분리하는 것이 이해할 수 없는 일이며, 그들은 어머니 대지라는 말에 따옴표를 붙일 이유조차 없다. 그들은 지구를 그들 자신과 모든 동료 피조물들의 생존을 보장해주는 살아 있는 존재로 여기기 때문이다. 그들은 대지의 신성을 존중하고 찬양하며 그것을 산업과 상품생산을 위한 죽은 원료로 만드는 것에 저항한다. 따라서 그들 자신의 생존을 위해 결코 침해되어서는 안되는 자연의 다양성과 한계를 존중하는 것은 당연한 이치이다. 우리 에코페미니

---

26 S. Sarkar, "Die Bewegung und ihre Strategie: Ein Beitrag zum notwendigen Klärungsprozeß," *Kommune*, Nr. Frankfurt 1987.

스트들의 입장의 근거가 되는 것이 바로 대다수 세계 여성들 일상의 생존활동 속에 뿌리박고 있는 이런 물질주의이고 내재성이다. 이 물질주의는 상품화된 자본주의도 아니요, 기계적인 맑스주의 유물론도 아니다. 이 둘은 모두 인간과 자연 간의 관계에 대한 동일한 개념에 토대를 둔다. 그러나 우리가 이해하는 에코페미니즘적 정신주의는, '땀흘리지 않고서 음식'을 바라며 그 음식이 어디서 왔는지 그 땀이 누구의 것인지는 관심도 없는 내세적 정신주의와 혼동되어서는 안될 것이다.

이어지는 장(章)들은 에코페미니즘을 삶의 기본욕구로부터 출발한 시각이라 보는 우리의 기본적인 견해를 담고 있으며 우리는 이를 자급적 관점이라 부른다. 우리는 여성이 남성보다 이 시각에 더 근접해 있으며, 남에서 자신들의 직접적인 생존을 위해 싸우고 노동하며 살아가는 여성들이 북의 도시 중산층 남성과 여성보다 여기에 더 근접해 있다고 본다. 하지만 모든 여성과 모든 남성들이 산업체제의 파괴에 직접 영향을 받는 육체를 지니고 있다. 그러므로 모든 여성 그리고 결국에는 모든 남성 또한 이 과정을 분석하고 변화시킬 '물적 토대'를 지닌다. 이어지는 장(章)들에서 우리는 우리의 투쟁과 사후평가의 과정에서 나타난 몇몇 문제들에 관해 논할 것이다. 이 문제들은 미리 기획된 것이 아니었지만, 지식의 개념에 관한 문제, 빈곤과 개발 문제, 모든 생명체의 산업화라는 문제, 문화적 정체성과 뿌리박음의 문제, 제한된 지구 안에서 자유와 자기결정을 추구하는 문제 등 지구 위의 생명을 지키고자 할 때 당면하게 되는 문제들 대부분을 포괄하고 있다. 그리고 마지막으로 우리는 자연과 여성과 어린이와 남성 모두에게 자비로운 사회에 대한 우리의 비전을 제시하려 한다. 우리는 각자 맡은 부분에서 나타나는 의견과 분석의 차이를 전부 없애려 들지는 않았다. 차이들이 엄연히 존재하는 현

시점과 조건에서 그런 차이들은 불가피하며 회피해서는 안된다고 생각한다. 그 차이들은 에코페미니즘 담론이 전지구적 차원에서 어떤 것이 될 수 있는지에 대한 현실적인 그림을 제공하기 때문이다.

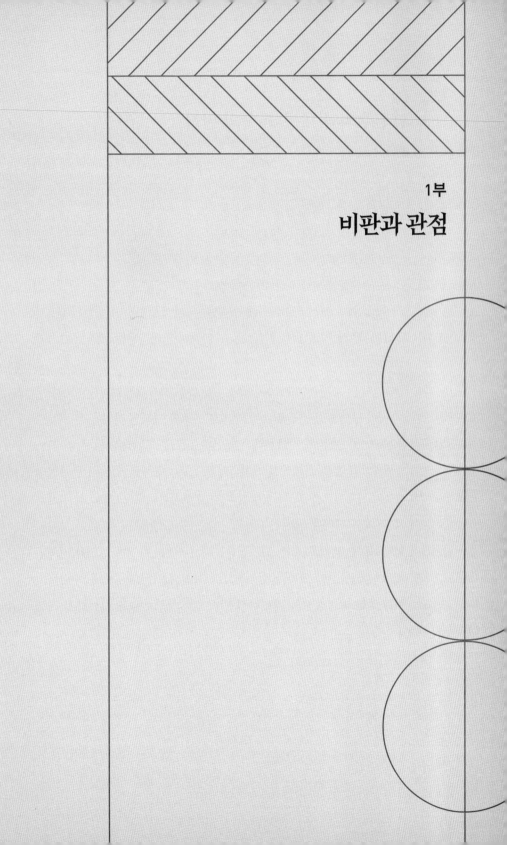

1부

# 비판과 관점

## 2장

# 환원주의와 재생: 과학의 위기
반다나 시바

## 지식과 무지

근대과학은 보편적이고 가치에서 자유로운 지식체계로 간주되어왔다. 자체의 방법론적 논리를 통해 생명과 우주와 그밖의 거의 모든 것에 대한 객관적인 결론에 도달한다는 것이다. 이러한 근대과학의 주류, 곧 환원주의적인 혹은 기계적인 패러다임은 15~17세기에 저 빛나는 과학혁명으로 시작된 것으로 서구 남성의 특정 투사물이다. 그러나 최근 들어 제3세계와 페미니즘의 연구들은[1] 이 주류 체계가 만인을 위한 보편적 이익이라는 명목으로 스스로를 합리화했음에도 불구하고 인류 전체를 해방시키는 힘이 아니라 필연적으로 자연과 여성의 종속을 수반하는 서구적인 남성중심의 가부장적 기획물로 등장했음을 인식하게 되었다.[2]

---

1 Claude Alvares, *Decolonising History*, Goa: The Other India Book Store 1992.
2 Sandra Harding, *The Science Question in Feminism*, Ithaca: Cornell University Press 1986.

이러한 지배와 종속에서 중심이 되는 것은 '지식'(전문가)과 '무지'(비전문가) 사이의 독단적 경계이다. 이 경계는 과학의 주제에 관한 몇몇 핵심적 질문들과 비전문적 지식의 형태들에 대한 고찰을 과학적 연구영역에서 효과적으로 배제하는 작용을 한다.

개인적인 두번의 경험은 지배적 지식에 내재한 이러한 배타성을 잘 드러낸다. 1970년대 핵물리학자가 되기 위해 공부하고 있던 나는 여름 훈련과정에서 핵에너지팀이라는 선택된 소수의 일원이 된 것에 우쭐해서 집에 돌아왔다. 그런데 의사인 언니가 핵의 위험에 대한 나의 무지를 일깨워주면서 곧 풀이 죽고 말았다. 핵전문가로서 우리는 어떻게 핵반응이 일어나는지는 알지만 방사선이 생명체에 미치는 영향에 대해서는 알지 못했던 것이다. 방사선 배지와 작업복들은 배타적인 집단의 일원임을 나타내는 의례적인 겉치레에 불과했다. 신진 핵물리학자로서 이처럼 갑작스럽게 자신의 무지를 깨닫게 되자 나는 충격을 받았고, 기만당한 느낌이 들었으며, 결국 이론물리학으로 전공을 바꾸게 되었다.

10년 후 임신하여 진통이 시작되었을 때 나는 다시 한번 전문지식과 무지 사이의 독단적인 경계와 마주치게 되었다. 의사는 내가 제왕절개수술을 받아야 한다고 주장했다. 난산이 되리라는 이야기였다. 나는 별이상이 없었고 자연분만을 하려던 참이었으며 의료사고를 포함한 잠재적 문제들도 알고 있었다. 하지만 아이의 엄마로서 나는 출산 '전문가'의 지위를 부정당했고 그 지위는 의사만 가질 수 있었다. 나는 무지한 '몸뚱이'였고 의사는 지식을 갖춘 '정신'이었다. 왜 제왕절개가 필요하냐고 묻자 마지못해 하는 대답이 내가 너무 늙은, 다시 말해 서른살이나 먹은 산모라는 사실이 충분한 이유가 된다는 것이었다. 하지만 나는 내 상식을 믿고 분만실을 나와버렸다. 아버지가 나와 내 아기에게 자연분만의 기회를 기꺼이 제공할 좀더 조촐한 병원으로 데려다주었다. 거기서 나는 예상대로 아무 탈없이 아기를 낳았다.

　분화되고 단편화된 지식에는 한가지 기만이 내재해 있는 듯한데, 이런 지식은 비전문가의 지식을 무지로 치부해버리며 인위적인 분할을 통해 지식 자체의 무지를 감출 수 있다는 점이다. 나는 근대 서구 가부장제의 '과학혁명'이라는 특수한 인식론적 전통을 '환원주의적'이라 특징짓는다. 그 이유는 ① 다르게 알고 있는 사람들과 다른 앎의 방법을 모두 배제함으로써 자연에 대한 인간의 인식능력을 축소하며, ② 자연을 무기력하고 파편화된 물질로 다룸으로써 자연의 창조적인 재생 및 갱신 능력을 감소시키기 때문이다. 환원주의는 그것이 정복하고 대체한 모든 비환원주의적 지식으로부터 스스로를 구별하는 일련의 변별적 특성을 지니고 있다. 다른 무엇보다 환원주의의 존재론적·인식론적인 가정들은 단일성에 근거하여 모든 체계들이 동일한 기본요소를 갖고 있고 낱낱의 부분들은 원자적이라 인식하며, 모든 기본과정은 기계적이라고 가정한다. 환원주의의 기계론적 은유는 자연과 사회를 사회적으로 재구성해왔다. 질서와 힘의 개념이 상호의존성과 호혜성에 기초하는 유기적 은유와는 반대로 자연이 기계라는 은유는 분할과 조작 가능성이라는 가정에 근거한다. 캐럴린 머천트(Carolyn Merchant)는 다음과 같이 말한 바 있다.

　현재 우리의 환경 딜레마와 그 딜레마가 과학·기술·경제와 맺는 관계를 알아보기 위해서는, 현실을 살아 있는 유기체가 아니라 하나의 기계로 재개념화하여 자연과 여성에 대한 지배를 승인한 세계관과 과학의 형성을 다시 고찰해야만 한다.[3]

이러한 지배는 본질상 폭력적인 것으로, 여기서는 완전성에 대한 폭력이라 할 수 있겠다. 환원주의 과학은 여성과 자연을 종속시키고 그들의 온전한 생산성과 힘 그리고 잠재력을 빼앗는 만큼, 자연과 여성에 대한 폭력의 근원인 것이다. 환원주의의 인식론적 가정들은 그것의 존재론적 가정들과 연관되는데, 단일성은 한 체계의 부분에 대한 지식이 전체에 대한 지식으로 행세하게끔 만든다. 분할가능성(divisibility)은 맥락을 벗어난 지식의 추상화를 가능케 하며, 소외와 비참여(non-participation)에 근거한 타당성의 기준을 만들어내어 그것을 '객관성'이라 제시한다. 그리하여 '숙련가'와 '전문가'만이 지식의 유일한 합법적 추구자요 생산자로 간주되는 것이다.

## 가치와 비가치

환원주의는 그 자체의 신화에 의해서만이 아니라 그것이 봉사하는 이해관계에 의해서도 보호받는다. 환원주의는 결코 인식론적 우연이 아니라 특정 형태의 경제·정치 조직의 요구에 대한 응답이다. 환원주의적 세계관, 산업혁명과 자본주의경제는 동일한 과정의 철학적·기술적·경제적 구성요소이다. 개별 기업과 경제의 분화된 부문들은 사적 소유이든 국가소유이든 자체의 효율성과 이익만을 생각하며, 모든 기업과 모든 부문은 사회적·환경적 비용이 극대화되는 현실에는 눈감은 채 이

---

3 Carolyn Merchant, *The Death of Nature*, New York: Harper & Row 1983.

윤의 극대화라는 척도로만 효율성을 측정한다. 이 효율성의 논리를 제공해온 것이 환원주의이다. 착취와 수탈을 통해 이윤을 발생시키는 자원체계의 특성만이 고려되며, 생태계의 과정을 안정시키지만 상업적 이윤을 낳지 않는 특성은 무시되고 결국 파괴된다.

상업적인 자본주의는 전문화된 상품생산에 기반을 두며, 따라서 생산의 획일성과 자연자원의 단일기능적 활용을 요구한다. 그러므로 환원주의는 복잡한 생태계를 단일 구성요소로, 단일 구성요소를 단일 기능으로 환원한다. 나아가 이것은 단일 기능, 단일 구성요소의 착취를 극대화하는 방식으로 생태계를 조작하도록 한다. 환원주의적 패러다임에서 숲은 상업적인 목재로, 목재는 펄프와 제지업을 위한 섬유소로 환원된다. 그리하여 숲, 토지와 유전(遺傳)자원들은 펄프의 생산을 증가시키도록 조작되는 것이다. 이러한 왜곡은 전체적인 생산성만 증가시킨다면 그것이 숲의 수분 보유량을 줄이건 숲공동체를 이루는 생명체의 다양성을 파괴하건 상관없이 과학적으로 합법화된다. 그렇게 해서 '과학적인' 산림관리와 산림 '개발'은 살아 있는 다양한 생태계를 파괴한다. 이와같은 방식으로 자연의 유기적 과정과 리듬과 재생력을 파괴하는 변형을 수반하기 때문에 환원주의 과학은 점증하는 환경재난의 뿌리가 된다.

지식과 무지 사이의 독단적인 경계는 가치와 무가치 사이의 독단적인 경계와 상응한다. 환원주의적·기계론적 은유는 가치의 척도와 무가치하다고 여겨지는 것을 말살할 도구를 동시에 만들어낸다. 그것은 자유롭고 자생적인 것을 식민화하고 통제할 가능성을 만들어낸다. 기술개발은 이미 변형되고 소모된 것에서 아직 손대지 않은 것으로 점차 확대된다.

바로 이런 의미에서 자본주의 가부장제의 시각에서는 재생력의 터전으로서 종자와 여성의 육체가 최후의 식민지가 되는 셈이다.[4] 이 창조적인 재생의 터는 전문가들이 가치를 '생산하고' 추가하는 '수동적인' 장소로 바뀐다. 자연과 여성과 유색인들은 다만 '원료'를 제공할 뿐이다. 여성과 자연의 공헌에 대한 평가절하는 식민행위에 개발과 진보의 가치를 부여하는 것과 맞물려 행해진다. 소외를 의미하는 분리가 소유권과 통제의 수단이 된다. 정부에 관한 로크(J. Locke)의 두번째 논문은 "자연이 제공하고 그대로 내버려둔 상태에서 인간이 무언가를 끌어낸다면, 어떤 것이든 거기에는 인간의 노동이 섞여 있고 그럼으로써 인간은 그것을 자신의 소유물로 만든다"고 언명하고 있다.[5] 그리하여 '끌어내는'(moving out) 행위는 소유의 행위가 되며 자본이 과학과 기술에 의존하는 것은 더 용이하게 '끌어내고' 분리하고 쪼개기 위해서이다. 끌어냄 그리고 '노동을 섞음'을 통해 확보되는 소유권은 그에 앞서 이미 노동이 개입되어 있다는 사실을 부정한다. 자연과 종자재배에 투여된 인간노동 사이에, 그리고 자연과 인간의 산물 사이에는 명확한 구분이 없다. 산업화의 시각이 자연이라 간주하는 것은 비노동, 즉 생물적·자연적이라 정의함으로써 깎아내리고자 하는 이민족의 사회적 노동인 것이다. 또한 이 시각은 자연과 여성의 노동을 수동적으로 규정한다.

클라우디아 폰 베를호프(Claudia von Werlhof)가 지적한 바와 같이[6] 지배적인 시각에서 보는 '자연'은 공짜로 이용할 수 있는 그리고(혹은)

---

4 M. Mies et al., *Women, the Last Colony*, London: Zed Books 1988.

5 John Locke, *Two Treaties of Government*, London: J. M. Dent & Sons 1991.

6 Claudia von Werlhof, "On the Concept of Nature and Society in Capitalism," Maria Mies et al., 앞의 책.

가능한 싸게 이용할 수 있는 모든 것을 의미한다. 여기에는 사회적인 노동도 포함되어 있다. "따라서 이러한 사람들의 노동은 비노동으로, 생물학적인 것으로 선언된다. 그들의 노동력, 그들의 숙련된 작업능력은 천연자원인 양, 그들의 생산품은 천연 매장물인 양 여겨진다."

이리하여 상당수의 인위적인 변화가 지식의 파편화를 통해 이루어진다. 생명의 재생과 갱신의 원천은 무기력하고 파편화된 물질로, 그저 최종 생산물로 가공되어야 할 '원료'에 지나지 않는 것으로 변해버린다. 창조성이 수동성으로 변화되면 생산성은 분열적이고 강제적이며 착취적인 행위로 재배치되며 동시에 다른 모든 가치는 무가치로 규정된다. 이러한 생산과 가치의 재배치를 통해 재생의 터전에 대한 외적 통제가 인류의 생존과 복지를 위해 바람직할 뿐 아니라 필수적인 것으로 되어버린다. 역설적이게도 파괴자가 구원자로 둔갑하는 것이다.

가치가 무가치로, 노동이 비노동으로, 창조성이 수동성으로, 파괴가 생산으로 변화하는 많은 현상은 자본과 기술이 생물적 재생산을 대체하는 데서 잘 나타난다.


## 인간재생산의 환원

출산의 의료화는 여성의 신체를 전문가들이 관리할 수 있는 일련의 파편적이고 물신적이며 대체가능한 부품으로 기계화한 것과 관련된다.

임신한 여성은 이제 인간의 재생의 원천으로 간주되는 것이 아니라 아기라는 생산품을 꺼내야 하는 '원료'로 간주된다. 이러한 상황에서는 산모가 아니라 의사가 아기를 생산하는 것처럼 여겨진다. 의학적인 '처치'는 최대화하고 자궁과 여성의 '진통'은 최소화한 제왕절개 수술이 최상의 생산물을 제공하는 것으로 여겨지는 경우가 적지 않다는 사실은 의미심장하다. 시험관 아기의 경우 어느 전문가위원회는 의사를 단순히 '가능성을 주는 사람'이 아니라 '태아 자체의 형성에 참여하는 사람'으로 보았다.[7]

예전에는 산모 그리고 산모와 아기 간의 유기적 통일성에 있던 초점이 이제는 의사가 통제하는 '태아라는 결과물'에 맞추어진다. 여성의 자궁은 활동력 없는 용기로 환원되었고 여성의 무지와 더불어 여성의 수동성이라는 관념도 조작되었다.[8] 태아와 여성 간의 직접적이고 유기적인 결속은 여성을 훌륭한 어머니로 교육할 전문지식을 독점적으로 갖고 있다고 주장하는 남성과 기계에 의해 매개되는 지식으로 대체된다. 앤 오클리(Ann Oakley)는 의학교과서에서 다음 대목을 인용한다.

산모는 초음파검사를 통해 자신의 아이를 사회적으로 대면할 중요한 기회를 얻게 되며 바라건대 이를 통해서 아이를 기생물이 아닌 동반자로 보게 된다. … 검사하는 의사와 기술자들은 산모에게 아이를 보여줌으로써 일찌감치 아이와 애정어린 유대를 맺게 할 좋은 기회를 갖는다. 이것은 산모가 태아를 배려하며 행동하도록 도와줄 것이다.[9]

여성의 진통과 지식이 부정될 뿐만 아니라 여성 자신의 신체에서 우러나는 태아에 대한 친밀감과 애정까지도 의사와 기술자들에게 지도받

7 Emily Martin, *The Woman in the Body*, Boston: Beacon Press.
8 UNICEF, *Children and the Environment*, 1990.
9 Ann Oakley, *The Captured Womb*, London: Blackwell 1989.

아야 한다는 것이다.

새로운 재생산기술은 어머니에게서 의사로, 여성에게서 남성으로의 권력이동을 더욱 강화하는바,[10] 정자의 생산이 난자의 생산보다 훨씬 더 가치있다는 주장을 내놓는다. 그들은 난자 '기증'이 여성에게 야기하는 것보다 정자 판매가 남성에게 야기하는 긴장이 더 크다고 결론을 내린다. 이 과정에 여성의 신체에 대한 화학적이고 기계적인 침해가 결합되어야 한다는 사실은 무시한 채 말이다. 더 나아가 지금은 체외수정(IVF) 등이 불임이라는 '비정상적' 경우를 위해 사용되고 있지만, 정상과 비정상의 구분은 자연과 비자연의 구분과 마찬가지로 모호하다. 임신이 의학적인 상태로 처음 바뀌기 시작할 때만 해도 의사들의 처치는 비정상적인 경우에 한했고 정상적인 경우라면 원래의 전문가인 산파들이 맡아보았다. 1930년대에는 전체 출산 중 30퍼센트가 집에서 분만할 수 있는 정상적인 경우로 간주되었으나 1950년대에는 70퍼센트가 병원에서 분만해야만 하는 비정상적인 경우로 분류되었다. 앤 오클리의 말을 다시 인용해보자.

여성의 자궁은 단순한 용기에 불과하고, 여성들이 스스로를 돌볼 수 있다는 것을 믿지 않는 이데올로기와 관행에 포획된다. 여성의 자궁을 포획하는 일은 물리학주의적·남성우월주의적 과학패러다임이 지배하고 있음을, 생명을 의학화하는 논리뿐 아니라 인간의 육체가 정신과 무관하게 설명되고 통제될 수 있다는 데까르뜨식 세계관의

---

10 Singer and Wells, *The Reproduction Revolution, New Ways of Making Babies*, Oxford: Oxford University Press 1984.

궁극적 논리가 지배함을 나타낸다.[11]

 '아기제조 혁명'이라는『타임』(*Time*)지의 기사는[12] 갱년기로 인한 불임 '장벽'을 극복하는 기술에 대해 쓰고 있다. 신체의 리듬은 기술적 장벽이라고 체계적으로 해석되는데, 장벽을 뛰어넘는 것은 정신과 물질성 양면에서 유기체의 파편화를 수반한다. 그리하여『타임』지는 이렇게 말한다. "새로운 발견에 따르면 이 여성들은 자궁이 노화해서가 아니라 난소가 노화해서 불임인 것으로 밝혀졌다."
 유기적 전체를 파편화된, 분리·대체 가능한 부분들로 환원하는 것이 바로 환원주의가 자연의 한계를 넘어서는 방법이다.


## 식물재생산의 환원

 과학혁명과 산업혁명 이래 기술과 경제는 쌍방의 협력하에 풍요와 자유를 이루기 위해서는 자연의 한계를 극복해야 한다는 가정을 강화해왔다. 농업과 식량생산 분야는 이 한계를 뛰어넘는 일이 어떻게 생태계와 사회체제의 파괴를 낳는지 잘 보여준다. 수세기 동안 농경사회는 식물의 생식력과 토질 재생을 위해 자연의 한계와 조화를 이루며 운영되어왔다. 하지만 이같은 재생을 위한 자연적 과정은 극복해야 할 속박으로 여겨지게 되었다. 공장에서 제조된 종자와 비료가 자연의 종자와

---

11 Ann Oakley, 앞의 책.
12 *Time*, 1990년 11월 6일.

땅의 생산력보다 우월하다고 간주되었다. 그러나 이러한 대체물들은 토질과 식물을 재생불가능한 자원으로 급속히 변모시켜버렸다. 녹색혁명과 산업적 영농을 위한 원료와 투입물로 사용된 토양과 종자는 병든 토지, 침수되거나 염분이 밴 황무지, 그리고 질병에 찌든 농작물을 만들어냈다. 자연을 자원으로 바꾸는 궁극적 단계는 식물이 다시 자라날 원천인 '종자'를 기업이윤을 위해 조작되고 특허권이 설정되고 소유가 가능한 '유전자원'으로 변모시키는 일이었다. 식물을 재생시키는 자연의 방법은 너무 느리고 '원시적인' 것이라 하여 내팽개쳐졌다. 생명체 번식에 있어 자연의 한계인 '종의 장벽'은 이제 공학적으로 유전자교배 생명체를 산출함으로써 극복되었으나 그것이 생명체에 미칠 영향은 알 수도 상상할 수도 없는 것이다.

과학혁명은 무지의 경계를 멀리 밀어내자는 것이었다. 하지만 대신, 자연과 여성을 자원으로만, 그리고 자연의 한계를 구속으로 보는 지식 전통은 전례없는 엄청난 인공적 무지를 만들어냈고, 이 무지는 지구상의 생명체에 대한 새로운 위협의 원천이 되고 있다. 종자의 식민화는 여성신체의 식민화 패턴을 반영한다. 이윤과 권력은 모든 생물적 유기체에 대한 침해와 밀접하게 연관되어 있다.

교잡(hybridization)은 종자에 대한 침해였으며, 곡물(식량)과 생산수단으로서 종자의 통일성을 부수어버렸다. 그럼으로써 식물재배와 상업적 종자생산 분야에서 확고히 자리잡기 위해 사기업이 필요로 하는 자본축적의 공간이 열렸다. 여성의 생식과정에 대해서와 마찬가지로, 종자 식민화의 첫번째 단계 역시 기계적 은유를 통한 종자의 환원이다. 다수확 곡물품종에 관한 어느 책은 다음과 같이 말한다.

식물은 농업의 주된 제조공장이고, 종자는 '기계'이며, 비료와 농업용수는 연료와 같다. 세초제, 살충제, 장비, 신용대부, 기술적 노하우는 이 산업의 산출량을 증가시키는 가속기이다. 이 식물기업의 산출량은 금전적 혹은 비금전적 투입물을 활용하는 종자의 유전적 잠재력과 직접 관련된다.[13]

현대의 식물재배는 일차적으로 시장성에 장애가 되는 생물학적 요인들, 즉 재생하고 증식하는 내재적 능력을 종자에서 제거하려는 시도이다. 자체 번식하는 종자는 무료이며 공동의 자원이고 농민들의 통제 아래 있다. 반면 기업의 종자에는 가격이 있고, 기업이나 농업연구소의 통제에 놓인다. 공동자원에서 상품으로, 자체 재생하는 자원에서 단순 '투입물'로의 변화는 종자와 농업의 성격 자체를 바꾸어놓았다. 이리하여 가난과 저개발을 낳는 도구가 되어버린 새로운 기술에 의해 농민들은 생계수단을 강탈당한 것이다.

자원으로서의 종자를 곡물(식량)과 떼어놓게 되자 종자의 지위도 변화하였다. 완전한 자기재생적 산물이었던 종자가 상품생산을 위한 단순 원료로 전락했다. 따라서 재생과 생물다양성의 순환은 농장과 숲에서 천연적으로 나오는 공짜 생식질(germ plasm, 1893년 바이스만이 제창한 '생식질설'에서 상정된 유전물질. 유전자와 비슷한 개념으로 생물의 유전과 생식에 관여하는 모든 결정요소라는 단위로 구성된다—옮긴이)이 실험실과 연구소로 들어가고, 가격이 붙은 상품이라는 획일적 생산품이 기업에서 농민에게로 흘러드는 단선적 흐름으로 대체되었다. 잠재적인 다양성은 획일성에

---

13 Mahabal Ram, *High Yielding Varieties of Crops*, New Delhi: Oxford University Press 1980.

기초한 산업생산의 원료로 전락함으로써 사라져버렸고 이에 따라 지역 농업의 다양성도 사라졌다. 끌로드 알바리스(Claude Alvares)의 말을 빌린다면 "최초로, 인류는 자생하지 못하고 인공적인 환경에서 키워야 결실을 맺는 종자를 만들어낸 것이다."[14]

종자 본성상의 이같은 변화는, 자기재생적인 종자는 '원시적'이고 '가공되어야 할' 생식질이라 취급하는 반면 투입물 없이는 무기력하고 재생력도 없는 종자를 '첨단'이고 '우수한' 것으로 여기는 가치체계 및 의미체계에 의해 정당화된다. 전체가 부분으로, 부분이 전체로 전도된 것이다. 상품화된 종자는 두가지 면에서 생태학적으로 불구이다.

① '종자'란 문자 그대로 번식의 원천임에도 불구하고 그것은 스스로 번식하지 못한다. 이렇듯 유전자원은 기술적 조작을 통해 재생가능한 자원을 재생불가능한 자원으로 변모시킨다.

② 스스로 생산하지 못하므로 그것은 인공적으로 제조된 투입물의 도움을 필요로 한다. 종자회사와 화학회사가 합병되면서 투입물에 대한 의존도 늘어날 전망이다. 화학품은 그것이 종자의 외부에 가해지든지 내부에 가해지든지 간에 종자재생산의 생태적 순환에 대한 외적 투입물이라는 점은 변함이 없다.

이렇듯 생식이라는 생태적 과정이 생산이라는 기술적 과정으로 변화함으로써 다음과 같은 두가지 중요한 문제의 저변이 형성된다. ① 농민의 소유권 박탈: 기업의 종자가 부 창출의 근원이 되는 과정에 의해 농민의 종자는 불완전하고 가치없는 것이 되기 때문. ② 유전적 쇠퇴: 자

---

**14** Claude Alvares, "The Great Gene Robbery," *The Illustrated Weekly of India*, 1986년 3월 23일.

연선택이나 인위선택 과정을 거쳐 진화·생산되고 제3세계 농민들이 널리 사용하는 자생 품종 혹은 토종들이 '원시 품종'으로 불리는 반면, 국제연구센터의 현대적 식물육종자들과 초국적 종자회사가 만들어낸 종자들은 '첨단' 혹은 '엘리뜨' 종자라 불리기 때문이다. '원시적' '첨단' '엘리뜨' 등의 단어에 내포된 위계서열은 명백하다. 그리하여 북은 언제나 남의 생식질을 거저 쓸 수 있는 무가치한 것으로 취급한다. 선진자본주의 국가들은 남의 유전자 보유고를 마음대로 이용할 수 있는 권리를 인정받았다. 남의 국가들도 똑같이 무상으로 쓸 수 있다고 선언된 북의 유전자산업의 특허품종들을 얻고자 한다. 그러나 북의 국가들은 이러한 상호성을 거절한다. 국제식물유전자원위원회(IBPGR) 사무국장인 윌리엄즈 박사는 "현금을 벌어들이는 것은 원재료가 아니다"라고 주장한다.[15] 파이어니어하이브레드(Pioneer Hi-Bred)사가 협찬한 1983년의 식물육종 포럼은 이렇게 선언했다.

생식질이 공공자원이니까 개량품종도 생식질을 제공한 나라의 농민에게 무상으로 혹은 아주 낮은 가격에 공급되어야 한다는 주장이 일부에서 제기되고 있다. 이것은 '천연 그대로의' 생식질을 해당 식물육종자들이 이용할 수 있게끔 적응시키거나 생식질을 농민에게 유용한 품종으로 구체화할 때, 생식질이 가치를 가지려면 상당량의 시간과 돈을 투자해야만 한다는 사실을 간과한 것이다.[16] (강조는 인용자)

**15** Jack Kloppenburg, "First the Seed," *The Political Economy of Plant Biotechnolgy 1492~2000*, Cambridge University Press 1988에서 인용.
**16** 같은 글.

기업의 시각에서 보자면 이윤을 발생시키는 것만이 가치가 있다. 모든 물질적인 과정이 생태적 필요와 사회적 필요 또한 충족시키지만 기업의 독점화경향은 이런 필요들을 무시하는 것이다.

특허는 가치척도로서의 이윤을 만들어내는 중요한 수단이 되었다. 하나의 대상/물질에 특허를 설정함으로써 대개 일정기간 동안 다른 사람들이 이 특허받은 대상/물질로부터 새롭고 유용한 품종을 창조/발명하는 것을 막는다. '지적 생산물'을 특허내고 '소유하는' 것은 산업디자인과 공예의 분야에서보다 생물학적 과정의 영역에서 더 문제가 되는데,[17] 생물학적 영역에서는 유기체들이 자체 생식하며 종종 번식과 선택 등의 기술로 형성·변화·증식되기 때문이다. 따라서 이 분야에서 지적재산권을 평가하는 것은 매우 어렵고 심지어 불가능할 수도 있다.

생명의 소유 개념을 바꿔놓은 생명공학이 나타나기 전까지 동식물은 특허제도에서 제외되었다. 하지만 이제 이 기술의 등장으로 생명도 소유할 수 있는 것으로 변했다. 유전자 분리와 조작의 가능성은 유기체를 유전적인 구성소로 환원했다. 생명체 독점권은 유전자를 조작하는 신기술을 사용하는 사람들에게 돌아갔고, 제3세계 등지에서 식물과 동물의 유전자원을 보호하고 기르고 길들이고 발전시킨 농부와 농업전문가의 공헌은 평가절하되고 폐기되었다. 팻 무니(Pat Mooney)가 지적했듯이 "지적재산권은 연구실에서 흰 가운을 입은 이들이 행사해야만 인정된다는 주장은 과학발전에 대한 근본적으로 인종차별적인 견해이다."[18]

---

**17** Robert Sheewood, *Intellectual Property and Economic Development*, Colorado: Westview 1990.

**18** Pat Mooney, *From Cabbages to Kings, Intellectual Property vs Intellectual Integrity*, ICDA report, 1990.

이런 주장은 명백히 다음과 같은 의미를 함축한다. ① 제3세계 농민들의 노동은 가치가 없고 서구 과학자들의 노력만이 가치를 낳는다. ② 가치는 시장성의 견지에서, 즉 수익성으로만 측정할 수 있다. 그러나 '천년 동안 농부들이 이뤄낸 유전자변화의 총량이, 최근 일이백년 동안 좀 더 체계적인 과학을 바탕으로 이루어낸 것보다 훨씬 크다'는 사실은 인정된다. 종자의 유용성을 만들어내는 이가 식물학자만은 아닌 것이다.


## 침략과 정의


노동이 비노동으로 정의될 때, 가치는 무가치로, 권리는 무권리로, 그리고 침략은 개량으로 정의된다. '개량된 종자'와 '개량된 태아'는 사실상 '점령된' 종자와 태아이다. 사회적 노동을 자연상태로 규정하는 것이 이 '개량'의 본질적 요소이다. 이것은 다음의 세가지를 동시에 획득한다. ① 그들이 착취하는 생산물의 원소유자의 공헌은 모두 부정하며, 그들의 활동을 수동적이라 치부함으로써 이미 사용되고 개발된 자원을 '사용되지 않고' '개발되지 않은' '버려진' 자원으로 변모시킨다. ② 착취를 '개발'과 '개량'으로 해석함으로써 '개량'했다는 주장에 근거하여 절도를 소유권으로 바꾼다. ③ 그리고 거듭 말하지만 이전의 사회적 노동을 자연으로 정의하고 아무런 권리도 부여하지 않음으로써 민중들의 관습적·집단적 용익권를 '해적행위'와 '절도'로 바꾼다.

아메리카 땅을 원주민들에게서 뺏는 것에 대해 토머스 모어 경이 적용한 논리에 따르면, "누구라도 쓸모없이 비어 있는 땅을 취할" 때 그 몰수는 정당화된다. 1889년 루즈벨트(Theodore Roosevelt)는 "정착민과 개척자는 그들 편에서 보면 기본적으로 정당성을 갖는다. 그들이 없었던들 이 거대한 대륙은 오로지 지저분한 야만인들을 위한 사냥금지 구역밖에 되지 못했을 것"이라고 말했다.[19]

원주민의 이용은 이용이 아니고, 원주민의 땅은 '비어 있는' 것이며 '정당하게' 전용할 수 있는, 가치없는 공짜 '자연'으로 정의되었다. 지금도 새로운 식민지들이 환원주의적 사고방식과 자본과 이윤에 의해 만들어지고 분할되고 있으며, 가부장적 권력으로 통제되고 있다. 새로운 기술은 식물 유전공학과 재생산기술 분야에서 엄청난 '진보'를 이루고 있으며, 자연과 자연이 아닌 것의 경계, 권리인 것과 권리가 아닌 것의 경계가 새로이 그어지고 있다.

'종자전쟁'과 무역전쟁, GATT가 주관하는 특허 '보호'와 지적재산권[20]은 분리를 통한 소유권 주장의 최신판이다. 미국 국제무역위원회는 미국산업이 '지적재산권'의 부재로 약 1~3억 달러가량의 손실을 보고 있다고 추정한다. 만일 미국이 요구하는 이 '권리'체계가 모양을 갖춘다면 이로 인해 가난한 나라에서 부유한 나라로 추가로 이전되는 자금 때문에 제3세계 국가의 외채위기는 10배 이상 심화될 것이다.[21]

생명과정이 '가치없는' 것이 되어버리고 그 과정을 갈기갈기 찢는 것이 가치와 부 창출의 원천이 될 때, 내적 공간(종자와 자궁)에 대한 침략이 자본축적의 새로운 공간이 되고 통제의 원천 자체를 파괴하는 통

19 Theodore Roosevelt, *The Winning of the West*, New York.
20 Draft Final Agreement, *General Agreement for Trade and Tariffs*, GATT Secretariat, 1991년 12월.
21 Henk Hobbelink, *Biotechnology and the Future of World Agriculture*, London: Zed Books 1991.

제와 권력의 새로운 원천이 될 때, 폭력과 권력과 환경파괴는 밀접히 연관된다.

## 재생, 생산, 소비

생명을 이어나가는 재생의 원천에 대한 식민화는 가장 근본적인 환경위기이다. 가부장적 자본주의에 봉사하는 가부장적 학문과 기술은 재생의 순환을 조각내어 이를 원료와 상품이라는 단선적 흐름 속에 억지로 끼워넣었다. 자급적이고 자기재생적인 체계가 '원료'로 전락하고 소비체계가 소비자에게 상품을 공급하는 '생산'체계로 격상되었다. 자연적인 성장주기의 파괴는 자본성장의 원천이 되었다. 매릴린 워링(Marilyn Waring)의 지적대로[22] 국가회계에 관한 자료 수집에 기초가 되는 원칙은 생산자가 곧 소비자인 생산과 관련된 자료는 빼버린다는 것이다. 재생력의 파괴는 파괴로 드러나지 않고, 대신 '생산자'와 '소비자'와 상품의 증식만이 성장의 신호가 된다.

1992년 지구정상회담에서 천명된 바와 같이 주류 환경론자들은 페미니즘과 결별하여 자본주의 가부장제가 만들어낸 세계모델을 계속 사용한다. 그 모델은 생태순환을 재건하는 대신 기술적으로 수리하는 데에 초점을 맞춘다. 인간활동을 재생과정 안에 재배치하는 것이 아니라, 생산과 소비의 범주는 유지한 채 '녹색소비주의'를 환경적 만병통치약으로 제시한다.

---

22 Marilyn Waring, *If Women Counted*, New York: Harper & Row 1989.

페미니즘의 관점은 자연과 사회에서 권력과 의미를 구성하는 가부장적 범주를 넘어설 수 있다. 생산과 소비를 재생이라는 맥락에 두므로 그것은 더 넓고 더 깊은 관점이다. 지금까지 분리된 것으로 다루어졌던 것, 가령 생산과 재생산 같은 문제들을 연결지을 뿐 아니라 그렇게 함으로써 생태주의적 페미니즘은 세계를 조작하고 착취할 자원이 아니라 적극적 주체로 볼 가능성을 만들어낸다. 그것은 자본주의 가부장제가 생산적이라 규정한 것 중 많은 것에 내재한 파괴성을 폭로함으로써 '생산'에 대해 문제를 제기하고 창조활동의 인식과 경험을 위한 새로운 장을 마련한다.

그랬을 때 가부장적 인식에서 '수동적'이라 해석되어왔고 지금도 그렇게 해석되고 있는 것을 '활성화'시키는 일은 생명을 새로이 이어나가는 과정에서 가장 중요한 단계가 된다. 활성화의 주요 원천은 자연의 재생리듬과 순환으로부터 멀어지는 것을 극복하고 그 리듬과 순환의 의식있는 참여자가 되는 것이다. 바브라 먹린톡(Barbara McLintock)이 지적하는 "유기체에 대한 공감"이든[23] 레이첼 카슨(Rachel Carson)이 말하는 자연의 영속적 리듬에의 참여이든[24] 혹은 이뜨와리 데비(Itwari Devi)가 설명하는 숲과 초원에서 나오는 샤끄띠(shakti, 힘)이든[25] 간에 그 표현은 달라도 세계 곳곳의 여성들이 이 점을 지적하고 있다.

상호의존과 총체성에 대한 탐구와 경험은 자연의 지속가능한 체계를 침해하지 않고 북돋우는 과학과 지식을 창조하는 기반이다.

**23** Evelyn Fox Keller, *A Feeling for the Organism: The Life and Work of Barbara McLintock*, New York: W. M. Freeman 1983.
**24** Patricia Hynes, *The Recurring Silent Spring*, Athene Series, New York: Pergamon Press 1989.
**25** Vandana Shiva, "Fight for Survival," *Illustrated Weekly of India*, 1987년 11월 15일.

## 3장

# 페미니즘 연구
## : 과학, 폭력, 책임*

마리아 미스

새로운 여성해방운동의 놀라운 경험 중 하나는 여성운동이 19세기와 20세기 초에도 있었음을 깨달은 것이었다. 이것은 1968/69년 우리가 새로운 여성해방운동을 시작할 무렵에는 전혀 알지 못했던 사실이다. 주류 역사서술과 역사교육은 이를 철저히 감춰왔다. 이것은 적어도 300여년간 수백만명의 우리 자매들, 이른바 '마녀'들이 박해받고 살해당했다는 사실을 재발견했을 때 우리가 받은 충격에 버금가는 경험이었다. 이 대학살도 주류 역사서술에서는 거의 무시되어왔다. 이런 이유로 우리의 역사에 대한 기록과 이해는 새로운 여성운동의 중요한 과제가 되었다.

여성학의 경우도 마찬가지인데, 우선 여성학이 여성운동으로부터 성장했다는 점을 상기해야 한다. 여성학은 강단학계의 노력의 소산이 아니며, 연구기관에서 생겨난 것도 아니고, 소수의 재능있는 여성 학자들

---

• 이 글은 1986년 Innsbruck 대학교에서 했던 강의를 대폭 수정한 것으로, 독일에서 출간된 Hildegard Fassler, ed., *Das Tabu der Gewalt*, vol. 1, 1985~87, Innsbruck: Universitäsverlag 에 수록된 바 있다.

이 만든 것도 아니다. 이것은 거리에서 만들어졌으며, 전업주부, 비서, 학생과 몇몇 사회과학자들이 여성으로서 가부장제의 착취와 억압에 대항해 싸우기 위해 결속한 수많은 여성집단들로부터 생겨난 것이다. 달리 말하자면 여성학을 만든 이들은 넓은 의미의 **정치적 목표**, 즉 남성지배와 폭력·착취로부터의 여성해방이란 목표를 가진 페미니스트들이었다.

이 정치적 목표가 전면에 등장한 것은, 1973~80년 서독에서 여학생들과 페미니스트 강사들이 대학을 여성해방의 전장으로 삼아 여성들의 세미나를 조직하고, 여성을 위한 베를린 여름학교를 열고, 이후엔 함부르크·브레멘 등의 도시에서 여성주간(Women's Weeks)을 조직하여, 마침내 '여성을 위한 사회과학 연구와 실천 연합'(Association of Social Science Research and Praxis for Women, 1978)과 독일사회학학회(German Sociological Society) 내의 여성연구분과(Women's Research Section, 1979) 등을 만들었을 때였다. 이와 유사한 페미니스트 조직들이 다른 분과학문에서도 세워졌다.

여성해방운동에 뿌리박고 있음을 염두에 둘 때 (1976년 빌레펠트 사회학자대회에서 명시된 바와 같이) 페미니즘 연구가 "모든 분과학문의 경계를 뛰어넘어야 하며" 여성학이 단지 무슨무슨 사회학, 무슨무슨 심리학 등과 같이 기존 분과학문에 덧붙여지는 식이어서는 안되겠다는 점을 그 당시 우리들은 분명히 인식하고 있었다. 페미니즘 연구로서 그것은 마땅히 **과학과 사회과학의 지배적인 패러다임에 대한 비판**이어야 했다. 이 패러다임은 여성과 그들의 공헌을 **감춰**왔을 뿐만 아니라, 일반적인 가정과 개념화에서나 이론과 방법에서나 모두 남성중심적인 편견에 깊숙이 물들어 있었기 때문이다. 실제로 우리는 이 과학이 여성에 대한 억

100

압과 착취의 가장 중요한 수단을 제공해왔음을 발견했다. 생물학주의 (biologism) 및 사회과학·심리학·행동과학·교육 등에서 성별 사이의 관계에 대한 생물학주의적 시각이 그것이다.

1978년 프랑크푸르트에서 처음으로 여성학대회를 열었을 때, 우리는 사회과학에 대한 이질적이고 페미니즘적인 이해를 위한 이론적·방법론적 기초를 우리 스스로 만들고자 했다. 그것은 우리의 경험 및 여성억압에 대한 연구와 그 억압의 철폐라는 우리의 정치적 목표에 대해 여성으로서 맺고 있는 관련성을 배제하지 않고 연구과정에 통합하는 것이었다. 당시 내가 발표한 여성학의 방법론에 대한 생각은 이후 여성학의 이론적·방법론적 기반으로 널리 유포되고 여러 사람에게 인정받았다. 이 방법론적 원리 혹은 지침은 아래와 같이 소개되었다.

현재 주류 사회과학의 이론 및 방법론과 여성운동의 정치적 목표 사이에는 모순이 있다. 여성학이 여성해방의 도구가 되고자 한다면 우리는 실증적·양적 연구방법론을 무비판적으로 사용해서는 안된다.…여성학은 단순히 이제 여성들이 연구의 '목표집단'이 되었다거나 점점 더 많은 여성 학자와 학생들이 여성의 문제를 다루게 되었다는 사실 이상을 의미한다. (Mies 1983, 120면)

다음의 내용은 내가 생각하는 여성학의 방법론적 원리를 간단히 요약한 것으로, 여성학이 여성해방이라는 목표에 복무하고 있음을 보여주고자 한다(Mies 1983, 117~37면).

## 페미니즘 연구를 위한 방법론적 지침

①가치로부터 자유로운 연구, 연구대상에 대한 중립과 무관심이라는 기본요건은 의식적 편향으로 대체되어야 하며, 이는 연구대상에 대한 부분적 동일시를 통해 얻어질 수 있다.

자신의 이중의식을 의식적·적극적으로 연구과정에 통합시키는 여성들에게는 이런 부분적 동일시가 어려운 일이 아니다. 그것은 '연구대상'에 대해 무관심하고 이해관계를 배제하며 거리를 둔 태도를 견지함으로써 얻어지는 소위 "관찰자 지식"(Maslow 1966, 50면)과는 정반대이다. 그러나 의식적 편향은 연구대상을 더 큰 사회적 전체의 일부로 인식할 뿐 아니라 연구주체 즉 연구자 자신의 일부로 인식하는 것이다. 의식적 편향은 단순한 주관주의나 감정이입과는 다르다. 그것은 제한된 동일시를 기본으로 하여 연구자와 그의 '대상' 간에 비판적인 거리를 만들어낸다. 그리하여 연구자와 연구대상 양측의 왜곡된 인식을 수정하고 쌍방의 의식을 넓혀준다.

②연구자와 '연구대상' 간의 수직적인 관계 즉 위로부터의 시각은 '아래로부터의 시각'으로 바뀌어야 한다. 이것은 의식적인 편향과 상호성의 요구에 따르는 필연적인 결과이다. 여태까지 대개 권력엘리뜨의 지배와 정당화의 수단이었던 연구는 지배받고 착취당하며 억압받는 집단들, 특히 여성의 이익을 위해 봉사해야 한다. 여성해방의 대의에 헌신하는 여성 학자들이 '위로부터의 시각'에 대해 객관적인 관심을 갖는다는 것은 있을 수 없다. 그것은 그들이 여성으로서 자신이 당하는 억압에 동의한다는 뜻이 된다. 남녀관계야말로 위로부터의 시각의 가장 오래된 본보기이며 모든 수직적·위계적 관계의 전형이기 때문이다.

체계적인 '아래로부터의 시각'에 대한 요구에는 과학적인 차원과 윤리·정치적인 차원이 함께 들어 있다. 과학적인 의미는 양적 연구도구가 정밀해졌음에도 불구하고 이 방법을 통해 얻은 많은 자료들이 부적절하거나 심지어 전혀 쓸모없다는 사실과 관련된다. 위계적인 연구환경이 연구의 목적 자체를 좌절시키고 '연구대상'으로 하여금 심문당하는 느낌을 갖게 함으로써 심한 불신감을 자아내기 때문이다. 이러한 불신은 여성이나 여타 혜택받지 못한 집단들이 사회적으로 높은 계층의 성원의 인터뷰를 받을 때 발견된다. 이런 식으로 수집된 자료는 흔히 실제 행동보다는 '기대 행동'을 나타낸다고 알려져 있다(Berger 1974).

여성해방의 대의에 헌신하는 여성들은 이러한 결과에 머무를 수 없다. 그들은 사회과학에 더 낫고, 더 믿을 만하며, 더 적절한 자료를 제공하는 데 만족할 수도 없다. 아래로부터의 시각이 지니는 윤리·정치적 의미는 과학적인 의미와 분리될 수 없으며, 이들을 분리한다면 여성학에서 이룬 모든 방법론적인 혁신들이 다시금 지배의 수단으로 전락할 것이다. 여성학이 의식적으로 여성 압박과 착취에 대항하는 투쟁의 일부가 되어야만 여성학의 이론적·방법론적 혁신들이 현상태의 유지와 위기관리에 이용되는 것을 방지할 수 있다. 이는 의식있는 여성 학자라면 여성문제를 기성 학문과 연구정책 내부로 통합하기 위해서뿐 아니라, 연구의 영역과 목적에 관한 새로운 지향을 세우기 위해서도 싸워야 함을 뜻한다. 대다수 여성의 요구와 이익이 여성학 연구방침을 설정하기 위한 척도가 되어야 한다. 결국 학문을 하는 여성들이 이러한 요구와 이익에 대해 알고 있어야 한다는 점이 전제가 된다. 따라서 '아래로부터의 시각'은 또하나의 기본요건으로 이어진다.

③사변적이고 개입을 회피하는 '관찰자 지식'은 여성해방을 위한 적

극적 참여행동과 운동과 투쟁으로 전환되어야 한다. 연구도 마땅히 그러한 투쟁의 불가분의 일부가 되어야만 한다.

여성학이 여성운동으로부터 성장해나온 까닭에, 여성 억압이나 착취에는 관심도 없고 투쟁에도 참여한 적 없는 강단학계의 여성 학자들이 여성학을 순수한 학문적인 관심사로 축소시키고 연구소와 대학의 상아탑에 가두어 그 불만의 날을 무디게 한다면, 그것은 운동의 목표에 대한 배반이 될 것이다. 이같은 위험을 피하려면 여성학은 운동의 투쟁 및 활동과 밀접한 관련을 유지해야 한다.

막스 베버가 주장한 그 유명한 학문과 정책(실천)의 분리는 여성해방에 이롭지 않다. (자신들은 특권층으로서 이미 해방되었다고 느끼기에) '가엾은 자매들'을 위해 가부장적 '시혜' 이상을 하고자 하는, 그러나 하나의 체제로서의 가부장제에 투쟁하는 여성 학자라면 그들의 연구를 거리로 가지고 나와서 운동의 사회적 행동과 투쟁에 참여해야만 한다.

그렇게 한다면 운동에 대한 그들의 공헌은 추상적인 분석과 처방을 제공하는 것이 아니라, 투쟁에 참여한 사람들이 그들 자신의 이론적·방법론적 잠재력을 발견하고 개발하는 것을 도와주는 것이 될 것이다. 여성 사회과학자들의 엘리뜨주의적 태도는 그들이 사회적 행동이나 투쟁에 참여하는 모든 사람들을 (고울드너Gouldner의 말을 빌리자면) "자매 혹은 형제 사회과학자"로 바라볼 수 있게 될 때 극복될 것이다. 연구가 여성해방을 위한 사회적·정치적 행동으로 통합된다면 지식과 실천의 변증법은 더 나은 그리고 더 현실적인 이론이 될 것이다. 이러한 방식을 따를 때 연구대상은 정적이고 동질적인 것이 아니라 역사적이고 역동적이며 모순적인 실체이다. 그러므로 연구도 이 과정의 역동성에 가까이 가야 할 것이다.

④사회적 행동과 투쟁에의 참여, 그리고 연구를 이 과정에 통합하는 일은 더 나아가 현상태의 변화가 과학적 탐구의 시발점이 됨을 의미한다. 이 접근방식의 좌우명은 '무언가를 알고자 한다면 그것을 변화시켜야 한다'가 될 것이다.

"배의 맛을 알려면, 그것을 변화시켜야 한다. 즉 입에 넣고 씹어봐야 한다."(Mao Zedong 1968) 이 원칙을 여성학에 적용한다면, 오늘날 가부장제의 범위·차원·형태와 주의·주장을 이해하기 위해서는 여성 착취와 압박에 대한 투쟁을 시작해야 한다는 뜻이 된다. 지금까지 여성에 관한 대다수의 경험적 연구는 가사노동, 직업, 시간제노동 등에 대한 여성의 태도 같은 피상적이거나 표면적인 현상에 집중되어왔다. 그러한 태도나 의견에 대한 조사는 여성의 진정한 의식에 대해서는 거의 알려주는 바가 없다. '정상적인' 생활이 파괴되었을 때, 즉 이혼이나 결별 등의 위기가 닥쳤을 때에만 여성이 자신의 진정한 상황에 대해 의식할 기회가 생긴다. 위기에서 실체를 아는 것이다. '위기의 경험'(Kramert 1977)에서 그리고 정상상태가 파괴되었을 때, 여성들은 평소에는 거리를 갖지 못한 채 하나의 대상으로서 침잠해 있던 실제 사회관계와 대면하게 된다. 정상상태가 유지되는 한, 그들은 스스로에게조차 그 관계가 억압적이라거나 착취적이라고 인정할 수 없다.

이런 이유로 태도조사에서는 흔히 여성들이 수동적이고 자기희생적인 여성이라는 성차별적 지배이데올로기에 순응한다고 나타난다. 하지만 정상상태에 균열이 생길 때 이처럼 가부장적 관계가 그 성격상 자연스럽고 조화롭다는 식의 신비화는 지속될 수 없다.

상황을 이해하기 위해서 그것을 변화시켜야 한다는 원칙은 개별 여성과 그의 삶의 위기뿐만 아니라 사회적 과정에도 적용된다. 오늘날 우리가 여성학연구의 방법론에 대해 논한다는 사실 자체가 대학 내의 지적 노력이 아닌 여성운동이 이룬 변화의 결과이다.

여성 학자들이 그들의 학문을 해방투쟁과 불가분인 일부로 이해한다면, 그리고 자신의 연구를 개인적·사회적 변화과정에 초점을 맞춘다면, 이 와중에서 그들 스스로도 인간으로서나 학자로서 변화할 수밖에 없을 것이다. 그들은 엘리뜨적인 편협성과 추상적 사고, 정치·윤리적 무능과 기성학자의 오만 따위를 포기해야 할 것이다. 또한 과학적 작업이나 과학적 조망이 전문과학자의 특권이 아니며, 학문의 창의성은 살아 있는 사회과정에 근거함을 알아야만 한다. 방법론적으로, 이것은 변화의 역사적 과정을 기록하고 분석할 기술에 대한 모색을 의미한다.

⑤연구과정은 '연구주체'(사회과학자들)에게나 '연구대상'(대상집단으로서의 여성)에게나, '의식화'과정이 되어야 한다.

'의식화'(conscientizaao)의 방법론은 빠울로 프레이리(Paulo Freire)의 문제정식화 방식(problem-formulating method)에서 처음으로 개발되고 적용되었다. 이 접근법의 결정적인 특징은 억압적 현실에 대한 연구가 전문가가 아니라 억압의 대상들에 의해 이루어진다는 점이다. 전에는 연구의 대상이던 사람들이 스스로 연구와 행동의 주체가 된다. 이는 억압상황의 연구에 참여하는 학자가 그 사람들에게 연구도구를 주어야 함을 뜻한다. 학자는 피압박자들이 자신의 행동을 계획할 수 있게끔, 그들이 맞서 투쟁하는 문제들을 정식화하도록 고무해야 한다. 여태까지의 여성운동은 의식화과정을 대체로 여성으로서 각 개인의 고통을 자각하게 하는 것으로 이해해왔다. 의식고취를 위한 모임들에서도 자본주의 가부장제사회를 지배하는 사회관계보다는 집단동학, 역할-특화 행동이나 관계의 문제에 강조점이 있었다.

그러나 문제정식화 방식에서는 개별적인 문제를 억압적인 사회관계의 한 표현이자 발현으로 간주한다. 의식고취를 위한 모임들이 모든 지배관계를 심리학적인 것으로 만드는 경향이 있는 반면, 문제정식화 방식은 의식화를 해방행동을 위한 주체적 선결조건이라 본다. 만일 의식화과정이 변화와 행동의 과정으로 연결되지 않는다면 위험한 환상이나 심지어 퇴행으로 이어질 수도 있는 것이다.

⑥ 그러나 나는 빠울로 프레이리보다 한걸음 더 나아가고자 한다. 문제정식화 방식을 통한 여성의 집단적 의식화는 여성의 개인적·사회적인 역사 연구와 병행해야 한다.

여성들은 지금까지 사회적 변화를 전유(專有)하지 못했다. 다시 말해 사회적 변화를 자신의 것으로 만들지 못하고 역사의 과정에서 그 변화에 수동적으로 종속되어 있었다. 여성은 역사를 만들었으나 예전에는 그것을 주체로서 전유하지 (자신의 것으로 만들지) 못했다. 그들의 역사와 과거의 투쟁과 고난과 꿈에 대한 그같은 주체적 전용은 해방투쟁의 성공에 필수불가결한 집단적 여성의식 같은 것으로 이어질 것이다.

여성역사의 전유는 여성들이 자신의 캠페인과 투쟁을 기록하도록 고무하고 도와줄 수 있는 페미니스트 학자들이 촉진할 수 있다. 그들은 이러한 투쟁을 분석하도록 도움으로써 과거의 실패와 성공에서 배울 수 있으며, 장기적으로는 단순한 즉자적 행동주의에서 장기적인 전략으로 옮겨갈 수 있을 것이다. 그러나 이것은 여성학을 연구하는 여성들이 운동과 밀접하게 접촉하며 다른 여성들과 지속적으로 대화해야 한다는 점을 전제로 한다. 이는 다시 그들이 자신의 연구결과를 더이상 개인적 재산으로 취급할 수 없으며, 그것을 집단적인 것으로 만들고 나누는 법을 배워야 함을 함축한다. 여기에서 다음 원칙이 나온다.

⑦여성들이 자신의 경험을 집단적인 것으로 만들기 시작하지 않는다면 그들은 자신의 역사를 전유할 수 없다. 따라서 여성학은 남성 학자들 간에 팽배한 개인주의·경쟁·출세주의를 극복하도록 노력해야 한다. 이것은 연구에 종사하는 개별 여성 학자와 그의 방법론 둘 다에 해당된다.

오늘날 이러한 시발점과 근거들을 되돌아보는 일이 중요한데, 왜냐하면 이 장에서 내가 위의 원칙들을 이야기하기 전에 비판했던 일들이 일어났기 때문이다. 즉 여성이라는 주제가 연구영역에 들어오고 여성과 남성 학자들이 이 주제를 연구하는 것 정도로 여성학을 이해하게 되었으며, 여성학과 여성해방운동을 연결한다는 정치적 목표는 대개 포기되었고, 막스 베버의 해묵은 과학과 정치의 분리가 여성학의 과학적 자질의 증거로 다시 한번 수용되었다. 다시 말해 여러 나라에서 여성학이 대학 내에 제도화되는 동시에 여성학의 강단화가 벌어진 것이다. 여성학자들이 원래의 정치적 목표를 포기할 준비가 되었거나 혹은 이 목표를 공유해본 적도 여성운동에 참여해본 적도 없는 사람들이 여성학을 수행할 때에만 여성학은 사회적으로 받아들일 만한 것이 되는 듯하다.

내 견해로는 정치와 학문, 생활과 지식의 새로운 분리, 요컨대 여성학의 강단화는 페미니즘 운동과 그 목표의 배반일 뿐만 아니라 결국 여성학의 정신을 말살할 것이고, 맑스주의의 강단화가 맑스주의학(Marxology)을 낳았듯, 여성학을 빈약하고 무의미한 페미니즘학(feminology)으로 만들 것이다. 스스로를 강단학문적 담론으로 한정한다면 이와 똑같은 일이 에코페미니즘에서도 일어날 수 있다.

우리 중 다수가 사회과학자였기 때문에 과학에 대한 페미니즘 비판은 초기에는 주류 사회과학을 향한 것이었다. 그러나 이 비판은 자연과학과 그 핵심적 패러다임, 근저에 깔린 세계관, 그 인류학, 그 방법들과 응용에까지 미친다. 이 비판은 애초에 연구소나 대학에서 나오지 않고 환경·평화·여성 운동 등과 연결되어, 특히 재생산기술이나 유전공학에 반대하는 운동과 연계되어 생겨났다. 더 많은 여성과 페미니스트들이 이런 운동에 참여하게 될수록, 헬케 잔더(Helke Sander)가 표현한바 "중거리 로켓과 연애사건"(Sander 1980, 4~7면) 간의 관련성, 즉 군사주의와 가부장제 간의, 자연에 대한 기술적 파괴·지배와 여성에 대한 폭력 간의, 그리고 자연의 착취와 '이'민족의 착취 간의 남녀관계가 점점 더 뚜렷해졌다. 여성·자연·이민족과 그들의 나라는 백인남성의 식민지이다. 이들에 대한 식민화, 즉 약탈적 전유(착취)를 위한 종속이 없었다면 그 유명한 서구문명도, 진보의 패러다임도, 그리고 무엇보다 자연과학과 기술도 없었을 것이다(Werlhof, Mies & Bennholdt-Thomsen 1983).

이 명제는 이른바 순수과학이 성별구분이 없고, 가치로부터 자유로우며, 불편부당(不偏不黨)하고, 대부분이 남성인 이 분야 종사자들은 결백하다는 가부장적 신화를 폭로해온, 근대 과학사에 관한 일련의 페미니즘 저작들에 의해 확인되고 있다(Griffin 1978; Merchant 1983; Fox Keller 1985를 보라).

특히 캐럴린 머천트는 『자연의 죽음』(*The Death of Nature*, 1983)이라는 저서에서 현대 자연과학, 특히 역학과 물리학이 무엇보다 살아 있는 유기체 — 나아가 여성으로 해석되는 유기체 — 로서의 자연에 대한 파괴와 종속에 근거하고 있으며, 이 과정의 끝에서 자연은 단지 죽은 원료로 간주되어 가장 작은 요소로 분해된 다음, 위대한 (백인) 공학자에 의해 그의 뜻에 전적으로 복종하는 새로운 기계로 재조합됨을 설득력있게 묘사한다. 머천트는 어머니 대지에 대한 이 새로운 지배가 필연적으로 폭력을 수반한다는 것을 보여준다. 자연에 대한 발견과 지식은 특히 이 자연과학의 새로운 아버지인 프랜시스 베이컨에 의해 권력과 연결되었다. 또한 16,7세기의 마녀사냥과 비슷하게, 비밀을 얻어내기 위해 자연을 종속시키고 억압하고 고문까지 하도록 요구한 것도 그였다. 게다가 베이컨은 실험에 입각한 새로운 경험적 방법의 창시자였을 뿐만 아니라, 그때까지 어머니 대지를 감싸고 있던 오랜 금기들, 가령 원하는 광물을 얻기 위해 어머니 자연의 자궁으로 갱도를 파헤쳐 들어가서는 안된다는 금기를 일말의 주저없이 과감히 쓸어버리고 그것들이 한갓 미신으로 비쳐지도록 자연과학의 새로운 영웅들에게 권유한 사람이기도 했다. 베이컨은, 자신의 보물을 탐욕스럽게 혼자서만 갖고 자녀들(아들들)에게는 나눠주지 않는 나쁜 여자를 다룰 때처럼, 고문을 해서라도 자연의 비밀을 강제로 빼내야 한다고 말했다.[1]

　머천트는 언급하지 않았으나 어머니 자연에 대한 베이컨의 마녀사냥

---

1 Carolyn Merchant(1983)는 베이컨의 저작집(4권)에서 다음 글을 인용하여, 그가 마녀재판의 심문방법을 자연에 적용하자고 제안했음을 입증한다(Bacon 1623/1870, 96, 298면. 강조는 Merchant).

　당신이 자연의 뒤꽁무니를 인도하여 또다시 똑같은 장소로 몰고 가고 싶다면, 당신은 오로지 이리저리 떠도는 자연을 따라 뒤쫓기만 하면 되며, 또 그렇게 할 수 있을 것이다. 나는 이상한 일의 역사를 믿지 않으며, 따라서 사실에 대한 확신과 확증이 있는 곳에선 마술·마법·마력·몽상·예언 등의 미신적인 이야기는 모조리 배제되어야 하는데 … 이런 기술들을 이용하고 실행하는 것이 사라질 운명이라 해도, 여전히 심사숙고와 고려를 하다 보면 … 자연의 비밀을 더 들추어내는 데뿐 아니라, 마술 등을 행한 죄로 기소된 사람들을 제대로 판결하는 데도 유용한 빛을 얻을 수 있을 것이다. 인간은 자연을 심문하는 것이 온전한 그의 목표일 때, 신이 당신의 사례 속에서 보여주는 대로, 이러한 구멍과 구석을 파고들어가는 데 주저해서는 안된다. 십자가에 매달기 전에는 사람의 기질이 잘 드러나지 않듯, 붙잡아서 단단히 묶기 전까지는 계속 형상을 바꾸는 프로테우스처럼, 자연도 그냥 내버려둘 때보다 인위적인 도구(기계장치)로 시험하고 괴롭혀야 스스로를 더 잘 드러낸다. 그래서 새로운 자연과학자는 자연을 강제노역시켜야 하고 기계적인 조작을 통해 개조되어야 하는 노예처럼 다뤄야 한다고 요구받는다.

의 이면에서 우리가 보아야 할 것은 이러한 금기들을 가장 먼저, 그리고 아마도 가장 거리낌없이 어긴 곳은 백인남성들이 식민화했던 지역들, 즉 카리브해 연안과 남아메리카라는 사실이다. 아메리카의 금은광을 약탈할 때 정복자들은 그런 오랜 금기들을 더이상 염려할 필요가 없었다. 우세한 무기는 그들에게 어머니 자연이 보복하리라는 오래된 두려움을 무시할 힘을 주었다. 베이컨 이래 자연과학과 일부일처의 정숙한 결혼생활을 시작한 이 힘의 근원을 탐구해보면, 마녀에 대한 폭력적인 살상 그리고 식민지의 정복과 약탈을 무시할 수 없게 된다. 인간(즉 백인남성)과 자연 간의 이 새로운 관계는 최초의 실험으로 볼 수 있는데, (자신의 노동에 근거하지 않는) 막대한 양의 새로운 부가 또한 여기서 발생했으며, 이 부는 교황, 국왕, 제후, 모험가, 그리고 종국에는 신흥 부르주아들에 의해 마침내 새로운 자연과학의 성립토대로 전용되었던 것이다. 베이컨은 과학자였을 뿐 아니라 후한 녹봉을 받는 영국 제임스 왕의 고문이었다.

이블린 폭스 켈러(Evelyn Fox Keller)는 이 새로운 가부장적 과학의 역사를 또다른 시각, 곧 심리학적 측면에서 펼쳐 보이는데(Fox Keller 1985), 이는 자연과학의 아버지들이 사용한 성차별적 언어상징에서 주로 드러난다. 이들에게 자연은 결코 무성적(無性的) 존재가 아니었으니, 자연은 여성 즉 사악하고 위험한 여성으로서 마땅히 정복되어야 했다. 남성은 그의 정신, 그의 지성을 통해 이 창녀에 대한 지배를 가장 잘 유지할 수 있다. 물론 그는 배후에 물질적인 군사력을 가지고 있어야 하며 그렇지 않다면 정신은 시든 나뭇가지만큼이나 무력하다. 물질적 힘과 결부해야지만 베이컨은 그의 아들에게 '과학과의 순결한 결혼'이 결실을 맺으리라고, 즉 많은 작품을 생산할 것이라고 약속할 수 있었다. 오늘날 우리들이라면 작품이란 말 대신 기계와 상품이라고 했을 것이다. 그것이 이 자연과학의 새로운 아버지들이 추구하는 바였기 때문이다. 그들은 궁극적으로 여태까지 여성과 자연에 있었던 생산의 기예와 창조의 힘을 자신들의 통제하에, '순수한' 남성정신의 통제하에 두기를 원했다. 그들은 스스로 창조자가 되기를 원했다. 하지만 그러기 위해서는 먼저 여성과 자연에게서 주체성, 다시 말해 그들의 긍지와 정신을 빼앗아 생명이 없고 통제할 수 있는 물질로 만들어야 했다. 살아 있는 유기체가 미래의 기계와 상품의 아버지들에게는 원료로 변해버린 것이다.

이블린 폭스 켈러는 이 새로운 남성들 또한 스스로 어머니 자연에 맞서 전쟁을 일으켰음을 보여준다. 그들의 새로운 잠재력이 집중된 곳은 남근이 아니라 머리, 즉 두뇌였다. 아래에 있는 것은 열등한 것으로, 한갓 동물성으로, 사실상 이미 굴복시켜 훈련하고 이용하는 자연으로 여겨진다. 이런 까닭에 새로운 남성들은 플라톤이 계속해서 지식과 불가분의 관계에 두는 에로스, 사랑이 불가능했다. 플라톤에게 에로스란 나이든 현명한 남성의 젊은 남성에 대한 사랑이었다. 물론 그에게서 우리는 이미 여성과 물질에 대한 평가절하를 볼 수 있다. 하지만 그는 젊고 예민한 남성의 육체를 사랑했으며 그 안에 깃들인 영혼을 보았다. 폭스 켈러에 따르면 현대 자연과학자들은 대다수가 관계와 사랑이 불가능한 사람들이다. 그들이 과학을 추구하는 정열은 베이컨이 말했듯 '정숙한' 정열이었지만, 실상 남성동맹 내부의 경쟁적인 압력과 전능(全能)에 대한 광적인 집착에 의해서만 타오를 수 있는 것이었다(Easlea 1986을 참조하라). 자연과학과 자연과학자에 대한 페미니즘의 비판은 이러한 광적 집착이 백인남성의 진보모델 전체의 가부장적 핵심이라고 폭로한다.

우리는 이 새로운 지식 앞에서 그저 뒤로 물러앉아 이렇게 말할 수도 있다. 그렇구나, 과학마저 가부장적이라니…… (심지어 폭스 켈러를 포함하여 많은 사람들이 말하듯 남성적이 아니라). 이 새로운 남성들의 작품이 그들의 두뇌를 통해서가 아니라 두뇌와 그들이 대단히 완곡하게 권력이라 일컫는 폭력 간의 치명적인 결합을 통해 어머니 대지 위에 살고 있는 우리 생명의 기반을 위협하지만 않는다면 말이다.

　베이컨, 데까르뜨, 막스 베버 이래의 과학자들이 끊임없이 과학을 순수한 진리탐구의 영역이라 정의하면서 지식과 폭력 혹은 강제(가령 국가 혹은 군사력의 형태를 띤) 간의 불결한 관계를 숨겨왔기 때문에, 그들은 '지식은 곧 힘이다'라는 구호를 무사히 선전할 수 있었고 또 사람들은 이 말을 믿었다. 그리하여 그들은 과학을 정치의 영역, 즉 강제와 권력의 영역 바깥으로 옮겨놓았다. 우리 페미니스트들이 공격하는 정치(권력)와 과학의 분리는 거짓에 근거한다. 가치에서 자유롭고 사심없는 순수한 과학, 진리의 무한한 추구에만 열중하는 과학이란 존재하지 않고 존재한 적도 없다. 법률상 진리추구는 제도 내에서 과학적 자유로서 보호받는다. 순수한 지식과 학문에 대한 불가항력의 충동을 만족시키기 원할 뿐이라는 과학자도 그러한 기초연구에 누군가 돈을 대지 않는다면 연구를 할 수가 없다. 그리고 이러한 기본적인 연구를 뒷받침하는 자금의 배후에 있는 군사적·정치적·경제적 이해관계를 밝혀내기란 어렵지 않다(Easlea 1986; Butte 1985).[2]

　캐럴린 머천트(1983)가 지적하듯 베이컨 이후 과학적 방법론이 근거하는 인식론적 원칙은 폭력과 권력이다. 어머니 자연이라 불리는 유기

---

2 오늘날 산업국에서는 기초연구의 상당부분이 군비예산의 지원을 받는다. 전세계적으로 자연과학자의 절반 이상이 군사기술 분야에서 일하며, 미국의 경우 그 비율은 60퍼센트에 달한다(Butte 1985).

적 전체를 폭력적으로 파괴하지 않고는, 연구대상을 공생적 맥락에서 강제로 분리하여 실험실에 격리하지 않고는, 물질의 신비를 밝혀내거나(원자연구) 생명의 신비를 발견하기(생명공학) 위해 연구대상을 조각내어 분석하지 않고서는 새로운 과학자들이 지식을 얻을 길은 없다. 그들은 원래의 환경 안에 보존한 채로는 자연과 자연현상을 이해할 수 없는 것 같다. 그러므로 폭력과 강제야말로 근대 과학과 지식 개념의 내면에 뿌리깊이 박혀 있는 방법론적 원칙인 것이다. 그것들은 흔히 생각하듯 과학의 산물을 응용하는 것에 관해서만 제기되는 윤리적 문제가 아니다. 그것들은 근대과학의 인식론적·방법론적 토대에 속한다. 하지만 어머니 자연과 지구상의 다른 자매들에게 폭력을 가하기 위해서 호모 사이언티피쿠스(homo scientificus)는 스스로를 자연과 별개의 것으로, 아니 자연 이상의 것으로 간주해야 했다. 자연, 자신을 낳은 여성 그리고 여성 일반과 더불어 사는 관계가 부정되는 인간 개념이 만들어져야 했던 것이다. 근대과학자들이란 그들 자신과 자연이 자기들의 두뇌의 힘으로 창조되었다고 생각하는 사람들이다. 그는 새로운 신이며 유럽 문명의 문화적 영웅이다. 베이컨 이후 수세기 동안, 인간과 어머니 자연 그리고 인간의 어머니 사이의 공생관계의 파괴가 곧 자유와 해방의 과정으로 치부되어왔다. 내 견해로는 이것이 새로운 과학적 방법과 새로운 자본주의경제, 그리고 새로운 민주주의정치 간의 연결고리이다. 인간과 자연의 상호공생적인 관계를 일방적인 주종관계로 바꾸지 않았다면 부르주아혁명은 불가능했을 것이다. 이민족들과 그들의 땅을 백인 남성들의 식민지로 바꾸어놓지 않았다면 자본주의경제는 발달하지 못했을 것이다. 남성과 여성 간의 공생관계를 폭력적으로 파괴하지 않았다면, 여성을 단지 인간 이하의 동물이라 부르지 않았더라면, 새로운 남성들은 자연과 여성의 군주로 부상하지 못했을 것이다.

새로운 과학의 주체들에게 자연과 여성의 이같은 폭력적 분리와 종속은 우리가 여성에게서 태어났으며 언젠가는 죽을 필멸의 육신적 존재란 사실의 흔적조차 완전히 지우는 지식 개념이 생겨나야 함을 의미했다. 뵈메(Böhme) 형제는 과학의 근대적 개념의 또다른 아버지인 이마누엘 칸트(Immanuel Kant)가 인간의 육신적 존재성과 관계된 모든 다른 인식의 원천을 배제한 지식과 합리성 개념을 어떻게 만들어냈는지 보여주었다. 즉 우리의 육감적 지식, 경험, 갖가지 느낌들과 감정이입, 상상력과 직관의 힘 등은 모두 배제되었던 것이다. 순수이성은 이런 것의 흔적도 갖지 않으며, 다만 추상적이고 차가우며, 계산적이고 수량적인, 요컨대 냉담한 합리성이다. 이러한 지식이나 이성 개념에 도달하기 위해서는 대상과 주체 간의 명확한 단절이 필요한 것이다 (Böhme & Böhme 1985).

지식을 얻기 위해 자연과 자신을 포함한 인간에 대한 폭력이 필요하다고 한다면 윤리적인 질문이 즉각적으로 제기된다. 대체 선을 어디에 그어야 하는가? 주체와 대상의 경계는 어디인가? 인간만이 주체이고 인간이 아닌 것은 모두 대상인가? 그와 동시에 우리는 또한 인간도 실험의 대상으로 쓰인다는 것을 알고 있다. 그리고 여성과 노예와 식민지 주민들은 주체로 여겨지지 않으며, 정신적으로 장애가 있는 사람들도 마찬가지이다.

최근의 재생산기술과 유전공학은 지금까지 인간 개체, 한 사람 한 사람을 폭력적인 침략으로부터 지켜주고 한갓 연구대상으로 전락하는 것을 막아주던 최후의 경계까지도 무너뜨렸다. 이것은 특히 재생산기술의 주된 연구대상인 여성들의 경우에 더욱 그러하다. 주체와 대상, 인간과 비(非)인간을 가르는 선을 어디에 그을 것이냐는 질문은 과학 내부에서는 대답할 수 없다. 왜냐하면 과학적 패러다임은 과학적인 충동에는 한계가 없으며 추상적 지식에의 탐구가 앞으로도 계속 이어지리라는 신조에 근거하기 때문이다. 연구과정 안에서는 어떠한 도덕적 간섭도 허용되지 않는다. 그러므로 과학자들은 스스로 윤리적인 질문에 답변할 수 없다. 하지만 과학자들 또한 보통의 시민이요 남편, 아버지이기 때문에 자신들이 실험실에서 하는 작업에 관한 윤리적인 질문들과 갈수록 더 많이 맞닥뜨릴 수밖에 없다. 그들은 대개 이 문제를 과학적인 방법에 따라, 즉 허용된 것과 허용되지 않은 것을 가르는 선을 어딘가에 새로이 그음으로써 해결한다. 이는 곧 무엇이 주체이고 무엇이 객체인가에 대하여, 무엇이 인간이고 무엇이 비인간인가에 대하여 그리고 무엇이 허용된 것이고 무엇이 허용되지 않아야 하는 것인가에 대하여 그들이 새로운 정의를 제공한다는 뜻이다. 이러한 방법의 한 예가 새로운 생명윤리학자들이 태아연구라는 까다로운 문제에 대처하는 방식이다. 많은 사람들에게 — 비단 생명권운동(Right-to-Life Movement)에 참여하는 사람에게만이 아니라 — 태아연구는 도덕적으로 받아들일 수 없는 것이다. 이들은 태아연구를 금지할 것을 요구한다. 영국에서는 워녹위원회(Warnock Committee)와 (재생산기술의 감시자임을 자처하는) 자원검열국(Voluntary Licensing Authority)이 이 문제에서 빠져나올 방법을 발견했다. 그들은 임신한 지 2주 후를 생명의 시작으로 보았다. 2주 이전에는 태아가 아니라 전-태아(pre-embryo)라는 것이다. 따라서 이 전-태아 시기에는 연구가 가능해진다. 명백히, 그저 어떻게 정의를 내리는가의 문제가 되어버린 것이다! 이럭저럭 하는 사이에 이 정의는 재생산기술을 규제하려는 여러 나라에서 받아들여졌다. 과학자들과 의료재단의 관점에서 본다면 사태는 명백하다. 즉 재생산기술, 특히 IVF공학이 성공하려면 더 많은 태아연구가 필요한 것이다. 현재의 성공률은 너무 낮다(Klein 1989). (오스트레일리아) 모나시대학의 생명윤리학자 헬가 쿠제(Helga Kuhse)와 피터 싱어(Peter Singer)는 정의를 내리는 능력에서 한걸음 더 나아간다. 그들에게 2주 된 태아는 단지 '양상추'(lettuce)일 뿐이다. 그들은 호모 사피엔스 종과 인간 개체 사이에 구별을 짓거나 선을 긋는다.

그렇다면 인간의 태아의 경우는 어떠한가? 그것은 분명 호모 싸피엔스 종이지만 인간의 특정적인 자질 중 어떤 것도 갖고 있지 않다. 즉 그것은 자기인식이 없으며 자율적인 이성적 존재가 아니다. 신경계도, 두뇌도 없으며 아무것도 경험하지 못한다. 경험능력의 결핍으로 인하여 이것은 인간이라기보다는 혹은 심지어 실험용 생쥐에도 못 미치는 양상추 같은 존재이다. (Kuhse & Singer 1986, 15면)

쿠제와 싱어에게 2주 된 태아는 "고려할 필요가 있는 주체"가 아니며 (Kuhse & Singer 1986, 19면), 따라서 연구가 허용될 뿐만 아니라 남아도는 태아는 폐기하거나 인공적으로 낙태할 수도 있다. 그들은 경계선을 인간 개체에 더 가깝게 설정하여 태아가 고통을 느낄 수 있는 시기, 즉 중추신경계가 발달한 이후의 시기를 자신들의 정의로서 택하고자 했다. 그들은 이 시기가 18~20주경이 될 것이라 본다. 그리하여 그들은 제한시간을 워녹위원회와 오스트레일리아의 월러위원회(Waller Committee)가 설정한 현재의 14일보다 한참 더 늦추어 잡을 것을 주장한다 (Kuhse & Singer 1986, 21면). 그들은 태아란 여성의 일부이며 여성과의 공생관계를 떠나서는 살 수 없다는 점은 어디서도 언급하지 않고 있다. 그러므로 최초의 분리는 여성과 태아의 분리이다.

생명윤리학자들에게 유전공학 및 재생산기술과 관련하여 제기되는 문제는 다만 정의(定義)의 문제에 불과하다. 과학자들은 주로 정의내리는 행위를 통해 폭력을 행사한다. 그것은 직접적인 폭력에서 겉보기에는 깨끗하고 순수해 보이는 구조적 폭력으로 변모했다. 인간과 비인간을 가르는 이러한 정의의 힘이야말로 바로 나치수용소에 갇힌 사람들 특히 정신장애자들을 상대로 연구를 행한 과학자들이 도덕적 제약을 무시할 수 있게 한 것임을 우리는 기억해야 한다. 그 사람들을 대상으로 기본연구를 행한 과학자들은 정신장애자들이 비인간이거나 인간 이하라는 정의를 받아들인 것이다. 누가 인간이고 누가 비인간으로 정의되느냐는 것은 권력의 문제이므로 쿠제와 싱어가 내린 인간의 정의(이성적·자기인식적·자율적임)는 권력의 조작에 전적으로 노출되어 있다. 여기에서 우리는 여성 역시 오랫동안 이성적이며 자기인식적이고 자율적인 존재로 간주되지 않았음을 떠올리게 된다.

마찬가지의 자의적인 분리통치 논리가 기초연구와 응용연구 혹은 연구결과의 응용을 구분할 때에도 적용된다. 기본연구 혹은 기초연구란 도덕적으로 말하자면 응용연구보다 더 낫지도 순수하지도 않다. 만일 기초연구에서 별탈 없이 지켜졌을 사회의 모든 금기가 침범당하고 모든 도덕적 원칙이 내던져진다면, 연구결과의 응용에도 역시 마찬가지 일이 일어날 것이다. 새로운 가부장들의 패러다임에 따르면 다른 길이란 없으며, 저질러질 수 있는 일은 모두 저질러지게 되어 있다. 이것은 동물실험과 인간실험의 경우뿐 아니라 유전공학과 재생산기술의 경우에서도 마찬가지로 분명해지고 있다. 처음에는 소나 돼지를 대상으로 했던 실험을 이제는 여성을 대상으로 행한다(Corea 1985). 그러나 자연과학자들이 아무런 대가도 치르지 않은 채 그들 자신과 우리를 어머니 자연으로부터 떼어낼 수는 없다. 이 점은 이들 기본연구자들의 작업에서 발생하는 재난을 통해 점점 명백해지고 있다.

마지막으로, 이 장의 제목이 시사하듯이 과학과 책임 사이에는 연관, 아니 차라리 모순이 있다. 지금까지 우리가 논의한 과학 — 즉 우리 사회에서 과학이라 불리는 것 — 은 어떠한 책임도 깨닫지 못함이 분명하다. 더구나 과학자들의 자기규정에 따르면 자연과학과 책임은 상호배타적인 개념이다. 이 점을 의심하는 사람은 직업으로서의 과학에 관한 막스 베버의 저서를 다시 한번 들여다보아야 한다. 왜냐하면 과학자들이 자신의 환경과 일상생활에서 남편이나 시민으로서가 아니라 과학자로서 이 지구 위의 생명에 책임을 진다면, 그들은 어떤 대가를 치르더라도 결코 지식의 축적이라는 추상적 이상을 추구할 수 없을 것이기 때문이다. 예컨대 유전공학과 재생산기술에서 기초연구나 응용연구를 포기해야 했을 것이다.

페미니스트로서 내가 비판하는 것은 실험실 안에서는 바깥에서와 다른 도덕규범을 따르는, 이른바 불편부당한 연구자로 알려진 과학자들의 이같은 위선적이고 정신분열적인 분리현상이다. 윤리와 도덕과 책임을 과학의 결과물들을 응용하느냐 마느냐의 문제로 환원하는 것은 모든 윤리의 파산을 의미한다. 이러한 반동적인 윤리는 늘 속절없이 자연과학자들의 허구와 날조에 뒷북만 치면서, 가장 피해가 큰 결과에 대해서만 규제를 시도할 뿐이다. 유전공학과 재생산기술에 대한 윤리위원회가 하나의 예이다. 하지만 이러한 위원회에서조차 가치로부터 자유로운 과학은 공평성으로 무장한 채 공격을 피해가고 있다. 위원회는 주로 과학자나 의사로 구성되어 있는데다가 윤리 또한 과학으로 이해되어 동일한 패러다임을 따르기 때문이다. 이러한 위원회에서 결코 건드리지 않는 금기사항은 과학과 힘, 과학과 무력, 과학과 가부장제 간의 엄청나게 **부도덕한** 결합관계이다.

브라이언 이슬리(Brian Easlea)는 핵물리학자들이 처음부터, 심지어 그들이 소위 순수연구라는 것만 하고 있을 때에도 이미 마음 저편에서는 이 거대한 힘을 군사적으로 응용하고 있었으며, 나아가 그들 중 몇몇은 자신들의 연구에 전쟁관련 부처의 주목을 끌어들이기까지 했다는 점을 입증했다. 그는 또 이러한 원자폭탄과 로켓의 아버지들이 품었던 남근출산에 관한 환상도 설득력있게 묘사하였다(Easlea 1986).

과학에 대한 페미니즘의 비판은 —— 특히 체르노빌 사태 이후 —— 현재의 모든 과학기술이 폭탄이나 로켓에 응용될 때 외에도 본질적으로 군사적인 과학기술임을 명백히 했다(Mies 1986). 베이컨과 데까르뜨 이래 근대 자연과학자들은 "파괴의 아버지들"이었다(Easlea 1986). 생명, 여성, 어린이, 미래, 어머니 대지, 우리 자신의 인간존엄성에 대한 우리의 책임을 진지하게 받아들인다면, 우리는 먼저 이런 식의 과학이 **무책임**하고, 비도덕적이며, 부도덕하다는 것을, 두번째로는 연구소 따로 개인적·정치적 생활 따로 돌아가는 이중적 도덕기준이라는 게임을 더이상 지속하길 원치 않음을 분명히 밝혀야 할 것이다. 과학자들은 **스스로**에게 하고 싶지 않은 것을 다른 어떤 존재에게도 해서는 안된다.

지구상의 자기지속적인 생명체계들 간의 핵심적 연결고리와 살아 있는 환경 내의 식물·동물·인간의 내재적 가치를 무참히 파괴하는 것을 정당화해줄 추상적인 지식획득이란 없다. 지식과 힘의 **결합**은 반드시 해체되어야 한다. 이런 식의 과학을 변화시켜야만 한다. 하지만 무한한 지식과 전지전능을 추구하는 그 유명한 남성적 충동으로는 과학의 또다른 패러다임이 시작될 수 없다. 그러므로 그것은 과학 내부에서가 아니라 전혀 새로운 세계관으로부터, 인간과 자연환경의 관계에 대한, 남성과 여성의 관계에 대한, 다른 민족·종·문화 간의 관계에 대한 다른 시각으로부터 나와야 한다. 이런 관계들은 더이상 무력을 통해 스스로를 인간으로 나머지를 비인간으로 정의하는 백인남성의 군사주의적 모델에 따라 정의될 수는 없다.

다른 과학에 관한 생각들은 다른 윤리적·방법론적 원칙에 토대를 두어야 한다. 사회과학에 대한 페미니즘 비판과 관련하여 앞서 말한 내 비판의 많은 부분이 자연과학에도 또한 적용되어야 할 것이다. 새로운 과학의 중심에 놓일 것은 **주체-주체의 상호성**이라는 원칙이다. 이는 연구대상이 다시금 살아 있는 것으로 간주되고 자체의 존엄/영혼/주체성을 부여받을 것을 전제한다. 새로운 과학은 우리 자신이 자연의 일부임을, 우리가 육체를 가졌음을, 우리가 어머니 대지에 의존하고 있음을, 그리고 우리가 여성에게서 태어났고 언젠가 죽는다는 사실을 결코 잊지 말아야 한다. 그것은 특히 칸트 이래 근대 자연과학이 그랬듯 **지식의 원천으로서 우리의 감각을 폐기**하는 데에 이르러서는 결코 안된다. 그것은 우리의 감각들이 기계에 의해 대체되는 퇴화한 기관이 아니라 현실을 살아가는 우리의 안내자가 되는 방식으로 진행되어야 한다. 우리의 감각은 지식의 원천일 뿐 아니라 무엇보다 모든 인간행복의 원천이다.

새로운 과학은 또한 오늘날 지배적인 이중적 도덕기준을 거부해야 한다. 그것은 마침내 결과물의 응용에서만이 아니라 방법론과 이론에서도 사회 전체에 대해 책임을 질 수 있음을 입증해야 한다. 내 관점에서 이 새로운 책임은 **지구와 지구의 자원이 제한되어 있다**는, 우리의 생명이 제한되어 있고 시간이 제한되어 있다는 사실에 토대를 둘 것이다. 따라서 제한된 우주 안에서 타자들을 착취하지 않고서는 무한한 진보란 없으며 무한한 진리추구도, 무한한 성장도 있을 수 없다. 페미니스트들이 수행한, 그리고 지금도 수행하고 있는 과학에 대한 본질적 비판이 그간 몇몇 남성들로 하여금, 백인남성의 가부장적 이미지와 서구문명의 문화적 영웅, 특히 ─ 군대·정치·경제에서의 남성동맹과 합작하여 이 모든 전쟁과 재난을 초래한 ─ 자연과학자뿐만 아니라, 자기자신에 대해서도 다시금 생각하도록 이끌었다는 사실은 희망적인 조짐이다 (Böhme & Böhme 1985; Easlea 1986; Butte 1985; Theweleit 1977).

체르노빌 사태는 우리에게 근대의 기술가부장들이 생명과 생명체계와 공생관계를 파괴했음을 그 어느 때보다 더 분명히 보여주었다. 그 사건이 벌어지자 그들은 그 파괴의 정도를 측정하기까지 했다. 그러나 그들은 생명을 회복시킬 수 없다. 그런 이유로 그들 또한 여전히 ─ 우리 모두가 그러하듯 ─ 가이아와 어머니 대지와 여성이 필요한 것이다.

Bacon, Francis. (1623/1870) *De Dignitate et augmentis Scientarium*. James Spedding, Robert Leslie Ellis & Douglas Devon Heath. eds. *Francis Bacon*. (Works, Vol. 4) London: Longman's Green.

Böhme, Gernot & Hartmut Böhme. (1985) *Das Andere der Vernunft: Zur Entwicklung der Rationalitätsstrukturen am Beispiel Kants*. Frankfurt: Suhrkamp Verlag.

Butte, Werner. ed. (1985) *Militarisierte Wissenschaft*. Reinbek, Rororo Aktuell, Technologie und Politik 22: Rowohlt Verlag.

Corea, Gena. (1985) *The Mother Machine*. New York: Harper & Row.

Easlea, Brian. (1986) *Fathering the Unthinkable: Masculinity, Scientists and the Nuclear Arms Race.* London: Pluto Press.

Fox Keller, Evelyn. (1985) *Reflections on Gender and Science.* New Haven, CT: Yale University Press.

Griffin, Susan. (1978) *Woman and Nature: the Roaring Inside Her.* New York: Harper Colophon Books.

Klein, Renate. ed. (1989) *Infertility: Women Speak out About Their Experiences of Reproductive Medicine.* London: Pandora.

Kuhse, Helga & Peter Singer. (1986) *Ethical Issues in Reproductive Alternatives for Genetic Indications.* Paper presented at 7th International Congress of Human Genetics, Berlin.

Merchant, Carolyn. (1983) *The Death of Nature: Women, Ecology and the Scientific Revolution.* New York: Harper & Row.

Mies, Maria. (1983) "Towards a Methodology for Feminist Research." G. Bowles & Renate D. Klein eds. *Theories of Women's Studies.* (117~39면) London: Routledge and Kegan Paul.

_____(1984) "Frauenforschung oder feministische Forschung." *Beiträge zur feministichen Theorie und Praxis*, 11. 40~60면.

_____(1985) "Why do we need all this?" A call against genetic and reproductive technology. *Women's Studies International Forum*, 8. 553~60면.

_____(1986) "Wer machte uns die Natur zur Feindin?" Marina Gambaroff, Maria Mies, Annegret Stopczyk & Claudia v. Werlhof. eds. *Tschernobyl hat unser Leben verändert. Vom Ausstieg der Frauen.* Reinbek, Rororo Aktuell, No. 5922: Rowohlt Verlag.

Sander, Helke. (1980) *Über die Beziehungen von Liebesverhältnissen und Mittel-streckenraketen*. Courage, Nr. 4: 4~7. Berlin: Courage Verlag.

Theweleit, Klaus. (1977) *Männerphantasien*. Frankfurt: Roter Stern Verlag.

Werlhof, Claudia v., Maria Mies & Veronika Bennholdt Thomsen. (1983) *Frauen, die letzte Kolonie*. Reinbek, Rororo Technik und Politik, No. 20: Rowohlt Verlag (English version: *Women, The Last Colony*, London: Zed Books 1988).

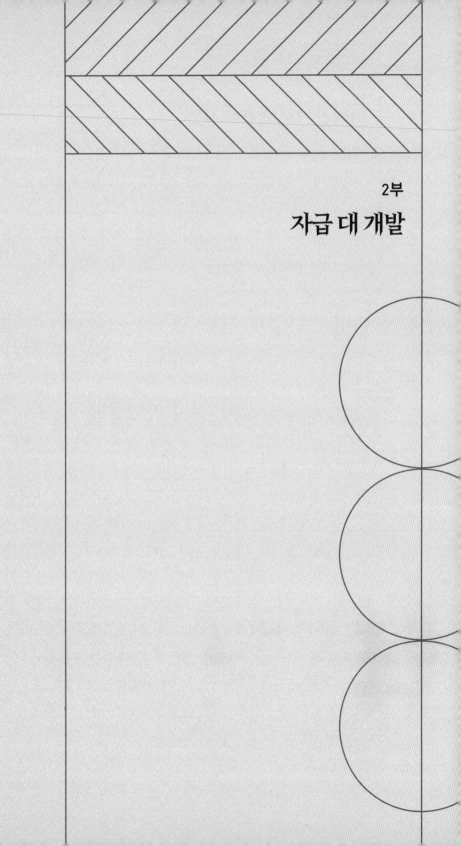

2부

# 자급 대 개발

## 4장

# 따라잡기식 개발의 신화

마리아 미스

사실상 모든 개발전략은 '좋은 삶'의 모델이 미국·유럽·일본 같은 북(北)의 풍요로운 사회에선 일반적이라는 명시적 혹은 암묵적 가정에 입각하고 있다. 북의 빈민들과 남(南)의 국가들에 사는 사람들, 그리고 전세계의 농민과 여성들이 어떻게 이 '좋은 삶'을 성취할 것이냐는 물음에 대해서는 대개 로스토우(Rostow) 이래 이른바 '따라잡기식 개발'(catching up development)의 길이란 것에 의거하여 해답이 내려졌다. 이는 유럽·미국·일본이 취한 바와 똑같은 산업화와 기술진보와 자본축적의 길을 따라감으로써 같은 목표를 이룰 수 있다는 것이다. 그랬을 때이들 풍요로운 국가와 풍요로운 계급, 지배적인 성(性)인 남성과 우세한 도시중심지와 그 생활양식은 실현된 자유주의의 유토피아이며, 아직 명백히 뒤처져 있는 사람들이 성취해야 할 유토피아로 인식된다. 산업국들의 풍요는 의심할 여지 없이 그것을 공유할 수 없는 모든 사람들에게 엄청난 매혹의 대상이다. 이른바 '사회주의 나라'들의 명시적 목표는 자본주의를 따라잡고 나아가 그것을 추월하는 것이었다. 동유럽, 특히 동독에서 사회주의가 붕괴된 이래 그 목표는 이제 서독이나 미국에서 그 원형을 볼 수 있는 이른바 시장경제의 생활양식을 빠르게 따라잡는 것이 되었다.

저개발국과 남의 지역들의 역사 그리고 오늘날의 동유럽과 동독을 슬쩍 들여다보기만 해도 이 따라잡기식 개발의 길이 신화에 불과함을 알 수 있다. 이들 중 어디에서도 바라던 목표에 이른 적이 없기 때문이다.

이 신화는 역사에 대한 진화론적·단선적 이해에 기초하고 있다. 이러한 역사 개념에 따르면 진보의 정점에는 이미 일부 사람들, 즉 대개 남성들, 특히 산업국의 도시거주 백인남성들이 도달해 있다. '그밖의 사람들', 즉 여성·유색인종·'저개발'국·농민들도 좀더 노력하고 좀더 교육받고 좀더 '개발'되면 이 정점에 이를 것이다. 기술진보가 이 진화과정의 원동력으로 여겨진다. 1970년대 초에도 따라잡기식 개발 이론이 몇몇 학자들의 비판을 받았다는 사실은 대개 무시된다. 안드레 군더 프랑크(Andre Gunder Frank),[1] 싸미르 아민(Samir Amin),[2] 요한 갈퉁(Johan Galtung)[3]을 비롯한 많은 사람들이 저개발국의 빈곤은 '자연적인' 뒤처짐의 결과가 아니라 흔히 주변부라고 일컬어지는 아프리카·남아메리카·아시아를 착취한 부유한 산업국들의 과잉개발의 직접적 결과임을 지적했다. 오늘날까지 계속되고 있는 이 식민역사의 과정에서 이 지역들은 점점 더 저개발되었으며 이른바 대도시들에 더 많이 의존하게 되었다. 이들 과잉개발된 중심 및 대도시와 저개발된 주변의 관계

1 A.G. Frank, *World Accumulation 1492~1789*, New York: Macmillan 1978.

2 S. Amin, *Accumulation on a World Scale: A Critique of the Theory of Underdevelopment*, New York: Monthly Review Press 1974.

3 J. Galtung, "Eine Strukturelle Theorie des Imperialismus," D. Senghaas, ed., *Imperialismus und strukturelle Gewalt: Analysen über abhängige Reproduktion*, Frankfurt: Suhrkamp 1972.

는 식민지적이다. 오늘날 이와 유사한 식민관계가 인간과 자연 사이에, 남성과 여성 사이에, 도시와 시골 사이에 존재한다. 우리는 이것들을 백인남성의 식민지라 부른다. 그같은 관계를 유지하기 위해 무력과 폭력은 언제나 필수적이다.[4]

하지만 그런 관계를 안정시키기 위해서는 피식민자들의 정서적·인지적 승인 또한 필요하다. 식민자들뿐만 아니라 피식민자들 역시 '정상(頂上)에 있는 사람들'의 생활양식을 좋은 삶의 유일한 모델로 인정해야 한다는 뜻이다. '정상에 있는 사람들'의 가치와 생활양식과 삶의 기준을 인정하는 과정은 으레 자신의 문화, 업적, 기술, 생활양식, 그리고 종종 인생철학과 사회제도 등 자신의 것에 대한 평가절하를 동반한다. 처음에는 이런 평가절하가 대개 식민자들에 의해 폭력적으로 이루어지다가 나중에는 선전, 교육 프로그램, 법률개정, 그리고 가령 외채의 덫 같은 경제적 의존을 통해 강화된다. 결국 이러한 평가절하가 종종 피식민자에게 '자연스러운' 상태로 수용되고 내화된다. 피식민자들(국가, 여성, 농민)에게 가장 어려운 문제 중 하나는 공식적인 탈식민화 과정 이후 그들 자신의 정체성을 세우는 과제, 즉 더이상 진정한 인간존재의 이미지로서 식민자의 모델에 근거하지 않는 정체성을 개발하는 일인데, 이 문제에 관해서는 파농(Fanon),[5] 메미(Memmi),[6] 프레이리,[7] 블레즈(Blaise)[8] 등이 언급한 바 있다. 피식민자들은 살아남기 위해 식민화과

---

4 M. Mies, *Patriarchy and Accumulation on a World Scale: Women in the International Division of Labour*, London: Zed Books 1991.

5 F. Fanon, *Peau Noire, Masques Blancs*, Paris: Edition du Seuil 1952; English version: Black Skin, White Masks, London: Paladin 1970.

6 A. Memmi, *Portrait du Colonise*, Paris: Edition Payot 1973.

7 P. Freire, *Pedagogy of the Oppressed*, Harmondsworth: Penguin Books 1970.

정에 맞서 이겨야 하지만 진정한 인간이 되기 위해서는 남녀를 막론하고 모두가 자신들 내부에 생성된 식민지 근성을 제압해야 한다고 메미는 쓰고 있다.[9] 이는 모두가 식민자들이 주입한 환상과 그들의 생활양식을 극복하고 자신들이 어떤 존재이며 무엇을 하고 있는가를 재평가해야 함을 뜻한다.

피식민자들 내부에서 식민자들을 제거하는 일을 촉진하기 위해 따라잡기식 개발 신화를 좀더 자세히 고찰할 필요가 있다.

지금까지 개발의 대가를 치른 사람들은 정상에 있는 사람들을 자신의 미래의 모델로, 구체화된 유토피아로 우러러보아야 하며, 이것이야말로 보편법칙이라고 주장할 수도 있다. 하지만 자연이 이런 모델 때문에 치러야 했던 댓가, 지금 풍요한 사회의 사람들에게조차 점점 더 많은 영향을 미치고 있는 댓가를 고려해본다면, 왜 그들이 이 신화에 의문을 갖지 않는가를 묻게 될 것이다. 왜냐하면 북에서조차 과학과 기술, 상품과 용역, 자본과 GNP의 무제한적 성장의 패러다임은 점점 더해가는 환경악화와 그에 따른 삶의 질의 저하로 치닫고 있기 때문이다.


## 분리와 지배 : 현대 산업사회의 비밀

풍요로운 사회의 대다수 사람들은 일종의 정신분열적 혹은 '이중사고'의 상태로 살아간다. 그들은 보빨과 체르노빌의 참사, '온실'효과, 오

---

8 S. Blaise, *Le Rapt des Origines. ou: Le Meurtre de la Mere*, Paris: Maison des Femmes 1988.
9 Memmi, 앞의 책; Blaise, 앞의 책, 74면에서 인용.

존층의 파괴, 산업폐기물뿐 아니라 비료·제초제·살충제로 인한 지하수·강·바다의 오염 등에 대해 알고 있으며 자신들도 대기오염, 알레르기, 스트레스와 소음, 그리고 가공식품으로 인한 건강상의 위협을 점점 더 많이 받고 있음을 알고 있다. 그들은 또한 자신들의 생활양식과 성장지향적인 경제체제가 삶의 질에 대한 이런 부정적인 영향들에 대해 책임이 있다는 사실도 알고 있다. 그럼에도 불구하고 (극소수를 제외하고는) 이런 앎에 근거하여 자신들의 생활양식을 변화시키지 못하고 있다.

이 집단적 분열증의 한 원인은 두마리 토끼를 다 잡을 수 있으리라는 북의 완강한 희망 혹은 신념이다. 즉 화학제품을 점점 더 많이 만들어내면서도 깨끗한 공기와 물을 가질 수 있고, 점점 더 많은 자동차를 굴리면서도 '온실'효과로부터 자유로울 수 있으며, 더 많은 상품을 생산하고 더 많은 즉석식품과 가공식품을 먹고, 더 화려한 포장을 하고 외국산 수입식품을 더 많이 먹으면서도, 건강을 유지하고 폐기물문제를 해결할 수 있으리라는 것이다.

대부분의 사람들은 스스로 소비를 자제하고 생산패턴을 바꾸려 하기보다는, 과학과 기술이 이 딜레마에 대한 해결책을 제공해주기를 기대한다. 높은 물질적 생활수준이 진정으로 윤택한 삶의 질에 악영향을 끼친다는 점, 특히 환경파괴 문제를 명확히 이해한다면 더욱 그러하다는 점은 아직 충분히 인식되지 못하고 있다.

하지만 높은 물질적 생활수준이 윤택한 혹은 높은 삶의 질과 같다는 믿음은 근대 산업사회의 지속적인 성장과 축적 모델을 유지하고 정당화하기 위해서 꼭 필요한 이데올로기적 버팀목이다. 다수의 사람들이 이것을 받아들이지 않는다면 이 체제는 유지될 수도 기능할 수도 없게 된다. 이러한 등식은 일상생활에 드리워져 있는 이데올로기적·정치적 헤게모니이다. 북의 산업국의 어떠한 정당도 득표에 악영향을 줄까 봐, 감히 이러한 분열적 등식에 의문을 제기하지 못한다.

이 이중적 사고가 우리 지구의 자원이 무한하며 공간적 제약도 없고 기술진보와 성장에도 제한이 없다는 가정에 근거한 것임은 이미 밝힌 바 있다. 하지만 실상 우리는 제한된 세계에 살고 있기에 이런 무한성이란 신화이며 오직 식민지적 분리에 의해서만 유지된다. 즉, 중심과 주변, 남성와 여성, 도시와 시골, 북에 자리잡은 근대 산업사회와 남에 있는 '후진적'이고 '전통적'이며 '저개발'된 사회의 분리가 그것이다. 이 양자의 관계란 평등한 것이 아니라 위계적이며 착취·억압·지배라는 특징을 갖는다.

이 식민지구조의 경제적 근거는 결국 이러한 분리로 인해 이익을 얻는 사람들의 공간·시간 지평 바깥으로 비용이 전가되는 것 ── 비용의 외부화[10]이다. 즉, 산업국들의 지속적인 성장에 드는 경제·사회·환경 비용이 식민화된 남(南)의 국가들로, 그 나라의 환경과 주민에게로 옮겨가는 것이다. 전세계 노동력을 식민화된 주변부 노동자와 산업화된 중심부 노동자로 나눔으로써만, 그리고 공식적인 식민통치가 끝난 후에도 이러한 지배관계를 유지함으로써만, 산업국의 노동자들이 남의 노동자들보다 10배 이상 많은 보수를 받을 수가 있다.

산업사회 내부의 노동력재생산에 따르는 사회적 비용의 상당부분은 그들 사회 내부에서 외부로 돌려진다. 이것은 여성의 가사노동은 비생산적이거나 노동이 아니기 때문에 보수를 주지 않아도 된다는 가부장적·자본주의적 성별분업을 통해 조장된다. 여성은 가정주부로 규정되

---

10 W. K. Kapp, *Social Costs of Business Enterprise*, Bombay: Asia Publishing House 1963.

어 그들의 노동은 GNP계산에서 빠진다. 따라서 여성은 이 체제의 내부 식민지라고 볼 수 있다.

화학비료, 살충제, 원자력, 자동차 등과 같은 상품들의 산업적 생산에 드는 환경비용, 그리고 그것들이 생산되고 소비되는 과정에서 발생하는 폐기물과 피해에 따르는 환경비용이 자연에 부과되고 있다. 이는 대기·수질·토양 오염, 그리고 현재뿐 아니라 미래세대에게까지 영향을 미치는 중독으로 나타난다. 특히 원자력산업, 유전공학, 컴퓨터 기술과 누구도 예측할 수도 통제할 수도 없는 이들의 시너지효과 등 현대의 첨단기술이 장기적으로 미칠 영향은 더욱 심각하다. 이렇듯 자연과 미래가 모두 풍요로운 사회와 계급의 단기적인 이윤동기를 위해 식민화되고 있는 것이다.

피식민자와 식민자의 관계는 결코 동반자적인 것이 아니라 전자에 대한 후자의 강제와 폭력에 기반을 두고 있다. 이 관계야말로 축적의 중심에 놓인 무한성장의 비밀이다. 산업생산의 모든 비용을 외부로 돌리는 게 불가능하다면, 이 비용을 산업국들 스스로 감당해야 한다면, 즉 비용이 내부화된다면, 무한성장은 즉각 종말을 고할 수밖에 없다.


## 따라잡기 불가능한 것과 바람직하지 않은 것

착취와 식민지적 분리에 근거한 이 축적모델의 논리는 '따라잡기식 개발' 같은 것이 식민지로서는 불가능하다는, 어떤 식민지라도 불가능하다는 의미를 함축한다. 한 식민지가 많은 노력 끝에 '개발'의 궁극적인 지점이라 여겨지는 것을 성취한다 해도, 산업화된 중심부는 벌써 더욱 '현대적인' 개발단계로 이미 '진보해' 있기 때문이다. 오늘은 TV였지만 내일은 컬러TV가 되고 그 다음날은 컴퓨터가 되며 그리고 그 다음엔 더 최신판 '컴퓨터 세대'가 되며 더 나중에는 인공지능기계 등이 될 것이다.[11] 따라서 식민지의 이 따라잡기 전략은 늘 지는 게임이다. 식민자의 진보 자체가 식민지라는 존재와 그것의 착취에 근거하고 있기 때문이다.

이같은 함의들은 개발전략을 논의할 때 늘 간과된다. 목표는 산업사회의 생활수준을 낮추는 것이 아니라 모든 '저개발'국들이 산업사회와 같은 수준의 풍요를 얻을 수 있어야 한다는 식으로 이야기된다. 이것은 듣기 좋은 소리이고 만민평등이라는 부르주아혁명의 가치에 상응한다. 하지만 그런 요구가 논리적으로나 물질적으로 불가능하다는 사실은 무시된다. 이 요구가 불가능하다는 사실은, 북의 풍요로운 산업사회들의 주된 생산체제와 생활양식을 현재 이 지구상의 모든 사람들에게 향후 30년 동안 보편화한다고 했을 때 환경에 초래될 결과가 어떨지를 생각해보면 명백해진다. 예컨대 전세계 인구의 6퍼센트를 차지하는 미국인들이 화석연료 총생산량의 30퍼센트를 소비한다는 사실을 주목한다면, 남의 가난한 나라에 살고 있는 나머지 80퍼센트의 세계인구가 같은 양의 에너지를 소비하기란 불가능하다는 점이 분명히 드러난다.[12]

트레이너(Trainer)에 따르면 미국·유럽·일본 인구가 전세계 에너지 소비량의 4분의 3을 소비한다고 한다. "현재 세계 에너지생산량이 균등

11 O. Ullrich, *Weltniveau: In der Sackgasse des Industriesystems*, Berlin: Rotbuchverlag 1979, 108면.

12 *The Global 2000 Report to the President*, ed. US Foreign Ministry, Washington, Appendix, 1980, 59면을 참조하라.

하게 분배된다면 미국인들의 일인당 에너지소비량은 현재의 5분의 1로 줄어들게 된다."[13] 달리 표현하자면, 2050년이 지나면 세계인구가 110억 명이 될 것으로 추산되는데 이 110억명의 사람들이 저마다 1970년대 중반의 미국인 일인당 에너지소비량만큼을 사용한다면 종래의 석유자원은 34년에서 74년 안에 고갈되며,[14] 다른 에너지도 마찬가지라는 것이다.

설사 세계의 자원기반이 무한하다 하더라도 빈국들이 산업화된 북의 주된 생활양식을 따라잡으려면 500년가량 걸린다고 추정되며, 그나마 북의 나라들이 자기들 경제철학의 핵심을 이루는 무한 경제성장 모델을 포기할 때나 가능하다. 남의 국가들이 이러한 모델을 '따라잡기'란 불가능하며, 이는 자원기반의 유한성과 불균등한 소비 때문만이 아니라 이 성장모델이 특히 경제개발에 관한 한 양극화를 심화시키는 식민주의적 세계질서에 근거하고 있기 때문이다.

이 예들은 따라잡기 전략이 모두에게 가능하지는 않음을 보여준다. 나는 오늘날 세계경제를 장악하고 있는 세력들, 다국적기업의 관리자들, 세계은행, 국제통화기금, 부유한 나라의 은행과 정부 등은 이 사실을 알고 있으며 실상 그들은 이런 보편적 성장을 진정으로 원하지 않는다고 본다. 그렇게 되면 자기들의 성장이 끝나버리기 때문이다. 그들은 암묵적으로 이른바 시장경제라는 것의 식민지적 구조를 인정한다. 그러나 이 구조는 '남북관계' '지속가능한 개발' '성장의 문턱에 이른 국가' 등과 같이 모든 빈국들이 부유한 국가들과 동일한 생활수준에 도달

---

**13** F. E. Trainer, *Developed to Death: Rethinking Third World Development*, London: Green Print 1989.
**14** 같은 책, 61면.

할 수 있고 도달할 것이라 암시하는 미사여구로 감추어진다.

그러나 평등문제와 환경문제는 애써 무시한다 해도, 과연 북의 사회들이 추구하는 이 좋은 삶의 모델과 '따라잡기식 개발'의 패러다임이 최소한 북의 사람들이라도 행복하게 해주었는지 질문을 던져보자. 그곳에서는 이 모델이 약속한 바가 이루어졌는가? 적어도 여성과 어린이들이 더 평등해지고 더 자유로워지고 행복해졌는가? GDP의 증가에 따라 그들의 삶의 질이 향상되었는가?

우리는 매일같이 늘어나는 노숙자와 빈곤, 특히 여성과 어린이의 가난,[15] 대도시의 범죄와 마약의 증가, 그밖에도 예컨대 쇼핑광 같은 여러 종류의 병적 중독증세에 대한 소식을 듣는다. 많은 풍요로운 사회에서 우울증과 자살이 늘어나고 있으며, 성적 학대뿐 아니라 공적 폭력과 가정내 폭력 등 여성과 어린이에 대한 직접적 폭력도 늘어나고 있고, 매스미디어에는 온통 폭력 기사뿐이다. 게다가 도심은 자동차가 내뿜는 배기가스로 숨이 막힐 지경이며, 걷고 숨쉬기에 적합한 외부 공간은 거의 찾아볼 수 없고, 도시와 고속도로는 차량으로 질식상태이다. 사람들은 기회가 있을 때마다 도심에서 벗어나 전원이나 가난한 남의 국가에 가서 휴식을 취하고자 한다. 만일 통상 주장하듯이 도시 거주자들의 삶의 질이 그렇게 높다면, 왜 그들은 도시에서 휴가를 보내지 않는 것인가?

최근 미국에서는 삶의 질이 10년 전보다 낮아지고 있다. GDP와 삶의 질 사이에 역관계가 있는 듯하다. 즉 GDP가 늘어날수록 삶의 질은 악화되는 것이다.[16] 예를 들어 시장의 힘이 커지자 여태까지는 집에서 만

---

15 Sheldon, Danzinger & Stern.
16 Trainer, 앞의 책, 130면.

들어 먹던 음식을 패스트푸드점에서 사먹게 된다. 즉 음식을 장만하는 것이 하나의 용역, 하나의 상품이 된 것이다. 만일 더 많은 사람들이 이 상품을 산다면 GDP는 증가한다. 하지만 이와 동시에 증가하는 것이 공동체의 붕괴, 개인의 고립과 고독, 사회의 무관심과 원자화이다. 폴라니 (Polanyi)의 말처럼 시장의 힘이 공동체를 무너뜨린다.[17] 여기서도 마찬가지로 그 과정은 양극화현상으로 특징지어지고, GDP가 높아질수록 삶의 질은 낮아진다.

'따라잡기식 개발'이 부유한 나라와 계급에 속한 특권층까지 괴롭히는 비물질적인 심리적·사회적 비용과 위험만을 수반하지는 않는다. 걸프전이나 체르노빌 사태 같은 인위적 재난을 포함해 환경재난이 점차 늘어남에 따라 세계의 부유한 중심지의 물질적 생활마저 또한 악화된다. 풍요로운 사회는 엄청난 양의 상품에 둘러싸인 가운데 가장 근본적인 생활필수품, 곧 깨끗한 공기, 맑은 물, 건강에 좋은 음식, 공간, 시간, 고요 등이 결핍된 사회이다. 체르노빌에서 자녀가 있는 여성들이 겪었던 일들을 이제는 쿠웨이트의 엄마들이 겪고 있다. 석유부국 쿠웨이트는 모든 돈을 쏟아부어도 국민들에게 태양과 신선한 공기, 깨끗한 물을 사주지 못한다. 기본적인 공동 생필품의 결핍은 빈민층이나 부유층 모두에게 영향을 미치지만 빈민층에 더 큰 타격을 입힌다.

요컨대 끝없는 성장과 이윤을 지향하는 현재의 세계시장체제는 외부와 내부의 식민지들, 즉 자연, 여성, 이민족을 착취하지 않고서는 유지될 수 없을뿐더러, 또한 결코 '그걸로 충분해'라고 말하지 않는 소비자를 필요로 한다. 부유한 국가들의 소비자모델은 전세계적으로 보편화

---

17 K. Polanyi, *The Great Transformation*, Frankfurt: Suhrkamp 1978.

될 수 있는 것이 아니며 부유한 국가에 살고 있는 소수의 사람들에게조차 바람직하지 않다. 더구나 점점 희귀해지는 자원을 확보하려는 전쟁으로 이어질 가능성도 점점 높아지고 있다. 걸프전도 대체로 그 지역의 석유자원에 대한 통제권을 두고 벌어진 전쟁이었다. 앞으로 그러한 전쟁을 피하고 싶다면 의식적이고 전면적인 생활양식의 변화, 소비의 감소, 북의 소비패턴의 근본적 변화, 그리고 에너지 보존을 위한 단호하고 광범위한 운동만이 유일한 대안이다(18장을 보라).

이러한 사실들은 이미 널리 알려져 있지만 크게 보아 여전히 따라잡기식 개발의 신화가 구사회주의권 국가들을 비롯한 북과 남의 정부개발정책의 근간을 이루고 있다. 세명의 국가수반 — 짐바브웨의 로버트 무가베(Robert Mugabe), 체코슬로바키아의 바츨라프 하벨(Vaclav Havel), 당시 서독 대통령이던 리하르트 폰 바이츠제커(Richard von Weizsäcker) — 이 참여한 한 TV토론[18]이 이 점을 잘 보여준다. 토론은 부유한 유럽으로 들어가려 애쓰는 수백만의 굶주린 아프리카 사람들을 묘사한 영화 「행진」(The March)을 상영한 후에 이루어졌다. 서독 대통령은 북의 부유한 산업사회에 사는 세계인구 20퍼센트의 소비패턴이 세계자원의 80퍼센트를 사용하고 있으며 이러한 소비패턴이 급기야는 전세계적으로 삶의 자연적 기반을 파괴하리라는 점을 꽤 분명하게 지적했다. 하지만 그는 그렇다면 북의 소비패턴을 비판하고 포기해야 하며, 남의 국가들에게 북을 모방하지 말도록 경고해야 옳지 않느냐는 질문에 대해서는 사람들에게 소비를 줄이도록 설득하는 것은 잘못된 일

---

18 이 토론은 1990년 5월 22일 Norddeutscher Rundfunk(NDR)에서 "Die Zukunft gemeinsam meistern"이라는 제목으로 이루어졌다. 이 방송은 Rolf Seelmann-Eggebert가 제작했다.

이라고 대답했다. 더구나 남의 사람들도 북과 같은 생활수준을 누릴 권리가 있다는 것이다. 유일한 해결책은 개발원조를 통해 '우리의' 부를 남의 가난한 사람들에게 분배함으로써 그들이 '따라잡게' 해야 한다는 것이다. 그는 그 부가 앞서 살펴본 대로 북이 식민지를 약탈한 결과라는 점은 언급하지 않았다.

사회주의국가 짐바브웨의 대통령의 말은 더욱 노골적이었다. 그는 남의 사람들도 북의 사람들이 가진 만큼 많은 자동차와 냉장고, TV수상기, 컴퓨터, 비디오를 원하고 그만큼의 높은 생활수준을 바란다고 했다. 이것이 개발에 대한 자신의 정책목표라는 것이다. 그도 폰 바이츠제커도 '따라잡기'를 통해 북의 소비패턴을 보편화하려는 이 정책이 실질적으로 가능한지는 묻지 않았다. 그들은 또한 그같은 정책이 환경에 초래한 결과들을 문제삼지도 않았다. 선거에서 뽑힌 국가의 수반으로서 그들은 감히 진실을 말하지 못했다. 즉, 북의 부유층의 생활양식은 보편화될 수 없으며 평등한 세계라는 가치를 유지하기 위해서는 이들 나라에서 그런 소비패턴이 끝장나야 한다는 점을 말이다.

그러나 이러한 통찰에도 불구하고 따라잡기 전략은 구(舊) 동구권 사회주의국가들에서 여전히 굳건하다. 동독, 폴란드, 구소련에서의 개발은 명백히 이러한 신화의 회생을 보여준다. 하지만 '자유'시장경제의 본질이 밝혀진 후에 뒤따를 재난 역시 명백하다. 동독, 즉 구 독일민주공화국의 주민들은 자본주의 서독의 소비모델에 동참하기를 갈망하였고 자기 나라의 붕괴와 독일통일에 찬성표를 던짐으로써 '평등'해지리라 희망했다. 그들은 정치적 민주주의가 풍요를 여는 열쇠라고 배웠다. 하지만 이제 그들은 정치적 민주주의에도 불구하고, 그리고 서독 주민들과 같은 나라에 살고 있음에도 불구하고, 자신들이 사실상 서독 자본을 위한 값싼 노동시장 혹은 식민지로 취급되고 있음을 깨닫고 있다. 서독 자본은 동독으로 시장을 넓히는 데만 관심이 있을 뿐, 독일통일로 인해 동독 노동자들이 서독 노동자들만큼의 임금을 요구할 것이므로 동독에 투자하는 것은 꺼린다. 그들로서는 동독으로 진출할 이유가 없는 것이다. 통일된 지 1년도 안돼서 동독의 주민들은 이미 실망하고 좌절하였다. 실업률은 급증하고 경제는 사실상 붕괴했으나 새로운 시장경제체제에서 얻은 혜택이라곤 없었다. 그러나 정치가들은 얼마간 함께 노력하고 나면 서독을 따라잡게 될 것이라고 선전한다. 이 과정에서 늘 그렇듯이 동독의 여성들이 가장 심한 타격을 입었다. 이전에는 90퍼센트의 노동참여율을 기록했던 동독 여성들이 가장 먼저, 남성들보다 더 급속히 일자리를 잃었고, 이제 엄청난 규모의 실업자군(群)을 이루고 있다. 이와 동시에 그들은 탁아소, 진보적 임신중지법률, 어머니를 위한 직업보장, 육아휴직 등 사회주의국가가 그들에게 제공했던 혜택 또한 전부 잃고 있다.

하지만 사회주의에 대한 염증 때문에 주민들은 이것이 자본주의의 정상적인 작동과정임을, 다시 말해 자본주의는 팽창을 위해 식민지를 필요로 하며 민주주의와 형식적인 평등이 자동적으로 평등한 생활수준이나 평등한 경제적 보수를 낳는 것이 아님을 아직은 이해하지 못하고 있다.

동독에서 이른바 서독 정치인들 특히 콜 수상에게 당한 배신에 대한 분노와 실망은 '유럽의 집'으로 들어가 부의 식탁에 함께 앉고자 하는 다른 소수집단, 민족적·인종적 소수, 외국인 노동자, 다른 동구인들을 향한 적대감으로 전환되었다.

세계의 다른 지역에서는 따라잡기식 개발 신화가 붕괴하자 자신들

영토 안팎의 종교적·민족적·인종적 '타자'들을 겨냥한 근본주의와 민족주의의 물결이 일어났다. 민족주의와 근본주의, 공동체주의의 주요 과녁은 모두 여성이다. 왜냐하면 종교적·인종적·문화적 정체성이란 언제나 가부장제, 가부장적 여성 이미지, 아니 좀더 정확히 말하면 여러 사례들에서 보이듯 거의 항상 여성에 대한 더 많은 폭력과 불평등으로 이어지는 '우리들' 여성에 대한 통제에 근거를 두기 때문이다.[19] 게다가 따라잡기식 개발 신화의 붕괴는 남성의 군사화를 야기했다. 새로운 민족주의와 근본주의는 거의 다 젊은 남성군인들이 주역을 맡은 사실상의 내전으로 이어졌다. 부유한 남성들의 클럽에 동등하게 받아들여질 수 없고 그들의 생활양식을 공유할 수도 없으므로, 가부장적 세계에서 통용되는 바로서 자신들의 남성성을 과시할 방법이란 기관총을 휘두르는 것뿐이다.

그러므로 따라잡기식 개발의 신화는 궁극적으로 더 악화된 환경파괴, 더 심화된 '제3세계' 착취, 더 가혹한 여성폭력, 더 강화된 남성의 군사화를 야기할 뿐이다.


### 따라잡기식 개발이 여성을 해방시키는가?

지금까지 우리는 따라잡기 전략이 남의 국가들에서 초래하는 환경비용을 살펴보았다. 이 전략은 사실상 계몽주의와 부르주아혁명 이래 노

---

**19** A. Chhachhi, "Forced Identities: The State, Communalism, Fundamentalism and Women in India," D. Kandiyoti, ed., *Women, Islam and the State*, University of California Press 1991.

동계급운동, 민족해방운동, 여성운동 등 억압과 착취로부터의 해방을 지향하는 여러 운동들에서도 마찬가지로 추구되어왔다. 산업국의 여성들에게 따라잡기식 개발이란 여성의 평등권 정책을 통하여 가부장적인 남녀관계가 철폐되리라는 희망을 의미했고 또 지금도 그렇다. 이 정책은 현재 여성을 위한 적극적 차별 정책, 정치기구와 노동시장의 여성 할당제나 지명제를 요구하는 식으로 추진되고 있다. 독일의 몇몇 주정부는 여성을 위한 특별 승진 프로그램을 발표했다. 새로운 하이테크산업 같이 예전에는 남성의 전유물이었던 경제분야에 여성을 끌어들이려는 노력도 계속되고 있다. 이러한 기술에 맞선 여성의 저항은 그들의 해방에 대한 장애물로 간주되는데, 왜냐하면 그러한 기술은 남성의 세력영역으로 여겨지므로 '동등'해지기 위해서는 여성들이 반드시 침투해야 할 곳이기 때문이다. 정치적인 차원에서 이러한 온갖 노력과 발의들이 남성에 대한 여성들의 따라잡기 전략에 더해진다. 이같은 동등화정책은 대개 여당이나 공식적인 야당에 의해 공표되어, 여성운동 내부의 많은 이들의 호응을 얻는가 하면 또한 많은 여성들의 반대를 받기도 한다. 반대하는 사람들은 정치·경제 체제의 수사와 실제 행동 사이에는 엄청난 격차가 존재하며 그것이 계속해서 여성을 주변화한다고 본다. 그보다 더 중요한 점은 이 남성 따라잡기 전략 안에서는 남성 특히 영향력있는 지위의 백인남성이 여성들이 추구해야 할 모델로 제시된다는 것이다. 이 전략은 세계경제구조가 계속해서 안정적으로 유지되고, 자연과 외부 식민지는 계속 착취되며, 이 구조의 지속을 위해서는 궁극적으로 군국주의가 필요하다는 것을 함축한다.

풍요한 사회의 중산층 여성들에게 이 따라잡기 전략이란 그들이 백인남성들의 전리품에서 한몫을 얻게 된다는 것을 말한다. 계몽주의시

대와 세계의 식민화가 시작된 이래 백인남성들의 해방·자유·평등 개념
은 자연과 이민족과 그들의 영토에 대한 지배에 바탕을 두고 있다. 자
연과 문화 혹은 문명의 분리가 이러한 이해의 핵심이다. 초기 여성운동
부터 오늘날까지 수많은 여성들이 남성 '따라잡기' 전략을 해방의 지름
길로 받아들였다. 이것은 여성들이 그들 내부에서 '자연'이라 정의되던
것을 극복해야 함을 뜻했다. 왜냐하면 이 담론에서 남성들은 문화의 대
변자인 반면 여성들은 자연 쪽에 놓여졌기 때문이다. 씨몬느 드 보부아
르(Simone de Beauvoir),[20] 슐라미스 파이어스톤(Shulamith Firestone)[21]
등 여성운동 이론가들은 이러한 자연-문명 구분을 그들의 해방이론의
핵심으로 삼았다. 오늘날 이 이분법은 재생산기술과 유전공학에 대한
담론들에서 다시금 출현하고 있다(19장을 보라).

하지만 좀더 구체적으로 왜 여성에게 따라잡기식 개발의 길이 북의
풍요한 산업사회들에서조차 환상이고 또 앞으로도 환상에 불과한지를
질문해보자.

① 프랑스혁명의 위대한 가치인 개인의 자유·평등·자기결정이라는
약속은 보편적인 권리로 선포된 만큼 여성들에게도 해당되어야 함은
자명하지만, 이 모든 권리들이 재산과 돈의 소유에 의존하는 까닭에 많
은 여성들을 저버려왔다. 자유는 돈을 소유한 사람의 자유이다. 평등은
돈의 평등이다. 그리고 자기결정이란 슈퍼마켓에서의 선택의 자유이
다. 이러한 자유·평등·자기결정은 언제나 돈과 재산을 통제하는 사람
들에게 달려 있다. 그리고 산업화된 사회와 국가에서 돈과 재산을 통제

20 S. de Beauvoir, *The Other Sex*, New York: Alfred A. Knopf Inc. 1952.
21 S. Firestone, *The Dialectic of Sex*, New York: William Morrow & Co. 1970.

하는 사람들이란 대개 남편이나 자본주의국가이다. 남편이 돈벌이하는 사람이고 아내는 집 지키는 주부라는 것이 적어도 법률로 보호되는 남녀관계이다.[22]

자기결정과 자유는 사실상 여성에게는 제한되어 있다. 여성들 자신이 상품으로 취급되는데다 설사 돈을 갖고 있다 해도 시장에 어떤 상품을 공급할 것인지를 말할 권한이 그들에게 없기 때문이다. 그들 자신의 욕망과 욕구도 물건을 더 많이 팔려는 사람들의 목표에 따라 끊임없이 조작되고 있다. 결국 여성들은 시장이 제시하는 것을 원하도록 설득당하는 위치에 있다.

②이 자유와 평등과 자기결정은 돈의 소유와 권력의 매입에 달려 있기 때문에 세계 모든 여성에게 확대될 수가 없다. 유럽이나 미국에서는 이 체제가 남성과 동등해질 것을 추구하는 여성들의 요구 중 몇가지를 직업과 소득(혹은 가사노동에 대한 임금이나 최소소득보장)의 측면에서 충족시킬 수 있을지 모르지만, 그것도 식민지에서 생산자이자 소비자인 여성을 계속해서 무한정 착취할 수 있을 때만 가능하다. 이 체제는 미국이나 유럽의 중산층 여성들과 똑같은 생활수준을 세계 전역의 모든 여성들에게 보장할 수가 없다. 아시아·아프리카·라틴아메리카의 여성들에게 부유한 나라보다 훨씬 낮은 임금을 강요할 수 있을 동안에만—그리고 이는 외채의 덫을 통해 가능해진다—부유한 나라에서 충분한 자본이 축적될 수 있고, 그리하여 실직한 여성조차 최소수입을 보장받게 된다. 하지만 세계의 실직여성 모두가 이것을 기대할 수는 없다. 착취를 바탕으로 하는 세계체제에서 '어떤 사람은 다른 사람보다

22 M. Mies, 앞의 책.

더 평등하다.'

③ 그러나 이는 또한 그러한 구조에 있어서는 여성의 국제적 연대를 위한 어떠한 실질적인 물적 토대도 없음을 의미한다. 돈과 재산에 연결된 개인의 자유·평등·자기결정의 핵심은 개인의 자기이익이지 이타주의나 연대가 아니기 때문이며, 개인의 자기이익이란 언제나 타인의 자기이익과 경쟁하게 마련이다. 착취구조에서 이해관계는 필연적으로 적대적일 수밖에 없는 것이다. 수출용 의류 공장에서 일하는 제3세계 여성들에게는 더 높은 임금을 받는 것, 혹은 산업국들과 동등한 수준의 임금을 받는 것이 이익일 수 있다. 그러나 만일 그들이 실제로 이 정도의 임금을 받는다면 북의 여성노동자는 그 옷을 거의 살 수 없거나 지금만큼 많이 살 수는 없을 것이다. 그의 이해관계에서 볼 때는 옷값이 싸게 유지되어야 한다. 이렇듯 세계시장을 통해 연결되어 있는 이들 두 부류 여성들의 이해관계는 적대적이다. 국제적인 연대와 평등이라는 목표를 포기하지 않으려면 자신의 이익을 위해서만 싸우는 물질주의적이고 자기중심적인 접근을 포기해야만 한다. 이익을 따지는 접근을 윤리적인 접근으로 대체해야 한다.

④ 환경문제에 대하여 자기이익의 원칙을 적용하게 되면 세계의 다른 곳에서 환경 악화와 파괴가 심화된다. 이것은 체르노빌 사태 이후에 분명해졌는데, 그 당시 독일의 많은 여성들은 자신들의 아기에게 무엇을 먹여야 할지 난감했던 나머지 제3세계에서 오염되지 않은 식품을 수입할 것을 요구했다. 그 한가지 예가 산업화된 농업이 비료와 농약을 남용한 결과 모유가 DDT 등의 유독물질에 오염된 것이다. 진작에 레이첼 카슨은 토양의 오염이 결국에는 사람들이 먹는 식품, 특히 모유에 영향을 미치게 되리라는 점을 지적했는데,[23] 이제 그것이 현실로 나타나

144

북의 많은 여성들을 경악시키고 있다. 얼마 전 한 여성이 내게 전화를 해서 모유가 오염되었으므로 이제 독일에서 3개월 이상 모유를 먹이는 것은 안전하지 못하다고 말한 적이 있다. 해결책으로 그는 인도 남부에서 안전하고 건강에 좋은 유아식을 생산하자는 계획을 제시했다. 그곳 건조한 데칸고원에는 '라기'(ragi)라는 특수한 기장이 자라는데, 생육에 물도 별로 필요 없고 비료도 필요 없어서 빈민층의 값싼 주식이라고 한다. 이 기장은 유아가 필요로 하는 모든 영양소를 함유하고 있기도 하다. 그녀의 제안은 이 기장을 가공하여 통조림으로 만들어 독일에 유아식으로 수출하게 하자는 것이었다. 그녀는 그렇게 하면 모유의 오염으로 절망에 빠진 독일 여성들의 문제도 해결하고 가난한 인도 남부에서도 새로운 수입원을 얻게 된다고 했다. 그리하여 그들의 개발에 도움을 준다는 것이다!

나는 빈민층의 주식인 라기를 세계시장에 내놓아 수출상품으로 만든다면 가난한 사람들은 더이상 그것을 사먹지 못하게 되리라는 점을 설명하려 했다. 가격이 급등할 것은 물론이고, 그 계획이 실현된다면 북의 시장에 라기를 더 많이 공급하기 위해 머지않아 살충제 등의 농약이 사용될 것이었다. 하지만 그녀는 라기가 오염되지 않도록 보장하는 사람들의 손에 생산을 맡기면 될 것이라고 대답했다. 이것은 환경식민주의의 한 변형이라 할 만하다. 그에게 그녀보다는 독일의 농업방식을 바꾸고 살충제 사용을 금지하는 캠페인을 전개하는 것이 어떻겠느냐고 하자 그 방법은 시간이 너무 많이 걸리고 모유의 오염 문제는 비상사태라

23 R. Carson, *Silent Spring*, Greenwich: Fawcett Publications 1962; P.H. Hynes, *The Recurring Silent Spring*, New York: Pergamon Press 1989.

고 대답했다. 불안한 마음에 독일 여성들의 이익만을 생각한 나머지 그녀는 인도 남부 빈민여성들의 이익을 기꺼이 희생하려 하는 것이다. 아니면 그녀는 이러한 이해관계의 대립을 돈으로 해결할 수 있다고 생각했는지도 모르겠다. 그녀는 그 돈으로도 결코 지금 인도 여성들이 돈 안 들이고 아기들에게 먹이는 건강한 음식을 살 수 없다는 점을 인식하지 못한 것이다.

이 예는 시장 특히 세계시장이 기적적으로 작동하리라는 믿음에 기반을 둔 따라잡기식 개발의 신화가 실은 다만 자녀에게 오염되지 않은 음식을 주고 싶을 따름인 엄마들에게조차 이해관계의 대립을 불러일으키고 있음을 분명히 보여준다.

## 5장

# 환경의 빈곤화
## : 여성과 어린이는 마지막으로<sup>•</sup>

반다나 시바

루스 사이델(Ruth Sidel)의『여성과 어린이는 마지막으로』[1]는 '침몰할 수 없는 배' 타이태닉(Titanic)호의 침몰에 대한 설명으로 시작한다. 그 끔찍했던 밤 여성과 어린이가 가장 먼저 구조된 것은 사실이지만 그 것은 일등석과 이등석에서의 일이었다. 대부분의 여성과 어린이는 살 아남지 못했다. 그들은 대부분 삼등석에 타고 있었기 때문이다.

현재의 세계경제는 여러모로 타이태닉호에 비유될 수 있다. 번쩍번 쩍하고 호사스러우며 침몰할 것 같지 않다. 하지만 루스 싸이델이 주목 했듯 옥외까페와 싸우나, 사치스런 옷가게는 즐비해도 재난이 닥쳤을 경우 모두를 위한 구명보트는 준비되어 있지 않다. 타이태닉호와 마찬 가지로 세계경제에는 잠겨진 문과 고립된 갑판이 너무 많으며 여성과 어린이가 최우선이라는 정책은 있으나 그들이 제일 먼저 구출된다는 뜻이 아니라 제일 먼저 빈곤의 심연으로 떨어진다는 의미다.

---

• 이 글은 1991년 5월 제네바에서 열린 UNCED워크샵 '여성과 어린이를 맨 먼저'에 제출한 논문을 대폭 수정한 것이다.

1 Ruth Sidel, *Women and Children Last*, New York: Penguin 1987.

## 환경악화와 빈곤의 창출

개발이란 제3세계에 사는 모든 이에게 복지와 풍요를 주겠다는 것이었다. 몇몇 지역의 일부 주민들에게는 이 약속이 실현되기도 했으나 대부분 지역의 대다수 주민들에게 개발은 환경파괴와 빈곤을 가져다주었을 뿐이다. 개발패러다임의 어디가 잘못된 것인가?

첫째, 그것은 서구의 산업경제로부터 도출된 진보모델과 서구식 진보가 모두에게 가능하다는 가정에 배타적으로 초점을 맞추고 있다. 따라서 만인을 위한 복지향상의 개발은 인간적 욕구, 생산성과 성장 같은 경제적 범주들의 서구화와 동일시되었다. 식민권력 중심부의 산업화와 자본주의 성장이라는 특정한 맥락에서 출현한 경제개발, 자연자원의 이용과 관련된 개념과 범주들이 보편적 가설의 수준으로 끌어올려져, 옛 식민지였던 제3세계 신생독립국 주민들의 기본욕구 실현이라는 전혀 다른 맥락에도 성공적으로 적용될 수 있다고 간주되었다. 하지만 로자 룩셈부르크가 지적한 대로[2] 서유럽의 초기 산업화는 식민권력에 의한 영구적인 식민지점유와 지역적인 '자연경제'의 파괴를 필요로 했다. 룩셈부르크에 의하면 식민주의란 자본주의 성장의 지속적이고도 필연적인 조건이다. 식민지가 없다면 자본축적은 멈출 수밖에 없기 때문이다. 자본축적으로서 '개발' 그리고 '잉여'와 이윤의 창출을 위한 경제의 상업화는 이렇게 해서 특정한 형태의 부의 창출의 재생산뿐만 아니라 빈곤과 수탈의 재생산에도 관련된다. 상품생산을 위해 자원이용의 상업화에 기반한 경제개발을 신생독립국에 그대로 복제하면 내부 식민지

---

2 Rosa Luxemburg, *The Accumulation of Capital*, London: Routledge and Kegan Paul 1951.

가 만들어지며 예전의 식민지적 관계를 영속시킨다. 그리하여 개발은 식민과정의 지속이 되고 근대 서구 가부장제의 경제적 비전에 의거한 부 창출 계획의 연장이 된다.

둘째, 개발은 GNP와 같은 재정지표만을 강조한다. 이러한 지표로는 개발과정에 따르는 환경파괴와 빈곤의 창출을 표시할 수 없다. 경제성장을 GNP로 측정할 때 공해관리와 같은 비용은 수익으로 계산되는 반면, 그밖의 다른 비용들은 아예 측정하지도 못한다는 문제가 생긴다. GNP계산법으로는 숲의 벌목이 경제성장이다. 벌목 때문에 생태계가 파괴되어 더이상 생물자원(biomass)과 물이 생산되지 못하고 숲과 농업공동체가 빈궁해지더라도 말이다.

셋째, GNP와 같은 지표들은 시장메커니즘을 통해 이루어지는 활동만을 측정하기 때문에 그런 활동이 생산적인지 비생산적인지, 혹은 파괴적인지는 고려하지 않는다.

시장경제에서 자연자원의 이용을 조직하는 원칙은 이윤과 자본축적의 극대화이다. 자연과 인간의 욕구는 시장메커니즘을 통해 관리된다. 자연자원에 대한 수요는 시장에 등록된 것으로만 한정되며, 개발이데올로기는 대체로 모든 자연자원을 상품생산을 위한 시장경제에 투입해야 한다는 관념에 기반을 둔다. 재생가능한 자원이 계속 생기도록 이미 자원을 상당히 이용하고 있고 생계와 살림을 위해 여성들이 이용하는 이들 자원을 시장경제로 전용할 경우, 생태적 안정에 악조건이 생기고 모든 사람들, 특히 여성과 어린이에게 새로운 형태의 빈곤이 야기된다.

마지막으로 종래의 개발패러다임은 가난을 서구적 소비패턴의 부재나 현금수입의 측면에서만 파악하므로, 자급자족경제를 다루지 못하거나 개발로 인해 자급자족경제가 파괴되는 데서 빚어지는 빈곤을 계산에 넣지 못한다. 『가난: 민중의 재산』(*Poverty: the Wealth of the People*)이란 책에서 한 아프리카인 필자는 생계로서의 가난과 박탈로서의 가난을 구별한다.[3] 가난으로서의 생계라는 문화적 개념을 박탈과 상실로 인한 빈곤의 물질적 경험과 분리하는 것이 필요하다. 문화적으로 파악된 가난이 반드시 실제적인 물질적 빈곤은 아닌데, 가령 자급자족을 통해 기본욕구를 충족시키는 자급경제(subsistence economy)들이 박탈이라는 의미에서 가난한 것은 아니다. 그러나 개발이데올로기는, 이들 경제가 자급자족 메커니즘을 통해 기본욕구를 충족시킴에도 불구하고, 시장경제에 압도적으로 참여하지 않거나 시장을 위해 생산되고 시장을 통해 분배되는 상품을 소비하지 않는다는 이유로 물질적으로 가난하다고 선언한다. 세계적 규모의 영농기업이 상업적으로 생산하고 분배하는 가공식품을 먹지 않고 (여성들이 기른) 기장을 먹는 사람들은 가난하다고 간주된다. 콘크리트 대신 대나무나 진흙 같은 천연자재로 스스로 집 짓고 산다면 가난하다고 본다. 합성섬유 대신 천연섬유로 집에서 만든 옷을 입으면 가난하다는 것이다. 문화적으로 이해되는 가난인 자급적 생계(subsistence)가 반드시 물질적으로 낮은 질의 삶을 의미하지는 않는다. 오히려 예컨대 기장 같은 것은 가공식품보다 영양이 풍부하며, 콘크리트보다는 지역 특유의 자재로 지은 집들이 그곳의 풍토와 환경에 더 잘 맞고, 천연섬유가 합성섬유보다 일반적으로 더 낫고 종종 더 저렴하다. 분별있는 자급적 생계를 가난으로 보는 문화적 인식은 개발과정을 '빈곤퇴치' 계획으로 정당화해왔다. 문화적으로 편파적인 과정으로서 '개발'은 건전하고 지속가능한 생활양식을 파괴하며, 자원을 다

---

**3** R. Bahro, *From Red to Green*, London: Verso 1984, 211면에서 인용.

양하게 이용하는 생존수단을 부정하고 자원집약적 상품생산으로 대체함으로써 실제적인 물질적 빈곤을 낳았다. 자급에 필요한 토지와 물을 환금작물의 생산과 식품가공에 전용(轉用)함으로써 점차 더 많은 사람들에게서 식량수급권의 충족수단을 박탈하고 있다.

생존을 위한 자원기반은 전지구적 세력이 지배하는 시장경제의 자원수요로 인해 계속 침식되고 있다. 환경파괴적 경제활동을 통해 야기되는 불평등은 두가지 방식으로 발생한다. 우선 특권과 권력 분배의 불평등이 자연자원에 대한 불평등한 접근을 조장하는데, 여기에는 정치적·경제적 자연에 대한 특권도 포함된다. 둘째로 정부의 정책 덕분에 자원집약적인 생산과정은 많은 사람들, 특히 소외된 경제집단의 사람들이 생존하기 위해 의존하는 원료에 접근할 수 있다. 이런 원료의 소비는 사회적 혹은 환경적 영향은 완전히 무시된 채 시장의 힘에 의해서만 결정된다. 자원파괴에 대한 비용은 외부화되어 사회의 다양한 경제집단 간에 불평등하게 나누어지는데, 여성들 그리고 근대적 생산체제의 상품·용역의 수요자로 등록될 만한 구매력이 없고 기본적인 물질적 생필품을 자연에서 직접 조달하는 사람들이 이 비용의 대부분을 감당한다.

개발이 안고 있는 역설과 위기는 문화적으로 인식된 가난을 실제적인 물질적 가난과 동일시하는 데서, 그리고 상품생산의 증대를 기본욕구의 더 나은 충족으로 잘못 인식하는 데서 비롯된다. 그러나 실제로는 물, 토양비옥도, 유전자원 등이 개발과정의 결과 상당히 많이 감소되었다. 자연의 경제, 특히 여성의 생존경제(survival economy)의 기반을 이루는 이 자연자원의 부족은 여성과 모든 주변화된 민족들을 전례없는 지경으로 빈곤화하고 있다. 이 빈곤화의 주범은 상품생산을 위해 이 자원들을 빼앗아간 시장경제이다.

## 여성·어린이·환경의 빈곤화

UN이 정한 '여성을 위한 10년'은 개발과정이 확장되고 확산되면 자동적으로 여성의 경제적 처지가 향상되리라는 가정에 근거를 두고 있었다. 그러나 이 10년이 끝날 무렵 개발 자체가 문제라는 점이 점차 드러났다. 점점 더 심해지는 여성의 저개발은 '개발'에 '참여'가 부족하거나 부적절해서가 아니라, 비용은 감당하되 혜택은 받지 못하는 강제적이고도 불균형적인 참여에 기인하는 것이었다. 개발과 박탈은 환경파괴적인 식민과정을 증폭시키고 자연의 지속가능한 토대에 대한 정치적 통제의 상실을 가속화했다. 경제성장은 자원이 가장 필요한 사람에게서 자원을 빼앗아가는 새로운 식민주의였다. 그러나 지금 '국익'과 GNP증가란 명목으로 착취를 지휘하는 것은 구 식민권력이 아니라 새로운 국가엘리뜨들이며 이는 더욱 강력한 전유(專有)와 파괴의 기술로 감행되고 있다.

에스터 보세럽(Ester Boserup)은 식민통치 기간에 여성의 빈곤화가 얼마나 증대되었는지를 기록으로 보여주었다.[4] 자기 나라의 여성들을 수세기 동안 예속시켜 기술도 지식도 없는 부속물로 전락시켰던 식민통치자들은 식민지의 여성들에게도 토지·기술·고용에 대한 접근기회를 막아버렸다. 식민지 저개발의 경제·정치적 과정은 현대의 서구 가부장제를 그대로 반영하고 있는바, 여성뿐 아니라 수많은 남성도 이 과정에서 빈곤상태로 떨어지지만 여성들이 대개 더 많은 피해를 입는다. 지세를 받기 위한 토지의 사유화는 여성의 전통적 토지이용권을 침해함

4 Ester Boserup, *Women's Role in Economic Development*, London: Allen and Unwin 1960.

으로써 여성들에게 더 심각한 영향을 입힌다. 환금작물을 널리 심게 되면서 식량생산이 붕괴되었으며, 식민통치자들이 남성들을 강제 이주시키거나 징용했을 때 여성들은 대개 보잘것없는 자원으로 가족들을 먹여 살려야 했다. UN의 '여성을 위한 10년'이 끝날 무렵 여성 운동가와 조직가, 연구자들은 다음과 같은 집단 보고서를 발표했다.

이 10년 동안의 연구 끝에 나온 거의 일률적인 결론은, 소수의 예외를 제외하고는 경제적 자원, 소득, 고용에 대한 여성의 상대적인 접근 기회는 줄어든 반면, 노동의 부담은 늘어났고, 상대적인 건강 혹은 심지어 절대적 건강과 영양상태는 악화되었으며, 교육수준은 낮아졌다는 것이다.[5]

인간생명의 재생과 생계부양에서 여성이 차지하는 역할을 볼 때 여성과 환경에 미치는 파괴적 영향은 어린이의 상태에 대한 부정적 영향으로 확장된다는 것을 알 수 있다.

GNP로 측정되는 소득과 현금의 흐름에만 초점을 맞추는 것은 여성·어린이·환경을 둘러싼 생명의 연결망이 주된 관심대상에서 배제됨을 뜻한다. 여성과 어린이의 지위와 환경의 상태가 개발의 '지표'가 된 적은 한번도 없다. 이러한 배제는 눈에 보이지 않는 두가지 과정을 통해 이루어진다. 첫번째로 시장경제에 대한 자연·여성·어린이의 공헌은 부정되고 무시된다. 주류 경제이론들은 자급과 가계 차원에서 이루

5 DAWN, *Development Crisis and Alternative Visions: Third World Women's Perspectives*, Bergen: Christian Michelsen Institute 1985.

어지는 작업에 대해서는 가치를 두지 않는다. 이 이론들은 통계상으로는 '보이지 않는' 여성과 어린이라는 세계의 다수 인구를 포괄할 수가 없다. 두번째로 여성·어린이·환경에 미치는 경제 개발과 성장의 부정적인 영향은 대체로 인정되지 않거나 기록되지 않는다. 이 두 요소 모두 이들을 빈곤으로 이끌고 간다.

파괴적인 개발의 숨겨진 비용 중에는 환경의 황폐화로 말미암은 새로운 비용이 있는데 이것 역시 북과 남에서 모두 여성에게 더 무거운 부담이 된다. 그러므로 GNP의 증가에 비례하여 부와 복지가 증가하지 않는다고 해서 놀랄 일은 아니다. 나는 GNP가 점차 자연이 만든 자원과 생명유지를 위해 여성이 생산한 자산 같은 진정한 부(富)가 얼마나 빠르게 줄어드는지를 보여주는 척도가 되어간다고 본다. 주요 경제활동으로서 상품생산을 개발로 상정하면서 그것은 생명과 기본욕구를 위한 상품·용역을 만들어내는 자연과 여성의 잠재력을 파괴했다. 자연에서는 환경파괴를 통해, 사회에서는 기본욕구의 부정을 통해 증대된 상품과 현금은 더 줄어든 생명을 의미한다. 첫번째로는 자연의 과정과 협력하는 것이 여성의 일이고, 두번째로 기본욕구를 충족시키고 생존을 확보하는 일이 대개 평가절하되므로, 여성은 평가절하된다. 악개발(mal-development)에서 더 많은 성장이란 생명과 생명유지 체계를 덜 돌보게 된다는 뜻이다.

환경재생을 가능하게 하는 자연경제와 비노동이라 불리는 '보이지 않는' 무보수 노동을 통해 여성들이 사회를 부양하는 민중의 자급경제는 시장경제를 성장시키기 위해서 체계적으로 파괴되고 있다. 내가 제3세계의 맥락에서 말하는 자연경제, 민중경제, 시장경제라는 개념에 근접한 것으로는 산업화된 경제에 대한 힐카 피에틸라(Hilkka Pietila)[6]의 범주, 즉 자유경제, 보호부문, 속박경제라는 범주가 있다.

**자유경제**란 경제와 사회의 비화폐적 핵심부로 자신과 가족, 공동체를 위한 무보수 노동이며 이웃 등과의 상호원조와 협력으로 이루어진다.

**보호부문**이란 국내시장을 위해 공식적 수단으로 생산·보호·지도되는 것으로 식품, 건설, 용역, 행정, 보건, 학교, 문화 등이 있다.

**속박경제**란 수출, 그리고 수입품과의 경쟁을 위한 대량생산이다. 조건은 시장경제에 의해 좌우되는데 종속적이고 취약하며 부득이하게 경쟁적이다.

일례로 1980년 핀란드경제에서 각 범주에 투입된 시간과 돈의 비율은 표 5.1과 같다.

가부장적 경제학에서 일차적 경제는 B와 C이고 A는 이차적 경제로 간주된다. 매릴린 워링이 밝힌 대로[7] 국가재정과 GNP는 사실상 자유경제를 생산의 경계 밖에 있는 것이라 하여 배제하고 있다. 대부분의 경제학자와 정치가들이 '자유' 혹은 '열린' 경제라고 부르는 것은 여성의 눈으로 보자면 '속박'경제이다. 속박경제가 빈궁해지면—즉 적자가 되면—그것을 원상복귀시키는 것은 자유경제이다. 구조조정과 긴축 프로그램의 시기에 공공지출을 줄여서 발생하는 부담은 대개 빈민층에 가장 무겁게 지워진다. 많은 경우 재정지출의 감축은 사회적·경제적 개발비용의 대폭 삭감으로 이루어지며, 실질 임금과 소비도 상당히 줄어든다.

'개발', 외채, 환경파괴와 구조조정의 악순환으로 인해 생겨나는 빈

---

6 Hilkka Pietila, *Tomorrow Begins Today*, Nairobi: ICDA/ISIS Workshop 1985.
7 Marilyn Waring, *If Women Counted*, San Francisco: Harper & Row 1988.

|  | 시간 | 돈 |
|---|---|---|
| A. 자유경제, 비공식경제 | 54% | 35% |
| B. 보호부문 | 36% | 46% |
| C. 속박경제 | 10% | 19% |

곤의 덫을 가장 크게 절감하는 사람은 여성과 어린이이다. 북남간의 자본흐름도 역전되었다. 10년 전에는 총 400억 달러의 돈이 북에서 남의 나라들로 들어갔다. 그러나 오늘날에는 대부, 원조, 이자와 자본금 상환 등의 명목으로 남에서 북으로 해마다 200억 달러의 돈이 들어간다. 산업국들이 지불하는 개발도상국의 원자재 가격이 낮아져서 발생하는 사실상의 자원이전까지 포함한다면, 가난한 나라에서 부유한 나라로 들어가는 돈은 한해에 600억 달러에 달한다. 이러한 경제적 유출은 여성·어린이·환경의 빈곤화 위기가 심화되고 있음을 의미한다.

UNICEF의 추정에 따르면 1988년[8] 한해 동안 북의 경제성장을 지속시키려는 채무관련 조정정책이 직접적 원인이 되어 죽어간 아동의 수가 50만명에 이른다. 이제 빈곤이라는 개념은 한편으로는 빈곤의 여성화라는 새로운 맥락에서, 그리고 다른 한편으로 환경의 빈곤화와 관련지어 재정의될 필요가 있다.

빈곤은 이른바 가난한 나라에만 국한되지 않는다. 빈곤은 세계에서 가장 부유한 사회에도 존재한다. 현재 미국 빈민의 대부분은 여성과 어린이이다. 통계청에 의하면 1984년에 미국인의 14.4퍼센트(3370만명)

8 UNICEF, *State of the World's Children*, 1988.

156

가 빈곤선 이하에서 살았다. 1980~84년에 빈민은 450만명이 늘어났다. 1984년 여성이 가장인 가구 중 34.5퍼센트가 빈민 가정으로 이는 부부가 함께 꾸리는 가정보다 다섯배가 많은 수치이다. 백인여성이 가장인 가구의 빈곤율은 27.1퍼센트이고 흑인여성의 경우는 51.7퍼센트, 히스패닉계 여성가장의 경우는 53.9퍼센트이다. 여성의 빈곤이 아동의 경제적 지위에 미치는 영향은 더욱 충격적이다. 1984년 6세 미만 아동의 24퍼센트가 빈곤층이었던 데 비해 여성가장 가구 아동의 경우는 53.9퍼센트였다. 흑인아동의 경우는 46.3퍼센트가 빈곤층이었고 흑인여성 가장 가구의 아동은 66.6퍼센트에 달했다. 히스패닉계 아동은 39퍼센트가 빈곤층이었으며 여성가장 가구인 경우는 70.5퍼센트였다.[9]

미국의 복지권리운동 조직자인 테레사 푸니치엘로(Theresa Funici-ello)는 "공정한 어떤 잣대로 재봐도, 미국 최고의 아동살인범은 가난이다"라고 말했다.[10]

뉴욕시에서는 40퍼센트의 어린이(70만명)가 정부가 빈곤층이라 분류된 가정에서 살고 있으며 해마다 7천명이 마약에 중독된 상태로 태어나고 1만 2천명의 어린이가 학대나 무관심 때문에 고아원으로 옮겨진다.[11]

어린이권리헌장에서 가장 먼저 언급된 권리는 생명권이다. 이 권리의 부정이야말로 빈곤을 정의하는 출발점이 되어야 한다. 빈곤의 정의는 건강한 삶을 가능케 하는 음식과 물과 거처에 대한 접근을 질적으로나 양적으로 부정하는 현실에 근거를 두고 이루어져야 한다.

순수한 소득지표는 종종 미래세대의 운명을 짓누르는 삶의 빈곤을

9 Marilyn Waring, 앞의 책, 180면 인용; Ruth Sidel, 앞의 책.
10 Marilyn Waring, 앞의 책.
11 같은 책.

포착하지 못하며, '풍요'가 특징인 조건에서도 환경재난에서 비롯되는 생존의 위협이 있다는 것을 고려하지 못한다. 지금까지 빈곤이란 서구 산업사회라는 범주에 맞아떨어지지 않는 생활양식으로서만 규정되었다. 우리는 이 제한되고 편견에 사로잡힌 인식에서 벗어나, 식량·물·거처에 대한 접근을 부정하는 데서 기인하든, 유독물질과 핵위협이란 형태의 재난으로부터 보호하지 못하는 데서 기인하든, 안전하고 건강한 삶의 위협이라는 견지에서 빈곤이라는 문제를 파악해야 한다.

인간을 중심에 놓는 개발은 빈곤을 인간의 기본욕구에 대한 부정으로 정의하는 첫걸음이 될 수 있다. 가장 높은 수준에서, 기본욕구란 생존, 보호, 애정, 지식, 참여, 여가, 창조, 정체성, 자유로 여겨져왔다. 이러한 욕구들은 어린이에게서 가장 명백하게 나타난다. 따라서 어린이는 우리를 인간적이며 정의롭고 지속가능한 사회조직으로 이끌고 '개발'이라 해석되는 파괴성으로부터 벗어나게 할 안내자가 될 수 있다.[12]

가부장적 개발은 현금의 흐름을 늘어나게 했지만 인간의 진정한 욕구라는 차원에서는 박탈을 가져왔다. 다음에 예시되는 바와 같이 어린이에게 이러한 박탈은 생명의 위협이 될 수 있다.


## 식량과 영양 위기

전통적인 의미로든 새로운 빈곤의 맥락에서든 여성과 어린이는 식량

---

12 Manfred Max-Neef et al., "Human Scale Development," *Development Dialogue*, Dag Hammarskjöld Foundation 1989.

체계의 주변부로 취급되어왔다. 영양 면에서 인도 같은 나라의 여아는 이중의 차별을 받고 있다(표 5.2를 보라).[13]

어린 소녀들의 영양실조의 결과는 성인기로 이어지며 이것은 다음 세대에까지 연결된다. 어머니가 영양이 부족하면 임신 중의 합병증, 조산, 생존율이 희박한 저체중아 출산 등이 나타난다. 또한 임신과 출산 시의 사망은 빈혈이 그 직접적인 원인이며 빈혈의 원인은 유년기의 영양부족이기 십상이다.[14] 여성과 어린이가 영양을 취할 권리를 부정하는 것은 그들의 생명에 가장 큰 위협이 된다.

농업 '개발'계획은 종종 굶주림 유발 계획으로 변모해버린다. 비옥한 땅이 수출용작물 재배지로 바뀌고, 영세농은 땅을 잃으며, 빈곤층의 식량 대부분을 공급해주던 생물다양성은 사라지고, 대신 단일 환금작물이 재배되거나 환경이나 주민의 식량공급에 적합치 않은 토지이용 체계로 바뀌기 때문이다. 아프리카에서는 계속적인 식량위기로 인해 1억명의 주민이 피해를 입었는데, 기근은 저변에 깔린 더욱 큰 위기의 일각에 지나지 않는다. 에티오피아에서는 기아에 시달리지 않을 때도 매일 1천명의 아동이 영양실조나 이에 관련된 질병으로 죽어간다고 추산된다.[15]

남(南)의 어디에서나 악개발로 인한 경제위기는 환경을 파괴하고 어린이의 생존을 위협하는 결과를 낳는다. 심지어 외채사망률 효과를 수치화할 수도 있다. 1970년에서 80년 사이에 10년 동안 이자상환액이 해마다 일인당 10달러씩 증가하면서 기대수명은 0.39년씩 줄어들었다. 이

13 Meera Chatterjee, *A Report on Indian Women from Birth to Twenty*, New Delhi: National Institute of Public Cooperation and Child Development 1990.
14 Lloyd Timberlake, *Africa in Crisis*, London: Earthscan 1987.
15 Susan George, *A Fate Worse than Debt*, San Francisco: Food First 1988.

〈표 5.2〉 3~4세, 7~9세 인도의 남아와 여아가 섭취한 음식물 　　　　　　　(단위: g)

| | 3~4세 | | | 7~9세 | | |
|---|---|---|---|---|---|---|
| | 권장량 | 남 | 여 | 권장량 | 남 | 여 |
| 곡물 | 173 | 118 | 90 | 250 | 252 | 240 |
| 콩류 | 55 | 22 | 18 | 70 | 49 | 25 |
| 녹색 채소 | 62 | 3 | 0 | 75 | 0 | 0 |
| 구근류 | 40 | 15 | 13 | 50 | 42 | 0 |
| 과일 | 50 | 30 | 17 | 50 | 17 | 6 |
| 우유 | 225 | 188 | 173 | 250 | 122 | 10 |
| 설탕류 | 22 | 13 | 16 | 30 | 30 | 12 |
| 유지류 | 30 | 5 | 2 | 50 | 23 | 8 |

출처: R. Devadas & G. Kamalanathan, "A Women's First Decade," 평등·개발·평화에 대한 여성NGO회의에 제출된 논문, New Delhi 1985.

것은 라틴아메리카에서 연구대상 73개국 주민의 수명이 평균 387일 단축되었음을 의미한다.[16] 페루에서 이루어진 영양상태 연구는 이흐마(Ijma)의 최빈곤지역과 인근 빈민촌들에서 영양부족인 아동의 비율이 1972년의 24퍼센트에서 1978년에는 28퍼센트, 1983년에는 36퍼센트로 늘어났음을 보여준다.

공식 자료에 따르면 아르헨티나에서는 1986년 부에노스아이레스의 아동 68만 5천명과 인근 지방의 아동 38만 5천명이 생존에 충분치 못한 음식을 섭취했으며 이 수치는 14세 미만 아동의 3분의 1에 달한다고 한다.[17]

브라질의 북동부 극빈민지역에서는 기아가 풍토병화되어서 브라질

16 같은 책.
17 같은 책.

의 여론조사기관 IBASE가 '하위인종'이라 지칭하는 사람들과 영양학자들이 풍토성 왜소발육증이라 부르는 질병이 생겨났다. 이 지역 아동은 브라질의 다른 지역에 사는 같은 나이의 아동 —— 이들도 영양공급을 제대로 받는다고 할 수 없는데도 —— 에 비해 키는 16퍼센트 작고 몸무게는 20퍼센트 적게 나간다.

표 5.3에서 볼 수 있듯 자마이까에서도 식량소비량이 줄어들었다.

식량가격이 감당할 수 없이 상승함에 따라 아동의 건강은 눈에 띄게 나빠졌다. 1978년에는 부스따멘떼(Bustamente) 아동병원에 입원한 아동 중 영양실조인 아동은 2퍼센트 미만, 영양실조에 관계된 위염을 앓는 아동은 1.6퍼센트였다. 한데 구조조정 정책의 결과가 체감되기 시작하던 1986년에는 영양실조로 입원한 아동이 두배로 늘어나 4퍼센트에 가까워졌고 위염으로 인한 입원은 5퍼센트에 달했다.[18]

영양실조는 어린이의 건강에 가장 위협적인 존재이며 특히 개발도상국에서 그러하다. 세계 도처에서 이뤄진 조사에 의하면 지금 이 순간에도 약 1천만명가량의 어린이가 심각한 영양실조에 시달리고 있으며 2억명가량의 어린이가 제대로 영양을 섭취하지 못하고 있다고 한다.[19]

어린이의 영양결핍은 토양의 영양결핍을 낳은 바로 그 정책 때문에 증가한다. 수출목표를 달성하고 외환소득을 늘릴 잉여농산물을 얻어내려는 농업정책은 여성·어린이·환경의 영양상태를 전례 없이 악화시켜 그 잉여를 만들어낸다. 마리아 미스가 지적한바,[20] 이 잉여의 개념은 가부장적인 편견에서 나온 것으로서, 자연·여성·어린이의 관점에서 보자

18 같은 책.
19 UNICEF, *Children and the Environment*, 1990.
20 Maria Mies, *Patriarchy and Accumulation on a World Scale*, London: Zed Books 1991.

〈표 5.3〉

| 품목 | 1984년 8월 칼로리량 | 1985년 11월 칼로리량 | 변화율 % |
|---|---|---|---|
| 밀가루 | 2,232 | 1,443 | −35 |
| 옥수수 가루 | 3,669 | 2,013 | −45 |
| 쌀 | 1,646 | 905 | −45 |
| 닭고기 | 220 | 174 | −20 |
| 연유 | 1,037 | 508 | −51 |
| 기름 | 1,003 | 823 | −18 |
| 흑설탕 | 1,727 | 1,253 | −27 |

출처: Susan George, *A Fate Worse than Debt*, 1988, 188면.

면 이것은 환경이나 공동체의 요구에 비해 초과생산된 물질적인 잉여가 아니라, (자연이 스스로를 재생산하기 위해서는 일정한 몫을 필요로 하는데도) 자연과 (여성 자신과 자녀의 생존을 유지하고 확보하기 위해 자연이 생산한 것에서 일정한 몫을 필요로 하는데도) 여성에게서 강제로 빼앗아간 것이다. 또한 영양 실조와 결핍으로 인한 질환은 자급적인 공동체의 영양기반을 이루던 생물다양성을 파괴함으로써 심화된다. 예컨대 바투아(bathua)라는 밀밭에서 자라며 매우 영양가 높은 녹색채소가 있다. 그래서 여성들은 밀밭의 김을 매면서 밀 생산성을 높일 뿐 아니라 식구들에게 풍부한 영양원을 제공할 수 있었다. 그러나 화학비료를 강도 높게 사용하면서 바투아는 밀의 주요 경쟁식물이 되었고 제초제를 써서 제거해야 할 잡초라 규정되었다. 그리하여 식량순환은 파괴되고 여성들은 일자리를, 아이들은 공짜 영양원을 잃었다.

## 물의 위기

제3세계 아동사망의 34.6퍼센트는 식수위기가 그 원인이다. 매해 500만명의 어린이가 설사병으로 사망한다.[21] 공업용수나 산업적 농업용수로의 전용과 산림벌채, 사막화, 가뭄 등에 관계된 복잡한 요인으로 인한 수자원의 감소는 어린이의 건강과 생존에 심각한 위협이 된다. 물을 이용하기가 점점 어려워진 동시에 수원(水源)의 오염이 증가하고 그와 관련된 건강의 위험도 또한 높아진다. 기존의 패러다임에서 '개발'이란 물을 더욱 집중적으로 낭비한다는 의미이다. 즉 댐, 녹색혁명, 농업 관개시설, 냉방이 된 곳곳의 호텔과 도심 공업단지, 냉각수 등으로 물이 엄청나게 낭비되며, 산업폐기물 투기로 인한 오염도 발생한다. 개발로 인해 물의 수요가 늘어남에 따라 깨끗하고 안전한 물에 대한 어린이 — 그리고 성인 — 의 생존요구가 희생되고 있다.

멕시코시티 외곽의 빈민촌에 사는 행상인 안또니아 알깐따라(Antonia Alcantara)는 수도에서 "누렇고 벌레가 득실거리는" 물이 나온다고 주장한다. 멕시코시티에 사는 2천만 주민들의 수요로 인해 주요 대수층(帶水層)의 수위가 해마다 3.4미터씩이나 줄어들고 있다.[22] 멕시코시티의 수도체계를 이용하는 사람들은 대개 부유한 중산층이다. 그리고 이들은 실제 비용의 10분의 1밖에 받지 않는 수도요금으로 인해 사실상 낭비를 장려받고 있는 실정이다. 반면에 가난한 사람들은 수요에 따라 가격을 결정하는 장사꾼인 삐뻬라스(piperas)에게 물을 사야만 한다.

---

21 UNICEF, 앞의 책.
22 Caroline Moser, 1989년 빠리에서 열린 '여성과 개발'에 관한 OECD워크샵의 기고논문.

1988년 델리에서는 2천명의 사람들(주로 어린이)이 빈민지역에 출몰한 콜레라로 사망했다. 이 빈민지역은 인도의 수도인 델리의 환경미화를 위해 철거되어 '재정착'된 곳이었다. 당국의 입장에선 어찌되든 상관없는 이 사람들에게는 안전한 마실 물도 없고 적절한 하수도시설도 없었다. 빈민층 아동만이 콜레라로 죽어갔다. 야무나(Yamuna)강 건너편의 수영장에는 관광객과 외교관, 엘리뜨층을 보호하기 위해 염소소독한 물이 가득했다.[23]

## 유독물질의 위험

20세기 말에 이르러, 우리의 과학체계가 특히 어린이들이 겪게 될 실제적·잠재적 위험들을 제거하거나 대처하기에 전적으로 부적합하다는 사실이 명백해졌다. 모든 재난들은 마치 일상적으로 생산되고 사용되는 유독물질이 어떤 결과를 낳는지, 어린이들을 실험재료로 사용하여 가르치려는 실험과도 같다. 가부장적 체제는 이 유독물질들에 대해 입을 다물고 있으려 하지만, 어머니로서 여성들은 자식들이 처한 위험을 묵과할 수 없다. 어린이가 화학오염에 가장 민감하기에 화학적 환경오염은 어린이들의 건강악화에서 가장 뚜렷이 나타난다.

러브운하와 보빨의 재난에서도 어린이가 가장 큰 피해를 입은 희생자였다. 그리고 두 경우에서 모두 여성들이 기업체와 정부의 의지에 반

---

**23** Mira Shiva, "Environmental Degradation and Subversion of Health," Vandana Shiva, ed., *Minding Our Lives: Women from the South and North Reconnect Ecology and Health*, Delhi: Kali for Women 1993.

대하여 끈질기게 저항하고 침묵을 거부했다.

러브운하는 수십년 동안 후커(Hooker)화학공업사가 화학폐기물을 버리던 장소였다가 그후 주택들이 들어섰다. 1970년대까지도 이곳은 평화로운 중산층 거주지역으로 주민들은 자기 집 밑에 유해화학폐기물이 있다는 사실을 알지 못했다. 두통, 현기증, 구토, 간질병은 운하 근처의 주민들을 괴롭힌 각종 문제들 중 일부에 불과했다. 간장·신장 협착과 정기적으로 재발하는 요도협착이 자주 일어났다. 또한 선천성 기형의 위험률도 56퍼센트라는 놀라운 수치를 기록했으며 아동 난청도 빈번했고 아동들에게 백혈병과 기타 암도 많이 발생했다.[24] 유산율도 일반인보다 75퍼센트나 높아서 러브운하에 사는 15명의 임산부 중 겨우 2명만이 건강한 아이를 낳았다.

이 문제에 대해 처음으로 경종을 울리고 또 계속 관심을 기울이도록 만든 사람은 바로 죽음과 질병으로 위협받는 아이들의 엄마들이었다.

일본에서도 찟소(窒素)화학 공장에서 30년간 방출한 메틸수은에 심하게 오염된 물고기를 먹은 미나마따만의 어부들과 그 가족들이 끔찍한 재난을 당했다.

1984년 보빨에서는 유니언카바이드사의 공장에서 유독가스가 새어나와 수천명이 즉사했다. 죽음을 모면한 수천명의 더 많은 사람들도 아직까지 온갖 질병에 시달리고 있다. 그밖에도 여성들은 여성질환이나 월경이상으로 고통받고 있다. 현재도 진행 중인 의료생태학적 연구에서는 가스에 노출된 피해자들이 호흡기, 생식기, 신경계, 근육-골조, 면역체계에 손상을 입었다고 보고되었다. 1990년 인도의학연구협회(In-

---

24 Lois Gibbs, *Love Canal: My Story*, Albany: State University of New York 1982.

dian Council of Medical Research)의 보고에 따르면[25] 피해 주민들의 사망률은 일반인의 두배 이상이라고 한다. 또한 가스 피해자들에게는 자연유산, 사산, 영아사망도 매우 빈번하게 발생하고 있다고 기록되었다.

가스사고 몇달 후 나는 아들을 낳았다. 그 아이는 정상이었다. 그후 나는 병원에서 아이를 하나 더 낳았는데, 그애는 몸이 다 갖추어지지도 않았다. 다리도 없고 눈도 없이 죽어서 나왔다. 그리고 아이 하나를 더 낳았는데 태어나자 곧 죽었다. 한달 반 전에 나는 아이를 또 낳았다. 피부는 화상을 입은 듯했고, 뇌는 절반만 만들어져 있었다. 나머지는 물로 차 있었다. 죽어서 나온 그 아이의 몸은 온통 하얬다. 출산 두달 전부터 심한 통증이 있었다. 다리가 너무 아파 앉지도 걷지도 못했다. 온몸에는 발진이 생겼다. 의사는 아이를 낳으면 낫는다고 했지만 여전히 통증은 사라지지 않는다.[26]

## 핵위험

히로시마, 스리마일섬, 퍼시픽섬, 체르노빌 — 이 모든 핵 재난은 핵위협이 우리들보다 우리 후손에게 더욱 치명적이라는 점을 일깨워준다.

비키니섬에서 브라보(Bravo)실험이 있던 당시 리온 에크닐랑(Lijon Eknilang)은 7살이었다. 그녀는 눈이 따갑고 구역질이 났으며 온몸에

---

25 Bhopal Information and Action Group, *Voices of Bhopal*, Bhopal 1990.
26 같은 책.

166

화상을 입었던 것을 기억한다. 실험이 있은 지 이틀 후 리온과 그녀의 가족은 쿠와잘레인(Kwajalein) 환초(環礁)에 있는 미군기지로 후송되었다. 론겔랍(Rongelap)은 살기에 너무 위험한 지역이었기 때문에 그들은 3년 동안 다른 곳에서 살아야 했다. 리온의 할머니는 1960년대에 갑상선암과 위암으로 사망했다. 그녀의 아버지는 핵실험 중에 사망했다. 리온은 이렇게 적고 있다.

나는 일곱번이나 유산과 사산을 했다. 섬에는 아이를 낳은 여자가 8명이 더 있었는데 그 아기들은 모두 젤리덩어리 같았다. 이들 중 몇은 여덟달, 아홉달씩이나 엄마 뱃속에 있었지만 다리도 없고 팔도 없고 머리도 없고 아무것도 없었다. 다른 아이들도 태어났지만 바깥 세상은 물론 자신의 부모조차 알아보지 못할 것이었다. 그들은 불구의 팔과 다리를 달고 아무 말도 하지 못한 채 그저 누워 있을 뿐이었다.[27]

환경파괴는 어떤 측면에서든 미래세대의 생명에 대한 가혹한 위협일 수밖에 없다. '세대 간 공평성'(intergenerational eguity)으로서 지속가능성이라는 문제에 관해서는 많은 논의가 있었다. 하지만 세대 간의 정의 문제는 성별 간의 정의를 통해서만 이루어질 수 있다는 사실은 종종 간과된다. 엄마들이 보살핌과 관심의 대상에서 밀려난다면 그 아이들이 관심의 중심에 놓일 수가 없는 것이다.

지난 수십년 동안 여성들의 연대는 생존전략을 개발하고 환경파괴에서 비롯된 자녀들의 생명의 위협에 대항한 투쟁을 전개해왔다.

---

27 *Pacific Women Speak*, Women Working for a Nuclear Free and Independent Pacific 1987.

## 여성과 어린이의 생존전략

환경악화와 빈곤 등 부정적인 개발조류에 의해 생존이 점점 더 위협 받으면서 여성과 어린이는 이 위협에 대처하기 위한 새로운 길을 발전 시키고 있다.

현재 아프리카와 라틴아메리카 그리고 선진국의 전체 가구 중 3분의 1이상이 여성가장 가구로, 노르웨이의 경우 38퍼센트이고 아시아의 경 우는 14퍼센트이다.[28] 유일한 생계부양자가 아닌 경우에도 가계를 유지 하기 위해 들이는 노동과 에너지로 따져본다면 역시 여성이 주된 부양 자이다. 예컨대 농촌지역에서 여성과 어린이는 줄어드는 장작과 물을 얻기 위해서 더 멀리 걸어나가야 하며, 도시지역에서는 돈을 더 받는 옥 외노동을 해야 한다. 이런 식으로 가계유지를 위한 노동에 더 들어가는 시간은 대개 아이를 돌보는 시간 및 에너지와 충돌이 일으킨다. 때로 여 자아이들은 엄마의 부담을 나누기도 하는데, 가령 인도에서는 14세 미 만 여성노동자의 비율이 4퍼센트에서 8퍼센트로 늘어났다. 15~19세 연 령집단에서는 남자의 경우 노동참여율이 8퍼센트 줄어든 반면 여자는 17퍼센트 늘어났다.[29] 이것은 더 많은 여자아이들이 노동력으로 차출 되는 반면 더 많은 남자아이들은 학교로 간다는 뜻이다. 상당한 수치의 이 비율이 아마도 여학생의 높은 자퇴율과 여성노동자에 비해 50퍼센 트 높은 남성노동자의 문자해독률을 설명해줄 것이다. 2001년이 되면 0~14세 여성노동자의 비율은 20퍼센트가 더 늘어날 것이고 15~19세

---

28 United Nations, *World's Women*, 1970~90.
29 Meera Chatterjee, 앞의 책.

여성노동자의 비율은 30퍼센트가 더 늘어날 것이라고 한다.[30]

국제노동기구(ILO)는 1980년대 초반 '경제활동을 하는' 15세 미만 아동은 전부 5천만명가량이라고 추산했고 세계보건기구(WHO)는 1억명으로 추산했다. 게다가 가족도 집도 없는 '거리의' 아이들이 1억명이나 된다. 이 아이들은 빈곤, 저개발, 그리고 척박한 환경조건의 희생자들 —사회적으로 없어도 좋다고 취급받는 사람들— 로, 전적으로 자기 힘으로 생존하며 아무런 권리도 아무런 목소리도 갖지 못한다.

히말라야의 칩꼬부족 여인들은 벌목으로 인한 환경파괴에 저항하기 위해 조직을 만들었다.

러브운하 거주민연합도 널리 알려진 또다른 사례로, 가족의 건강을 지키기 위해 꾸준히 투쟁하는 젊은 주부들의 모임이다. 이 단체는 결국 위험폐기물에 대한 시민정보센터를 설립했다.

보빨 참사로 피해를 입은 여성들이 모여 만든 보빨가스 피디뜨 마힐라 우됴그 상가탄은 유니언카바이드사로부터 정당한 보상을 얻어내기 위해 7년째 투쟁하고 있다.

남북을 막론하고 세계 도처의 환경파괴 지역과 오염지역의 서로 다른 상황에서도 여성들은 생존의 위기를 헤쳐나갈 방법을 고심하는 과정에서 지구 및 그들의 자녀들과 이해를 함께하고 있다. 온갖 난관에 맞서 그들은 자신의 생명을 자녀의 생명 및 지구의 생명과 연결시키는 망을 다시 짜려고 시도한다. 여성들의 시각으로 보자면 환경정의 없이는 지속가능성이란 불가능하며, 더 나아가 성별 간, 세대 간의 정의 없이는 환경정의 또한 불가능하다.

---

30 UNICEF, 앞의 책.

미래는 누구의 것인가? 생존과 환경보호를 위해 투쟁하는 여성과 어린이의 것인가? 아니면 환경과 어린이와 여성을 있으나마나 한 존재로 여기고 마음대로 처분가능하다고 생각하는 사람들의 것인가? 간디(Gandhi)는 의혹의 순간에 결정을 내리기 위한 간단한 척도를 알려주었다. "당신이 아는 가장 혜택받지 못한 사람의 얼굴을 떠올리시오. 그리고 당신의 행동이 그/그녀에게 해를 줄 것인지 아니면 혜택을 줄 것인지를 질문하시오"라고.[31] 우리가 미래세대를 보호해줄 환경정의의 규약을 이끌어내는 데 진정으로 관심이 있다면 '마지막 사람'이라는 기준은 '마지막 아이'로까지 확장되어야 한다.

## 없어도 되는 마지막 아이: 주류 패러다임

정부와 정부 간 기구, 권력엘리뜨의 관점에서 보자면 '마지막 아이'에게는 구명보트가 필요없다. 이 관점은 가렛 하딘(Garrett Hardin)이 말한 '구명보트 윤리'[32]에 잘 나타나 있다. 빈민과 약자는 '잉여'인구로서 지구자원에 불필요한 부담만 지우고 있다는 것이다. 이러한 견해와 여기에 입각한 대응과 전략은 지구자원에 대한 가장 큰 압박을 가하는 것은 다수의 빈민이 아니라 소수의 소비지향적 엘리뜨들이라는 사실을 무시한다.

소비와 파괴적인 기술이 자원에 가하는 압박을 무시한 채 '보존'계획

---

31 Rajni Kothari & Vandana Shiva, "The Last Child," 평화와 전지구적 변혁에 관한 UN대학 프로그램을 위해 쓴 원고.

32 *Bioscience*, Vol. 24, 1974, 561면.

들은 마지막 아이를 생존의 한계상황으로 더욱 내몰고 있다. 엘리뜨들의 이해를 반영하는 공식적 전략들은 구명보트 전략을 통해 '비생산적인' 빈민층을 떨구어버린다면 세계는 더 유복해지리라는 것을 강하게 시사한다. 환경주의는 점차 생태적 위기를 새로운 투자와 이윤의 기회로 보는 경영자·기술관료층의 수사법으로 이용되고 있다. 세계은행의 열대행동계획(Tropical Action Plan), 기후협약, 몬트리올 의정서 등은 흔히 부와 권력을 가진 사람들이 착취할 수 있도록 삼림과 대기와 생물적 공유재산을 '지키기' 위해, 가난한 사람들을 내쫓는 새로운 수단으로 여겨진다. 이들 환경계획에서는 희생자가 악당으로 변모한다. 환경위협으로부터 자녀를 보호하기 위해 누구보다 열심히 싸우는 여성들이 도리어 지구를 보호하기 위해 단속해야 할 요소가 되는 것이다.[33]

'인구폭발'은 언제나 근대 가부장제사회가 사회·경제적 양극화가 심화되는 시기에 만들어낸 이미지로 등장한다. 맬서스(Malthus)는 산업혁명 초기에 인구폭발을 예언했으며,[34] 양차대전 사이에는 특정 인종이 인간 유전자의 질을 떨어뜨릴 위협으로 간주되었고, 2차대전 후에는 폭동 때문에 미국이 자원과 시장에 쉽게 접근할 수 없었던 나라들이 '인구화약통'으로 여겨졌다. 오늘날에는 지구의 생존에 대한 우려가 커지면서, 대중적인 이미지로 굳어진 세계의 굶주린 무리들에 맞서 오염을 통제하는 일이 바람직하고 심지어는 절대절명한 임무로 인정되고 있다.

이처럼 수치를 강조하게 되면, 사람들이 자원에 평등하게 접근하는

33 Vandana Shiva, "Forestry Crisis and Forestry Myths: A Critical Review of Tropical Forests: A Call for Action," World Rainforest Movement, Penang 1987.

34 Barbara Duden, "Population," Wolfgang Sachs, ed., *Development Dictionary*, London: Zed Books 1992.

것이 아니라는 사실과 사람들이 지구에 가하는 환경부담 역시 똑같지는 않다는 사실이 감춰지게 된다. 지구 전체로 보자면 최빈곤지역(아시아·아프리카·라틴아메리카 등)에서 인구를 급격히 줄인다 해도 그 영향력은 현재 최고 소비수준을 기록하는 10개국이 인구를 5퍼센트 줄이는 것보다 훨씬 미미하다.[35]

지구를 과잉인구의 위협으로부터 지킨다는 미명하에 여성의 신체는 인구조절정책을 통해 잔인하게 침탈되고 있다. 산업오염으로 인해 여성의 출산력 자체가 위협받는 곳에서는 여성의 이해가 자녀들의 이해와 상반된다. 이와같은 분리·지배 정책은 생태적 위기를 기득권층에 유리하게 조절하는 데 있어 필수적인 것으로 보인다.

경영자·기술관료층이 최근 들어 자주 사용하는 언어는 여성을 아동의 수동적인 '환경'으로 묘사거나 '인구폭발'의 주범인 '폭탄'으로 묘사한다. 이 두 경우에서 자녀의 생명과 불가분의 관계를 맺고 있는 여성의 생명은 어린이와 환경을 보호하기 위해 통제되어야 할 대상이 된다.

엄마의 자궁은 아이의 '환경'이라 불리게 되었다. 그러나 엄마의 자궁이라는 상대적으로 보호받는 환경에서조차 태아는 완전히 보호받지 못한다. 아기의 건강상태와 긴밀히 연결되어 있는 엄마의 건강이 '태아환경 내의 한 요소'로 환원되었기 때문이다.

엄마-아기 관계를 해체하는 비슷한 관점이 작업장의 환경위험에 대처하는 해결책으로 제시된다. '태아보호 정책'은 임신한 (혹은 임신을 원하는) 여성을 위험지역에서 내보냄으로써 '태어나지 않은 아기를 보호'한다는 것으로, 고용주들은 위험한 생산에서 초점을 옮길 수단으로

---

35 UNICEF, 앞의 책.

이를 활용한다.[36] 극단적인 경우, 여성들은 자신의 일자리를 지키고 식탁에 올릴 음식을 얻기 위해 불임수술에 동의하기도 한다. 더 진형적인 사례에는 여성들의 생리주기를 감독하거나 고용하기 전에 유산을 하게 하는 것까지 포함된다. 린 넬슨(Lin Nelson)이 말한 대로 "'오염을 가정하고' 작업장 재배치와 산부인과적 처치를 받기란 너무 쉬운 일이지만, 이것들은 병 자체가 아니라 증상에 대한 대응일 뿐"인 것이다.[37]

## 민중들의 대응

지역사회 집단, 비정부조직(NGO), 환경운동과 여성운동은 여성과 어린이를 생존의 경계 밖으로 밀어내는 경향을 역전하여 환경악화를 반전시키기 시작하고 있다. 앞서 언급한 대로 인도의 칩꼬운동이 그러한 반응의 하나이다. 케냐에서는 그린벨트운동으로 1천개의 공동체 그린벨트가 조성되고 있다. 말레이시아에서는 사하발 알라인 말레이시아(Sahabal Alain Malaysia, SAM)와 페낭소비자연합이 부족·농민·어촌 공동체와 연계하여 파괴된 환경을 회복시키고자 한다. 사라와크(Sarawak)에서 벌목을 저지하려는 부족들의 운동에도 이런 조직들이 깊이 관여하고 있다. 브라질에서는 아까오 데모끄라띠까 페미니나 가우차(Acao Democratica Feminina Gaucha, ADFG)가 지속가능한 농업, 토착민의 권리, 부채와 구조조정 같은 쟁점에 관해 활동하고 있다.

---

**36** Lin Nelson, "The Place of Women in Polluted Places," Irene Diamond & Gloria Orenstein, eds., *Reweaving the World: The Emergence of Ecofeminsm*, Sierra Club Books 1990.
**37** 같은 글.

이러한 민중들의 대응에서 두드러지는 점은 이들 모두 '마지막 아이'를 관심의 중심에 놓고 있으며 여성에게 권한을 부여하고 자연을 보호하는 일을 동시에 이루려는 전략을 구사한다는 것이다. 인도의 연구재단(Reasearch Foundation), 스웨덴의 다그함마르셸드재단(Dag Hammarskjold Foundation),[38] 1992년 리우세계포럼의 쁠라네따 페미아(Planeta Femea)[39]가 조직한 회담 같은 여성·건강·환경에 관한 최근의 노력들은 어린이·여성·자연의 본모습을 파편적인 것으로서가 아니라 전체적인 것으로 인식하려는 새로운 방향을 제시하고 있다.

## 여성과 어린이를 제일 먼저

1987년 황야회담(Wilderness Congress)에서, 오논다가 네이션(Onondaga Nation)의 오렌 리온즈(Oren Lyons)는 이렇게 말했다. "네 모카신으로 어떻게 대지를 밟아야 할지 주의하고 조심스럽게 발걸음을 내디뎌라. 미래세대의 얼굴들이 자기가 살아갈 차례를 기다리며 대지로부터 올려다보고 있으니까."[40]

GNP의 성장과 자본축적의 증대라는 성취 속에서 국제적인 권력을 거머쥔 정책결정자들의 마음속에서 사라진 것이 바로 어린이와 미래세

38 "Women, Health and Ecology," Research Foundation for Science, Technology and Natural Resource Policy와 Dag Hammarskjöld Foundation이 주최한 세미나의 의사록, Development Dialogue, 1992.
39 쁠라네따 페미아는 1992년의 유엔환경개발회의 기간 중 지구포럼에 설치된 여성들의 텐트이다.
40 Oren Lyons, 4th World Wilderness Conference, Eugene, Oregon, 1987년 9월 11일.

대의 얼굴이다. 어린이는 관심의 대상에서 배제되었으며 어린이중심의 문화는 파괴되고 주변화되었다. 결정을 내릴 때 어머니와 부족 등의 공동체로부터 어린이의 복지에 초점을 맞추는 법을 배우는 것이야말로 세계의 정책결정자들에 대한 도전장이다.

여성과 어린이를 최우선에 두기 위해서는 무엇보다 생명을 창조하는 여성을 그 때문에 종속적인 존재로 취급하고, 생명을 파괴하는 남성을 그 때문에 우월하다고 보는 논리가 전복되어야 한다. 가부장제가 과거에 이룩한 모든 것은 생명으로부터의 소외를 바탕으로 한 것으로, 여성·어린이·환경의 빈곤화로 귀결되었다. 이러한 쇠퇴를 막고자 한다면 생명의 파괴가 아닌 생명의 창조를 인간의 진정한 임무로 인식해야 하며, 인간됨의 본질이 전세계 다양한 종들의 삶에 대한 권리를 인정하고 존중하고 보호하는 우리의 능력에 있음을 깨달아야 할 것이다.

## 6장

# 누가 자연을 우리의 적으로 만들었는가?

마리아 미스

우리가 이론적으로 예견했던 일이 실제로 일어난 후라면 그것에 대해 쓰는 것이 무슨 소용이 있을까? 환경운동과 여성운동의 다수 분파 및 그밖의 여러 집단과 개인들은 원자력발전소 건설 반대운동을 거듭 벌여왔다. 원자력이란 너무나 위험한 에너지원이어서 인간에 의해 통제될 수 없기 때문인데, 이 사실은 체르노빌 사태와 그 여파로 인해 입증되었다. 이제 와서 그것에 대해 글을 써봐야 무슨 소용이 있겠는가? 차라리 "우리는 그렇게 위험한 기술에 대해서는 책임없어요. 우리가 원한 게 아니에요. 자연을 정복하는 기술에 그처럼 열성적인 남성들, 가부장들더러 이 혼란을 정리하라고 하세요. 우리는 세계의 가정주부 노릇을 하는 데 질렸다구요"라고 말하는 페미니스트들에 동조해야 할까.

이런 반응은 이해할 만하지만 과연 우리에게 도움이 되겠는가? 여성들만 따로 사는 것이 아니므로 우리가 도망갈 수 있는 곳이라고는 없다. 어떤 여성들은 우리 모두 어차피 언젠가 죽을 운명이니 체르노빌에서 일어난 일은 잊은 채 죽는 날까지 인생을 즐기다 가는 게 낫다고 느낄지도 모른다. 하지만 어린 자녀가 있는 여성이라면 이런 허무주의적 태도

176

를 취할 수가 없다. 그들은 필사적으로 아이들을 오염된 잔디밭에서 놀지 못하게 하려고 애쓸 것이고, 밖에 나갔다 온 뒤면 신발을 씻을 것이며 뉴스에서 보도되는 야채·우유·과일 등의 핵오염에 대한 최신 처방을 따르고 아이들을 위해 비교적 오염이 덜 된 식품을 고르는 데 전문가가 될 것이다. 자녀가 있는 여성들의 일상생활은 체르노빌 참사 이후 급격하게 변화하였다. 그러므로 우리는 이렇게 물어야만 한다. 이 위기가 어떻게 여성의 삶과 심리적 조건을 변화시켰는가? 그리고 여성들은 이로부터 무엇을 배워야 하는가?

## 모든 것이 변했고 모든 것이 그대로다

마침내 봄이 왔다! 모든 것이 초록으로 물들고 꽃이 만발하고 따뜻해진다! 길고 우울한 겨울이 지난 후 사람들은 집밖으로 나와 자유로이 숨쉬고 자연을 즐기고자 한다. 하지만 도처에 보이지 않는 표지판이 경고하고 있다. "날 만지지 마세요. 난 오염됐어요!" 우리는 마치 자연이 TV쇼인 양 나무·꽃·풀들을 보면서만 즐길 수 있다. 우리는 자연을 만질 수도 없고 본래의 살아 있는 피조물로서의 자연과 교류할 수도 없다. 보이지 않는 장벽이 우리를 분리시키고 있는 것이다. 자연에 대한 감응력이 이미 죽어버린 사람들, 기계적 인간이 된 사람들은 개의치 않을지도 모른다. 그들의 감각은 이미 기계적인 자극-반응 작용으로 환원되어 버렸다. 하지만 자연에 대한 감응력이 아직 살아 있는 사람들 — 아이들과 수많은 여성들 — 은 자연과의 이런 갑작스러운 분리를 깊은, 거의 육체적인 고통으로 경험한다. 그들은 박탈감과 상실감을 느낀다. 자신들과 나머지 자연세계 사이에 놓인 장벽이 그들 자신의 생명 에너지를 침식한다고 본다.

1986년 4월 나는 체르노빌 사태가 자신들의 **삶의 기쁨**을 파괴했다고 느끼는 많은 여성들을 만났는데, 이미 방사능이 그들의 육체를 파고들어 망가뜨린 듯했다. 그들은 기운이 없고 속이 메스껍다고까지 했다. 아이들과 찬란한 봄을 바라보는 일이 그들의 위를 뒤흔들어 통증을 일으킨다는 것이다. 왜 계속 살아가야 한단 말인가? 나의 학생이기도 했던 젊은 여성과 남성들을 마주했을 때에도 그와 비슷한 감정을 겪었다. 무엇이 그들의 미래였을까? 미래의 직업을 위해 그들을 가르치고 준비시키는 게 무슨 소용이었을까? 신체적인 방사능 오염은 정신적 오염으로 증폭되었던 것이다.

그럼에도 여성들은 지금까지 언제나 그래왔던 것처럼 살아가고, 장을 보고, 청소하고, 요리하고, 직장에 나가고, 꽃에 물을 주기를 계속한다. 체르노빌 이후 이것을 계속하기 위해서는 전시상태 비슷하게 더 많은 일을 해야 했고 더 많은 신경을 써야 했으며 더 많이 걱정해야 했다. 원자력의 선전가들인 과학자, 정치가와 경제학자들이 우리의 생활수준을 유지하기 위해 원자력이 필요하다고 여전히 주장하는 동안에도 여성들은 가족과 아이들이 먹을 오염되지 않은 식품을 어디서 구해야 할지 걱정하고 있었다. 그 '생활수준'이라는 것이 이미 사라져버렸음을 깨닫기 시작한 사람은 여성들이다. 상추는 아직 사도 괜찮은 것일까? 우유는 위험하다. 요구르트와 치즈도 마찬가지고 고기도 오염되었다. 뭘 요리해서 먹을 것인가? 여성들은 체르노빌 이전에 나온 곡물류와 분유를 구하거나 미국이나 '제3세계'에서 수입한 음식을 찾기 시작했으며, 스웨덴 같은 나라는 매주 태국에서 신선한 야채를 공수해 온다. 체르노빌 이전의 비축물이 사라져버리고 오염되지 않은 나라로부터의 수입이 끊긴다면 그때는 어떻게 될까?

어린아이들을 밖에 나가지 못하도록 잡아두고 놀 거리를 마련해주고 달래줘야 하는 것도 여성이었다. 핵공학의 옹호자 — 체르노빌 사태의 책임자 — 인 과학자와 정치가들은 그저 "애들이 흙장난하지 못하게 하시오!"라고 명령하면 그뿐이었다.

임산부는 또 어땠는가? 그들의 두려움과 그들의 불안은? 그들은 어떻게 감당했을까? 많은 임산부들이 의사에게 임신을 지속하는 것이 '안전한지' 자문을 구했다. 많은 이들이 기형아를 낳을지도 모른다는 두려움에 홀로 떨었다. 또다른 많은 임산부들은 유산을 했으나 그것을 체르노빌 사태와 분명히 연결시키지는 못했다.

그 당시 소련에서나 서구에서나 생명에 대해 책임을 느낀 것은 여성들이었지, 통상 '책임있는' 당사자로 여겨지는 과학자·정치가·경제인 남성들이 아니었다. 가족들이 오염되지 않았을까 염려한 것은 남성이 아니라 여성이었다. 오염되지 않은 음식을 구하지 못할 경우 죄책감을 느낀 것도 정치가나 과학자가 아니라 여성들이었다. 1986년 5월 모스끄바에서 온 한 여성은 이렇게 말했다. "남자들은 생명을 생각하지 않아요. 기필코 자연과 적을 정복하려 할 뿐이지요!"(Die Tageszeitung, 1986년 5월 12일) 남성은 기술의 전문가요 여성은 생명의 전문가이며, 남성은 전쟁 전문가요, 여성은 전쟁 이후 생명을 회복시키는 전문가인 듯하다. 이러한 분업이 체르노빌 이후에도 지속될 수 있을까?

## 여성만을 위한 것이 아닌 몇가지 교훈

체르노빌에서 일어난 일을 하루아침에 되돌릴 수는 없다. 이 기술은 비가역적인 것이다. 우리는 이미 이 사실을 알고 있다. 그렇다면 무엇을 할 수 있는가? 나는 우리가 먼저 이 사건에서 올바른 교훈을 이끌어내고 그에 따라 더 끔찍한 파국을 막을 수 있도록 행동해야 한다고 생각한다. 이 교훈은 새롭지 않지만 체르노빌 이후 새로운 절박성을 띠게 되었다.

①아무도 자기 혼자 모면할 수는 없다. '나만' 빠져나갈 수 있다고 생각하는 것은 착각이다. 체르노빌과 같은 산업적인 재난이 멀리 떨어진 곳에서 일어날 수도 있지만 그 영향은 정치적 경계와는 무관하다. 따라서 더이상 지리적 거리가 안전의 보증수표가 될 수 없다.

②근대의 기계 ― 남성이 지구에 저지른 일은 결국 모든 사람들이 겪게 될 것이다. 모든 것은 연결되어 있다. 우리 자신이 불가분의 일부를 이루는 살아 있는 자연을 겁탈하고 파괴하고서도 그 화를 입지 않을 수 있다고 주장한다는 점에서, '무한한 진보'란 위험한 신화이다. 백인남성들이 수세기 동안 자연을 적으로 취급해왔으므로 이제는 자연이 우리에게 적의를 갖는 듯하다.

③스스로 '책임자'라고 말하는 사람들을 믿는 것은 위험한 짓이다. 체르노빌을 통해 이들 '책임있는 사람들'의 주된 관심은 권력을 유지하는 것뿐임이 명백해졌다. 정치가들이 오염허용치를 자의적으로 조작하는 행위는 과학이 정치의 시녀라는 명백한 증거이다. 정치가들은 오로지 상인과 농민 등의 표를 잃을 위험이 있는 곳에서만 보상을 약속한다. 정치가들은 자녀를 보호하기 위한 여성들의 초과노동에 대해 보상해주

는 것을 불합리하다고 볼 것이다. 그러한 노동은 노동이나 노동비용으로 간주되지 않기 때문이다. 하지만 세상의 모든 노동을 동원해도 체르노빌이 파괴한 환경은 되돌릴 수 없다.

④ 정치나 과학을 주도하는 남성들의 확신은 무엇보다도 그들의 사고가 윤리적인 원칙에 근거한 것이 아니기 때문에 위험하다. 수많은 과학자들이 돈이 된다는 이유로 도덕적으로 의심스러운 연구를 감행한다는 사실은 널리 알려져 있다. 미국에서는 과학자의 60퍼센트가 국방성에서 돈을 대는 연구를 하고 있다. 심지어 핵에너지와 유전공학의 위험성을 경고하는 과학자들까지도 '가치로부터 자유로운' '순수'과학과 응용과학을 여전히 구분해서 생각한다. 독일에서 열린 유전공학에 대한 공개토론회에서 유전공학 분야의 한 선도적인 연구자는 이렇게 말했다. "나는 그러한 한계를 인정하지 않습니다. 특정 기술이 위험한지 아닌지를 알기 위해서는 먼저 그것을 개발하고 응용해보아야죠. 그런 다음에야 민주적인 원칙에 따라 이 기술을 사용할 것인지 말 것인지를 공적으로 결정할 수 있습니다." 이것은 결국 원자력의 위험을 알기 위해서는 원자폭탄을 만들어서 폭파해봐야 한다는 이야기다. 유전공학에서도 비슷한 주장을 펼 수 있다. 많은 과학자들의 '가치로부터 자유로운' 연구가 도덕적인 고려나 사람들의 우려와 정서, 특히 정치가들의 자금규제로 인해 방해받고 있으니, 윤리와 도덕은 연구가 완료된 후 그것을 응용할지 말지에 대한 질문이 생겨날 때가 되어서야 발언권을 가져야 한다는 것이다. 실제로 윤리위원회는 그후에야 생겨난다. 하지만 최종결정은 정치가들이 내린다. 한편 이들은 오염허용치 등의 어려운 윤리적 결정을 내려야 할 경우 과학자들에게 자문을 구한다. 사실상 과학자나 정치가는 특정 기술에 투자할 돈이 있고 이윤을 위해 그것을 개발

하고자 하는 사람들에게 의존하고 있다.

⑤ 정치가와 과학자에 대한 신뢰가 위험한 까닭은 그들에게 윤리의 식이 없을 뿐만 아니라 상상력과 감정도 없기 때문이다. 이런 종류의 실험을 할 수 있기 위해 과학자들은 혹시라도 실험의 결과에 대해 생각하게 만들지도 모르는 온갖 감정이입과 상상력을 죽여야만 한다. 브라이언 이슬리[1]와 뵈메 형제[2]가 보여준 바와 같이 근대과학, 특히 핵물리학은 정서적으로 불구인 인간을 요구한다.

⑥ 체르노빌 이후 과학계와 정치계의 주도적인 '책임자'들 중 몇몇의 반응은 매우 특이했다. 수년 동안 핵에너지가 안전하며 과학자들이 모든 것을 잘 통제하고 있고 안전장치들은 결점이 없다고 역설하던 사람들이 1986년에는 방사능측정기에 나타난 수치들—200이나 500 혹은 심지어 2천 베크렐—이 위험하지 않으니 염려할 필요가 없다고 말했다. 과학자나 정치가나 모두 정확한 계기로 측정된 매우 높은 방사능수치에도 불구하고 위험을 축소하려 애썼다. 자신들이 설치한 장치를 '믿는' 대신 그들은 주부들에게 '상추를 씻어라'라든지, '아이들을 밖에 나가 놀지 못하게 하라'라든지 '신발을 씻어라'라고 말했다. 콜 총리의 부인은 상추를 사서 다듬는 모습으로 TV에 등장하였다. 그리하여 총리의 가족들은 방사능측정기로 드러난 높은 방사능수치라는 증거를 믿지 않는다는 걸 보여주고자 했다. 갑자기 통계와 정확한 측정이라는 과학의 낡은 마술이, 모방하고 그림으로 보여주는 더욱 낡은 마술로 대체되

---

1 Brian Easlea, *Fathering the Unthinkable, Masculinity, Scientists and the Nuclear Arms Race*, London: Pluto Press 1986.
2 Gerhard Böhme & Hartmut Böhme, *Das Andre der Vernunft*, 1985.

었다.[3] 홍보담당자는 과학자와 정치가들을 TV에 출연시켜 샐러드를 먹는 퍼포먼스를 연출해 사람들을 달래려 했다. 과학단체들은 "과학적 분석에 따르면" 현재까지 측정된 방사능은 매우 낮으므로 건강을 해칠지 모른다고 우려하거나 두려워할 필요 없다는 전면 광고를 게재했다. 이 광고는 핵산업체에 의해 자금지원을 받은 것이었다(Frankfurt Rundschau, 1986년 6월 12일).

⑦ 체르노빌 참사로 인해 원자력에너지를 '평화적으로' 사용하는 방법은 없다는 점이 명백해졌다. 원자력뿐 아니라 유전공학과 재생산기술 같은 다른 새로운 '미래'기술들은 모두 전쟁기술이다. 그것들은 모두 적어도 처음에는 국방부서가 지원하는 군사연구의 결과로 개발되었을 뿐 아니라, 그 방법론 또한 살아 있는 연관관계와 공생의 파괴를 바탕으로 했다. 캐럴린 머천트의 말대로 근대과학이란 자연에 맞선 전쟁이다. 자연은 (여성과 같이) 남성의 발 아래 복종시켜야 할 적인 것이다.[4]

⑧ 사람들을 진정시키려는 온갖 필사적 노력들은 권력층이 대중과 대중의 공포를 두려워한다는 사실을 보여주었지만, 권력층은 여성과 달리 지구 위의 생명이 파괴될 수 있다는 점에 대해서는 그만큼 두려워하지 않았다. 여성들은 더이상 그들의 말을 들으려 하지 않았다. 여성들은 거리로 나가 시위를 하고 원자력발전소를 즉각 폐쇄할 것을 요구했다. 여성들은 공포와 분노를 가장 이성적인 감정으로, 체르노빌 이후 수

3 Christel Neususs, "Sie messen und dann essen sie es doch: Von der Wissenschaft zur Magie," Gambaroff et al., *Tschernobyl hat unser Leben verandert*, Vom Ausstieg der Frauen, Rororo Aktuell, Reinbek 1986.
4 Carolyn Merchant, *The Death of Nature: Women, Ecology and the Scientific Revolution*, San Francisco: Harper & Row 1983.

개월간 동원할 수 있는 가장 강력한 에너지로 보았다. 도처에서 '핵발전에 반대하는 여성들의 모임' '원자력에 반대하는 어머니 모임' '원자력에 반대하는 부모 모임' 등이 자발적으로 결성되어 자연을 적대시하는 이 전쟁기술을 중단할 것을 요구했다.

⑨ 체르노빌 참사는 우리를 '석기시대'로 후퇴시키는 이들이 핵에너지의 즉각적인 중지를 요구하는 사람들이 아니라 진보와 문명의 이름으로 이 기술을 전파하는 사람들임을 가르쳐주었다. 체르노빌 이후 몇 달 동안 명백히 드러났듯이 '결핍의 아버지'는 이 '진보'를 경고한 사람들이 아니라 바로 이 기술전파자들이었다. 그들이야말로 이 넘쳐나는 상품의 홍수 속에 정작 기본적인 생필품, 즉 아이들을 위한 녹색채소와 깨끗한 물, 우유가 부족하다는 사실에 책임이 있다.

원자력과 유전공학, 컴퓨터공학 등은 종종, 사회관계를 변화시키고 인간존재가 자연과 맺는 관계에 기초해 현재의 주류 과학패러다임과 그 기술에 대한 대안을 마련하기에는 시간이 너무 오래 걸린다는 주장에 의해 정당화된다. 여성들 역시 이 주장을 활용하여 단기적이고 '실용적인' 해결책 혹은 기술적인 보완책을 요구한다. 그러나 체르노빌은 우리로 하여금 전혀 다른 시간차원을 생각해보게 했다. 우리에게는 자연과 새로운 관계를 형성할 시간이 없다. 이제 세슘 137이 방사능을 반감하기까지 30년을 기다려야 하며, 플루토늄의 반감기는 2만 4천년이고 스트론튬 90의 반감기는 28년이다.

체르노빌의 파괴는 앞으로도 여러해 동안 인근지역을 오염시키면서 많은 이들에게 질병과 죽음과 절망을 초래할 것이다. 이러한 시간차원은 '현실주의자들' '실용주의자들', 신속한 결과를 선호하는 사람들이 전파한 기술적 해결책의 산물이다. 이러한 시간차원을 고려한다면 마침내 우리는 이제 정말 중요한 질문들을 던져야 한다. 그리고 우리는 더이상 생존의 문제를 정치나 과학, 경제의 전문가들에게 맡겨두어서는 안된다. 지금은 핵발전소의 즉각적 폐쇄와 유전공학과 재생산기술의 중단을 요구하고, 자연과 새롭고 우호적이며 상호적인 관계를 수립할 때이다. 이제 자연과의 전쟁을 끝내야 하며 자연을 더이상 우리의 적으로 취급하지 말고 우리 자신이 그 불가분의 일부로 포함되어 있는 살아 있는 전체로 보아야 한다.

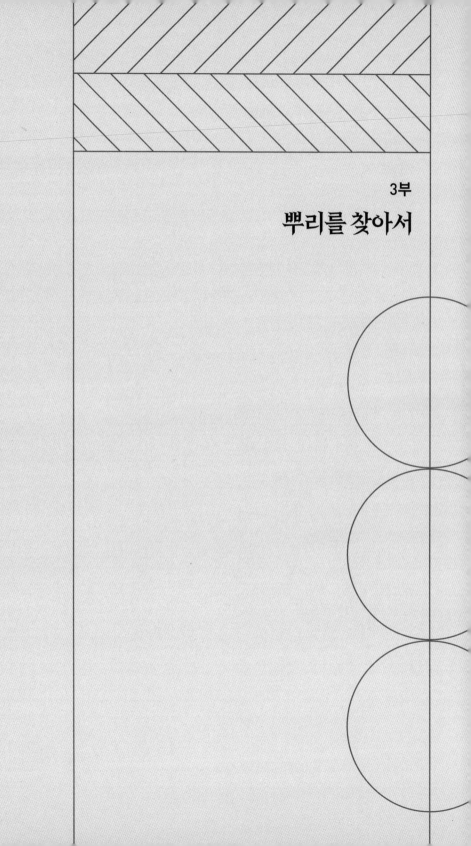

3부

# 뿌리를 찾아서

## 7장

# '지구촌'의 실향민
반다나 시바

전지구적 시장통합과 초국적자본을 위한 '공평한 경쟁의 장'(level playing field)의 형성은 현실적·상상적인 방식으로 실향민의 조건을 만들어낸다. 모든 홀리데이 인 호텔과 힐튼 호텔을 자기 집으로 삼는 초국적기업의 간부들은 뿌리내림(rootedness)이라는 심오한 문화적 관점에서는 실향민이다. 한편 문화적으로 뿌리깊은 부족민들은 조상에게 물려받은 땅에서 뿌리뽑힘으로써 물리적으로 실향민이 된다.

두 계급의 실향민들이 이 '지구촌'에 생겨나는 듯하다. 한 집단은 전세계적 규모로 옮겨다니지만 이 세계는 그들에게 재산일 뿐 어디에도 고국은 없다. 다른 한 집단은 그들이 고향에 뿌리내리고 있을 때 가졌던 유동성조차 상실한 채 난민촌이나 재정주촌, 보호구역에 살고 있다. 식민주의, 개발, 전지구적 시장에 의한 이동이 점점 더 증가하면서 실향은 20세기 후반의 두드러진 문화적 특징이 되었다.

## 뿌리뽑기로서 개발

댐, 광산, 발전소, 군기지 — 이것들은 '개발'이라 불리는 신흥종교의 사원들로, 이 종교는 근대화과정에 있는 국가와 그 관료 및 기술관료들에게 이론적 근거를 제공한다. 이 종교의 제단에 바쳐지는 희생물은 자연과 인간의 생명이다. 개발의 성사(聖事)는 다른 성소 특히 신성한 땅의 파괴와 신성모독으로 이루어진다. 그것은 사회와 공동체의 붕괴 그리고 주민과 문화의 뿌리뽑기에 기반을 둔다. '개발'은 땅이 신성한 어머니이며 자연과 사회의 생명의 모태이므로 손상해서는 안된다는 것을 조직원리로 삼는 사회들을 후진적이고 원시적이라 선언한다. 그러나 이들은 우리와 동시대를 살고 있는 사람들이다. 그들이 우리와 다른 까닭은 그들이 이미 지나간 세대에 속하기 때문이 아니라 무엇이 신성하며 무엇을 보존해야 할지에 대한 개념이 우리와 다르기 때문이다. 신성이라는 것은 부분을 전체로 연결시켜주는 끈이다. 땅의 신성은 반드시 지켜져야 하며 인간의 행위는 제한되어야만 한다. 신흥종교의 사제인 개발관리자의 관점으로 보면 땅과의 신성한 유대란 제거되고 희생되어야 할 장애이자 방해물에 불과하다. 땅을 성스럽게 받드는 사람들이 가만히 앉아서 뿌리뽑히지 않으려 하기 때문에 '개발'에는 그들을 집과 고향땅에서 강제로 떼어내기 위한 경찰력과 폭력적 전술이 따르며, 이렇듯 땅에서 쫓겨난 이들은 환경적·문화적 난민으로 산업사회의 황무지로 밀려나게 된다. 개발계획을 실행하기 위해서는 불도저뿐 아니라, 흔히 총알도 필요한 것이다.

인도에서는 이 희생의 중대성이 이제야 뚜렷이 드러나고 있다. 물론 진보의 희생자들은 뿌리뽑힘을 경험해왔고 저항도 해왔다. 하지만 희생자도 국가도 이러한 희생을 더 큰 '국익'을 위한 작은 희생이라 여겼다. 개발계획이 시작된 지 40여년이 흐른 지금, 자연과 사회에 대한 계획적인 파괴가 더이상 간과할 수 없는 지경에 이르렀고, 더 큰 '국익'이라는 것은 소수의 뿌리 없는 엘리뜨층의 이익임이 밝혀졌다. 지난 40년의 개발과정에서 인도의 1500만명 인구가 고향에서 뿌리뽑힌 채 쫓겨났다.[1] 그들과 그들이 땅과 맺은 유대는 광산, 댐, 공장, 야생동물원을 세우기 위해 희생되었다.

'개발'에 맞서 싸우는 인도사람들의 노래와 구호마다 되풀이되어 울려퍼지는 단어는 '마띠'(mati) 즉 땅이다. 이들에게 땅은 단순한 자원이 아니라 그들 존재의 핵심을 마련해주는 것이다. 대다수 인도인에게 땅은 여전히 신성한 어머니이다.

'개발'이란 자연과의 생태적·문화적 유대가 갑작스럽게 단절된다는 뜻이며, 사회 내에서는 유기적 공동체들이 추상적인 정체성을 찾아 헤매는 뿌리뽑히고 소외된 개인들의 집단으로 변한다는 의미다. 남에서 오늘날 환경운동이라 불리는 것은 사실상 뿌리찾기 운동이며 뿌리뽑혀 쫓겨나는 일이 일어나기 전에 그것을 막으려는 운동이다. 또 일반적으로 종족분쟁으로 인식되는 것은 뿌리뽑힌 사람들이 그들 나름의 방식으로 사회적·문화적 뿌리를 되찾으려는 운동이다. 이러한 투쟁들은 개발이 초래한 폐허 속에서 자아감각과 자신들의 운명에 대한 통제력을 되찾고자 하는 사람들의 싸움이다.

---

1 Walter Fernandes & Enakshi Ganguly Thukral, *Development, Displacement and Rehabilitation*, Indian Social Institute 1989, 80면.

## 신성한 어머니로서의 땅

개발계획이 시작되는 곳은 어디나 땅이 찢기고 인간과 땅의 유대가 단절된다.

'마띠 데바따, 다람 데바따'(Mati Devata, Dharam Devata) ── 땅은 우리의 여신이며 우리의 종교이다. 이것은 '간드마르단(Gandmardhan) 살리기' 운동[2]에 참여한 아디바시(adivasi) 여인들이 오리싸(Orissa)의 간드마르단 언덕 봉쇄구역에서 경찰에게 끌려나갈 때 땅을 감싸안고 외친 구호이다. 이 운동에 동참한 70세의 단마띠(Dhanmati) 할머니는 이렇게 말했다. "우리의 목숨은 내줄 수 있어도 간드마르단은 안돼요. 우리는 우리에게 필요한 모든 것을 주는 이 언덕을 살리길 원해요."

간드마르단의 숲은 다채로운 식물군과 풍부한 수자원의 원천이다. 이곳에서 연중 마르지 않는 22개의 하천이 흘러서 마하나디(Maha-nadi)강과 같은 큰 강을 이룬다. 인도 신화에 따르면 간드마르단은 서사시 「라마야나」(Ramayana)에서 하누만(Hanuman)이 락스만(Laxman)의 목숨을 구할 약초를 캐던 언덕인데, 이 구원자가 이제 '개발'을 위해 희생당하게 되었다. 보크사이트광산을 만들려는 바라뜨(Bharat)알루미늄회사(BALCO)가 이 땅의 신성을 더럽히게 된 것이다. 이 회사는 나르마다·소네(Sone)·마하나디 강의 원천이 되는 또다른 중요한 산인 아마르깐따끄(Amarkantak)의 신성과 환경을 파괴한 후에 이곳으로 왔다. 아마르깐따끄의 파괴는 애초의 추정보다 훨씬 더 적다고 드러난 매장량에 비해 너무나도 비싼 대가였다. 마댜 쁘라데시(Madhya Pradesh)에

---

2 *Chipko News*, Mimeo, Navjeevan Ashram, Silyara 1986.

있는 10만 톤짜리 알루미늄공장에 원료를 대기 위해 바라뜨사는 오리싸로 옮겨와서 간드마르단 언덕을 침탈하기 시작했다.

1985년 이래 이 지역의 부족들은 회사의 작업을 방해하였고 고용이라는 유혹도 거부했다. 경찰력으로도 이들의 결사적인 저항을 막을 수는 없었다.

인도는 알루미늄이 그렇게 많이 필요하지 않으며 이미 남아도는 실정이기 때문에 이 갈등과 파괴는 불필요하다. 채굴활동은 인도인의 필요를 위한 것이 아니라 자국의 알루미늄공장을 폐쇄하고 인도 같은 나라에서의 수입을 권장하는 산업국들의 요구에 의한 것이다. 일본은 자국의 알루미늄 제련량을 120만 톤에서 14만 톤으로 줄였고 현재 필요한 알루미늄의 90퍼센트를 수입하고 있다. 일본 회사들은 인도의 수출품 가공공장 지대에 환매방식으로 알루미늄 상품을 제조하는 합작회사를 설립하자고 제의했다.[3] 자국의 환경과 경제와 사치스런 생활양식을 유지하려는 부유한 나라들 때문에 간드마르단에 사는 부족들의 생존이 위협받게 된 것이다.

비하르(Bihar)에서는 초따나그뿌르(Chotanagpur)고원 부족민들의 주거지가 석탄과 철 광산을 개발하고 강에 댐을 짓기 위해 파괴되고 있다. 세계은행의 대부를 받은 수바르나레카(Suvarnarekha)댐은 1억 2700만 달러의 융자를 떠안고, 확장 중인 철강도시 잠셰드뿌르(Jamshedpur)에 공업용수를 제공하는 것을 주목적으로 건설 중이다. 이 댐들 때문에 8만명의 부족민이 강제이주될 것이다. 1982년에는 부족의 댐 건설 반대운동 지도자 강가 람 깔룬디아(Ganga Ram Kalundia)가 경찰

3 J. Bandyopadhyay, "Havoc," *Illustrated Weekly of India*, 1987년 12월 13일.

의 총에 맞아 죽었다. 7년이 지난 후에도 계속해서 그의 동료 부족민들은 댐건설에 저항하고 있다. 댐건설은 그들이 태어나고 그들을 먹여살려주며 그들과 선조들을 이어주는 땅으로부터 그들을 떼어낼 것이기 때문이다. 수바르나레카댐 건설에 반대하는 운동을 펴고 있는 수렌드라 비룰리(Surendra Biruli)는 이렇게 말한다.

선조들과의 유대는 우리 사회의 토대이자 우리 사회의 재생산의 토대이다. 우리 아이들은 선조들의 묘비 근처에서 놀며 자라난다. 그들은 선조들의 방식을 배운다. 선조들과의 관계를 떠나서는 우리의 삶은 모든 의미를 잃는다. 그들은 보상해주겠다고 한다. 선조들의 묘비가 댐 아래 묻힌다면 우리 삶의 의미 자체가 상실되는 것인데 그들이 어떻게 보상하겠다는 것인가? 그들은 복원시켜주겠다고 한다. 자신들이 이미 손상시킨 성지를 어떻게 복원하겠다는 것인가?[4]

오리싸의 해안지대에서는 발리아빨(Balliapal)부족이 7만명의 부족민을 그들의 비옥한 고향땅에서 몰아낼 국립 로켓시험지구 설정에 저항하고 있다. 반대자들은 되풀이해서 그들과 땅의 유대가 시험지구에 대한 저항의 근거라고 밝히고 있다. "땅과 바다는 우리 것이다. 목숨은 내줄 수 있어도 신성한 어머니 대지는 내줄 수 없다." 그들은 보상금 제안도 거절했는데, 보상금으로 발리아빨 농민들을 수세대에 걸쳐 보살피고 먹여살린 땅과의 깨어진 유대를 보상할 수는 없기 때문이다. 오리야(Oriya)의 시인 브라즈나트 라이(Brajnath Rai)가 쓴 대로이다.

4 1989년 9월 수바르나레카 침수지대 현장답사 때 들은 이야기이다.

수마일이나 펼쳐진

코코아와 캐슈 농장.

헤아릴 수 없이 풍성한

비틀 덩굴이

갈색 모래카펫 위에

녹색의 예술적인 무늬를 그렸다.

고구마, 땅콩

머스크 멜론 덩굴이

당신의 먼지 낀 땅을

변치 않는 녹색으로 장식했다.

이것들은 사람들에게

오래도록 번창한 삶에 대한

기운찬 희망을 주었다.

일하는 사람들의

가슴속에

삶의 영원한 희망을 불어넣었다.

그러나, 오늘, 갑자기

권력에 미친 사냥꾼의 탐욕스러운 눈이

당신의 녹색 몸을 발견하고는

조각조각내고

신선한 붉은 피를

맘껏 마셔버렸다.

저주받은 사냥꾼은

내키는 대로
당신의 가슴을 겨냥하여
불타는 미사일을 발사했다.


땅에서 나는 것으로 생계를 유지하는 공동체에게 땅이란 데까르뜨적인 공간에 위치한 물리적 자산 이상의 것이다. 그들에게 땅이란 모든 의미의 원천이다. 어느 오스트레일리아 원주민이 말했듯, "내 땅은 나의 척추이다. 내 땅은 나의 기초이다." 땅과 사회, 대지와 그 주민은 긴밀하게 상호 연관되어 있다. 부족사회나 농경사회에서는 문화적·종교적 정체성이 모두 땅으로부터 나오며, 땅은 단순한 '생산요소'가 아닌 사회의 영혼으로 여겨진다. 땅은 대다수 문화의 생태적·영적 본향을 이룬다. 그것은 생물적 삶뿐만 아니라 문화적·영적 삶의 재생산을 위한 자궁이다. 땅은 생계유지의 모든 원천이며 가장 깊은 의미에서의 '집'이다.

바스따르(Bastar)의 힐마리스(Hill Maris)부족은 '붐(bhum)' 즉 땅을 자신들의 집이라 생각한다. 시링가르 붐(Shringar Bhum)은 식물, 동물, 나무와 모든 인간의 우주이다. 그것은 공동체의 일상생활을 이루는 기억과 신화, 이야기와 노래를 구성하는 문화적·영적 공간이다. 자가 붐(Jagha Bhum)은 마을에서 사회적 활동의 구체적 위치를 가리키는 이름이다. 사뱌사치(Savyasaachi)는 한 마을의 원로가 다음과 같이 말했다고 전한다.


해와 달, 공기와 나무들은 나의 영속성의 상징이다. 이것들이 살아 있는 한 사회적 삶은 계속될 것이다. 나는 땅(bhum)의 일부로 태어났다. 이 땅이 죽을 때 나도 죽을 것이다. … 나는 이 땅에 있는 다른 모든 것들과 함께 태어났으며 그들과 함께 사라질 것이다. 우리 모두를 창조하신 분이 우리에게 먹을 것을 주신다. 땅에 있는 것들이 그토록 다양하고 풍요로우니 내가 먹을 것과 영속성에 대해 걱정할 이유가 없다.[5]

이렇듯 땅은 자연과 사회의 삶의 재생을 위한 조건이다. 따라서 사회가 거듭 새로이 유지되기 위해서는 땅을 온전히 보존해야 하며 이는 땅을 신성하게 대할 때만이 가능하다.

땅의 신성파괴는 공간의 의미가 변하면서 일어났다. 신성한 공간, 모든 의미와 삶을 담은 우주, 모든 생명을 유지시켜주는 생태적 원천이 그저 하나의 용지로, 데까르뜨적 공간의 한 장소로 변한다. 그 용지가 개발 계획과 맞물리게 되면 영적이고 생태적인 '집'으로서 땅은 파괴되고만다. 인도 중앙부에 사는 부족들에게는 부족의 생명이 땅이나 숲의 생명과 깊이 그리고 긴밀하게 연결되어 있음을 일러주기 위해 원로들이 아이들에게 해주는 이야기가 있다.

숲이 불타고 있었다. 바람에 휩쓸린 불꽃이 새 한마리가 앉아 있는 아름다운 나무 가까이로 옮겨붙기 시작했다. 불을 피해 도망가던 한 노인이 새를 보고는 이렇게 말했다. "작은 새야, 왜 날아가지 않니? 날개가 있다는 걸 잊었느냐?" 그러자 새가 대답했다. "할아버지, 여기 이 빈 둥지가 보이나요? 여기가 내가 태어난 곳이에요. 그리고 지저귀는 소리가 들리는 이 작은 둥지에서 내 작은 새끼를 키운답니다. 이

---

5 Frédérique Marglin & Tariq Banuri, *Dominating Knowledge*, Zed Books 1990.

나무의 꽃에서 나오는 즙으로 새끼를 먹이고 나는 나무에서 익은 열매를 따먹고 살지요. 저 아래 숲의 바닥으로 떨어지는 새똥이 보입니까? 많은 어린 나무들이 거기서 자라날 것이고 이렇게 해서 나도 녹음이 퍼져나가는 걸 돕지요. 전에 내 부모들이 그랬고 나중에 내 새끼들이 그럴 것처럼요. 내 삶은 이 나무와 연결되어 있어요. 나무가 죽는다면 나도 함께 죽을 거예요. 날개가 있다는 걸 잊어서가 아니랍니다."[6]

주민들이 조상대대로 물려받은 고향땅에서 떠나지 않으려 하는 것, 그리고 자연과 사회 속에서 지속가능한 방식으로 삶을 계속하고자 하는 것은 지구의 보존과 땅의 윤리에 대한 보존으로 여겨지지 않는다. 그것은 오히려 정체의 증거, 계속 전진하지 못하고 진보할 수 없다는 증거로 여겨진다. 전진과 진보를 향한 자극이 개발계획에 의해 제공되었고 그것이 내포하는 뿌리뽑기와 파괴는 '이동'이라는 신데까르뜨적 범주 아래 무해한 것으로 치부되었다.

피터 버거(Peter Berger)는 개발을 "실향조건의 확산"이라고 불렀다.[7] 실향은 '고향'의 환경이 파괴되거나 주민들이 고향으로부터 문화적·영적으로 뿌리뽑힘으로써 발생한다. 환경(ecology)이라는 단어는 가계(household)를 뜻하는 '오이코스'(oikos)에서 파생되었다. 따라서 환경 파괴란 본질상 영적·생태적 가계로서 붐(bhum)의 파괴이다. 신성한 범주 대신 데까르뜨적 범주를 공간에 적용하면서 개발 기술관료들과 대행자들이 그들의 활동을 '개발계획에서의 강제적 재정주'(Involun-

6 Ulhas Rane, "The Zudpi Factor," *Sanctuary*, Vol. VII, No. 4, 1987.
7 Peter Berger et al., *The Homeless Mind*, London: Pelican Books 1981.

tary Resettlement in Development Projects)의 시행으로 확장할 수 있게 된다. 민족말살과 환경파괴라는 돌이킬 수 없는 과정들이 '이동'과 '재정주'라는 용어로 중립화되는 것이다. 세계은행 같은 기관에서 개발계획이 기여하는 '긍정적인' 장기적 '국가'이익과 재정주와 복구계획을 통해 '지역' 공동체가 감당하는 이동의 '부정적인' 영향을 조정한다는 식으로 말하는 일이 가능해진다.

땅을 신성하게 여기는 사람들에게 이주란 생각할 수 없는 것이다. 세계환경개발회의의 공청회에서 끄레나끄(Krenak)부족의 한 원로는 재정주가 불가능하다는 이야기를 이렇게 했다.

정부는 리오 도체(Rio Doce) 계곡의 우리 땅을 빼앗아가면서 우리에게 어딘가 다른 곳을 주겠다고 했습니다. 하지만 주(state)와 정부는 우리가 갈 다른 곳이란 없다는 사실을 결코 이해하지 못합니다.

우리 끄레나끄 부족민이 살 수 있고 우리의 존재를 다시 이어가며 우리의 신에게 이야기하고 우리의 자연에게 이야기할, 그리고 우리의 삶을 엮어갈 수 있는 유일한 장소는 신이 우리를 창조하신 그곳입니다. 정부가 우리를 아주 아름다운 곳, 사냥감도 많고 물고기도 많은 좋은 곳에 데려다놓는다 해도 소용없는 일입니다. 우리 끄레나끄 부족민들은 계속 죽어가고 있으며, 죽으면서 그곳만이 우리가 살 유일한 곳임을 주장합니다.

인간의 무능함을 보니 마음이 좋지 않습니다. 이곳에 와서 이런 말을 하는 것도 전혀 즐겁지 않습니다. 우리는 우리가 살고 있는 지구를 사람들이 그저 이리저리 말을 옮겨놓는 장기판인 양 생각할 수는 없습니다. 지구가 우주와 별개의 것이라고 볼 수도 없습니다.[8] (강조는 인용자)

땅을 어머니로, 사람을 땅의 주인이 아닌 땅의 자손으로 보는 자연에 대한 이런 접근은, 비록 편협하고 제한된 시각과 접근법을 나타낸다 하여 곳곳에서 희생되고 있을지라도 실은 보편적으로 공유되어왔고 지금도 공유되는 관점이다. 그 자리를 밀어내고 처음에는 식민주의를 통해, 그다음에는 개발을 통해 보편화된 백인남성의 문화가 들어왔는데, 이 문화는 땅을 그저 정복하고 소유하는 영토로 여긴다.

식민주의와 자본주의는 땅을 생명의 근원이요, 사람들이 의존해 살아가는 공유물에서 사고 팔고 정복하는 사유물로 전락시켰고, 이제 개발이라는 것이 식민주의가 못다 이룬 작업을 하고 있다. 개발은 인간을 손님의 역할에서 약탈자로 바꾸어놓았다. 신성한 공간에서 인간은 손님에 불과하므로 공간을 소유할 수 없다. 땅과 지구를 사유물이 아니라 성스러운 집으로 보는 이 태도는 제3세계 대부분의 나라에서 나타나는 특징이다. 아래의 씨애틀 추장의 편지는 이제 환경서약서가 되었다.

땅이 인간에 속한 것이 아니라 인간이 땅에 속한 것입니다. 핏줄이 가족을 결속시키듯 만물은 연결되어 있습니다. 땅에서 일어난 일은 모두 땅의 자손에게도 일어납니다. 인간이 생명의 망을 짜는 것이 아니며 인간은 다만 그 한가닥에 불과합니다. 인간이 그 망에다 하는 일은 모두 그 자신에게 한 것과 같습니다.[9]

8 Ailton Krenak, Co-ordinator of Indian Nation's Union, WCED Public Hearing, Sao Paulo, 1985년 10월 28~29일; *Our Common Future*, Oxford: Oxford University Press 115면에서 인용.

9 Chief Seattle, "Letter to the President of the USA," reproduced in "If all the beasts were

아프리카의 토착적 세계관에서는 완전성을 갖춘 세계가 하나의 피륙으로 이루어진 것으로 나타난다. 인간은 정신으로 세계를 지배할 수 없다. 나아가 세계는 신성시되기에 그것을 사용할 때 인간은 신중해야 한다. 이 세계에서 인간은 착취하는 소유자가 아닌 손님으로 행동해야 한다는 것이다.[10]

우주의 리듬과 패턴이 자리를 잃을 때 공유물은 사유물에 의해 자리를 잃는다. 토착 공동체에서는 개인이 사유재산권을 갖지 않는 대신 전체 부족이 부족 땅의 관리인인데, 공동체와 부족은 현재 살아 있는 구성원들뿐만 아니라 조상과 미래세대까지도 포함한다. 사유재산권이 없고 영토 개념이 없기 때문에 토착 공동체의 땅을 뺏기란 아주 쉽다.

신성한 공간의 경계를 정할 때 땅이란 지도상의 공간이나 영토 단위를 뜻하지 않는다. 베니딕트 앤더슨(Benedict Anderson)이 지적한 바와 같이[11] 세계 대다수 지역에서 영토로서 공간은 식민화의 수단으로 생겨났다. 그는 태국에서 토지가 문화적 공간에서 영토적 공간으로 변한 경위를 추적하면서, 1900~15년에 브룽(brung)과 무앙(muang)이라는 단어가 대체로 사라진 까닭은 이 단어들이 '주권'을 신성한 터와 드문드문 자리잡은 인구중심지라는 견지에서 나타냈기 때문이었음을 보여준다. 이 단어들이 사라진 자리에 경계가 설정된 영토적 공간이라는 관점에서 주권을 생각하는 프라텟(prathet), 즉 '나라'(country)라는 용어가

---

gone," London: Royal College of Art 1977.

10 John S. Mbiti, *The Prayers of African Religion*, London: SPCK 1975.

11 Benedict Anderson, "Nationalism," WIDER Seminar on Systems of Knowledge as Systems of Power에 제출한 논문, Karachi 1989.

대신 들어온다. 그리하여 주권은 땅과 땅에 연결된 공동체에서 민족국가로 옮겨갔다. 자연법칙과 그 보편성이 세계시장의 논리를 위해 사람들에게서 고향을 뺏는 경찰국가의 법으로 대체된 것이다.

이런 방법으로 유기적 공동체들은 슬럼가 혹은 도시나 산업기지의 부랑자 소굴에 자리를 내주게 된다. 개발은 자연과 사회로부터 그들의 완전성과 영혼을 빼앗아 새로운 '사원'을 세운다. 개발은 신성한 어머니였던 땅을 처분가능한 대상, 즉 밑에 묻힌 광물을 얻기 위해 파헤쳐도 좋고 거대한 저수지 아래 수장해도 되는 대상으로 바꾸어놓았다. 땅의 자손들 역시 처분가능하게 되었는데, 이렇듯 광산과 댐은 황무지와 뿌리뽑힌 사람들을 뒤에 남겨놓는 것이다. 성스러운 공간으로서의 땅의 신성파괴는 식민주의의 본질적인 부분이었고 이제는 개발의 핵심을 이룬다. 리프킨(Rifkin)이 명쾌하게 지적한 바와 같이,[12] "신성파괴는 인간이 희생물을 죽여 먹어치우기 알맞게 준비하는 일종의 심리적 의식(儀式)과 같은 역할을 한다."

공간의 신성파괴와 지역공동체의 뿌리뽑기에 내포된 아이러니는, 개발에 이용되는 공간의 세속범주들이 원래의 거주자들은 이방인으로 만드는 반면, 침입자들은 그들의 고향을 자신의 사유물로 취한다는 점이다. 공간의 의미가 변하면서 인간과 사회에 대한 정치적 정의도 변한다. 자연과 사회의 관계에서 권력과 통제의 새로운 원천이 형성된다. 자연과 사회 사이의 그리고 상이한 공동체들 간의 관계가 자연과 인간 간의 그리고 민족들 간의 추상적이고 엄격한 경계에 의해 변화되고 대체되면서 땅의 뿌리에서 나오던 힘과 의미는 민족국가와 전지구적 자본과

---

12 Jeremy Rifkin & Nicanor Peelas, *Algeny*, New York: The Viking Press 1983.

의 연관으로 옮겨간다. 이러한 일차원적이고 동질화하는 권력 개념은 새로운 이중성과 새로운 배타성을 낳는다.

이 새로운 경계들은 명백히 그 땅에 속한 사람들을 대상으로 만들어진 것이다. 그 땅을 식민지로 만들고 파괴하러 온 사람들에게는 어떠한 경계도 존재하지 않는다. 재정고문인 오오마에 켄이찌(大前研一)는 이렇게 말한다.

> 정치적인 지도에는 국가 간의 경계가 매우 뚜렷하다. 하지만 금융 활동의 실제 흐름을 보여주는 경쟁의 지도에는 이런 경계들이 대부분 사라졌다. … 국경 없는 경제는 … 더 나은 이윤을 좇아 경계를 넘나들 수 있는 사람들에게는 엄청난 기회를 제공한다. 우리는 마침내 화폐, 주식, 용역, 옵션, 미래, 정보와 특허, 소프트웨어와 하드웨어, 회사들과 노하우, 자산과 구성원, 도장(塗裝)과 상표 등이 전통적인 국경을 가로질러 민족감정 없이 거래되는 세계에 살고 있는 것이다.[13]

---

13 Ohmae Kenichi, *The Borderless World*, London: Collins 1990, 18면.

## 8장

# 어머니 땅의 남성화

반다나 시바

1992년까지 반세기 정도의 짧은 기간 동안 남아시아에 사는 우리들은 '어머니 땅'의 세가지 의미와 구조에 익숙해져야 했다. 땅과 땅의 주민에 대한 상징으로서의 여성적 속성은 서서히 사라져갔다.

식민지 기간 동안 '어머니 인도'는 영국의 식민통치에 대항한 독립투쟁의 상징이자 영감이었다. 그것은 탈식민화의 범주였다.

'개발'이 이 민족국가의 주요 목표였던 1947년부터 1980년대 말까지 40년 동안 '어머니 땅'이라는 은유는 국가건설의 담론에서 사라졌다. 국가는 가부장적 부모로 행동하여 국민의 생활을 지배하였을 뿐만 아니라 국제적 이권세력에 의한 약탈로부터 국민경제와 국가자원을 보호함으로써 기본욕구들을 충족시켜주려 시도하기도 했다.

1990년대에 들어 국가의 역할은 극적으로 변했다. 경제적인 측면에서 볼 때 국가는 초국적기업(TNC)이나 세계은행, 국제통화기금(IMF), 관세와 무역에 관한 일반협정(GATT) 같은 브레턴우즈 기구들이 관리하는 초국가(super-state)에 전적으로 종속되었다. IMF규제와 세계은행의 구조조정 프로그램을 통한 자유화는 GATT를 통해 요청되는 초국적기업을 위한 '자유무역'과 공조한다. 가부장적이지만 세계시장에서 인도시민들을 보호하는 부모로서의 국가가 사라지자 바로 '어머니 인도'가 근본주의자들의 담론에서 바라뜨 마따(Bharat Mata)로 등장하기 시작했다. 그러나 여기서 '어머니 인도'는 샤끄띠(힘)의 원천이 아니라 공동체 간의 그리고 종족 간의 갈등의 전장(戰場)이다.

어머니 땅의 남성화라는 역설적 과정은 외적인 경계가 사라지는 바로 그때 새로운 내적 경계와 장벽이 생기는 것이었다. 전지구적 결속이 심화될수록 국가의 와해는 더욱 심해지는 듯하다. 통치의 중심이 사람들의 삶에서 멀어질수록 과거에 다양성이 존재했던 곳에서는 분리가 심화된다. 전지구적인 거리가 무너지는 이면에는 같은 가정과 거리와 마을, 같은 도시와 국가에 살았던 사람들 사이에 이을 수 없을 만큼 먼 지역적 거리가 생겨났다는 사실이 숨어 있다. 점점 더 많은 사람들의 생계를 강제로 앗아가면서 성장하는 시장은 총과 폭탄으로 남의 자유를 박탈하는 데서 자유를 찾는 호전적 성향에 알맞은 환경을 제공한다.

어머니 땅으로서 국가는 남성화된 민족국가로 대체되어 초국적기업이나 호전적인 민족주의 개념에 봉사하기 위해서만 존재한다. 시장에 복무하는 국가와 근본주의에 복무하는 민족주의는 20세기 전반기에 자유를 향한 우리의 투쟁을 고무하고 자극한 어머니 땅이라는 여성적 상징을 지워버렸다.


## 전지구화와 민족주의의 발흥

우리 시대에 가장 널리 퍼져 있는 역설 중 하나는 편협한 민족주의와 세계경제의 전지구화가 동시에 이루어지고 있다는 점이다. '공평한 경쟁의 장'이란 언뜻 모든 문화와 모든 차이들을 고르게 평준화하려는 것 같다. 하지만 '고르기'(levelling)가 심해질수록 민족주의를 기반으로 작용하는 민족적·문화적 정체성의 표현이 더욱 격렬해진다.

자본주의 가부장제의 시각에서 정의할 때 전지구화란 다만 전세계의 자원과 시장을 망라하는 자본의 전지구적 활동범위를 의미할 뿐이다. 자본의 자유를 획득하는 도구는 동시에 지역공동체의 자유 박탈을 야기하는 도구이다.

독립 당시 남아시아에서의 민족국가 형성은 어머니 땅으로 인식된 나라 안에 존재했던 이전의 국가유형들과 달라지는 시발점이었다. 예전에는 일상생활이 지역적으로 결정되고 통제되었다. 그러나 독립과 더불어 '보호해주는 어머니'는 독재적이지만 보호는 해주는 아버지에게 자리를 내주었다. 국가는 두가지 역할을 수행했다. 첫째는 용역을 제공하고 식민주의가 파괴했거나 국가 자체가 민중의 경제에서 무시해버렸던 요구를 충족시키는 것이었고, 두번째는 외부 이권세력의 지배로부터 국민을 보호하는 것이었다.

40년간의 국제원조와 개발 이후, 국제적인 자유무역은 국가의 존재이유가 되어버렸다. 국가의 역할이 전도된 것이다. 국가의 새로운 역할은 거대 초국적기업에게 천연자원과 기본적·핵심적 용역, 토지의 조차(租借), 기반 시설과 특허권 보호를 제공해주는 것과 노동권·보건권·환경권·인권에 대한 국민의 요구로부터 초국적기업을 보호해주는 것이 되었다.

여기에는 복지서비스의 철회, 내핍의 강요, 초국적기업의 이익을 보호하기 위한 법률과 규칙 시행기제의 공격적 적용 등이 포함된다. 국가는 법률과 규칙을 강제하는 권력인 것말고는 거의 소멸되었다고 해도 좋을 정도이다. 국가는 이제 초국적기업의 규제자가 아니라 오히려 보호자로 기능한다.

최근 인도에서 논란이 되고 있는 특허권 보호문제는 국가의 전도된 역할을 잘 보여준다. 1970년 제정된 인도의 특허법은 주로 공익을 보호하기 위한 것이었다. 하지만 미국은 자신들의 교역법 슈퍼 301조를 통해 초국적기업의 이익과 독점을 보호하는 데 초점을 맞춘 미국의 특허 체계를 채택하도록 인도에 요구하고 있다. 250명의 국회의원이 특허와 지적재산권 문제에 관한 국회토론을 요청하는 성명서[1]를 발표하자 미국 통상대표단과 협상을 벌이던 인도 상공부장관은 이 공공 토론회를 대중의 인기에 영합한 전술이라 부르며 이것은 '신중한 고려를 거친 국익'에 부합하지 않는다고 말했다. 공익이 국익에서 떨어져나가고 국익은 국제적 이권세력에 근거한다면, 주권이 위기에 처한 것이고 더불어 민주주의도 위기에 처한 것이다.

외부세력과의 관계에서 빚어지는 국가주권의 침해는 그 세력이 해당 국가를 점점 더 도구로 이용하게 만드는 결과를 낳으며, 이는 다시 시민의 주권을 침해하기에 이른다. 민족적·종교적 정체성에 기반을 둔 근본주의자들의 사이비 민족주의는 전도된 국가가 만들어낸 이같은 정치적 공백으로 침투한다.

민족주의 이데올로기로서 힌두뜨바(Hindutva) 곧 힌두근본주의의 출현은 전지구적 통합의 경제적 과정과 그로 인한 분열을 보지 못하는 정치적 이데올로기의 한 예이다. 근본주의자들은 현재의 자유와 자주

---

1 National Working Group on Patents, Statement of Parliamentarians.

성의 침해를 전지구적 자본주의에 대한 인도정부의 종속과 연관짓지 못한다. 근래의 추세인 재식민화도 정치적 쟁점으로 다루어지지 않는다. 사이비 민족주의 이데올로기로서의 근본주의는 현재와 미래를 바라보는 대신 남성적·군사적 범주를 토대로 과거를 재구성하고자 한다. 사이비 민족주의의 정치문화는 재식민화가 진행되는 시기에 자유보호를 위해 필요한 민족주의 유형은 창조하지 못하면서, 내부 분열과 폭동을 조장한다. 근본주의는 간디의 세계관처럼 민족정체성 회복의 근간을 세계시장에 대한 정치·경제적 비협력에 두기보다는, 세계시장에 대한 전면적인 경제적·정치적 참여와 이웃 공동체들과의 비협력에 둔다.

빠올라 바체따(Paola Bacchetta)가 밝힌 바와 같이[2] 인도의 두 주요 정신적 지도자인 라마 끄리시나(Rama Krishna)와 오로빈도(Aurobindo)에게 국가의 상징인 어머니는 다양하기 이를 데 없는 자녀들 모두에 대한 사랑으로 가득 차 있으며 힘과 보호의 원천이었다. 반면 힌두뜨바의 바라뜨 마따는 그녀의 '사내다운 아들'로부터 보호받아야 한다. 어머니 인도로부터 바라뜨 마따로 옮겨가는 것은 여성적 상징으로 볼 때 능동성에서 수동성으로 바뀌는 것이다. 깔리(Kali)의 여성적 힘은 남성적 사내다움에 밀려난다. 이렇듯 어머니 땅의 남성화는 여성성 및 다양성과 힘을 이어주던 모든 연관을 제거해버린다. 이제 힘과 능력은 호전적인 남성적 정체성의 형태로 정의되는 한편 다양성에 대한 관용은 여성적이고 유약한 것으로 치부된다. 그리하여 배제와 폭력의 정치가 민족주의의 이름으로 만들어지는 것이다. 민족주의는 자신의 우월성을 정당화하기 위해 과거를 재구성한다. 이러한 형태의 '민족주의'는 초민족

---

2 Paola Bacchetta, "The Construction of Male and Female in RSS Discourse," mimeo.

적 지배나 생산·소비 패턴 및 문화적 가치의 서구화에 대한 저항으로서가 아니라, 전지구적 패권 획득을 용이하게 해주는 지역적 이데올로기로 등장했다. 거듭 주장되거니와 힌두뜨바는 근대화과정에 있는 인도의 이데올로기이다. 하지만 그들이 보여주는 근대화와 해방은 어머니 땅과의 모든 유대를 파괴하는 데 기초한다. 어머니 땅의 남성화는 모든 사람들의 마음과 정신에서 어머니 땅을 사라지게 하는 결과를 낳는다.

## 복수성에서 이중성으로

결과적으로 개발과정은 의미와 생존의 원천인 땅에 등을 돌리고 그들을 국가와 국가의 자원에서 구한다. 땅과의 유기적인 연관이 파괴됨에 따라 사회 내의 유기적인 연관도 파괴된다. 서로서로 그리고 땅과 협력하던 다양한 공동체들은 땅을 정복하기 위해 서로 다투는 상이한 공동체가 되었다. 개발의 동질화과정은 차이들을 완전히 제거하지 않는다. 이 차이들은 서로를 통합하는 복수성의 맥락이 아니라 파편화시키는 동질화의 맥락에 놓인다. 긍정적인 복수성을 대신하여, 경제적·정치적 권력을 규정하는 얼마 안되는 자원을 놓고 모두가 다른 모두와 다투는 부정적인 이중성이 자리잡는다. 개발계획은 성장과 풍요의 원천으로 제시되었다. 그러나 땅에서 나는 풍요를 파괴하고 그것을 국가의 자원으로 대체하자 새로운 결핍과 결핍된 자원에 대한 새로운 쟁투가 생겨난다.[3] 신성한 것은 아무것도 없고 모든 것에 값이 매겨지는 상황은

3 V. Shiva, *Violence of the Green Revolution*, London: Zed Books 1991.

208

풍요가 아니라 결핍에 의해 특징지어진다. 의미와 정체성이 땅에서 국가로, 또 복수의 역사에서 로스토우(Rostow)의 모델이 제시하듯[4] '전통'사회에서 '현대'사회로 움직이는 단일하고 단선적인 역사로 옮겨가자, 남아 있는 민족적·종교적·지역적 차이들은 '편협한 민족주의'의 구속 아래 강제로 편입되었다. 땅과 대지에 영적으로 뿌리내리지 못하고 내몰린 공동체들은 조각난 국가와 편협한 민족주의를 위해 싸워서 스스로를 재건하고자 시도한다. 다양성은 이중성으로, '안'과 '밖'을 가르는 배타성으로 변하였다. 다양성의 불인정은 새로운 사회적 질병이 되어 공동체들을 몰락과 폭력, 쇠퇴와 파괴에 취약하게 만들었다. 다양성은 인정하지 않는 한편 문화적 차이들은 지속되는 상황은 개발의 동질화계획을 수행하는 동질화하는 국가가 창출한 환경에서 공동체들을 서로 대립시킨다. 차이는 다양성이 지닌 풍부함의 기초가 아니라 분열의 기초이자 분리주의 이데올로기가 된다.

남아시아지역에서 경제적 성장과 개발 면에서 가장 성공적인 실험(펀자브와 스리랑카)은 20년이 채 지나지 않아 폭력과 내전의 도가니가 되었다.[5] 문화적으로 다양한 사회들이 개발모델에 끼워맞춰지자 유기적인 공동체의 정체성을 상실했다. 분열되고 파편화된 거짓 정체성에 의지한 채 그들은 남아 있는 유일한 사회적 공간, 즉 근대국가가 정의한 사회적 공간에서 한 자리를 차지하려 싸운다.

오늘날 제3세계에서 급증하는 민족적·종교적·지역적 분쟁들은 긍정

---

4 W. E. Rostow, *The Stages of Economic Growth*, Cambridge: Cambridge University Press 1979, 4면.
5 *Pressing Against the Boundaries*, 남아시아의 페미니즘 이론에 관한 워크숍 보고서, Bangalore 1990.

적 정체성을 박탈당하고 모든 '타자'와의 관계에서 주체에 대한 부정적 의미를 강요받는 환경적·문화적 뿌리뽑힘과 관련이 있다고 해도 무방할 것이다. 최근까지도 세계에서 가장 빨리 성장하는 농업지대의 하나로 녹색혁명의 기적의 본보기였던 펀자브지대가 지금은 쟁투와 폭력에 시달린다.[6] 공식 집계에 따르면 지난 10년 동안 펀자브에서 적어도 1만 명이 목숨을 잃었다.[7] 1986년 한해 동안 598명의 주민이 격렬한 충돌로 사망했으며, 1987년에는 그 수가 1544명으로 늘어났고 1988년에는 3천 명에 달했다. 1992년에도 평화의 기미는 보이지 않는다. 펀자브지방은 땅과 사회 간 연관의 파괴에 기초를 둔 기술적 변화의 가장 선진적인 본보기를 제공한다. 녹색혁명 전략은 제3세계의 농민들을 전지구적 비료·살충제·종자 시장으로 편입시켰고 그들의 땅과 공동체와의 유기적 연관은 끊어놓았다. 여기서 나온 결과 중 하나가 토양의 폭력적 붕괴로, 이는 침수현상, 염분성 사막, 질병, 병충해에 찌든 단일경작을 초래했다.[8] 또다른 결과는 공동체 내의 폭력, 특히 여성과 아동에 대한 폭력이다. 문화의 해체와 연결된 상업화는 새로운 형태의 중독, 그리고 새로운 형태의 학대와 공격을 만들어낸다.

1980년대 초 시크교의 부흥은 시장경제에 이롭지 않은 모든 가치를 파괴함으로써 생겨난 민족적·문화적 공백에서 정체성을 추구하는 한 표현이었다. 이 운동의 가장 활동적인 성원은 여성들이었다. 아울러 농부들의 운동도 생겨났는데 그들 대부분은 시크교도로서 펀자브의 농민들에게 짧은 번영기 이후 환멸만 안겨준 국가의 중앙집중적 영농정

6 V. Shiva, 앞의 책.
7 *Frontline*; 블루스타 작전 8주년 기념, 1992년 7월 1일.
8 V. Shiva, 앞의 책.

책에 반대하였다. 그러나 농민이자 종교공동체로서 시크의 투쟁은 급속히 자치집단화하고 군사화했다. 한편 펀자브 주민들은 1984년 6월 최고의 시크교 성지인 황금궁전에 대한 군사작전 ─ 일명 블루스타 작전 ─ 으로 구체화된 국가 테러리즘의 희생자가 되었는데, 이 작전은 성지에 숨어 있던 극단주의자들을 겨냥한 것이었으나 400명의 무고한 순례자들의 목숨을 빼앗았으며 성전을 크게 손상시켰다.[9] 그들은 시크교도 청년들의 테러리즘에 희생되기도 했다. 이 청년들의 정의감은 시크정체성이라는 편협한 국가 개념의 정치적 틀에 갇혀 있었다. 다섯개의 강이 흐르는 지방, 펀자브는 잊혀진 채 칼리스딴(Khalistan, 시크교도의 나라)으로 재규정되었다. 땅은 사회적 삶을 조직하는 은유인 국가에게 밀려난 것이다.

이리하여 갈등이 국가와 국가권력을 놓고 다투는 자치집단들의 지대에 다시 자리를 잡았다. 애초에 이 갈등은 환멸만 주고 만족스럽지 않은 와해된 농업공동체와 농업정책·예산·채무·투자와 농산물가격까지 결정하는 중앙집권적 국가 사이의 긴장에서 비롯되었다. 그것은 또한 녹색혁명의 사회적·경제적 영향에 대한 문화적·윤리적 재평가에서 나오기도 했다.

녹색혁명은 평화와 풍요를 위한 전략이라고 했다. 하지만 오늘날 펀자브에 평화는 없다. 펀자브의 땅에도 평화는 없으며 평화 없이는 어떤 지속적인 풍요도 있을 수 없다.

1970년대에 스리랑카는 개발계획의 기적을 보여주는 또하나의 사례

---

9 Patwant Singh & Harji Malik, "Punjab: The Fatal Miscalculation," New Delhi: Patwant Singh 1985.

였다. 그것은 남아시아의 싱가포르로 계획되었다. 그러나 대신 이 나라는 남아시아의 레바논이 되었다. 스리랑카를 전지구적 시장에 개방하기 위해 자유무역 지대가 세워졌고, 스리랑카를 하룻밤 사이에 농경사회에서 산업대국으로 바꾸려는 마하웰리 강가(Mahaweli Ganga) 수력관개계획[10] 등의 대규모 개발계획들이 추진되었다. 수출자유화가 경제적 위치 변동을 통한 뿌리뽑기였다면, 개발계획은 더 직접적인 방식이었다. 마하웰리 계획 하나만 하더라도 인구의 16분의 1에 달하는 1백만 명의 주민을 이주시켰다.[11] 이 계획으로 인해 환경이 크게 파괴된 것은 물론이거니와 양성과 민족집단 사이에 새로운 불균형이 야기되었다. 이 계획은 전통적으로 누려온 여성의 토지소유권을 부정했다. 이 계획에 따라 쫓겨난 농부들은 북부 중앙지대와 동부지역에 재정착하였다. 그에 따라 특히 동부지역의 인구패턴이 극적으로 변화하였으며 이로 인해 민족구성이 변화하고 민족갈등도 격화되었다.[12] '개방'경제는 지역 경제와 환경의 안정성을 위한 새로운 비용을 만들어냈고 사회조직을 분열하고 부패시켰다. 땅과 지역사회 구조에 뿌리내리지 못하게 되면서 새로운 불안과 결핍이 조성되었고 공동체 간의 분쟁지대가 새로이 생겨났으며 이 분쟁은 국가 간의 군사전쟁을 모방하게 되었다. 이제 폭력은 스리랑카의 사회질서가 되었다. 1989년 한해에 3만명이 죽었으

10 스리랑카의 연합국민당(UNP)은 1977년 정권을 잡았으며 마하웰리 계획은 그들의 주요 전략이었다. 총 12억 2500만 달러의 비용이 소요되는 이 계획은 스리랑카의 가장 긴 강과 가장 비옥한 농업지대에 다섯개의 댐을 건설하는 것이다.

11 L. Alexis, "Sri Lanka's Mahaweli Ganga Project: The Damnation of Paradise," E. Goldsmith & N. Hildyard, eds., *The Social and Environmental Effects of Large Dams*, Vol. II, Wadebridge Ecological Centre, U.K. 1984, 276면.

12 Personal communication, Lalanath de Silva.

며, 살상은 지금도 전혀 줄어들지 않고 있다.

스리랑카에서 진행중인 폭력으로 인한 최근의 희생자 중에는 자프나(Jaffna) 의과대학에서 강의하던 내 친구 라지니 티라나가마(Rajini Thiranagama)도 있다. 우리는 1989년 초에 남아시아 페미니스트회의에서 열흘을 함께 보냈으며 거기서 라지니는 폭력과 문화의 죽음이라는 문제를 거듭 제기했다. 그녀는 우리에게 생명에 대한 찬양을 회복함으로써 죽음에 대한 찬양을 끝낼 페미니스트 방식을 찾자고 촉구했다.

총에 맞기 9일 전 라지니는 '총으로 야기된 엄청난 야만과 타락 ─ 모든 공동체를 무장시킨 국가 ─ 수많은 죽음을 정당화하는 편협한 민족주의 슬로건'에 관한 글을 썼다. 그리고 그녀는 여성들에게 앞으로 나와서 '생명을 호소하고 총을 없애자'고 요청했다.

그러나 스리랑카에서는 자유를 얻기가 갈수록 더욱 어려워지는 상황에서 점점 더 많은 젊은 여성들이 총을 잡고, 무장폭력으로 자유를 추구하는 남성들의 방식을 따라가고 있다.

1991년 5월, 당시 인도수상 라지브 간디(Rajiv Gandhi)가 따밀 호랑이(Tamil Tigers) 출신으로 추정되는 젊은 여성에 의해 암살되었다. 이 여성은 자기 몸을 일종의 인간폭탄으로 사용하였다. 그 몇년 전에는 라지브의 어머니 인디라 간디(Indira Gandhi)도 펀자브문제와 관련하여 암살당했다. 그토록 빨리, 10년도 못되는 시간에 군사주의와 다양성에 대한 불관용이 비폭력과 부처와 간디의 나라인 이 땅을 오염시킨 것이다.

## 9장
# 여성에게 조국이란 없다

마리아 미스

1989년 불만에 찬 구동독 주민들은 매주 라이프치히에 모여 "독일, 통일 조국이여!"라는 구호를 외치는 '월요시위'를 벌였다. 그들은 동독과 서독의 급속한 (재)통일이 모든 문제를 해결해주리라 믿었다. 정치적 통일이 이루어지면 그들도 서독 시민들과 같은 자유를 누릴 뿐만 아니라 자본주의 서구의 '특권층'인 서독인과 같은 생활수준을 누릴 수 있을 것으로 생각했다. 이 구호와 관련한 도취감에 비추어볼 때 동독과 서독 양측의 여성들에게 이 통일과정이 무엇을 의미하는지 물음직하다. 이 독일 '조국'(fatherland, 아버지 땅)에서 여성은 무엇을 기대할 수 있을까? 혹은 이 문제에 관한 한 세계의 어느 조국에서든 무엇을 기대할 수나 있을까? 동구권 사회주의국가에서 일어난 변화가 민족주의의 발흥을 동반하지는 않았는가? 이 새로운 민족주의의 물결이 여성에게 무엇을 의미하는가? 이 과정에서 그들의 역할은 무엇인가? 마지막으로, 근대 민족국가의 발흥기에 여성들의 역사적인 역할은 무엇이었던가? 조국이란 것은 결국 그 민족국가이기 때문이다. 적어도 페미니스트들만이라도 여성에게는 땅이 없다는 버지니아 울프(Virginia Woolf)의 말을 기억해야 하는 것이 아닌가? 내가 여기서 주장하고자 하는 것처럼 여성에게 조국이란 없지 않은가? 더구나 에코페미니즘의 시각에서 우리는 이 과정이 환경파괴를 가중하는 것이 아닌지를 물어야만 한다. 새로운 민족국가가 예전의 이데올로기 국가보다 자연을 더 잘 보호할 것인가? 이 장에서는 논제를 정립하는 방식으로 이 문제들 및 이에 관련된 몇가지 질문에 대답해보고자 한다.

## 대가는 여성들이 치른다

현재 잘 알려진 바와 같이 독일통일의 대가는 동서독의 여성들이 치르고 있다.

1990년 1월 나는 동베를린으로 가서 동독에서 갓 창설된 독립여성협회(Unabhängiger Frauenverband, UFV)의 첫번째 회합 가운데 한곳에 참석하였다.[1] 정부주도의 사회주의적인 민주여성협회(Demokratischer Frauenverband)에 반대하여 이 새로운 조직을 만든 여성들은 기세등등했으며 진행 중인 정치적 변화과정에 전적이고 동등하게 참여하려는 결의에 차 있었다. 그들은 별개의 여성조직으로서 1990년 봄 선거에 참여하기로 결정했다. 그렇게 함으로써 서독의 자매들에게는 거부되었으나 사회주의 독일 여성들은 누려온 혜택의 일부를 유지할 수 있으리라 굳게 확신하고 있었으며, 동시에 그들은 사회주의하에서도 변함없던 가부장제 구조와도 싸우고자 했다.

---

1  1차 UFV 강령에 대해서는 Ina Merkel, "Ohne Frauen ist kein Staat zu machen,"(미간행 원고) Berlin 1989를 참조하라.

이 원대한 포부의 첫번째 좌절은 1990년 3월 선거에 찾아왔다. 독립 여성협회는 충분한 표를 얻지 못했다. 그들은 동독 녹색당과 선거동맹을 맺었으나 녹색당조차 충분히 득표하지 못했다는 이유로 이 여성조직에게 의석을 내주기를 꺼려했다. 두번째 낙담은 1990년 10월 3일 독일통일과 함께 왔다. 1990년 12월 독일 총선에서 콜 수상이 이끄는 기독교민주당(CDU)이 (특히 동독 주민들의 열광에 힘입어) 다수 의석을 차지하면서, 사회주의하에서 남성과 '동등한 입지에서 여성들을 생산에 끌어들이기' 위해 만들어졌던 제도·구조·법률을 보호하고 유지할 수 없으리라는 점이 분명해졌다. 거기에는 무엇보다 탁아소, 워킹맘을 위한 직업 보장, 자녀를 유치원에 보낼 권리, 1년의 유급 출산휴가, 편모를 위한 아파트 제공, 아이가 아플 때 주는 유급휴가 등이 포함되어 있었다.

게다가 동독의 임신중지법은 서독의 임신중지법보다 훨씬 관대했다. 동독 여성들은 부득이할 경우 임신 3개월까지는 임신중지할 수 있었다. 동독이 서독에 '합류'하기를 택하면서 기존의 서독헌법을 인정했다는 사실로 인해 여성들에게는 어떠한 협상의 여지도 없다는 점이 곧 분명해졌다. 그저 서독법이 동독으로 확산되었다.

그런 동안 동독에서 도취감은 곧 실망과 좌절로 이어졌다. 동독지역에서 실업률이 높아지면서 특히 여성들이 가장 큰 고통을 겪었다. 그들은 탁아소도 잃었고, 시장경제의 법칙에 따라 공장이 폐쇄되고 사무실이 문을 닫고 대학이 폐교되면서 가장 먼저 해고되었다. 동독 여성들은 이제 자본주의 노동예비군에 귀속되는 고전적인 과정을 겪고 있는바, 그들은 '부엌과 아이들'이 있는 가정으로 돌려보내진다. 1991년 봄 동독에는 120만명이 넘는 실직자가 있었는데 그중 절반 이상이 여성이었다.

정치가들은 동독 주민들에게 그들의 경제적 어려움, 특히 높은 실업률이 잠정적일 뿐이라고 안심시켰다. 그들은 성장부족을 사회주의의 40년 지배와 노동조합의 지나친 임금요구 탓으로 돌렸다. 그러나 1년이 지난 1992년 2월에도 동독의 소위 새 연방주(州)들에서 경제적·사회적 상황은 이전 해보다 악화되었으며 특히 여성들에게는 더욱 그러했다.

1992년 1월 통일독일에서 총 실업자수는 320만명으로, 한달 전에 비해 서독에서는 6.3퍼센트, 동독에서는 16.5퍼센트가 증가하였다. 320만 실업자 중 135만명이 동독 주민인데, 정작 동독 인구는 6천만명인 서독 인구에 비해 턱없이 적은 1700만명에 지나지 않는다. 그리고 예상대로 높아가는 실업률로 인한 타격은 여성에게 더 많이 가해진다. 여성 실업자의 비율은 1991년의 50퍼센트에서 1992년에는 62퍼센트로 늘어났다. 전체 여성 중 21.8퍼센트가 실직자인 데 비해 남성들의 경우는 12.6퍼센트이다.[2]

이는 많은 여성들, 특히 '돈벌이하는 남편'이 없는 여성, 즉 이혼·미혼 여성과 나이가 많아서 새로 직업을 구할 수 없는 여성들이 사회복지에 의존하게 되었음을 의미한다. 1990년 1월 독립여성협회 대회의 주요 현안 중 하나는 여성들이 남성 가계부양자와는 별도의 경제적 존재방식을 유지하기를 원한다는 것이었다. 그러나 현재 그들은 자본주의하의 많은 여성들이 공통적으로 겪는 가정주부화(housewifization)[3]를 경험하고 있다.

이전에는 선전과 TV로만 알아왔던 자본주의의 현실과 부딪치면서

2 *Die Tageszeitung*, 1992년 2월 8일.

3 Maria Mies, *Patriarchy and Accumulation on a World Scale: Women in the International Division of Labour*, London: Zed Books 1991.

많은 동독 여성들이 충격을 받았다. 드레스덴에서 열린 '세계 경제·환경·연대'에 관한 회담(1992년 1월 17일)[4]에서 나는 동독의 많은 여성들이 느낀 쓰라림, 분노, 좌절에 관해 증언했다. 그들은 특히 자기들의 자질과 교육에 대한 갑작스러운 평가절하 때문에 괴로워했다. 전문직 종사자였고 자신이 가진 지식과 경험에 긍지를 갖고 있던 여성들이 이제는 실직하여 가령 '유럽인 조수' 같은 보잘것없는 직업을 위해 재교육을 받아야 한다. 이러한 경험 때문에 회의에 참석한 모든 동독 여성들 — 그리고 많은 동독 남성들 역시 — 은 자본주의가 언제나 내부·외부 식민지를 필요로 하며 가정주부로서 여성들은 어디서나 내부 식민지를 구성한다는 나의 논제를 즉각 이해했다. 이제 동독은 정치적으로는 독일 민족국가의 일부이지만 경제적·사회적·사회심리적으로는 실제로 식민지의 지위에 있다. 적어도 이 회담에서 사람들이 털어놓은 심경은 그러했다. 서독의 '개발전문가'들이 동독으로 파견되어 동독이 시장경제와 민주주의의 법칙을 배우도록 돕고 있다. 이 서독인들에게 동독인들이 붙여준 이름인 'Besserwessi'는 문자 그대로 '모든 것을 더 잘 아는 서독에서 온 사람들'이란 뜻이다. 동독인들이 봉착한 딜레마는 사회주의적 대안이 사라지자 자본주의가 유일하게 가능한 해결책으로 보인다는 사실이다. 하지만 그들은 여전히 자본주의가 승자와 패자라는 양면을 지니고 있다는 사실을 깨달아야만 한다.

그러나 나는 여성들이 '따라잡기식 개발'(4장을 보라) 정책에 대한 거부의사를 분명히 나타내는 것에 놀랐다. 그들은 이 따라잡기 전략이 여성과 제3세계 식민지, 구 사회주의국가들 모두에게 해결책이 되지 못함

---

4 이 회의는 녹색당의 협력을 얻어 Heinrich Böll Stiftung이 조직한 것이다.

을 이해했다.

　서독의 여성들 역시 '독일, 통일조국'에 대한 대가를 치러야 한다. 예를 들어 매 맞는 여성을 위한 피신처나 일하는 여성의 자녀를 위한 탁아소 등 여성운동이 쟁취하고자 한 많은 계획과 개선책들이 위협받고 있다. 그것들을 위해 필요한 예산이 이제는 동독 난민을 수용하거나 동독을 재건하는 데로 돌려졌기 때문이다. 통일된 조국에는 민족주의적 열광 속에서 애초에 예상했던 것보다 (늘어난 세금을 포함해서) 훨씬 비싼 대가가 따른다는 사실이 드러났고, 따라서 이 추가비용은 여성들이 그들의 상황을 개선하고자 원했던 계획에 돈을 들이지 않음으로써 확보될 것이었다.

　오랫동안 자본주의 가부장제의 기능을 연구해온 페미니스트로서 나는 서독뿐 아니라 동독의 여성들에게도 사용된 매정한 전략에 놀라지 않는다. 오히려 나는 독일의 정치적 통일을 성취함으로써 자신들이 국가정치에 영향을 미칠 기회를 더 많이 갖게 되리라 기대하는 동독 여성들의 낙관론에 놀란다. 그러나 이 통일과정의 역사는 다른 혁명들의 과정과 매우 유사해지고 있다. 여성들은 동독의 저항운동의 선봉에서 싸웠고 통일 이전 동독의 협상테이블에서 중요한 역할을 수행했다. 하지만 정치적 통일이 이루어지고 새로운 권력의 분배가 역사의 일정으로 진행될 때, 여성들은 다시금 오래전부터 가부장제가 그들에게 할당해온 전통적 자리로 재배치되었다.

　이 사례로부터 우리는 남성들이 언제나 여성들이 사회운동이나 혁명의 선봉에서 투쟁하는 것은 허용하지만 승리의 열매는 자기네들이 거두고, 여성들은 다시 한번 가부장제 사회의 전통적 위치로 떨어지고 마는 불문율이 있다는 결론을 내려야 하는가? 크리스티나 투르머로르

(Christina Thurmer-Rohr)가 주장한 대로 일종의 남성적 '단일문화'(monoculture)가 언제나 여성들의 정치적 의지를 유린하는가?[5] 여성과 이른바 조국이라는 것의 관계를 더 잘 이해하기 위해서는 근대 민족국가의 역사를 더 면밀히 들여다보고 그것의 출현이 여성 억압 및 착취와 어떤 관계에 있는지를 질문해야 한다.


## 여성의 식민화

근대 민족국가(조국)가 시작되면서 여성들은 식민화되었다. 이것은 근대 민족국가가 여성의 성과 출산력, 작업능력 및 노동력을 필연적으로 통제했다는 뜻이다. 이 식민지 없이는 자본주의도 근대 민족국가도 지속할 수 없었을 것이다. 바로 여성의 식민화가 오늘날 '시민사회'라 불리는 것의 기초를 이룬다.

사회분석가들은 흔히 현대의 가장 중요한 분업이 남성의 공적 임금노동과 여성의 이른바 사적 가사노동이라고 결론짓는다. 이 분업에서 임금노동은 자본이나 경제의 직접적인 통제를 받는다. 하지만 경제가 여성의 성이나 출산력, 작업능력을 직접 통제할 수는 없으며, 이렇게 하기 위해서는 가족정책을 펴는 국가가 필요하다. 국가는 영토를 방어할 군인과 관료제를 유지할 공무원이 필요하기 때문에 여성에 대한 통제권도 행사해야 한다. 경제 또한 새로운 노동자와 소비자를 필요로 한다. 이를 감당할 인구의 출산을 위해 여성은 필수적이다. 그러나 국가와 경

---

5 Christina Thurmer-Rohr, "Gedanken zur deutsch-deutschen Sturzgeburt," *Die Tageszeitung*, 1990년 4월 2일.

제는 여성 그 자체로서가 아니라 다만 특정한 '역할'을 수행하는 여성을 필요로 한다. 예전의 동독 여성들은 '여성 없이는 국가를 이루지 못한다'는 구호를 만들어냈다. 옳은 말이지만 그 정확한 의미는 동독 여성들이 이 국가의 운영에 동등한 자격으로 참여하기 위해 투쟁했던 것과는 자못 상반된다. 현실에서 이 구호는 민족국가의 여성들이 근대국가를 유지하기 위해 가정주부로 식민화되어야 한다는 의미이다.[6]

이러한 가정주부화는 남성의 어떤 타고난 새디즘의 결과가 아니라 무제한의 전지구적 성장을 목표로 삼는 경제를 위해 필요하다. 제한된 세계에서 이 목표를 이룰 수 있는 길은 세계를 나누어서 각 부분을 착취하고 식민화하는 방법밖에 없다. 새로운 국가, 민족국가의 임무는 이러한 외부·내부 식민지 건설과 그것을 정당화할 방법을 조직해내는 것이다. 폴라니가 설득력있게 보여주었듯이 근대 자본주의 시장경제는 자유주의자들이 전도하는 것처럼 시장세력의 자유로운 활동으로 출현하지 않았다. 이 새로운 시장, 특히 노동력과 토지 시장이 만들어지기 위해서는 국가의 직접적인 개입과 권력이 필요했다.[7] 이러한 국가의 개입은 여성의 재생산행위를 조작하려는 목표도 가지고 있었으니 19세기의 가족정책은 주로 인구정책이었고 지금도 마찬가지이다.[8]

게다가 민족국가는 모두가 평등하고 자유롭다는, 보편적으로 선언된

---

6 예를 들어 Gisela Bock & Barbara Duden, "Labor of Love, Love as Labor," *Development*, Special Issue: Women, Protagonists of Change, No. 4, 1984, 6~14면; Claudia v. Werlhof, "Women's Work, the Blind Spot in the Critique of Political Economy," Maria Mies et al., *Women: the Last Colony*, London: Zed Books 1988; Maria Mies, 앞의 책을 보라.

7 Karl Polanyi, *The Great Transformation*, Frankfurt: Suhrkamp 1978.

8 Gunnar Heinsohn, Rolf Knieper & Otto Steiger, *Manschenproduktion: Allgemeine Bevölkerungslehre der Neuzeit*, Frankfurt: Suhrkamp 1979.

인권과 사실상 불평등하게 분할된 서로 다른 외부·내부 식민지들 사이를 중재하는 임무를 갖고 있으며, 임금노동자와 비임금노동자, 시민과 외국인, 남성과 여성, 민족적·인종적 소수집단과 다수집단 사이를 중재할 임무도 갖는다. 여기서 우리는 '시민사회'의 구조적 모순과 만난다. 모든 근대 민주주의 민족국가는 헌법에 자유·평등·박애라는 기본권을 명시하고 있다. 하지만 만일 이러한 권리들이, 특히 평등권이 정치적으로뿐만 아니라 경제적으로도 모든 사람에게 실현된다면 경제체제는 붕괴될 것이다. 그러므로 외국인 노동자와 여성, 그리고 정치적 망명을 요구하는 사람들이 '정상적인' 남성과 동등한 경제적·정치적 지위를 누리는 것은 부정된다.[9]

이와 유사한 모순이 근대 민족국가의 외적 역사를 살펴볼 때도 보이는데, 전지구적 세계시장에 대한 지향과 자국의 이익 간의 모순이 바로 그것이다.[10]


## 전지구적 지향성과 자국의 이익

근대의 아버지 땅, 민족국가는 식민주의적 세계 경제질서에 의거해서만 건설되고 살아남을 수 있었다. 그 시초부터 자본주의는 외국의 어머니 땅을 침략하고 정복하는 '세계체제'로 기능했으며(월러스틴) 그리하여 중심에 더 많은 부를 축적하고 거기에 근대 민족국가를 세웠다. 또한 이 신흥 민족국가들, 이러한 아버지

9 Maria Mies & Saral Sarkar, "Menschenrechte und Bildung für alle?" *Vorgänge*, No. 5, 1990년 10월, 85면.
10 Christina Thurmer-Rohr, 앞의 책.

땅들은 작은 나라들과 부족을 집어삼키고 그들을 새로운 '민족문화' 내에서 동질화했다. 이 과정에서 경제적·정치적 헤게모니를 둘러싼 근대 민족국가 간의 경쟁이 핵심적인 역할을 하였다.

위의 논제에서 모순으로 나타난 것 — 전지구적 지향성과 민족적 자기이익 — 을 더 면밀히 살펴보면 민족국가와 시장경제 혹은 자본주의에 필수적인 전제조건이다. 이 경제는 외부세계에 개방된 국경이 필요하며, 외부의 시장·환경·자원·노동력에 자유로이 접근할 수 있어야 한다.[11] 따라서 경제적 자유주의는 자유로운 세계시장과 자유무역을 선전한다. 그러나 이 자유는 결코 식민지까지 확장되지 않으며, 이 세계체제의 중심부 국가들[12]과 주변부·식민지들 간의 무역관계는 일방통행이다. 주변부는 중심부 국가의 시장·자원·노동력에 중심부와 똑같이 접근할수 없다. 이른바 두 '무역 동반자' 간의 관계는 상호적이지 않으며 미국·유럽·일본 등 경제강국 — 산업국 — 들이 주변부 국가의 수출상품의 가격을 결정한다. GATT협상은 부유한 북과 가난한 남의 비대칭적이고 위계적인 관계(15장을 참조하라)를 잘 드러내며, 자유무역과 개방된세계시장을 지향하지만 '하나의 세계'는 수사에 불과하고 미국산 상품의 수입에 대한 모든 '무역장벽'을 제거하기 위해 (특히 미국이) 제3세계 국가들에게 부담을 지우는 등의 모순된 정책을 잘 보여준다. 특히 새로운 특허권과 지적재산권에 관련된 조항들은 유전자조작된 종자 같은새로운 미국산 상품을 위해 제3세계 시장을 개방하고 이러한 새로운 시장을 용이하게 통제하려는 것이다(11장을 보라). 서비스분야에서도 남의

---

11 Lydia Potts, *The World Labour Market*: A History of Migration, London: Zed Books 1990.
12 Immanuel Wallerstein, *The Modern World System*, Vol. I, New York: Academic Press 1974.

새로운 시장을 필요로 한다. 이러한 정책들은 자급자족정책과 수입통제를 선택할 수도 있는 남의 국가들의 주권은 전혀 존중하지 않는다. 이러한 국가들의 주권은 북의 초국적기업의 무역이익 앞에서, 특히 그들의 새로운 시장에 대한 요구 앞에서 물러나야 했다. 그리하여 북의 민족국가의 전지구적 지향성과 그들의 국익은 동전의 양면을 이룬다.


## 폭력과 국가

이러한 모순 관계를 내부 혹은 외부의 저항으로부터 보호하기 위해 근대 민족국가는 폭력과 강제를 행사해야만 한다. 기든스(Giddens)가 보여주는 바와 같이 민족국가는 직접적인 폭력을 통해 건설되었을뿐더러,[13] 군대와 경찰의 형태를 취하는 직접적인 폭력과 강제수단에 대한 국가독점 없이는 유지될 수가 없다. 직접적 폭력의 이같은 독점은 군대를 남성성의 새로운 학교로 삼는 남성의 군사화를 수반한다. 한편 남성의 군사화는 항상 여성에 대한 폭력과 여성의 지위 하락을 함축한다.[14]

수잔 브라운밀러(Susan Brownmiller)는 이민족에 대한 전쟁과, 강간의 형태를 띤 여성에 대한 전쟁 간의 밀접한 관련을 보여준 최초의 페미니스트 중 한 사람이다. 강간이나 전쟁 혹은 군사주의에 대한 논란은 오랫동안 남성이 선천적으로 여성보다 호전적인가 아닌가의 문제에 초

---

**13** Anthony Giddens, *The Nation State and Violence*, Berkeley and Los Angeles: University of California Press 1987.

**14** Susan Brownmiller, *Against Our Will: Men, Women and Rape*, New York: Simon and Schuster 1975.

점을 맞추어왔다. 따라서 그 근원을 남녀의 심리적·생리적 차이에서 찾으려 했을 뿐 정치적·경제적인 맥락은 무시되었다. 이와 유사하게 현대 남성성의 모델로 '람보' 이미지가 부상하고 그의 짝으로는 약하고 여성적이고 수동적인 여성상이 설정된다는 신시아 엔로(Cynthia Enloe)의 분석은 현재의 상황을 잘 묘사해준다. 그러나 그녀는 이 새로운 전략을 역할이론으로만 설명하면서 남성과 여성의 역할이미지를 변화시키자고 제안한다.[15]

이러한 분석들은 사태를 평가하는 데 유용하지만, 자본주의 가부장제 민족국가, 즉 아버지 땅이 그 경제적·정치적 목표를 추구하기 위해 람보가 체현하는 바로 그 남성이미지를 필요로 한다는 사실을 무시함으로써, 근대 민족국가에서 어떤 이유로 남성이 줄곧 군사화되고 이 군사화가 왜 그렇게 언제나 여성을 다치게 하는지는 설명하지 못한다.

걸프전은 당사자 양측 모두 이러한 람보주의와 정치적·경제적 이해 관계의 결합을 분명히 보여준다. 조지 부시도 싸담 후쎄인(Saddam Hussein)도 '강한 남자'의 지위를 포기할 태세가 되어 있지 않았고 둘 다 후퇴를 나약함의 상징, 즉 여성성의 상징으로 해석하였다. 프랑스 대통령 미떼랑(Mitterand)은 야만적으로 무장한 두 람보가 대결했을 때 발생하는 전쟁의 결과에 대한 모든 경고는 무시한 채, 자체의 추이를 밟아가게 되어 있는 유사 자연적인 '전쟁논리'에 대해 이야기하기까지 했다. 미떼랑이나 이 전쟁에 관련된 어떤 남성도 이러한 전쟁논리가 람보의 논리, 즉 그저 강자생존에 내기를 거는 가부장적 남성논리에 불과하

---

15 Cynthia Enloe, "Beyond Rambo: The Gendered politics of Militarization," *Sangharsh*, Vimochana No. 3 (no date), Women's Book Shop, Bangalore, India; Wendy Chapkis, "Sexualität Militarismus," *Antimilitarismus-informationen*, Vol. XVII, No. 8, 1987년 8월.

다는 점을 인정하려 들지 않았다. 승자는 언제나 옳은 법이다. 하지만 이 람보주의는 중동의 유전지대를 장악하려는 미국과 북의 다른 부유한 산업국의 경제적·정치적 이해관계와 밀접하게 관련되어 있었으며, 현재도 그러하다. 산업화된 북의 생활수준은 값싼 석유에 자유롭게 접근할 수 있다는 점에 크게 의존하고 있으며 그 석유의 대부분이 걸프지역 국가들에서 나온다. 이들 유전이 가까운 장래에 고갈되리라는 사실은 잘 알려져 있다. 그러므로 걸프전은 희소자원의 분배를 둘러싸고 북과 남의 국가들이 벌인 최초의 신식민지 전쟁이라 볼 수 있으며, 분배전쟁은 더욱 많은 람보화된 남성과 민족국가 개념의 강화를 필요로 할 것이다.[16] 이 전쟁들의 주된 희생자에는 여성과 어린이뿐 아니라 자연도 포함된다.

오늘날 우리는 패권을 쥔 거대한 군사동맹의 와해만이 아니라 유고슬라비아나 체코슬로바키아와 같은 국가의 와해도 경험한다. 하지만 기대했던 것처럼 이 와해로 지구평화시대가 도래하지는 않았다. 대신 외부의 적이 내부의 적으로 바뀌었을 뿐이며 구 소비에트 블록에서는 특히 그러하다. 예컨대 소련, 유고슬라비아, 루마니아에서 새로운 민족주의가 일고 있다. 거대한 사회주의 조국에 통합되어 있다고 했던 이 모

---

16 Noam Chomsky, "Öl schmiert auch die Moral," *Wochenzeitung*, No. 4, Zürich, 1991년 1월 25일; 또한 N. Chomsky, *The New World Order*, Open Magazine Pamphlet Series. Noam Chomsky는 걸프전을 석유가 풍부한 걸프지역의 패권을 장악하기 위해 미국 행정부가 일으킨 신식민지 전쟁이라고 공공연히 비난한 몇 안되는 미국 지식인 중 한명이다. 걸프전 1년 후, 촘스키는 미국 행정부가 UN을 매수하여 안전보장이사회가 이 전쟁에 동의하도록 만들었으며, 무고한 시민과 아동, 여성과 자연이 희생된 이 전쟁의 실상을 전세계의 대중에게 잘못 알렸다고 비난했다(*Frankfurter Rundschau*, 1992년 1월 30일자에 실린 Martin Völker의 Noam Chomsky 인터뷰).

든 민족은 이제 자치권을 요구하며 서로 싸우고 있다. 게다가 대부분이 자치권뿐만 아니라 별개의 민족국가, 별개의 조국을 원한다. 이 새로운 내전에서 젊은 남성은 주도적인 역할을 담당한다. 이들 젊은 남성들의 군사화는 전쟁의 즉각적인 목표를 뛰어넘어 전체 세대로서 그들의 역할-정체성 개념을 규정한다.

신시아 엔로가 보여주는 바와 같이, 이는 또한 필리핀 등지에서 해방 운동의 게릴라부대에 속한 젊은 남성에게도 해당된다. 군사화란 상황은 총을 가지고 다니며 쏘고 죽일 수 있는 사람에게서 발현되는 남성정체성을 만들어낸다.[17] 그들은 군인이 되는 것만을 배운다. 오늘날 이런 사태는 레바논, 스리랑카, 남아프리카, 이스라엘, 특히 구 유고슬라비아에서 볼 수 있다. 결국 젊은 남성들은 친구와 적을 구별하지 못하게 되며 전쟁이 곧 생활방식이 된다. 여성의 몸에서 태어난 자가 아닌, 죽일 수 있는 자가 살아도 되는 자를 결정하는 것이다.


## 어머니 민족과 아버지 국가

이러한 남성의 군사화와 '전쟁논리'를 정당화하고 아버지 땅(조국)과의 일체감을 불러일으키기 위해서는 파괴되고 상실된 '어머니 땅'(고향땅)에 대한 동경을 민족국가를 향해 투사하고 동원하도록 바꾸는 일이 필수적이다. 종교적 근본주의와 마찬가지로 민족주의는 이런 열망과 투사의 사회심리적 층위를 토대로 번성한다.

17 Cynthia Enloe, 앞의 글.

민족국가를 형성하기 위해 역사상 일어났던 모든 전쟁에도 불구하고, 식민지 확장과 그것이 북의 민족국가 시민들에게 가져다준 물질적 혜택에도 불구하고, 서로 다른 민족국가 간의 경쟁과 관료제와 경찰력에 힘입은 내부적 평화유지에도 불구하고, 근대 자본주의 민족국가는 민족이라는 오래된 범주에 의존하지 않았다면 시민들의 충성을 확보하거나 새로운 국가와 정서적 일체감을 형성하도록 사람들을 동원하지 못했을 것이다. 아버지 국가는 어머니 민족과 결합해야만 했다.

'민족'(nation)이라는 용어의 의미는 무엇인가?

로마인들은 그들이 정복한 부족들을 나띠오(natio)라고 불렀다. 로마 제국 안에 사는 사람들이 스스로를 칭하는 이름은 '빠뿔루스 로마누스'(papulus romanus), 즉 로마 사람이었다. 나띠오는 '…태생의'라는 의미의 나뚜스(natus)에서 파생된 말임이 분명하다. 나띠오는 출생지, 그/그녀의 부족, 영토, 고향땅이다. 그러므로 우리는 '민족'을 어머니 땅이라고 부를 수도 있다. 한 개인의 정체성은 그/그녀가 태어난 어머니 땅, 그/그녀의 어머니가 살고 있는 어머니 땅에 의해 결정된다. 궁극적으로 이 용어는 씨족이나 부족 조직이 처가거주(matrilocality)와 모계(matrilinearity)를 토대로 구성되고 모두가 똑같이 한 부족이나 씨족의 자녀였던 모권전통에 뿌리를 두었다.[18] 알려진 바와 같이 이 조직은 전쟁과 정복으로 파괴되었다. 그러나 아버지 땅의 가부장적 체제는 이처럼 부족의 어머니 땅의 폐허 위에 건설되었고 전혀 다른 논리를 따르지

---

**18** 1860년대에 이미 Bachofen은 특정 지역이나 영토에 대한 본래의 씨족적·부족적 충성이란 모권전통에 근거한 것이라고 지적한 바 있다. J. J. Bachofen, *Das Mutterrecht*, Frankfurt: Suhrkamp 1975. 아울러 Eric Hobsbawm, *Nation and Nationalism since 1780: Programme, Myth and Reality*, Cambridge: Cambridge University Press 1990도 참조하라.

만, 아버지 땅조차 자기 정당화를 위해서는 사람들의 정서를 민족, 고향 땅, 어머니 땅이라는 오래된 범주에 뿌리박게 해야 했다. 처음에는 봉건 귀족들이 새로운 절대주의국가 건설을 위해 이 '민족'이라는 용어를 내세웠고, 이후 식민주의로 강성해진 부르주아들이 스스로를 민족국가로 조직했다. 이 과정에서 부르주아는 다수의 민족들(예전의 부족들)을 하나의 새로운 민족으로 통합시켰다.

그러나 '민족'이라는 용어와 관련된 정서는 '국가'라는 용어에 연관된 정서와는 다르다. 전자의 특징은 따스함, 공동체, 개인적·비공식적인 관계, 자유, 친밀함, 아늑함, 자연과의 친화 등 요컨대 유년기와 관련된 기억들이다. 이러한 정서들에는 공동의 언어, 문화, 그리고 반드시 국가사(國家史)만은 아닌 역사에 의해 형성된 공동체가 포함된다. 지금은 북파키스탄의 일부가 된 펀자브지방에서 태어난 한 인도 친구는 이러한 감정을 다음과 같이 표현했다. "난 이 나라를 미워할 수가 없어. 이곳은 나의 '잔마 부미'(janma bhumi)이기 때문이지." 잔마 부미란 태어난 땅, 어머니 땅을 뜻한다. 힌디 말에서 부미는 어머니 대지를 의미하며 때로 부미데비(Bhumi-Devi)가 대지의 여신을 가리키기도 한다. 그러나 정치가와 언론인들이 인도와 파키스탄 간의 '숙적관계'에 대해 이야기할 때 이런 정서들은 무시된다.

인도에서 독립운동이 벌어지던 동안 '어머니 민족'에서 '아버지 국가'로의 이러한 정서적 변화는 국가(國歌)인 '반데 마따람'(Bande Mataram, 어머니, 저는 당신을 찬양합니다)의 가사를 쓴 반낌 찬드라(Bankim Chandra) 같은 작가와 선동가들이 세운 계획적인 전술이었다. 시에 나타난 어머니는 처음에는 시인의 고향인 벵갈이었다가 나중에는 식민주의에 의해 '강간'당한 어머니, 인도 전체를 의미한다. 이러한 '강간'에 대항하여 아직 남성다움이 살아 있는 남성이라면 봉기해야 한다는 것이다. 그러나 인도는 여러 민족(부족)들과 여러 정체성들로 이루어진 국가이다. 근대 민족국가를 건설하기 위해서는 이러한 개개의 정체성들과 그에 관련된 정서들을 근대 인도라는 민족국가로 투사해야 했다. 알다시피 이것은 고통스러운 과정이었다. 이슬람교도가 다수를 이루는 땅은 분리되어 파키스탄을 이루었다. 그리고 오늘날에도 인도의 다른 지역들은 자체의 독립된 민족국가를 이루고 싶어한다. 이 운동은 원래의 어머니 땅, 원래의 지역적·문화적·종교적 정체성이라 여겨지는 것으로 돌아가고자 하는 그들의 욕구를 나타낸다.

일본의 페미니스트 작가인 아오끼 야요이(靑木やよし)는 이 과정에 대한 또다른 예를 그려 보인다.[19] 그녀는 일본의 메이지유신 기간에 어떤 경로로 젊은 남성들 — 그때까지만 해도 일본 북부 농촌지역의 청년회관인 '와꼬모노야도' 같은 부분적인 모권전통에 뿌리박고 있던 — 의 정서가 평가절하되고 파괴되어 새로운 근대 일본국가와 천황에게로 투사되었는가를 설명한다. 아오끼 야요이에 의하면 메이지유신 이전의 일본 농촌지역은 현재보다 덜 가부장적이었다고 한다. 와꼬모노야도에서는 남녀간의 관계가 상당히 자유로워서 젊은이들은 목욕탕과 화장실을 함께 사용했으며 자기절제를 배울 수 있는 자유구역이 있었다고 한다. 같은 와꼬모노야도에 있었던 사람들은 혈연보다도 강한 충의의 유대로 결합되어 있었다. 그들은 상부상조와 연대를 실천했다. 메이지유신 기간 동안 이러한 전통은 모두 경멸당했으며 야만적이고 후진적이

---

19 Aoki Yayoi, "In Search of the Roots of Sexual Discrimination: Thoughts on Japan's Modernization and Confucian Ideology," 미간행 원고, 저술시기 모름.

라 하여 평가절하되었다. 새로운 가치는 서구와 가부장적 유교로부터 나왔다. '문명화와 계몽'이 그 시대의 슬로건이 되었으며 서구를 모방하려는 욕망과 유교적 가족주의 이상이라는 두가지 가부장적 전통이 결합되었다. 청년들의 충의는 이제 후진적이라 보이는 와꼬모노야도에서 분리되어 근대 일본 민족국가로 향했다. 이 과정에서 가장 먼저 서구적 가치와 유교도덕을 받아들인 무사계급, 즉 사무라이의 가부장적 전통과 가치가 중요한 역할을 했다. 이제 젊은 농촌청년들은 자기자신을 이 근대 무사계급의 도덕과 일본국가와 동일시하게 되었다. 이전의 청년회관이나 모임들은 새로운 정부를 위한 스파이체계로 바뀌었다.

이것들이 세이넨단(青年團)과 쇼오보오단(消防團)으로 변하자 저항의 생명력은 사실상 소진되었다. 그리고 이제 마을의 연락망은 정부정책에 협조를 확보하기 위한 스파이체계로 바뀌었다. 이러한 사실은 1895~96년의 청일전쟁 시기에 왜 농민층이 가장 열렬히 일본의 군국주의화에 협조했는지를 설명하는 데도 도움이 될 것이다.[20]


## 민족정체성이냐 아니면 따라잡기식 개발이냐?

오늘날 우리가 목격하는 새로운 민족주의의 부상은 '문명화와 계몽'이라는 근대적 가치나 인종적·문화적 정체성에 대한 열망 때문만은 아니며, 아마 더 큰 이유는 '따라잡기 전략'이란 신화, 즉 북의 부유한 국가들의 물질적 부와 생활수준

---

20 같은 글, 19면.

을 가능한 한 빨리 따라잡겠다는 희망으로 고취되었다. 그들은 부유한 EC클럽에 들어가길 원한다. '독일, 통일조국이여'라는 구호는 곧 '독일, 똑같이 소비하는 통일된 땅이여'라는 뜻이 된다.

우리가 보았듯이 '따라잡기' 전략의 목표, 유럽의 산업화-식민주의-가부장제 국가와의 경쟁은 이미 19세기 일본의 개혁에 중요한 역할을 했다. 이 책의 다른 장(4장)에 밝힌 바와 같이 이것은 남의 빈국에 강요된 개발전략에서도 중요한 역할을 했는데, 그들에게는 이 목표가 신화, 신기루로 밝혀졌다.

이와 유사한 희망 혹은 신화가 더 큰 인종적·문화적·민족적 자치와 정체성을 향한 수많은 경향들의 근저에 놓여 있는 듯하다. 이러한 경향은 보편주의적 사회주의 이데올로기로 뭉쳐 있었던 소련, 유고슬라비아, 체코슬로바키아 등의 구 사회주의권 나라들에서 특히 두드러진다. 이러한 경향은 세계의 다른 지역에서도 볼 수 있다. 역사적·문화적·인종적·민족적·종교적 차이에 기초한 민족정체성을 모색하게 되는 동인은 흔히 정치적·경제적·민족적 지배집단의 중앙집권주의와 전체주의적인 규칙에 대항하는 강력한 반란이다. 이러한 반란은 지역 자결권과 자치에 대한 요구와 병행한다. 외부에서 볼 때 그리고 에코페미니즘의 관점에서 이러한 사태는 환영받을 수도 있다. 생태적으로 지속가능한 체제의 유지를 위해 작은 경제지역을 요구하는 환경운동과 페미니스트 모두 거대한 경제적·정치적 권력블록을 강력히 비판하기 때문이다. 하지만 더 자세히 살펴보면 현재 진행되고 있는 과정의 이면은 덜 낙관적이다. 유고슬라비아가 좋은 예이다.

민족주의와 민족의식에 대한 호소가 불러일으키는 정서들은 이른바 민족주의투쟁의 진정한 목표를 반영하지 않는다. 가령 유고슬라비아에서 보듯 이런 열정들은 점점 줄어드는 경제케이크의 몫을 더 공평하게 분배하라는 투쟁의 추진력으로 이용된다. 이 새로운 내전들의 실제 목표는 정치·경제적인 권력이다.

구 유고슬라비아지역에서 자치와 유고슬라브국가와의 분리를 요구하는 지역은 슬로베니아와 크로아티아로 주로 관광산업과 EC와의 근접성으로 혜택을 누리는 곳이다. EC가 새로운 지역경제권력으로 재정립하려 하자 이들 지역은 이 부유한 유럽인들이 '외부인'에게 문을 닫아걸기 전에 그 클럽에 끼고 싶어한다. 기본적으로 그들은 자기 지역의 상대적인 부를 더 가난한 유고슬라비아의 다른 지역과 나누고 싶지 않은 것이다.

따라서 종교, 언어, 문화 등의 명목으로 자결을 요구한다고 해서 슬로베니아와 크로아티아가 경제적으로 자급자족하는 자립적인 지역이 되고자 하는 것은 아니다. 그들은 사회주의 민족국가의 중앙집권주의에는 반대하지만 부유한 EC의 새로운 초국가(super-state)에는 열렬히 합류하고 싶어한다. 슬로베니아와 특히 크로아티아는 EC나 유엔에서 주권국가로 인정받고자 한다.

이것은 다음 문제로 연결된다. 민족정체성의 추구는 거의 언제나 별개의 국가에 대한 추구로 이해된다. 그리고 이것은 이들 지역 혹은 지방이 거대 민족국가의 모델에 따라 스스로 민족국가가 되고자 한다는 뜻이다. 그러기 위해서는 자체의 군대와 국경수비대, 관료체제와 정부를 갖추어야 한다. 자결을 향한 움직임들은 이리하여 필연적으로 군사주의와 폭력의 증가로 귀착되는 것이다.

더구나 한 지방 혹은 지역이 자결을 요구하게 되면 여러해 동안 평화롭게 지내던 다른 지방 혹은 지역과의 적대적인 관계가 불가피해진다.

사실상 주어진 영토 내의 경제적·정치적 권력을 둘러싼 싸움이므로, 문화적이고 역사적인 차이들은 예컨대 왜 크로아티아인들이 쎄르비아인과 더이상 한 나라에서 살 수 없는지를 입증하기 위해 동원된다. 일단 이러한 차이들이 무력이 아닌 협상을 통해서는 더이상 조정될 수 없게 되면 불의와 잔학행위에 대한 오랜 기억이 되살아난다. 그리하여 쎄르비아인들은 크로아티아인들이 나치에 협조했다 하여 파시즘이라 몰아붙이고, 크로아티아인들은 쎄르비아인들이 새로운 쎄르비아제국을 건설하길 원한다 하여 제국주의 경향이 있다고 비난한다.

따라서 모든 사람이 성·민족·종교·문화·언어에 관계없이 평등하다고 주장하는 사회주의의 보편주의 이데올로기가 붕괴된 결과는 문화적 다양성의 개화가 아니라 광범위한 내전이었다. 이 새로운 내전은 생태적·문화적 지역주의의 이름으로 싸우는 것이 아니라, 한층 더 새로운 아버지 땅을 세우기 위한 것이다. 문화적·인종적 뿌리와 자결에 대한 정당한 요구는 또다시 종족말살의 성격을 지닌 호전적 남성주의 및 인종주의 전쟁이 되었다. 새로운 내전의 성차별적·인종주의적 성격은 전사들이 각자의 '적들'에게 가하는 잔학행위에서 명백해진다. 그래서 신문에 크로아티아 민병대를 학살한 쎄르비아 청년들이 적군의 성기를 잘라서 시체의 입에 물려놓는다는 기사가 나기도 하고, 적군의 성기에 총을 쏘는 장면이 텔레비전에 나오기도 하는 것이다.

여성들은 이 전쟁을 지지할 수 없다. 희생자가 주로 여성과 어린이이기 때문만이 아니라 모든 희생자들, 학살당한 군인들까지도 여성이 낳은 자식이기 때문이다. 더구나 민족정체성에 대한 이런 식의 추구는 아무리 자신의 '어머니 땅'으로 돌아가려는 욕망이 잠재의식으로 작용한 것이라 할지라도 어디서나 호전적 남성주의나 남성의 군사화 및 야만화를 부추기는 결과에 이르기 때문이다. 자신들의 민족국가, 아버지 땅을 위해 싸운다고 하는 이러한 전투 장면에서는 언제나 남성, 젊은 남성들이 보인다. 그리고 자본주의 가부장제의 틀 안에서 이는 언제나 영토와 여성을 장악하기 위한 싸움이다.[21]

그러나 새로운 아버지 땅과 자결권을 둘러싸고 현재 진행 중이거나 잠재된 내전에서는 여성과 어린이뿐만 아니라 어머니 대지, 환경도 크게 피해 입는다. 이미 말한 바와 같이 이러한 전쟁들은 경제케이크의 더 큰 몫을 노리므로, 공기·물·토양·숲·초원 등 아직 남아 있는 공동의 몫을 더욱 오염시키고 파괴하게 될 것이다. 비록 모든 '문명화된 민족'들이 민족의 자결권을 인정하고 있기는 하지만 이 권리는 개인의 사례에서 확인되듯이(12장을 보라) 어떤 '타자'들을 착취하고 파괴하는 것을 기반으로 하기 때문이다. 이들 새로운 내전은 인종적·민족적 정체성을 위해 싸우는 사람들이 자급과 절제를 기본으로 하는 경제정책을 받아들일 때에만 종식될 수 있다.

그러나 아버지 땅을 둘러싼 이 새로운 전쟁에서 여성을 희생자로만 보는 것은 잘못된 시각이다. 애국전쟁에 여성이 지원한 예도 많이 있다. 1차 세계대전 때는 독일 등지에서 애국적 여성단체들이 힘을 보탰으며, 2차 세계대전뿐 아니라 히틀러의 국가사회주의 역시 여성들의 지지를 받았고 일부 여성들은 히틀러체제의 열렬한 지지자였다. 마찬가지로 유고슬라비아에서도 여성들이 내전을 지지하고 심지어 '적'과 싸우는 데 자원하기도 한다. 구 소련의 따따르스딴에서는 신생 독립 민족국가

---

21 이 두 양상이 전세계에서 걸프전에 반대하고, 평화운동에 앞장서며, 내란에 반대하는 수천명의 여성들이 이해하는 바임을 언급해야만 하겠다.

를 위한 운동 가운데 하나를 파우찌아 바이라모바(Fauzia Bairamova)라는 여성이 지도하기도 한다. 파우찌아 바이라모바가 이슬람 아버지 땅을 위해 싸우는 이슬람 여성이라는 사실은 더욱 놀랍다. 그러므로 여성들이 어머니 대지와 함께 아버지 땅에 대한 대가를 치르기 때문에 여성 모두가 이 자살행위 같은 미치광이 전쟁을 반대하리라고 결론짓는다면 지나치게 단순한 생각이 될 것이다.

한편 여전히 페미니스트 국제주의를 고수하는 여성 조직과 단체들이 있다. 이 국제주의는 우리 모두가 여성의 몸에서 태어나 같은 어머니 대지에 의존한다는 사실을 유념한다.

이러한 생태적·페미니즘적·국제적 측면에 대한 인식이 없이 소비유발적인 자본주의 가부장제의 틀 안에서 민족정체성을 추구한다면, 한층 더 성차별적인 내전, 인간의 생명을 포함한 모든 생명체와 궁극적으로는 지구 자체까지도 멸망시킬 전쟁에 이를 뿐이다.

## 10장

# 백인남성의 딜레마
## :자기가 파괴한 것에 대한 추구

마리아 미스

산업화된 북의 도시중심지에서는 때때로 기묘한 집단행동이 목격된다. 분명히 도시의 문화와 생활양식을 진보와 근대성의 정점이라 보는 사람들, 도시가 '삶'과 자유와 문화의 중심인 사람들이 기회만 있으면 그 도시에서 빠져나가려 한다. '자연', '황야', 남의 '저개발'국 등 백인남성들이 바라건대 아직은 자신들이 '침투'하지 않았다고 생각하는 지역으로 떠난다. 원래 이러한 집단대이동의 목표지는 스페인, 이딸리아, 그리스, 튀니지의 해변이었으며, 더 나중에는 터키의 해변과 이따금씩은 자기 나라 안의 '안 망쳐진' 시골이었다. 그러나 값싼 대중관광의 등장과 함께 우리는 점점 더 '모험'여행과 관광을 떠나라는 매체의 부추김을 받게 된다. 필리핀, 말레이시아, 파푸아뉴기니, 아마존 등지의 '동굴부족' '식인종' '야만인 인간사냥꾼' '석기시대 사람들'을 보러 떠나라는 것이다. 15,6세기의 탐험가와 해적들처럼 풍요로운 20세기 말의 사람들도 초기 '발견자'들의 도전을 경험하고 자연과 교류하면서 마치 갑자기 존 웨인이 된 듯이 느껴보라는 부추김을 받는다. 남자란 '거친 자연'과 맞설 때 다시금 진짜 남자임을 느끼게 된다는 것이다.[1] 그들은 또한 '처녀'지에 '뚫고들어가' 그것을 오늘날 관광과 화폐경제를 의미하는 백인문명에 개방시키고 싶어한다. 클레멘스 루두르프(Klemens Ludurf)가 썼듯이 "그들은 자신들이 바라던 것을 찾으면 파괴해버린다."[2]

예컨대 쎄네갈의 '통합 시골관광'은 유럽 관광객들이 마을의 아프리카풍 오두막에서 '원주민'과 가까이 접촉하며 최소한의 편의시설만 갖추고 아프리카 음식을 먹고 수돗물도 없이 사는 것인데, 여기서는 유럽인 아이와 아프리카 아이가 함께 논다. '진짜' 아프리카를 느껴보라는 것이다![3] 독일알프스관광연합(The German Association for the Alps)은 라다크를 통과하는 트래킹여행을 조직했는데, 여기서 독일 관광객들은 설사병을 앓을 뿐만 아니라 '우월한 민족'(Herrenmenschen)에 속해 있다는 의식을 다시 한번 경험할 수 있으며 지역주민을 더러운 돼지(Drecksacke)로 경멸하게 된다.[4] 이런 행동에 내재된 모순은 휴가 대부분을 네팔에서 트래킹하는 데 보낸 쾰른 여성의 예에서 전형적으로 나타난다. 그에게 환경을 생각하는 마음에서 자가용 대신 대중교통수단을 이용하라고 했더니 분연히 거절했다. 행동도 다르고 냄새도 다른 낯선 사람 옆에 어떻게 앉으란 말이냐면서 차라리 걷겠노라고 했다. 낯선 사람의 몸이 가까이 오는 것은 참을 수 없으면서, 멀리 네팔의 산야에서 거친 자연, 냄새 맡고 만지고 육체적으로 경험할 자연을 찾는 것이다.

1 Vera Gaserow, "Plötzlich fülst du dich wie John Wayne," *Die Tageszeitung*, 1989년 5월 13일.
2 K. Ludurf, "Sie zerstoren was sie suchen," *Frankfurter Rundschau*, 1989년 1월 14일.
3 W. Meckel, "Afrika zum Anfassen," *Die Tageszeitung*, 1989년 5월 13일.
4 U. Hildebrand, "Alles nur Drecksäcke," *Die Tageszeitung*, 1989년 9월 17일.

## 풍요 속의 절망

그렇다면 여기서 실제로 일어나고 있는 일은 무엇인가? 자신의 문명과 자연에 대한 지배와 통제를 찬양하는 사람들이 이 아름다운 현대 도시와 멀리 떨어진 곳에서 여가시간을 보내려 한다. 왜? 이 향수병, 이 손대지 않은 자연에 대한 추구는 무엇 때문인가? 근대성의 정점인 백인문명이 궁극적으로는 '겉포장만 그럴듯한 사막'이기 때문일까? 이 도시문명이 행복을 위해 만들어진 것이 아님은 명백하다. 오히려 그것은 풍요의 와중에서 깊은 불안감, 심지어 절망과 결핍감을 자아낸다. 슈퍼마켓 선반에 상품들이 더 많이 쌓이면 쌓일수록 절망은 깊어지며, 부재해 있지만 충족감을 느끼기 위해서는 꼭 있어야 할 기본적인 요소에 대한, 뭐라 표현할 수 없는 욕망은 더욱 커진다. 사람들은 행복하지 않다. 여기에는 또다른 측면이 있다. 이러한 자연에 대한 열망 혹은 욕망은 우리 주변에 있는 자연, 심지어 도시에까지 있거나 우리가 그 일부를 이루고 있는 자연으로 향하지는 않는다. 그보다는 백인남성에 의해 명백히 외부라 규정된 자연, 즉 식민지이며 후진적이고 이국적이며 멀고 위험하다고 정의된 자연, 아시아나 아프리카나 남아메리카의 자연에 고착되어 있다. 이곳의 자연은 백인문명의 '배후지'(hinterland)이다. 이곳은 이상화되고 비현실적인 자연이며, 로런스(D. H. Lawrence)가 말한 '머릿속의 섹스'처럼 '머릿속의 자연'이다.

시골 전원에 대한 향수도 마찬가지 현상이다. 18세기 이래 자연, 도시 주변의 시골 지역, 농민의 땅은 점차 그저 도시의 배후지로 변형되거나 심미적인 경험 즉 낭만적 정경으로 인식되어왔다. 국외의 식민지와 마찬가지로 도시주민들이 먹을 식량을 재배하는 시골땅도 산업화된 농업에 의해 무자비하게 착취되고 파괴되었을 뿐만 아니라, 식민지처럼 후진적이고 이윤이 없다 하여 평가절하되었다. 그러나 역설적이게도 이 땅은 도시 사람들의 동경의 대상이기도 하다.

하지만 몇세대 전의 도시 노동자가 보통 휴일에 그랬듯이 밭에 나가 일손을 도움으로써 이런 감정을 해소하려는 사람은 없다. 전에는 노동자 가족들이 시골 마을의 '집'에 가서 농사일을 거들었다. 지금도 몇몇 어른들은 자신의 가족농장이나 시골마을에서 보낸 휴가를 향수에 젖어 회고한다. 그러나 오늘날 관광객들은 순전히 소비주의적 방식으로, 화랑이나 극장에 갔을 때처럼 행위자가 아닌 관람자로 자연과 풍경을 경험하길 원한다. 이는 이전 시대 사람들보다 이러한 경험을 살 수 있을 만큼 돈이 많아졌기 때문에 가능하다. 그들이 땅과 맺는 관계는 머나먼 이국과의 관계처럼 생산적이지 않다. 도리어 그들은 이 야생의 자연과 땅을 상품으로 소비하고 다른 상품을 소비할 때처럼 쓰레기더미만을 남긴다. 그러므로 그들이 소비주의 관광을 통해 충족시키고자 하는 이 열망의 결과는 자신들이 동경하는 것을 파괴하기이다.


## 폭력과 욕망


현대인들 — 현대 남성들 — 을 위한 제3의 공간은 여성, 엄밀히 말해서 여성의 육체이다. 여성의 육체는 대다수 남성의 욕망이 투사되는 스크린이다.

이 '제3의 식민지'[5]를 자세히 고찰해보면 아마 자연의 파괴와 이 동경 간의 상호관련성을 알 수 있게 될 것이다. 그러나 이 관련성을 분석하기 전에 몇가지 예를 살펴보자.

남성과 자연, 남성과 여성 간의 양극화된 관계의 역사에 관한 한 우리는 유럽에서 행해졌던 마녀사냥이란 이름의 여성대학살을 다시 생각해 보아야 한다. 이 사건은 근대 계몽주의시대의 개막으로 찬양되는 바로 그 세기와 시기적으로 일치한다.[6]

계몽주의시대, 18세기 말까지 계속된 여성에 대한 이 폭력의 향연 이후,[7] 18세기 문학과 예술에는 '여성적인' 것에 대한 새로운 동경, 여성을 낭만적이고 감상적인 것과 일치시키는 새로운 동경이 등장한다.[8] 진정으로 생기있고 강하고 독립적인 여성이 육체적으로 파괴되고 제거된 후에야 새로운 부르주아계급의 남성들은 여성성에 대한 새로운 낭만적 이상을 만들어낼 수 있었던 듯하다. 이 이상에서는 약하고 순종적이고 감상적인 여성, '부양자이자 보호자'인 남성에게 의지하는 여성, 이성의 세계가 아니라 감성의 세계를 대표하는 여성이 주역을 맡는다. 실라 로보담(Sheila Rowbotham)의 말처럼 19세기 내내, 심지어 오늘날에 이르기까지 여성성에 대한 이런 낭만적 이상은 남성들의 갈망을 위한 '욕망공간'이었고 아직까지도 대체로 남녀관계를 규정하고 있다. 이 이상적 여성상은 자본축적을 위해 세계를 정복하여 식민지로 만들기

5 M. Mies, V. Bennholdt-Thomsen & C. v. Werlhof, *Women, the Last Colony*, London: Zed Books 1988.

6 M. Mies, *Patriarchy and Accumulation on a World Scale: Women in the International Division of Labour*, London: Zed Books 1991.

7 A. Dross, *Die erste Walpurgisnacht: Hexenverfolgung in Deutschland*, Frankfurt: Verlag Roter Stern 1988.

8 S. Rowbotham, *Women, Resistance and Revolution: A History of Women and Revolution in the Modern World*, New York: Vintage Books 1974.

시작한 강하고 진취적인 부르주아 백인남성들에게 꼭 필요한 보조품이었다.[9]

더구나 '이성적 남성'에 대비되어 '자연'을 대변한다고 여겨지는 유약하고 감상적인 여인에 대한 예찬은 대개 환상과 상징적 구조물에 근거하고 있다. 그리고 남성들은 살과 뼈를 지닌 현실의 여성이 아닌 이 환상적 여성상에 그들의 욕망을 투사하기 시작했다.


## 포르노그래피와 매춘관광

오늘날 폭력과 욕망, 동경과 환상 간의 관련성을 가장 잘 보여주는 예가 포르노그래피이다. 포르노그래피는 남성들에게 여성의 육체에 대한 이미지 혹은 더 정확히 말하자면 조각조각 나뉜 육체의 선택된 일부를 보여준다. 그들의 욕망은 현실의 살아 있는 여성은 물론 아니고 한 사람의 여성 전부도 아닌 이 조각들에 집중되어 있다. 동시에 이들 이미지는 이 육체와 남성의 관계를 특징짓는 폭력을 반영한다.[10] 폭력과 욕망을 들이미는 이러한 포르노그래피적인 시선이 수많은 상업광고, 쏟아지는 잡지와 비디오와 텔레비전, 영화의 바탕을 이루고 있다. 경제성장은 포르노그래피적 시선에 기댄 이러한 종류의 광고에 점점 더 의존하는 것 같다. 자연에 대한 동경과 마찬가지로 해체되고 벌거벗은 여성의 육체에 대한 이 열망 역시 전적으로 소비주의적인 것이다. 이는 살아 있는

9 S. Rowbotham, *Woman's Consciousness, Men's World*, Harmondsworth: Penguin Books 1973, 39면.

10 A. Dworkin, *Pornography: Men Possessing Women*, New York: Pedigree Books 1981.

242

사람과의 교류를 통해서는 충족될 수 없으며 생명 없는 그림에 대한 반응으로만 충족된다. 흔히 환상을 불러일으키기 위해 필요한 심리활동조차 자기 개인과는 관계도 없는 단순한 시각적 자극-반응 기제로 환원되고 대체된다. 자동판매기가 자동판매기에 반응하는 것이다. 더 나아가 이러한 일차원적 이미지는 남성자아를 전혀 위협하지 않는다.

매춘관광은 욕망과 폭력 간의 관련성을 보여주는 또다른 예이다. 여기서는 가난 때문에 백인남성에게 봉사해야 하는 '이국적'이고 유색인인 식민지 여성에게로 욕망이 투사된다. 종속되고 식민화된 여성에 대한 욕망은 '고귀한 야만인'(noble savage)에 대한 욕망과 연관된다. 이 경우 역시 관계는 적극적이고 애정어린 것이 아니라 마르크, 달러, 엔 등의 구매력을 바탕으로 한 소비주의적이고 수동적인 것이다. 또한 이 구매력은 서구와 일본의 노동계급 남성들이 이따금씩 식민지시대 '나으리' 기분을 즐길 수 있게 해준다.[11] 유럽과 일본, 미국 남성들이 매춘관광에 끌리는 이유는 대체로 그들이 경험할 수 있는 남녀 간의 주종관계와 권력 때문인 듯하다. 심리학자 버티 라차(Berti Latza)는 태국에서 섹스관광을 즐기는 독일남성을 연구했다. 그녀는 남성들이 태국 '연인'에게 자신의 숙소를 청소하게 하고 하루종일 밥을 차리게 하며 노예처럼 봉사하게 한다는 것을 발견했다. 섹스는 둘째 문제이고 남성들이 진짜 즐기는 것은 이들 여성에 대한 절대권력이다.

버티 라차는 또다른 유형의 섹스관광객으로 유아기단계로 돌아가려는 퇴행적인 남성들이 있다는 사실도 발견했다. 그들은 태국 여인들로

---

11 M. Mamozai, *Herrenmenschen, Frauen im Deutschen Kolonialismus*, rororo aktuell, Reinbek; R. Rentscher, *Ware Liebe: Sextourismus. Prostitution. Frauenhandel*, Peter Hammer Verlag 1982.

하여금 아기처럼 자신을 목욕시키고 기름을 바르고 엉덩이에 파우더까지 바르도록 시킨다는 것이다. "심지어 아기처럼 말하면서 화장실까지 데려다달라는 남자도 있다"고 라차는 밝히고 있다.[12]

이 성인 남성들은 작은 태국 여성들과 있는 동안 '크고 강한 남자'라는 자아 이미지에서 벗어나 서구 백인 가부장제문명에서 억압되고 부정되고 제거된 것들에 탐닉하는 듯하다. 그리하여 이러한 퇴행적 욕구를 마음껏 충족시켜줄 이국적인 식민지 여성을 찾아 지구의 절반을 도는 여행도 불사하는 것이다.

카탈로그를 보고 필리핀 신부를 주문하거나, 태국, 케냐, 도미니까공화국으로 섹스관광을 떠나는 남성들은 대부분 여성과 진정 인간적이고 평등하며 성숙하고 애정어린 관계를 맺을 수 없고, 오직 그들에게 복종하는 여성, 경제적으로나 정치적으로 약자이며 그들의 언어를 모르고 전적으로 그들에게 의존하는 여성과만 관계할 수 있는 사람들인 것 같다. 그러한 남성들은 흔히 자신들의 사회에서 의사소통에 문제가 있는 사람들이다.[13] 태국이나 필리핀 여성과 결혼한 남자들조차 그들과 진정한 인간적 관계를 맺는 경우는 극히 드물다.

## 성과 자연

섹스관광과 국제적인 여성인신매매에 대한 분석들은 대부분 태국,

---

12 B. Latza, "Most Sex-Tourists have Psychological Problems," *Bangkok Post*, 1986년 3월 6일.
13 같은 글.

필리핀, 케냐 등 여성이 속한 나라의 문제들에 초점을 맞춘다. 가난, 군부대, 어떤 지역선통들이 대개 이 새로운 현상의 원인으로 지목된다.[14]

하지만 유럽과 미국과 일본 남성들에게 어떤 문제가 있어 이들로 하여금 성적 욕구를 충족시키기 위해 이국적인 장소들을 여행하게 만드는지에 대해서는 거의 의문이 제기되지 않는다. 하물며 이들은 왜 그들이 달리 존중하지도 않는 여성들을 원하는가? 그들의 욕망의 내용은 무엇인가? 왜 자국 여성은 물론 자국의 포르노그래피나, 섹스숍, 섹스머신 등으로는 그들의 성적 욕구와 욕망을 만족시키지 못하는가? 권력과 지배의 기분에 도취하는 것 말고, 이 남성들이 가난한 이국의 식민지 여성들에게 얻고자 하는 것은 무엇인가?

근저에 놓인 이런 이유들을 밝히기 위해 우리는 산업사회의 남성들에게 에로티시즘과 성이 무엇을 의미하는지 살펴보아야 한다. 왜냐하면 매춘관광이란 남성들이 그들의 사회에서 자기자신, 여성 및 다른 사람들, 그리고 자연과 맺는 관계의 연장선상에 있기 때문이다.

산업사회의 평균적인 남성은 거의 일생 동안 식물, 대지, 동물, 자연력과 직접적인 신체접촉을 가질 기회가 거의 없다. 거의 어디에서나 자연과의 관계는 자연을 지배하고 조작하고 파괴하는, 일종의 '멀리 떼어놓는 무기'로 기능하는 기계를 통해 매개된다. 기술이 진보할수록 이 거리는 더 멀어지고, 남성과 자연의 관계는 더욱 추상되며, 모든 사실에도 불구하고 여전히 행복과 즐거움의 원천으로 남아 있는 자신의 유기적이고 유한한 육체에서 남성은 더욱 소외된다. 현대 남성들이 자신과 자

---

**14** Than-dam Truong, *Sex, Money and Morality: Prostitution and Tourism in South East Asia*, London: Zed Books 1990; P. Phongpaicit, *From Peasant Girls to Bankok Masseuses*, Geneva: International Labour Office 1982.

연 사이에 기계를 많이 끼워넣을수록 자연과 여성을 더 조각내는 것이며, 전체에서 절단된 일부에 욕망을 투사할수록 원래의 완전하고 길들지 않은 자유로운 여성과 자연에 대한 목마름은 더욱 심해지게 된다. 파괴할수록 갈망은 더 커지는 것이다.

기계가 남성들에게 어떤 매혹을 지니고 있든 간에 이 갈망을 충족시키는 것은 생존 자체에 필수적이다. 기계에 대한 매혹은 분명 그들을 '행복하게' 해주기에는 충분치 않다. 나는 사실상 성적 행위만이 문명화된 남성들에게 주어진 유일한 자연접촉이라는 로저 개로디(Roger Garaudy)의 말에 동의한다. "생산과 소비의 리듬 그리고 대개 삶의 다른 차원과는 분리되는 성적 행위 간에 균열이 일어났다. 성적 행위가 그 자체로 소비와 경제적 착취의 그물에 엉키거나 혹은 평범한 생활 바깥의 신성한 도피처가 되었다."[15] 내 견해로는 모든 산업사회에서 분명히 감지되는 성적 집착의 심화는 자연으로부터 소외되었다는 사실, 노동생활에서 자연과의 감각적인 교류가 결여되어 있다는 사실의 직접적인 결과이다. 성은 노동과 전적으로 '다르며' 노동과 뒤섞여서는 안되고 엄격히 분리되어야 한다고 간주된다. 성이란 노동의 '초월'이고 노동이라는 '눈물과 땀의 계곡' 다음에 오는 '천국'이며 여가의 정수이다.

내가 보기에 이것이 관광과 섹스와 태양의 결합을 낳은 더 깊은 이유이다. 그러나 비극은 이 '천국'이 다른 것과 마찬가지로 돈을 주고 사는 상품에 불과하다는 것이다. 그래서 다른 모든 상품과 마찬가지로 그것은 궁극적으로 실망을 안겨준다. 명백한 절정의 순간에도 기대했던 성

---

**15** R. Garaudy, *Das Schwache Geschlecht ist unsere Stärke: Für die Feminiserung der Gesellschaft*, dtv., Munich 1986.

취감은 얻을 수 없으며 언제나 저 멀리 달아난다. 그러므로 '천국'을 얻고자 하는 이 노력의 거듭된 좌절이 욕구를 중독으로 만든다.

## 재생산기술

오늘날 아이를 원하는 사람들은 설사 불임증이 있다 해도 생명공학에 힘입어 그 욕구를 만족시키려 한다. 여성에게 이 열망은 그들의 육체와 생식잠재력에 내재한다.

이러한 여성 신체의 생식잠재력 혹은 '길들지 않은 출산력'은 금세기 초 이래 여성해방을 저해하는 가장 불리한 조건의 하나로 치부되어 왔다. 이 '길들지 않은 출산력'을 제어하기 위해 피임에서 불임수술에 이르기까지 여러 기계적·화학적·생물학적 '장치'나 무기들이 사용되었다. 이 투쟁은 수십년 동안 계속되었다. 지금에 와서는 많은 경우 여성의 신체와 생식잠재력을 마음대로 다시 되돌릴 수는 없는 것으로 보인다. 리네이트 클라인(Renate Klein)이 오스트레일리아의 체외수정(IVF) 프로그램 대상 여성들에 대한 연구에서 보여준 바에 따르면 이 여성들의 불임은 종종 예전의 피임경험에서 비롯되었다.[16] 또한 남자나 여자나 끊임없는 스트레스와 환경오염 때문에 불임이 되는 경우가 많다고 한다.

여성이 '자신이 낳은' 자녀를 원하는 여러 이유 중 하나는 그들 신체

---

[16] R. D. Klein, ed., *Infertility: Women Speak out about Their Experiences of Reproductive Medicine*, London: Pandora Press 1989.

의 타고난 창조력과 생명력을 경험하고, 자연에 충만한 살아 있는 힘을 자신의 몸에서 경험하고 싶은 욕구이다. 그들은 이 창조과정의 산물인 아이를 원할 뿐만 아니라 그 과정 자체도 원한다. 아득한 옛날부터 여성들은 임신과 출산을 창조적인 방식으로 조절해왔다. 그러나 이 창조적 과정, 자연의 힘은 전적으로 그들의 통제 아래 있지 않고 어느정도 '길들지 않은' 채 남아 있었다. 바로 여기에 이 열망의 핵심이 있다. 왜냐하면 아이를 낳는다는 것은 자동차나 기계를 만드는 것과는 전혀 다른 일이기 때문이다. 여성의 머릿속에는 태어날 아기에 대한 설계도가 없다. 상상해보거나 바랄 수는 있겠지만 그가 대표하고 또 그 자신이기도 한 자연과 협력하여 만든 몸속의 아이가 자신의 의지로 결정되지는 않는 것이다. 궁극적으로 과정이나 '산물' 둘 다 마음대로 되지 않는다. 태어나는 아기마다 새롭게 느껴지고 추구하던 성취감을 안겨주는 것은 바로 이 예측불가능성이라고 나는 생각한다. 그것은 다양성과 예기치 않았던 것에 대한 열망, 생명과 살아 있는 존재를 이루는 수많은 새로운 가능성에 대한 열망을 충족시킨다. 새로움, 자연스러움, 경이야말로 우리가 아기에게서 찬양하는 것이다. 자신의 몸에 아기를 잉태하고자 하는 욕망 가운데서 이렇듯 새롭고 자연스러우며 자연발생적인 것을 향한 추구가 거대한 힘으로 나타난다.

그러나 재생산기술을 이용하는 사람들에게는 이 욕망이, 어이없게도 과거에 여성의 출산력을 파괴했을 뿐 아니라 기계건설에 활용되는 것과 똑같은 과학원리에 근거한 외부적이고 인위적인 방법으로 충족된다. 의료기술적 생명공학자들은 폭력적인 방법으로 필요한 '생식인자'—이 공학의 성격을 드러내는 이름인데—를 분리시킨 다음 여성을 대신하여 아이를 만들어줄 수 있을지도 모른다. 심지어 그들은 유전

248

자조작에 힘입어 부모의 소망대로 아이를 만들어낼 수 있을지도 모르나, 새로움, 자연발생성에 대한 이 깊은 열망은 충족시키지 못한다. 오히려 그 반대이다. 체외수정 프로그램에 등록한 대부분의 여성들에게 임신기간은 독일에서 말하듯 '좋은 희망'의 시간이 아니라 불안과 희망, 두려움과 실망이 교차하는 시간으로, 기본적으로 그들 신체 내의 창조적 과정을 전적으로 이질적인 힘에 의해 제어받는 시기가 된다. 재생산기술은 남녀 모두를 자신의 몸으로부터 그리고 자신의 본성과 정상적으로 조화를 이루는 이 가장 친밀한 과정, 창조적이고 생산적이며 자연발생적인 것으로 경험하길 원하는 과정으로부터 분리시켰다. 관광을 떠나는 남성들과 마찬가지로 여성들은 잃어버린 것에 대한 동경을 경험하며, 이것을 추구하면서 다만 그것이 회복 불가능하다는 것을, 즉 자연 그대로의 자발적이며 소외되지 않은, 유기적이며 길들지 않은 자신의 생식잠재력이 파괴되어버렸음을 발견할 뿐이다. 리네이트 클라인은 체외수정 기술로 아이를 얻으려다 실패한 여성들이 의사에게 희망이 없다는 이야기를 들은 뒤 엄청난 굴욕감과 실망을 안고 결국 포기하게 되는 과정을 보고한다. 그리고는 얼마 후 어떤 기술적 장치의 개입 없이도 자연적으로 임신을 한다는 것이다.[17]

현대 과학과 기술에 의한 살아 있는 공생관계들의 폭력적 파괴와 이 모든 과정들의 산업화, 그리고 이 공생관계를 향한 깊은 열망 사이의 관련성을 보여주는 유사한 예들은 이외에도 많다.

17 같은 책.

## 이 욕망들의 근원

이러한 다양한 욕망들의 **공통분모**가 무엇인지 더 자세히 살펴볼 필요가 있다. 산업화된 나라에서 이 욕망들이 점점 늘어나는 이유는 무엇인가? 사람들은 무엇을 추구하는가? 그들이 추구하는 것은 근대성의 신화가 약속하고 긍정적이라 간주하는 것, 다시 말해 과학과 기술로 자연과 자연적 과정을 완전히 장악하는 것이나 '문명화' 곧 남성에게 유리하도록 자연의 모든 '길들지 않은' 힘을 통제하는 것과는 정반대의 것임이 분명하다.

일례로 '야성'에 대한 동경, 남성의 실용주의적 목적에 맞도록 분해되고 조작되고 길들여지지 않은 자연에 대한 동경이 있다. 자연의 길들지 않은 혼란스럽고 위협적이며 파괴적인 측면을 두려워하면서도, 이러한 잠재적 위험, 이 야성의 불확실성을 경험하고자 하는 것이 이 동경의 근본적인 동기가 된다. 그러나 동시에 자연은 선한 것, 어머니, 친구로서 추구되기도 한다. 모든 과학적 지식과 자연에 대한 통제에도 불구하고 궁극적으로 우리는 이 자연의 불가분의 일부이고 자연의 아이이며 여성의 몸에서 태어나 언젠가 죽는 존재라는 깊은 인식이 있다. 그리고 이 사실은 받아들일 만하며 또 받아들여져야 한다는 인식이 있다.

이러한 추구의 핵심은 유년기에 대한 향수이다. 즉 우리를 둘러싼 환경과 자연세계와 동료 인간에 대한 단순하고 자발적이며 개방적이고 신뢰있는 관계를 향한 희구이다. 여기에는 보상으로 미리 무엇을 주어야 할 필요도 없이 그저 선물로서 경험되는 사랑과 부드러움과 보살핌과 온정이 내포되어 있다. 대부분의 사회에서 이런 기대는 어머니에게 향해 있다. 어머니로서 여성은 모든 퇴행적 욕망과 동경이 집중되는 사회적

'공간'이다. 그러나 '퇴행'이라는 정신분석학의 용어에는 이미 부정적 함의가 들어 있다. 건강한 성인이라면 '어머니'에 대한 그런 유아적 욕구에 의지해서는 안된다는 뜻을 담고 있는 것이다.

유년기에 대한 향수에는 자유와 모험에 대한 추구도 수반된다. 하지만 여기서 자유란 서구민주주의적 자유가 의미하는 경제적·정치적 슈퍼마켓에서의 선택의 자유와는 다르다. 유년기의 자유에 대한 모색은 대개 산업·관료 사회에 의한 일상의 전일적인 구조적 통제와 규율에 대한 반작용이다. 이전 시대에는 자연이 자유로운 움직임의 장애물로 보였을지 모르지만 이제는 문명사회 자체가 자유를 향한 우리의 욕구를 구속하는 경험이다.

또한 모험의 추구는 새로운 기술적 고안품으로 가득한 현대사회에 대한 반작용이다. 인간의 근본적 호기심이 날로 새로워지는 기술적 발명으로는 충족되지 않음이 분명하다. 오히려 풍요와 여가와 오락산업에도 불구하고 산업사회는 깊은 권태와 무감각으로 가득하다. 현대의 생활양식은 사람들이 창조력을 발휘하고 노동할 여지를 거의 남기지 않는다. 모든 것이 미리 계획되고 조직되어 있어 더이상 모험이 가능하지 않다. 직업적인 전문가들이 우리에게 오락과 활기와 포만과 자극을 준다.

이러한 사회에서는 유일하게 허용된 모험이 바로 쇼핑이다. 그러나 분명 이 모험, 새로운 물건을 손에 넣었다는 즐거움은 곧 싫증난다. 대개의 경우 이 모험은 오로지 쇼핑행위로만 이루어진다. 새로운 물건을 손에 넣는 이 모험을 계속 경험하길 원하기 때문에 사람들은 쇼핑광이 된다.[18] 그것은 현대도시의 생활양식에 내재된 창조성의 결핍과 불모성

---

18 G. Scherhorn, L. Reisch & G. Raab, *Kaufsucht: Bericht über eine empirische Untersuchung*,

을 보상하려는 무익한 시도이다.

이미 살펴보았듯, 남성에게 모험의 추구는 종종 스스로를 다시금 '진정한 남자'로 느껴보려는 욕구와 결합된다. 가부장제문명 안에서 이 욕구는 거친 자연에 도전하여 '변경'을 더 멀리 밀어내려는 위대한 영웅으로 자신을 경험하는 것을 뜻한다.

유년기의 향수와 모성 추구는 종종 **고향**이나 **집**, 귀속감, 자신의 자리에 대한 모색과 결합된다. 이상하게도 이 욕구는 흔히 도시를 떠나 이국땅, '저개발'국, 교외, 시골마을을 돌아다님으로써 충족된다. 하지만 도시는 좀처럼 **고향**이나 **집**으로 여겨지지 않는다. 그러한 용어들과 관련된 감정들은 친밀감, 공동체, 시골집에 초점이 맞춰져 있으나 도시는 적대감, 실향, 외로움, 무관심, 냉정함, 자동화로 특징지어지는 곳이다.

농촌의 일·삶·생산에 대한 평가절하와 도시생활의 매력, 황홀의 이면에는 반드시 특정 마을이나 집 혹은 풍경을 향한 것이 아닌, 뿌리에 대한 향수가 있는 듯하다. 휴가기간에 도시에서 시골로 탈출하는 것은 이 뿌리없음의 한 표현이다.

어떤 형태를 취하든 간에 자연을 향한 모든 추구의 일부는 곧 아름다움, 심미적 즐거움의 추구이다. 도시라는 소비자천국과 인간이 만들어낸 엄청난 상품들이 이런 욕구를 충족시킬 수 없음은 명백한 사실이다. 상품들이 공언한 심미적 약속들은 이행되지 않는다. 새로운 것이 나타나면 옛것은 낡고 추해 보이므로 아름다움을 소유한다는 감정을 갱신하기 위해서는 계속해서 물건을 사들여야 한다. 최근에는 천연섬유로 만든 옷이라든가, 원목가구, 손으로 빚은 도자기, '집에서 가꾼' 야채 등

Stuttgart: Institut für Haushalts-und Konsumökonomik, Universität Hohenheim 1990.s

손으로 만든 것에 대한 수요가 늘고 있다. 거기에 더하여 '향수—오래된 것에 대한—를 자극하는' 산업도 성행하여, 빅토리아시대의 영국(그리고 미국), 1930년대의 아르누보, 옛날 팝송의 재출반 등은 모두 잃어버린 것에 대한 향수의 표현이다. 사람들은 인간이 만든 것에 싫증이 나서 자연의 온갖 다양한 아름다움을 담은 것, 계절과 낮과 밤, 추위와 따스함이 반복되는 변화리듬에 대한 상징을 추구한다. 자연은 언제나 경이를 준다. 아이를 볼 때처럼 자연을 보면서 우리는 늘 즐거움을 얻는다. 산업문명은 만인을 위한 부와 단순한 생존을 넘어서는 삶, 풍요로운 생활, 물질적 욕구에서 자유로울 뿐 아니라 더 깊고 인간적인 비물질적 욕구도 충족시키는 충만한 삶의 수단을 제공하겠다고 약속했다. 그러나 산업사회는 그로부터 혜택을 얻는 사람들에게조차 이 약속을 지키지 못한 것 같다. 산업국에서 상품과 돈의 풍요는 타자들(자연, 제3세계 등)의 빈곤화만이 아니라, 심리적 의미에서는 물론이고 물질적 의미에서조차 달랠 길이 없는 욕구를 더욱 증가시켰을 따름이다. 오늘날 번쩍거리는 도심에는 삶의 질, 깨끗한 공기, 고요함, 깨끗한 물, 건강한 음식이 결여되어 있다. 무엇보다 도시생활에는 인간적인 온기가 없고, 인간공동체와 자연세계에 속해 있다는 느낌이 없다. 그리하여 우리는 도시의 벽에서 '우리는 삶을 원한다!'와 같은 슬로건을 보게 되는데, 이는 살아 있는 상호관계에 대한 욕구의 표현이다.

## 해체와 전체성의 추구

산업문명의 약속은 인간 개체가 대표하는 공생관계뿐 아니라 모든 생물적·사회적 공생관계를 해체하여 삶의 질을 높인다는 것이었다. 이 공생관계는 인간·동물·식물 간의 상호의존을 나타내는 생태계로 불리기도 한다. 그러나 이것 말고 남성과 여성, 자녀와 부모, 노인과 젊은이 등 함께 살아가는 사람들의 사회적 생태계도 있다.

산업문명과 과학기술은 이러한 자연생태계와 사회생태계를 갈기갈기 찢어놓았다. 전체는 기본 단위로 해체되어 새로운 기계로 재구성되었다.[19] 그러나 생명은 단지 한데 모인 요소들의 총합이 아니며, 이 해체와 분석과 종합의 과정에서 생명은 제거되었다. 앞서 언급한 향수와 추구, 환경운동과 대안적 건강운동 그리고 여성운동의 많은 분파들의 목표가 바로 이러한 생태적·사회생태적 상호연계성(interconnectedness)의 회복이다. 기존의 산업적 가부장제 자본주의 사회에서는 전체성과 상호의존을 향한 이런 욕망과 욕구의 충족을 일반적으로 예전의 자급자족 관계의 복원에서 찾지 않는다. 대신 사람들은 상품시장을 통해 이를 충족하고자 한다. 길들지 않은 자연에 대한 욕망을 땅에서의 노동이 아니라 모험관광으로 채우고자 하는 것이다. 성과 성애적 관계에 대한 모색은 살아 있는 실제 여성과의 사랑이 아닌 포르노잡지나 매춘관광을 통해 충족된다. 뿌리와 '귀속감', 온정, 모성, 자유와 모험에 대한 욕구의 충족은 자연과 협력하는 노동이 아니라 소비주의와 이미지 구매에 의지한다. 이러한 욕구들은 상품의 생산·소비의 경제적 성장을 추진하는 매우 효과적인 동력이 된다. 자본주의적 상품생산 체계는 어떠한 욕망도 상품으로 바꿀 수가 있다.

19 C. Merchant, *The Death of Nature: Women, Ecology and the Scientific Revolution*, San Francisco: Harper & Row 1983.

이것이 의미하는 바는 비록 '진짜 물건'과 '진짜 인생'을 추구하더라도 상품생산 체계가 제공할 수 있는 것은 상징적이고 감상적이며 낭만화된 형태의 충족감뿐이라는 점이다. 이렇게 해서 사람들은 다만 상상된 관계를 맺을 뿐인데, 이 관계를 실제 삶, 본래의 자연, 현실의 여성, 진정한 자유에 대한 은유로서 즐기며, 더욱이 행위자나 창조자가 아닌 소비자로 즐길 따름이다. 그러나 산업사회에 사는 사람들은 근대성의 기획 및 상품생산 과정에서 일어나는 자연과 이민족에 대한 착취를 거부하고 '자연으로 돌아갈' 의사가 없다. 그들은 산업사회에서 벗어나려 하지 않고 두가지를 동시에 다 갖고 싶어한다. 즉 슈퍼마켓의 풍요와 오염되지 않은 자연 둘 다를, GNP의 성장과 건강한 환경 둘 다를, 도시에서 더 많은 차와 더 조용하고 깨끗한 공기 둘 다를, 한층 더 나아간 임신 및 출산의 의료화와 재생산과정에 대한 여성들의 더 많은 자율적 결정권 둘 다를.

## 폭력, 진보, 감상주의

산업자본주의-가부장제사회는 남성과 자연, 남성과 여성, 도시와 시골, 대도시와 식민지, 노동과 삶, 자연과 문화 등을 가르는 근본적인 이분법에 토대를 둔다. 나는 이러한 이분법을 식민주의라 부르고자 한다. 분석된 욕망들은 모두 이런 이분법들의 절단되고, 외부화되고, 식민화되고, 가려지고, 억압되고(억압되거나) 파괴된 부분을 향하도록 조작된다. 이것이 식민화된 부분을 향한 욕망들이 감상적일 수밖에 없는 한가지 이유이다. 그것들은 낭만적으로 꾸며져서 기존의 근대 패러다임에

추가된다. 자르카르(S. Sarkar)가 표현했듯[20] 그것들은 케이크 자체를 대체할 수 없는 케이크의 크림장식으로, 바로 일부를 착취하고 식민화하여 만들어진다.

근대 산업사회가 자연을 현금과 상품으로 바꾸는 지속적인 과정에 근거하고 있고 이 과정 없이는 산업사회가 살아남을 수 없는 까닭에 자연과의 근대적 관계는 감상적인 것이 될 수밖에 없으며 결코 '진짜'가 되지 못한다.[21] 자연과의 이러한 관계는 필연적으로 남성과 자연 간의 (상상적) 분리뿐 아니라 자연의 파괴에도 의존하고 있다. 이는 곧 지구 위의 생명을 구성하는 다양한 공생관계 혹은 살아 있는 연관성의 파괴를 의미한다.

그러므로 계몽주의 이래 유럽의 역사를 특징짓는 낭만주의와 합리주의의 변화하는 물결을 언급할 때 양면성이라 말하는 것만으로는 불충분하다. 에더(Eder)는 17세기 이래 특히 근대 과학과 기술이 자연을 적이란 의미의 '타자'로 지배하고 객관화한 이래, 자연과의 근대적 관계에서 이 쌍둥이 주제 — 한편으로는 자연을 적으로 생각하여 두려워하고 다른 한편으로는 어머니요 친구로서 사랑하는 — 가 주된 테마였음을 보여준다. 이론적인 호기심과 '자연에 대한 관능적 욕구', 사랑, 자연의 낭만화와 감상화가 병존하는 것이다. 에더는 다음과 같은 제로섬게임에 대해서도 쓰고 있다.

그와 동시에 자연을 다루는 도구적·비도구적 방법 둘 다 늘어난다.

---

20 S. Sarkar, "Die Bewegung und ihre Strategie," *Kommune*, No. 5.
21 K. Eder, *Die Vergesellschaftung der Natur: Studien zur sozialen Evolution der Praktischen Vernunft*, Frankfurt: Suhrkamp 1989, 254면.

인간이 동물과 공유하는 유기적이고 육체적인 존재를 다루는 것은 사회통제 역사의 일부가 된다. 신체의 활용은 인간의 몸을 의학적·범죄학적·정신병리학적 도구로 만드는 것에서 절정을 이룬다. 반면 바로 이러한 육체성 자체가 도덕화되어 정신과 감정으로 가득 채워진다. 그리하여 자연에 대한 새로운 감수성이 출현한다.[22]

자연에 대한 이러한 담론은 흔히 근대화가 시작된 이래 현재까지 그 과정에 수반된 직접적이고 구조적인 **폭력**을 간과한다. 이 폭력은 우연적인 것이 아니라 구조적 필연으로, 자연과 여성 등의 식민화된 부분들을 '전체' 곧 살아 있는 연관 혹은 공생관계에서 분리하여 대상 혹은 '타자'로 만드는 기제이다. 근대성에 대한 담론에서는 이 폭력의 존재가 드러나지 않으므로, 근대 산업사회의 도구와 방법에 토대를 둔 채 "이성의 다른 면"[23] 다시 말해 자연의 독창성과 생명(LIFE)의 자연스러움을 감상적으로 열망하는 것이 왜 필연적으로 파괴의 심화에 이를 수밖에 없는지를 설명하지 못한다. 지중해의 해변을 찾는 유럽인 관광객들은 해변을 파괴한다. 복잡한 도시를 벗어나 언덕과 전원으로 달리는 자동차 운전자들은 바로 이런 풍경을 파괴하고 있으며, 그들이 오염되지 않은 자연을 보기를 원했던 숲은 자동차 배기가스로 파괴된다. 태국에 섹스관광을 간 남자들은 그곳 여성들을 파괴하며 그들을 매춘부(prostitutes)로 만들고 AIDS에 감염시키기도 한다.[24] 따라서 결론적으

**22** 같은 책, 232면.
**23** H. Böhme & G. Böhme, *Das Andere der Vernunft: Zur Entwicklung der Rationalitätsstrukturen am Beispiel Kants*, Frankfurt: Suhrkamp 1985.
**24** Than-Dam Truong, 앞의 책.

로 동경 이전에 파괴가 있었고, 낭만화 이전에 폭력이 있었다고 말할 수 있다.

## 목가에 대한 동경 이전에

**여성**: 직접적이고도 구조적인 공적 폭력이 착취적이고 억압적인 남녀 관계를 만들어내고 유지시키는 핵심 기제라는 점을 널리 알린 것은 새로운 국제여성운동의 공로이다. 이것은 학술담론을 통해서가 아니라 강간과 매 맞는 아내, 포르노그래피, 매체와 여론과 작업장에서의 성차별주의 등에 항의하는 수많은 발의와 캠페인과 기획들을 통해 이루어졌다. 현대역사상 처음으로 겉보기에는 진보적이고 평화롭고 민주적이며 평등한 '시민사회'——산업사회——의 한겹 아래에 특히 여성과 유색인종 들에 대한 폭력과 잔인성이 있다는 사실이 밝혀졌다. 노르베르트 엘리아스(Norbert Elias)가 호전적 성향을 길들이는 과정으로 묘사한 '문명화 과정'[25]이 이 폭력을 제거하기는커녕 오히려 그것을 바탕으로 이루어졌다는 점이 분명해졌다. 남성의 폭력 혹은 가부장적 폭력에 저항하는 페미니스트 정치학의 맥락에서는 이 폭력의 역사에 관한 문제 제기가 매우 시급해졌다.[26]

---

**25** N. Elias, *Üben den Prozess der Zivilisation (The Civilizing Process)*, Vols. I & II, Frankfurt: Suhrkamp 1978.

**26** V. Bennholdt-Thomsen, "Zivilisation, moderner Staat und Gewalt: Eine feministische Kritik an Norbert Erlias' Zivilisationstheorie," *Beitraege zur feministischen Theorie und Praxis*, Vol. 8, No. 13, 1985, 23~36면.

이렇게 하여 유럽의 마녀사냥에 대한 새로운 연구가 이루어지게 되었다. 이 여성대학살은 흔히 생각하듯 미신적인 중세 암흑시대의 산물이 아니라, 오히려 근대라는 새로운 시대, 근대 과학과 기술의 시대, 발견과 발명의 시대의 개막과 시기적으로 일치한다.

이러한 대규모의 여성학살은 소위 비(非)문명사회라는 아프리카·아시아·남아메리카에서도 유례가 없는 일이었다. 이 학살의 형태와 원인, 이데올로기적 정당화는 이미 여러 페미니스트 학자들이 분석하였기에 여기서는 세세히 거론하지 않겠다. 하지만 이 폭력의 향연이 현대 과학·의학·경제와 근대국가의 기반이었다는 점만은 짚고 넘어가야 하겠다. 캐럴린 머천트는 마녀 고문과, 여성의 몸과 자연의 몸이 지닌 완전성을 파괴하는 새로운 경험주의 과학방법론의 부상 간의 직접적 연관성을 특히 잘 보여주고 있다. 여성과 자연의 몸은 둘 다 새로이 등장하는 자본주의 생산양식을 위한 원료공급원에 불과했다. 이와 유사한 폭력적 관계가 중심부 국가와 아시아·남아메리카·아프리카의 식민지 사이에도 성립되었다.[27] '나쁜 여성들'인 마녀들을 모조리 죽여 없앤 후에야 18,9세기 새로운 '좋은 여성'상이 나타난다. 이 여성상은 앞서 지적한 대로 활기없고 감상적이고 나약하고 억압된 여성이며, 생계부양자와 국가에 의존적인 여성이다. 부르주아계급 여성에 기반을 둔 이런 새로운 여성성의 이상은 자본주의가 제 궤도에 진입하기 위해 꼭 필요한 새로운 성적·사회적 분업 그리고 생산과 재생산, 생산과 소비, 노동과 삶의 분리에 필수적이었다.[28]

27 Merchant, 앞의 책; Mies, 앞의 책.
28 L. Steinbrugge, *Das moralische Geschlecht: Theorien und literarische Entwurfe üer due Natur der Frau in der französ-sischen Aufklärung*, Weinheim: Beltz-Verlag 1987.

그리고 바로 이 시점에서 '좋은 여성'에 대한 낭만화가 시작된다. 그는 반드시 보호받아야만 하는 약한 여성이다. 그는 또한 엄마이고, 감성과 배려와 인간적인 자질의 구현체이다. 이러한 여성성의 이미지는 경제와 정치의 세계에서 다른 남성들과의 경쟁해야 했던 근대의 새로운 이성적 남성상과 짝을 이루었다. 이 남성상은 근대적 부의 기초가 되었으며, 순종적이고 낭만화된 감성의 여성은 새로운 남성이 이윤과 부와 진보를 위한 살인적 경쟁을 벌인 후 물러나 쉬면서 인간성을 되찾을 사회적 공간을 제공했던 가정적 목가(牧歌)의 중심 인물이었다.

이 목가가 비록 동경의 대상이긴 했어도 그 가치는 평가절하되었다. 사실 이 목가의 가치란 자본주의적 가치평가의 세계, 상품생산의 세계로 포함될 수도 없고 포함되어서도 안되었다. 만약 그랬다면 그 순간 그것은 고유의 매력을 잃을 것이다. 목가 뒤의 현실을 가리는 베일이 찢겨나가 이 이성의 새 시대의 야만성을 폭로했을 것이다. 그러므로 억압되고 파괴되어 이 가정적 목가 속에 갇힌 후에야 비로소 새로운 여성은 소외되지 않은 자발적이고 '자연스런' 삶에 대한 모든 동경의 목표가 될 수 있었다.

이러한 여성성의 새로운 이상은 18세기에 일어난 사회적 변화의 의도하지 않은 산물이 아니다. 라이젤로테 슈타인브루게(Leiselotte Stein-brugge)가 밝힌 바와 같이 이것은 '여성의 본성'에 대해 긴 담론을 폈던 계몽주의 철학자들의 의도적인 구성물이다. 특히 디드로(Diderot)와 루쏘를 비롯한 몇몇은 이 새로운 여성을 '도덕적 성'으로, 감성과 인간적 배려, 모성, 자연친화의 화신으로 만드는 데 결정적인 역할을 했다. 이 여성은 정치와 경제의 영역, (남성적) 이성에 의해 지배되는 공공영역에서는 배제되어야 했다. 그는 자연화되는 동시에 사회 내에서는 사적 영역에 가두어지는데, 슈타인브루게에 따르면 이 사회는 공적인 사회적 상호작용의 규범에서 몇몇 감정들 특히 자비, 동정, 인간다움, 심지어 도덕적 고려 등을 배제해버린 사회이다. '여성은 도덕적 성이 된다.' 여성다움은 여성적 원리로 변형된다. 홉스 이후 경제적 재생산이 "만인 대 만인의 투쟁"에 기초하게 된 사회에서 최소한의 어떤 인간다움을 유지하려는 목적이었다.[29]

여성성이나 '여성적 원리'(살아 있는 여성이 아니라)에 대한 이런 추구에는 계몽주의·이성주의·산업주의·근대주의에 반발하는 운동으로서 낭만주의가 매번 동반된다. 오늘날까지도 백인남성과 그의 이성이 야기한 파괴에 절망하는 일부 남성들은 '여성적 원리'의 르네쌍스만이 유일한 처방이라 본다.[30]

**'야만인들'**: 이처럼 폭력을 가하는 동시에 폭력의 희생자를 낭만화하는 기제가 17, 18, 19세기, 심지어 20세기 초까지도 '야만인'이라 불린 식민지 주민들에 대한 유럽인의 태도에서도 나타난다. '좋은 혹은 고귀한 야만인'에 대한 이야기는 백인들이 그들의 땅에 침입한 그 순간부터 시작되었다. 계몽주의 철학자들과 그 후예들은 백인의 침략이 폭력과 야만적 억압, 자율적 자급경제의 역사이자 자유 파괴의 역사였고, 그것이 도처에서 강제와 종속을 낳았다는 사실은 말하지 않았다. 오히려 오늘날까지도 유럽 산업문화의 확산이 더 우수한 지능과 합리성, 과학과 그로 인한 우수한 노동생산성 때문이라는 유럽중심적 신화가 퍼져 있

---

**29** Mies, 앞의 책, 14면.
**30** Garaudy, 앞의 책; F. Capra, *The Turning Point*, London: Flamingo 1982.

다. 그러나 세계 곳곳의 부족민에 대한 유럽 식민주의자들의 폭력과 잔학성 그리고 이 식민주의자들이 지배적 집단·계급·민족으로 부상한 사실 사이의 직접적인 연관성을 보여주는 연구는 얼마든지 있다. 나는 산업문명에 의해 현재까지도 계속되는 부족민 살해의 경로를 추적한 보들리(H. Bodley)의 연구를 소개하고자 한다.[31]

수많은 근거를 통해 보들리는 식민지에서 백인들의 피의 흔적을 추적한다. 백인 식민주의자들은 부족민들이 자신들보다 더 낮은 진화단계에 있는 존재이며 역사의 보편법칙이 그들로 하여금 '진보'에 항복할 것을 요구한다고 확신했다. 부족민에 대한 잔학행위와 '선진' 문명의 권리를 정당화한 것은 바로 조야한 사회적 다윈주의였다. 1830년대에 아프리카와 아메리카의 부족민들은 실제 인간종의 구성원이 아닌 하위인간으로 여겨졌다. 캐나다에서는 인디언 살해가 선행이었다. '인디언들'에 대한 미국의 백인정착민들의 태도는 "좋은 인디언은 죽은 인디언뿐이다"라는 셰리단(Sheridan)의 말에 잘 요약되어 있다. 남아프리카에서 경건한 네덜란드 식민주의자들의 원주민 살해는 그저 일상생활이었다. 혼자 300명의 원주민을 죽였다고 자랑스레 말한 어느 정착민도 있었다고 한다. 오스트레일리아에서는 원주민을 죽이기 위해 밀가루에 비소를 섞었다. 보들리는 "흑인들은 까마귀처럼 죽임을 당했고 아무도 신경쓰거나 거들떠보지 않았다"는 프라이스(Price 1950: 107~8면)의 말을 인용한다. 남아메리카에서도 사정은 마찬가지였다. 1888년 쌍빠울로에서는 한 남자가 까인강(Kaingang) 인디언들이 마시는 물에 스트리크닌

---

31 John H. Bodley, *Victims of Progress*, New York: The Benjamin Cummings Publishing Co. Inc. 1982.

을 타서 2천명을 죽였다고 보고한 사실이 있다.[32]

　부족민 살해는 오늘날까지 계속되고 있다. 보들리에 의하면 1971년 수많은 독일인을 포함한 백인정착민들이 구아야키(Guayaki) 전리품으로 집을 장식하려고 수많은 구아야키 인디언을 죽였다고 한다. 브라질과 꼴럼비아에서도 목축농장을 만들려는 백인들이 그 지대에 살던 원주민을 총과 독약, 다이너마이트를 동원하여 몰살했다고 전해진다.

　대개의 경우 이 살인자들은 누구도 자기가 잘못했다고 생각하지 않는다. "나쁜 짓을 하고 있다는 생각은 안했습니다"라고 한 살인자는 말한다.[33] "정부에서 처벌하거나 보상을 요구하지 않으리란 걸 알았기 때문에 인디언들을 죽였어요."[34]

　인디언, 야만인, 원주민 들은 어떻든 역사에서 사라질 운명이므로, 진보와 백인문명의 학살에 저항할 수 없으므로, 백인이 살해해도 좋다는 것이다. 말살과 진보, 잔학성과 문명, 야만행위와 해방이 연관된 논리는 18세기와 다를 바 없다. 부족민의 말살은 그저 강자의 권리라 하여 정당화되고 있다. 서남아프리카에서 있었던 독일인들의 헤레로(Herero)족 학살 이후 1907년 정착민위원회의 대표인 파울 로르바흐(Paul Rohr-bach)는 이렇게 말했다.

　지금까지 원주민들이 가축을 키우던 땅에서 그들을 내쫓고 바로 그 땅에 백인들이 가축을 키우도록 해야 … 당연하다. 만일 누가 이 관점에 대한 도덕적인 정당화를 요구한다면, 그 대답은 남아프리카

32 같은 책, 41면.
33 같은 책, 42면.
34 같은 책, 44면.

원주민 같은 문화적 수준으로 살아가는 민족의 그 거리낌 없는 야만은 없어져야 마땅하다는 것이다. 그들이 더 높은 존재의 권리를 누리고 싶다면 백인에게 월급과 빵을 받는 노동계급으로 발전해야 한다. 이것은 개인이나, 민족 혹은 부족 모두에 적용된다. 일반적인 발전에 유용해 보일 때만 그들의 존재가 정당화될 수 있다. 남아프리카 부족들의 민족자결권과 민족적 재산과 정치적 조직들을 조금이라도 보존하고 유지하는 것이, 백인들이 그들을 복종시키고 예전의 그들 영토를 빼앗은 것보다 인류 전체 특히 독일인들에게 더 이익이 됨을 입증할 수 있는 논의란 세상에 없다.[35]

로르바흐 같은 사람은 독일과 같은 '문화국가'에서 프롤레타리아 대중의 생활향상은 아프리카 원주민들을 동등한 권리를 가진 인간이 아니라 '생산력의 발전'이라는 철의 역사법칙에 종속된 존재로 취급할 때만 가능하다는 점을 분명히 알고 있었다. 1909년에 그는 이렇게 쓰고 있다.

원주민의 권리란 존재하지 않으며, 그것은 백인종의 발전을 희생함으로써만 실현될 수 있다. 식민지의 생산력을 충분히 사용한다면 원주민들 자신도 더 잘살 수 있고 인류 전체와 국가의 복지를 이루는 데도 도움이 된다. 그런데도 반투스나 수단의 검둥이, 아프리카의 호텐토트족에게 자기들 맘대로 살다가 죽을 권리를 주어서, 유럽문명국의 가난한 사람들이 비참한 프롤레타리아 생활에 묶여 살아가야

---

35 같은 책, 76면.

한다는 것은 말도 안되는 소리이다.[36]

　백인들이 땅과 땅의 자원을 소유하고 이윤을 위해 착취하려면 먼저 그 땅에서 야만인들을 쫓아내야 했다.

　부족들의 자급경제 또한 파괴되어야 했는데, 부족민들이 자급을 토대로 생존할 수 있는 한, 산업 도시문명의 약속에 쉽게 유혹되지 않기 때문이었다. 지금도 수많은 부족과 민족들이 자율적인 자급경제를 보존하기 위해 싸우고 있다.

　자신들의 땅에서 강제로 분리된 이후에야, 공유지가 사유화되고 씨족·부족 구조와 관계와 문화가 파괴된 이후에야, 식민지의 '열등의식' 즉 자신의 문화와 삶의 방식과 힘과 뿌리에 대한 비하가 생겨날 수 있다. 그런 다음에야 새로운 백인 산업문화와 삶의 방식이 이 뿌리뽑힌 사람들에게 매력을 발휘할 수 있다.

　뿌리뽑기 과정의 일부는 이 민족들의 정치적 주권에 대한 부정이었다. 그들이 살고 있는 땅은 '비어 있는 땅' '처녀지' 혹은 '떼리또리움 눌루스'(territorium nullus) 즉 누구의 소유물도 아닌 땅으로 선포되었다. 자국 산업의 발전을 위해 식민지를 '생산적으로' 활용하려면 새로운 식민주의자들이 이들 민족과 그들의 영토에 대한 정치적 헤게모니를 확립하는 것이 필수적이었다. 유럽의 노동계급들도 이러한 식민주의를 지지했는데, 그들 또한 자기들 삶의 향상이 식민지 유지에 의존함을 알았기 때문이다.

36 Mamozai, 앞의 책, 58면(마리아 미스 번역).

## '야만인'의 낭만화

그러나 '야만인'에 대한 이런 비인간적 대우에도 불구하고 여성의 경우에서 이미 고찰한 바와 같은 낭만화와 감상화가 여기서도 나타난다. '문명화된' 내지는 '문화'민족에 대비되는 '원주민'이나 '자연'의 주민이란 개념은 조작되었다. 그러한 '원주민'들이 문명이 파괴하고 정복한 자연에 더 가까웠다는 생각은 오늘날까지도 남아 있다. '야만인'에 대한 잔학행위와 더불어 '고귀한 야만인'과 그의 아르카디아(arcadia) 즉 인간이 아직 자연과 조화를 이루며 사는 원시낙원에 관한 계몽주의담론도 시작되었다. 백과전서파인 디드로는 새로 '발견된' 타히티에서 재산도 위계도 존재하지 않으며 성적 억압도 모르는 순수하고 원시적인 단계의 인간본성을 연구할 수 있다고 생각했다. 타히티는 모든 꿈과 욕망과 유토피아적 희망이 투사되는 황금시대의 공간이 되었다.

타히티와 근대성이 불러일으켰으리라 여겨지는 욕망인 황금시대의 관계는 슈타인브루게가 지적한 바와 같이 인간의 역사가 자연의 역사의 일부가 되었음을 의미한다. 자연을 '역사화'한 사람은 누구보다 루쏘였으나 동시에 여성과 '야만인'을 '자연화'한 사람도 루쏘였다.[37] 루쏘에게 여성과 '야만인'은 '자연'의 일부로서 이성과 경쟁과 돈벌이 그리고 만인 대 만인의 대립의 영역에서 배제되었다. 동시에 그들은 이기주의와 사리추구, 사적 소유와 위계를 원칙으로 하는 근대사회에서 없어서는 안될 감성, 자발성, 인간적인 자질 등을 대표했다. 따라서 '야만인'과 여성은 이성적 근대남성을 보조하는 '타자'로 상징적으로 구성되

---

37 Steinbrugge, 앞의 책, 67면.

어야 했다. 그리하여 그들은 인간과 사회발전의 두번째 단계 곧 '황금시대'를 대표하는 일종의 자연상태로 고착되었으며, 근대의 이성적이고 문명화된 남성이 생존하기 위해 없어서는 안될 자연이라는 기반을 유지하기 위해 그 상태로 남아 있어야 했다.[38]

그러나 루쏘도 다른 계몽주의 사상가도 여성과 '야만인'의 '자연화' 과정에 수반된 폭력에 관해서는 언급하지 않았다. 폭력과 이성, 진보와 퇴행, 자기결정과 종속, 해방과 노예화의 관계는 계몽주의 이래 현재까지 실제의 근대사를 관통하며, 끊임없이 이어져온 이야기이다. 이 관계의 성격을 명확히 이해하려면 '양면성', 모순은 물론 변증법 같은 개념까지도 뛰어넘어야 한다. 왜냐하면 이 관계에 관한 변증법적 관점조차 모든 개별 '하인'('야만인')들이 결국에는 '주인'을 정복하고(헤겔) 그리하여 더 높은 합에 이른다는 입장이기 때문이다. 변증법적 역사관은 내일의 모두를 위한 더 나은 미래를 위해 오늘 희생자를 낳는 것을 받아들인다. 그러나 오늘 희생되는 사람은 결코 이 개선으로 궁극적으로 혜택을 입는 사람이 될 수 없으며, 그들의 자손조차 혜택을 받을 수 없을 것이다. 대부분의 경우 그들의 희생이란 그들 생명의 희생이기 때문이다. 희생자는 결코 개발과 근대화 과정의 수혜자일 수가 없다. 이 점을 더 분명히 이해하려면, 가령 세계은행과 정부가 대도시에 전력을 공급하기 위해 땅과 숲을 물에 잠기게 할 대형댐을 건설하고자 할 때, 순순히 조상의 땅을 내주지 않으려는 부족민의 예를 떠올리면 된다. 그들은 이런 종류의 개발을 거부하며 자급에 중점을 두는 자신들의 생활방식을 유지하기 원할 따름이다.

**38** 같은 책, 82면 이하.

그들에게 '개발'이란 육체적·경제적·생태적·문화적 파괴를 의미하므로 개발을 낭만화할 수도 이상화할 수도 없다. 그들은 스스로 이 과정에서 패배자가 될 것임을, 그리고 그들에게 진보는 곧 폭력일 뿐임을 인식하고 있다. 로르바흐를 비롯하여 현재까지도 많은 사람들이 집착하는 역사적 목적론, 즉 백인 '문화민족'이 '야만인'들을 폭력적으로 종속시켜 자본주의 산업을 위한 잉여가치를 낳도록 이용하고 착취하게 되면 결국 이 '자연주민'들은 '더 풍요롭고' '더 높은 수준이 되며' '더 인간적이고' '더 자유로운' 삶을 누리리라는 약속은 어디에서도 이행된 적이 없다. 그 반대로 '문화민족'과 '원주민'의 격차는 더욱 심화되었다. 근대주의와 진보의 '따라잡기식 개발'이라는 유토피아, 계몽주의의 유토피아는 '야만인'들을 배반해온 것이다.


## 자연의 낭만화


자연에 대한 향수는 여성과 '야만인'에 대한 동경과 낭만화에서 추구되는 바를 가장 일반적으로 표현한 말이다. 실상 계몽주의 이래 근대의 '자연' 개념은 근대를 구성한 파괴와 감상화라는 양면적 과정의 결과이다. 자연과 풍경에 대한 근대 유미주의와 이후에 전개된 자연보호운동을 살펴보면 이 점이 명백해진다.

루시어스 버크하드(Lucius Burckhard)는 「타히티 여행 지도」라는 글에서 이렇게 썼다. "인간이 자연을 파괴한 곳의 풍경만이 진정 아름다울 수 있다. 탱크가 흔적을 남긴 곳에서야 비오톱(biotope, 생태서식공간)이 나타난다. 타히티는 사자가 어린양과 뛰놀기 때문이 아니라 실제로는 전쟁터인 까닭에 평화로운 곳이다."[39]

클라우디아 폰 베를호프는 이 새로운 자연미, 근대성이라는 전쟁터에서 생겨나는 아름다움은 언제나 인간의 창조물이라고 말한다. 인간이 만든 것이 아니면 아름답게 여겨지지 않는다는 것이다. 그래서 약탈하고 계획하고 명령하고 고르게 다질 뿐 아니라, 심지어 장례식 전에 시체에 화장을 하듯 '아름답게' 꾸며진다. 지금 아름답다고 말하는 것이 전에는 추한 것이었다. 아름다워지기 전에 먼저 파괴되어야 한다.[40]

파괴와 미화 혹은 보호 간의 이런 결합을 보여주는 예는 많이 있다. 일례로 독일에서는 농민의 경작이 대규모로 파괴된 후에야 '당신의 마을을 더 아름답게'라는 캠페인이 벌어진다. 조경계획과 환경보호의 출현은 자본주의 산업화과정의 환경과 자연파괴와 관련이 있다. 환경보호와 조경계획 등은 애초에 파괴를 일으킨 사람의 정체를 가리는 화장술인 반면에 파괴의 희생자는 도리어 약탈자·범죄자로 지목된다.

이렇게 되면 죄인은 성장기제를 내재한 화학산업이나 자본주의적 경작을 위한 영농정책, 장려책을 집행한 국가가 아니라 그 정책에 따라 산업화된 농업으로 전환하여 화학비료와 살충제를 쓴 농민이 된다. 많은 도시인들은 이제 '농부들이 파괴한' 풍경을 '자연으로 되돌리는 것'을 자신들의 임무로 생각한다.

이와 동일한 '희생자 비난하기'(blaming the victim) 기제가 제3세계의 많은 환경파괴 사례에도 적용된다. 아프리카의 유목민 부족들은 그들의 가축이 풀을 '너무 많이 뜯어서' 사헬(Sahel)지역을 사막화했다는

---

**39** C. v. Werlhof, *Männliche Natur und künstliches Geschlecht, Texte zur Erkenntniskrise der Moderne*, Vienna: Wiener Frauenverlag 1991, 169면에서 인용.
**40** 같은 책.

이유로 지역 환경 파괴의 주범으로 몰리고 있다. 아프리카와 아시아의 빈민여성들은 이제 땔감을 찾기 위해 어쩔 수 없이 점점 더 높은 언덕으로 올라가야 하는 사정을 빌미로, 숲의 재생주기를 무시한 채 나무와 덤불을 베어 삼림지대를 파괴했다고 비난받는다. 아직 화전농법을 쓰는 부족민들도 숲의 파괴자로 비난받는다. 이 범인 찾기에서 벌목업자, 목재상, 가구업자, 스포츠산업과 제지업, 목축업와 식품수출업 등이 언급되는 경우는 거의 없다. 이처럼 환경을 파괴해서 만들어진 생산물의 최종 소비자들도 대체로 면죄부를 받는다. 가난한 사람들이 아이를 많이 낳아 자연이 그 많은 인구를 감당하지 못하므로 자연의 파괴자는 가난한 사람들이라는 신맬서스이론이 진상을 덮어버리는 설명으로 흔히 사용된다.

한편 북의 환경론자들은 자연의 '보호'를 더이상 환경파괴의 '주범' 인 '원주민'에게 맡겨서는 안된다고 주장한다. 열대우림 보존과 동물보호, 심지어 부족민의 보호까지도 북의 환경보호 NGO들의 관심사가 되었다. 남의 많은 국가들의 채무문제를 도와주고자 제안된 환경 대 채무 스왑(Debt-for-Nature-Swaps, 자연보호와 채무의 교환) 계획이 이를 잘 보여준다.

희생양을 만드는 이 전술은 임신을 중지하거나 현대 재생산기술을 이용하는 여성에게도 적용된다. 일례로 1991년 독일에서 통과된 '태아보호법'의 골격은 여성이 태아의 잠재적인 적이므로 국가가 여성의 공격으로부터 태아를 보호해야 한다는 전제에 입각해 있었다. 가부장적 남녀관계, 어린이에게 적대적인 사회환경, 육아와 고용의 양립 불가능성, 현대사회의 극심한 실용주의와 물질주의, 이 사회의 성장에 대한 병적 집착 등은 모두 책임을 면제받는다. 지금까지 인간생명의 유일한 보호자였던 여성이 이 생명의 최대 적으로 간주된다. 또한 '태아보호법'은 과학실험을 위해 태아를 임의로 이용하지 못하도록 보호할 목적도 있었으니, 이는 국가가 현대의 유전공학과 재생산기술의 다양한 용도와 남용을 경계하겠다는 의사의 표현이었다. 그러나 정작 이 기술 자체——이것은 여전히 '진보'에 필요하고 또 기여하는 것으로 여겨진 다——는 금지하지 않은 채 여성들이 태아의 잠재적인 적이라는 정의를 일반화했다. 마찬가지 전략이 자연, 동물, 열대우림 등의 보호에도 적용된다. 국가는 산업자본주의 혹은 현대기술이 이들 살아 있는 공생관계를 파괴하는 과정에 개입하지 않으며 파괴적인 기술과 그것의 자본주의적 활용 둘 다를 인정한다. 그리고는 이른바 진보적이라는 기술의 실제적·잠재적 남용을 여성——모든 여성——의 탓이라며 비난하고 처벌하는 것이다.[41]

베를호프는 온당하게도 이 태아보호법이 누구를 위한 것이냐고 묻는다. 자연·동물·식물·어린이·태아·생명이 누구로부터 보호되어야 하는가?

자연, 식물, 동물, 여성, 생명은 늘 보호받지 않았는데도 어떻게 해서 아직까지 남아 있는가? … 왜 갑자기 이 특별보호가 필요한가? 자연보호는 18세기, 명징의 시대였고, 보편적 인권과 자유·평등·박애가 선언된 계몽주의시대에 시작되었다. … 누가 갑자기 자연과 인간의 생명을 공격했기에 보호가 필요해졌는가?
… 자연보호는 자연의 과정에 인간이 개입한 결과를 처리한다. 이

---

**41** 같은 책, 170면 이하. 아울러 V. Bennholdt-Thomsen, "Zur Philosophie eines anderen Umgangs mit der Natur," Die Grünen Saar, eds., *Naturschutz im Saarland, Saabrucken,* 1989, 1a~10a면을 참조하라.

보호의 필수적 전제조건은 공격이다. 진정한 자연보호란 그러한 공격을 막거나 그 결과를 치유하거나 혹은 이 공격을 정반대의 것 가령 일종의 애무 같은 것으로 바꾸어야 한다.[42]

그러나 이것이야말로 현재의 보호운동이 하지 않는 것들이다. 인간특히 여성을 포함하는 자연에 대한 공격과 개입과 침략 그리고 전쟁은 아직 끝나지 않았다. 이를 끝내기 위해서는 백인남성의 기획, 문명과 진보와 근대성에 대한 백인남성의 모델이 종결되어야 한다. 이 기획은 자연과의 전쟁을 바탕으로 한다. 그 목표는 자연과 새롭고 평화로우며 조화로운 관계를 이루려는 것이 아니라 자연에 대한 아름다운 이미지, 즉 주체로서의 자연이 아닌 은유적인 자연을 유지하려는 것이다. 이러한 목표 속에서 인간과 자연의 조화는 자연을 심미적이고 관음증적으로 시뮬레이션할 때만 성취될 수 있다. 그러나 이 시뮬레이션은 유럽적 근대의 특징인 인간과 자연의 적대관계를 바꾸지 않는다. 그러므로 근대남성의 **자연으로부터의 독립** ── 근대과학의 중심개념 ── 과 자연에 대한 그의 상상된 욕망이 동시에 찬미될 수 있는 곳은 오직 '자연에 대한 꿈'속뿐이다. 물론 이때의 자연은 아름다운 환상이며 전시물 혹은 보존품일 뿐이다.[43] 파괴와 전시의 이러한 관계는 참사 이후 앞으로 1천년 동안 접근할 수 없게 된 체르노빌에서 명백히 드러난다. 소련 과학자들

---

**42** v. Werlhof, 앞의 책, 165~66면.
**43** 나는 오늘(1992년 7월 21일) 워싱턴 동물원 원장이 자신의 동물원에 2200평방마일의 열대우림을 '재생시켰다'는 기사를 읽었다. 박물관에 동물을 '보전'하는 데 이어, 이제는 가부장적 자본주의가 파괴한 열대우림마저 박물관에 보전하는 것이다. *Die Tageszeitung*, 1992년 7월 21일; Frankfurter Rundschau, 1989년 8월 29일도 참조하라.

의 계획에 의하면 그것은 이제 전시물 즉 자연박물관이 될 것이었다. 이런 방식으로만 자연은 보수주의자에게서나 진보주의자에게서나 추상적인 관념으로 해석될 수 있다. 그런데 보수주의자와 진보주의자 그 어느 쪽도 남성과 자연, 남성과 여성, 그리고 대도시와 식민지 간의 전쟁을 끝내는 데는 관심이 없다. 그들은 자신이 파괴하고 있는 것을 갈구한다. 그리고 이러한 갈구, 자연에 대한 아름다운 환상의 추구는 이윤이라는 이름으로 이런 전쟁을 조직하는 사람들을 대중의 비판으로부터 보호하며 만인 대 만인의 전쟁, 상품세계의 기계 같은 근대성의 추한 얼굴 혹은 시체처럼 무감각한 성격을 감춘다. 자연에 대한 아름다운 환상, 창의성과 자발성의 시뮬레이션, 자연에 대한 심미적이고 상징적인 재현은 이 기계들의 세계를 조금은 더 견딜 만하게 해준다. 자연에 대한 이런 상징적 재현물을 파는 시장은 근대문명의 공허한 혜택에 좌절하는 사람들이 늘어날수록 커진다.

그러나 이미 살펴본 바와 같이 인간과 자연의 다른 존재 간의 공생관계, 살아 있는 관계가 와해되지 않는다면 이러한 환상은 팔리지 않을 것이다. 계몽주의시대 이래 진보란 그러한 공생관계에서 근대의 인간자아, 근대적 주체가 찢어져 분리되는 것을 의미했다. 무엇보다 진보는 자연에서 멀어짐을 뜻한다.[44] 이렇듯 계몽주의 이래로 자연으로부터 멀어지는 것이 해방의 선결조건이며, 자연에서 문화로, 필요의 영역에서 자유의 영역으로, 그리고 내재에서 초월로 가는 단계로 여겨졌다. 인간의 자연지배를 바탕으로 하는 이 해방 개념은 근대남성이라 해도 여성에게서 태어나며 땅에서 난 음식을 먹고 또 장차 죽으리라는 사실을, 나아

---

44 v. Werlhof, 앞의 책, 171면.

가 자연의 공생관계에 유기적으로 연결되어야만 살아 있을 수 있고 건강할 수 있으며 성취를 이룰 수 있다는 사실을 무시한다. 그러한 공생관계와 살아 있는 연관성이 일단 깨어지면 미학이나 '자연'박물관 혹은 어떠한 종류의 보호구역으로도 치유하거나 돌이킬 수 없다. 자연을 상품생산을 위해 착취해야 하는 원료가 아니라 우리가 애정어린 태도로 협조해야 할 살아 있는 존재로 인식해야만 자연과 우리 자신에 대한 이 전쟁이 끝나기를 바랄 수 있다.

## 파시즘이 어떻게 이 욕망을 이용하는가

계몽주의 이래 자연에 대한 담론은 이데올로기적·정치적 진영에서 지배적인 역할을 담당하여 이른바 진보진영과 이른바 보수진영('이른바'라고 할 수밖에 없는 이유는 이 구별이 다분히 피상적이기 때문이다)을 나누는 기준이 되었다. 각 진영은 서로 다른 자연 개념을 이용한다. 17,8세기 합리주의운동의 후예로 자처하는 진보주의자 — 좌파와 자유주의자 — 들은 새로운 과학과 기술의 힘으로, 맑스주의 용어로는 생산력의 발전으로 자연을 종속시켜 인간에게 봉사하게 해야 할 적이라 본다.

근대의 합리성은 구세계와 처절한 싸움을 벌여 그것을 자체의 규율에 맞게 훈련시키고자 한다. 이성의 반대편에 있는 황야, 길들지 않은 자연은 이성이 정복하고 복종시켜야 할 적이다.[45]

---

45 R. P. Sieferle, *Fortschrittsfeinde. Opposition gegen Technik und Industrie. Von der Romantik*

반면 보수주의자들은 자연을 산업자본주의의 무지막지한 실용주의적 착취로부터 보호해야 할 친구 혹은 좋은 어머니라 본다. 그러나 이미 살펴본 바와 같이 이 보호는 자본주의를 근본적으로 반대함으로써가 아니라, 오직 보호구역이나 박물관에서만 그리고 예술 속에서나 자연을 낭만화함으로써만 가능하다. 이 두가지 자연관은 좌파와 보수파 각각의 자본주의 비판과 관련이 있다. 지페를레(Sieferle)에 의하면 이 두 종류의 비판은 두가지 사회적 유토피아, 즉 미래로 투사된 좌파의 유토피아와 과거로 투사된 보수파의 유토피아에서 나온다고 한다.[46]

　　전(前) 근대나 전(前) 과학시대를 낭만화하고 이상화하는 보수주의의 근대문명비판과 자본주의비판을, 자유주의자와 좌파들은 반동적이고 비이성적이며 반(反)진보, 반(反)기술로서의 러다이트주의에 가깝다고 간주한다.

　　파시즘이라는 역사적 경험을 거친 이후 독일에서 그같은 근대문명·자본주의 비판은 종종 파시즘이 잠재해 있다고 비난받는다. 특히 좌파는 생산력의 발전 곧 인간의 자연지배가 낡은 생산관계로부터의 정치적·경제적 해방의 전제조건이라 보는 헤겔주의적·맑스주의적 역사철학을 고수하고 있다. 이 진보 혹은 발전은 낭만주의적 비판이 중단할 수 없는 일종의 자연법칙이자 필연적 과정이라 간주된다. 이 진영에서 '역사에 후퇴란 없다'는 말을 곧잘 들을 수 있다. 자연파괴와 고향상실의 비애, 환경파괴의 두려움, 기계와 공장으로 이루어진 차갑고 냉담한 세계에 대한 절망과 소외감, 의무적인 일의 무용함에 대한 깨달음, 산업재

　　*bis zur Gegenwart*, Munich: C.H. Beck 1986, 239면.
**46** 같은 책, 256면.

해와 환경재난의 공포, 핵오염과 화학오염에 대한 어머니들의 절망, 이 모든 것을 진보주의자들은 히스테리컬하고 비합리적이며, 19세기의 반(反)합리주의적, 반(反)혁명적 보수주의-낭만주의 운동의 연장으로 치부한다. 이러한 주제와 감정들에 반동적이고 비합리적이라는 낙인을 찍음으로써 자유주의자와 좌파들은 피상적인 좌우이분법을 사용해 이러한 감정들을 모두 우파에게 떠맡긴다. 그러나 이러한 감정과 동경은 도시중산층뿐만 아니라 프롤레타리아 대중들에게서도 발견된다. 크리스텔 노이주쓰(Christel Neususs)는 1920년대 후반 바이마르공화국의 사회민주당이 폈던 합리주의와 합리화에 대한 담론이 많은 공장 노동자들의 반대를 받았다는 점을 보여준다. 이 논쟁에서 사회민주당은 합리주의의 편을 들어 육체노동을 정신노동으로 대체하고 그리하여 노동을 '더 생산적'으로 만들 기술적 합리화와 혁신의 필요성을 선전했다. 이 합리화에 대한 노동자들의 저항은 자본주의 케이크에서 더 큰 조각을 얻으려는—이것이 사회민주당의 주장이었다—욕망이 아니라 노동과 '어머니 자연', 그리고 육체로부터 심화된 소외에 대한 저항에서 나왔다. 그것은 고향과 시골마을의 상실, 그리고 자연스럽고 유기적인 리듬과의 분리에 대한 슬픔에서 비롯되었다. 그러나 사회민주당과 공산당은 이러한 복잡성을 그들의 합리주의적 유토피아에 통합할 수 없었기 때문에 이러한 감정들을 무시하거나 비합리적이고 파시스트적이라 분류하였다. 그렇게 함으로써 그들은 심리사회적 현실 전반을 설명하지 않은 채 내버려두었고 그것이 파시스트들의 선전에 이용되도록 방치하였다.[47]

47 Ch. Neususs, *Die Kopfgeburten der Arbeiterbewegung, oder: Die Genossin Luzemburg bringt*

파시스트들은 이러한 소외와 열망의 감정을 '차지하여' 그들이 주장하는 유기적이고 새로운 사회라는 유토피아에 이용하였다. 내가 이해하는 바로는 독일 국가사회주의자들의 성공은 그들이 국민들 특히 프롤레타리아 대중들 사이에 이미 팽배한 감정을 동원할 수 있었다는 점을 이해하지 않고서는 설명이 불가능하다. 그같은 감정을 동원하여 자신들의 전략에 통합하지 않았다면 그들은 선거를 통해 정권을 장악하지 못했을 것이다. 물론 이 모든 감정은 구원을 약속한 거대한 가부장적 지도자에게 투사되었다. 그들의 정책은 특히 '우리의 땅' '고국땅'(Heimat) '땅과 피'(Blut and Boden) 그리고 '인민' 전체의 물질적·정서적 토대로서의 어머니·자연과 같은, 감정을 환기하는 '지역'에 집중되어 있었다.

파시즘이 물러난 이후 이러한 '상징적 터'와 그에 관련된 감정은 독일에서 도덕적 금기와 검열의 감시 아래 놓이게 되었고, 이 검열은 독일 좌파 내에서 특히 엄격하다. 가령 이러한 감정을 동원한 녹색당은 초기에 —그리고 때로 지금까지도— 비합리적이고 친파시스트적이라 비판받았다. 생태민주당과 같은 환경운동 분파는 우파로 간주되어 녹색당에서 추방당했다. 파시즘에 대한 이같은 명시적·암묵적인 비난은 사람들로 하여금 우리 시대의 핵심적 문제들 —환경위기, 남녀관계, 전쟁과 평화, 식민지문제— 을 다른 시각에서 보지 못하게 하는 일종의 사고의 금기로 기능한다. 공공의 관심의 초점을 '땅', '고향땅', 농민, 어머니, 어린이, 자연으로 돌리고자 하는 사람은 흔히, 제3제국(the Third Reich, 나치독일) 이전에 출현해 이후에 그 전략에 통합되었던 자연과 고

*alles dirrcheinander*, Hamburg: Rasch & Rohring 1985.

국땅 보호운동, 생활개혁운동, 반(反)도시·반(反)산업 운동의 연장이자 반복일 뿐이라고 비난받는다.[48]

독일 여성운동 내에서도 이처럼 무익하게 좌우를 가르는 사고방식이 어린이와 환경문제, 자연과 농촌의 삶에 관심을 집중하는 여성들을 비판하는 데 사용된다. 체르노빌 사태 이후 자발적으로 생겨난 엄마들의 반핵운동은 페미니즘 운동 일부에서 특히 나치가 선전한 모성숭배로 돌아간다는 비판을 받았다. 녹색당의 여성분과가, 페미니즘 운동이 지나치게 미혼의 무자녀 '직업여성'에게 치중되어 아이 엄마들은 이 운동에서 설 곳이 없다는 '엄마선언'을 발표하자, 운동 내에 새로운 분열이 생겼다. 이 선언이 공표되자 치열한 논쟁이 뒤따랐고, 여기서 이 선언문을 발표한 여성들은 파시스트 경향이 있다고 비판받았다.[49]

걸프전에 반대하는 여성들의 운동 맥락 속에서도 이와 유사한 비판이 제기되었다. 무엇보다 엄마로서 걱정했기 때문에 '전쟁반대'를 표명한 소책자를 발행한 독일 여성들은 '엄마-평화주의자'로 비판받았는데, 당시의 맥락에서 이는 반(反)유태주의자로 해석되었다. 이렇게 독일 내의 모든 새로운 사회운동을 나치 과거라는 배경의 맥락과 합리주의와 비합리주의라는 이분법의 틀 안에서 해석하는 인식이야말로 좌우도식을 넘어 새로운 시각의 개발을 어렵게 만든다.

흔히 모성과 땅 등의 문제를 둘러싼 이러한 사고의 금기와, 파시스트 경향이라는 비난에 대한 두려움 때문에 전술적인 발언 이상으로 나아가지 못한다. 여성들이 엄마가 될 수 있다는 사실을 새로이 생각하고

---

48 Sieferle, 앞의 책.
49 C. Pinl, "Zum Muttermanifest," *Die Tageszeitung*, 1990년 1월 15일.

자 할 때 우파로 몰릴 것을 두려워해야 한다면 그들은 더이상 그러한 문제를 공적으로 다루지 않게 될 것이다. 이러한 사고의 금기는 파시즘과 파시즘이 모성이데올로기를 위해 여성을 이용한 것에 대한 진정한 비판을 가로막는다. 왜냐하면 파시즘으로인해 가장 큰 이익을 얻는 사람들은 '비합리적인' 여성들이 아니라, 특히 합리주의 패러다임에 결탁한 과학자들과 이 합리주의 과학을 전쟁준비에 사용한 기업가들이기 때문이다. '비합리적인' 여성들과 농민들, 그밖의 '뒤쳐진' 부분들이 파시스트 협조자로 비난받으면 받을수록 산업-자본주의-군부 결합체가 파시즘과 공모한 사실을 잡아떼기가 쉽기 때문이다. 새로운 사회운동을 비판하는 좌파비판가들, 특히 파시즘의 기시감을 느낄 수 있다는 그들의 비판은 지금까지 자연의 회복 불가능한 파괴를 전제로 하는 합리주의적 유토피아가 아닌 다른 유토피아나 새로운 사회의 전망을 발전시키지 못하고 있다. 이전의 진보주의자들이 동유럽 사회주의 붕괴 이후 새로운 전망과 유토피아에 대한 모색 자체를 포기해버린 까닭은 아마 이처럼 합리주의와 비합리주의라는 이분법적 도식에서 벗어나지 못한 탓일 것이다. 그들은 차라리 완전히 상대주의적인 포스트모더니즘을 받아들이는데, 모든 유토피아가 실패했다는 이 학파의 주장에 따라 그런 감정과 희망을 어디에도 투사하고 싶어하지 않는다. 그리하여 허무주의적인 쾌락주의와 개인주의, 그리고 비판을 위한 비판만이 남는다. 이러한 입장은 어느 편도 취하지 않으므로 언제나 옳은 편에 속할 수 있다.

영어권, 특히 미국과 영국에서는 에코페미니스트들이 파시즘이 아니라 본질주의(essentialism)라 비난받는다. 주로 구조주의학파의 주장에 따라 사회적 세계뿐 아니라 자연까지도 사회적으로 구성된다고 보는 좌파들이 이런 비판을 한다. 그들은 여성과 자연에 대한 사적 유물론적 관점을 견지하여, 미국 에코페미니스트들의 수많은 저술이 사회적으로 결정된 관계를 생물학적 혹은 자연적인 것으로만 보며 이성을 직관과 상상력으로 대체하는 물화된 자연주의에 근거한다고 본다. 내 견해로는 자연과 여성에 대한 '본질주의적' 견해와 맑스주의 사적 유물론 간의 논쟁도 바로 우리가 이 책에서 비판하는 이분법적 패러다임의 연장이다. 자연과 여성에 대한 맑스주의적, '유물론적' 해석 혹은—근래에 통용되는 용어로 하자면—구성(construction)은, 우리 지구가 유한하고 여성과 다른 동물들의 유기적 신체가 유한한 현실을 이상주의적으로 초월한다는 점에서, 우리가 보기에는 충분히 '유물론적'이지 못하다. 여성성(femaleness)은 언제나 우리의 유기적 신체와 맺는 인간적 관계였고 지금도 마찬가지이다. 오직 자본주의 가부장제하에서만 정신과 물질, 자연과 사회의 구분이 이른바 자연적인 것에 대한 전적인 평가절하를 낳는다. 나는 에코페미니즘의 주장과 사회생태주의자의 견해가 반드시 통합되어야 한다고 주장하면서 양자의 무익한 논쟁을 극복하고자 하는 메리 멜러(Mary Mellor)의 입장에 동의하지만, 그러한 통합은 '사회주의 기획 전반에 대한 재구성 없이는' 불가능할 것이다.[50]

메리 멜러가 논한 '본질주의' 대 '사적 유물론'의 문제는 학계에 국한된 까닭에 이상주의적 담론에 불과하며, 사람들이 해결을 요하는 긴급한 문제들에 직면해 있다는 사실을 외면하는 것 같다. 우리 삶의 기반인 환경의 계속되는 파괴와 점점 늘어나는 여성에 대한 남성의 폭력, 그리고 점증하는 세계 도처의 맹목적인 내전과 람보주의에 비추어볼 때 '본

---

50 M. Mellor, "Eco-Feminism and Eco-Socialism: Dilemmas of Essentialism and Materialism," *Capitalism, Nature, Socialism*, Vol. 3(2) Issue 10, 1992년 6월, 1~20면.

질주의' 대 '유물론'이라는 구조주의적 논쟁은 부적절하다. 이제는 '선한' 자연과 '악한' 자연, '합리성 대 비합리성', 주체 대 객체, '자연 대 사회 혹은 문화'라는 무익하고 파괴적인 이분법을 버려야 할 때이다. 아메리카 인디언이 말한 것처럼 자연은 단순한 원료저장고가 아니라 우리의 어머니이며 주체이고 살아 있는 물질이며 영혼의 체현이다. 우리가 자연에게 저지른 일은 우리가 우리 자신에게 저지른 일임을 잊어서는 안된다. 가부장적 폭력에 대한 역사적 경험이 있고, 이 경험에도 불구하고 생존지식을 지니고 있기에, 여성들은 남성들보다 이 점을 덜 잊어버린다. 그리고 바로 여성 — 그리고 몇몇 남성 — 들이 생존기반의 파괴에 대항하는 싸움에서 인간과 자연의 관계에 관한 새롭고 현실적이며 대안적인 비전을 제시할 수 있다.

4부

# 에코페미니즘 대
# 생명공학을 통한 새로운 투자영역

## 11장
# 여성의 토착지식과 생물다양성 보존

반다나 시바

젠더와 다양성은 여러모로 얽혀 있다. 여성을 '제2의 성'으로 만든 것도 생물세계의 다양성을 제거하고 절멸시킨 개발패러다임이 그러하듯이 차이를 다루지 못하는 무능력과 관련되어 있다. 가부장적 세계관에서는 남성이 모든 가치의 척도로서 다양성의 여지는 없고 오직 위계만이 존재한다. 여성들은 다르다는 이유로 불평등하고 열등하게 취급받는다. 자연의 다양성은 그 자체로 가치있어 보이지 않으며 오직 상업적 이익을 위한 경제적 착취를 통해서만 가치가 부여된다. 상업적 가치기준은 이렇듯 다양성을 문제점과 결핍으로 환원한다. 다양성의 파괴와 단일경작의 창출이 자본주의 가부장제의 지상과제가 되는 것이다.

여성의 주변화와 생물다양성의 파괴는 함께 진행된다. 다양성의 상실은 단일문화, 획일성, 동질성을 향해 무자비하게 몰아붙이는 가부장적 진보 모델이 치른 대가이다. 이 전도된 진보의 논리에서는 보존하는 일조차 수난을 겪는다. 농업 '개발'이 다양성을 없애는 방향으로 추진되는데도 다양성을 파괴한 바로 그 국제적 이권세력들은 제3세계 국가에게 다양성을 보전하라는 압력을 넣고 있다. 이와 같은 획일성에 기초해

'생산'하고 다양성을 지키기 위해 필사적으로 '보존'을 시도하면서 생산과 소비를 분리하는 모순은 생물다양성을 보호하는 데 악영향을 미친다. 그 보호는 다양성을 생산기술과 경제의 기초이자 토대 및 논리로 삼을 때만 가능하다.

다양성의 논리는 생물다양성과 여성이 이에 대해 맺고 있는 관계에서 가장 잘 끌어낼 수 있다. 그것은 지배구조를 아래로부터, 즉 다양성의 기반에서부터 바라볼 수 있게 해주며, 그럴 때 단일경작은 비생산적인 것이며 단일경작을 만들어내는 지식이란 정교하기는커녕 원시적이라는 점이 드러난다.

다양성은 여러면에서 여성정치와 환경정치의 기초를 이루며, 젠더정치란 대개 차이의 정치이다. 환경정치 역시 획일적이고 동질적인 과정에 반대되는 자연의 다양성 및 차이에 근거하고 있다.

여성과 생물다양성이 들판과 숲, 건조지대와 습지대에서 만날 때 이 두가지 다양성의 정치는 하나로 수렴된다.


## 다양성: 여성의 전문지식

다양성은 여성의 노동과 지식의 원리이다. 여성들이 가부장적 계산법에서 평가절하되는 것도 바로 이 때문이다. 그러나 또한 그것은 다양성을 파괴하지 않고 존중하는 '생산성'과 '기술'의 대안적 계산법이 만들어질 수 있는 모체이기도 하다.

많은 제3세계 공동체의 경제는 그들의 생존과 복지를 생물적 자원에 의존하고 있다. 이러한 사회에서 생물다양성은 생산의 수단인 동시에 소비의 대상이다. 생존과 생계의 지속은 궁극적으로 다양한 생물적 자원을 보존하고 지속가능한 상태로 사용하는 문제와 연관되어 있다. 그러나 부족과 농민 들이 사용하는 생물다양성에 근거한 기술들은 후진적이고 원시적이라 간주되어 다양성과 사람들의 생계 모두를 파괴하는 '진보적' 기술로 대체되고 있다.

다양성에 근거한 생산체계는 생산성이 낮은 체계라는 잘못된 인식이 널리 퍼져 있다. 그러나 획일적이고 동질적인 체계의 높은 생산성은 문맥상의 범주이자 이론적으로 구성된 범주로서, 일차원적인 수확량과 산출량만을 근거로 본 것이다. 그러므로 이른바 낮은 생산성과 높은 생산성의 대비는 중립적인 과학적 척도가 아니라 일차원적 산출량의 극대화가 경제적 지상과제인 사람들의 상업적 이해에 치우친 척도이다.

그러나 작물의 획일성은 임업과 농업 그리고 축산의 다양한 다용도 체계와 연관된 노동을 하는 사람들의 생산체계와 생계 자체를 구성하는 생물체계의 다양성을 붕괴시킨다. 일례로 인도의 께랄라(Kerala, 이 이름은 코코야자에서 나온 것이다)주에서는 코코넛이 구장, 후추나무, 바나나, 드럼스틱, 타피오카, 파파야, 잭프룻, 망고, 야채와 나란히 다층의 집약적 수확체계에서 경작된다. 코코야자 단일경작의 연간 노동필요량은 1헥타르당 157명의 1일 노동인데 비해, 혼합경작 체계에서는 960명의 1일 노동이다. 건조한 데칸고원의 경작체계에서 기장·콩·유지류의 혼합경작을 유칼립투스 단일경작으로 바꾸자 1헥타르당 연간 250명의 고용상실 효과가 생겼다.

노동력이 귀하고 비쌀 때에는 노동대체 기술이 생산적이고 효율적이지만, 노동력이 풍부할 때 노동대체란 빈곤과 박탈과 생계파탄에 이르기 때문에 오히려 비생산적이다. 그러므로 제3세계의 상황에서는 자연자원의 지속가능성과 생계의 지속가능성이라는 두가지 차원이 동시에 성취되어야 한다. 결과적으로 생물다양성의 보존은 생물다양성에서 연원하는 생계의 보존과 연결되어야만 한다.

여성의 노동과 지식은 생물다양성의 보존과 이용에 핵심적인데, 왜냐하면 여성들은 나누어진 '분야들' 사이에서 일하며 복합적인 작업을 수행하기 때문이다. 농민으로서 여성들은 그들의 기여에도 불구하고 눈에 띄지 않는다. 경제학자들은 이른바 '생산의 범위' 밖에 있다는 이유로 여성노동을 '생산'으로 계산하지 않는 경향을 보인다. 이러한 누락은 노동하는 여성이 너무 적어서가 아니라 너무 많은 여성들이 너무나 다양한 종류의 노동을 너무나 많이 하고 있기 때문에 일어난다.

통계학자들과 연구자들은 가정 내외의 여성노동을 정의하는 데 개념적으로 무능하다. 그런데 농사일은 대개 이 둘에 걸쳐 있는 노동이기 쉽다. 무엇이 노동이고 무엇이 노동이 아닌가에 대한 인식이 여성들이 하는 엄청난 양의 다양한 노동을 수용하지 못하는 것이다. 이는 여성들이 가족과 공동체를 부양하기 위해 일하지만 그들이 하는 노동의 대부분이 '임금'으로 측정되지 않는다는 사실과도 관련된다. 또한 그들의 노동은 주로 시장에 관련되거나 보수를 받는 일이 아니며 대부분 복합적인 작업을 병행하기 때문에 더욱 눈에 드러나지 않는다.

노동의 선험적 정의에 의존하지 않는 시간배분연구(time allocation studies)는 대다수 농촌여성의 생계전략의 특징인 수행된 작업의 복합성과, 전통적인 노동력 안팎을 넘나드는 계절적이고 심지어 일상적인 움직임을 좀더 정확하게 보여준다. 현재 간행되고 있는 젠더연구보고서들은 노동의 가치와 양과 시간 면에서 볼 때 인도의 주요 식량생산자는 여성임을 분명히 드러낸다.

비료를 생산하고 준비하는 과정에서 여성들은 기술과 지식이 필요하다. 종자를 준비하려면 그들은 종자준비와 발아에 필요한 것들과 적합한 토양의 성질에 관해 알아야 한다. 종자를 준비하는 데는 시각적인 선별능력, 정교한 모터조정법, 습도와 날씨 조건에 대한 민감함 등이 요구된다. 종자를 뿌리고 심는 데는 계절, 기후, 식물의 요구, 기상조건, 세부 기후요인들과 토질향상 등에 대한 지식이 필요하며, 신체적인 요령과 힘도 필요하다. 식물을 제대로 가꾸려면 식물 질병의 성질, 가지치기, 막대로 지탱하기, 물대기, 동반작물, 천적, 배열, 생장기와 토양유지에 대한 정보를 알아야 한다. 꾸준함과 인내와 육체적인 힘, 식물의 요구에 대한 관심도 필수적이다. 수확에서도 기후, 노동력, 등급에 대한 판단력과 보존할 것과 즉시 쓸 것, 종자용에 대한 지식이 필요하다.

여성의 지식은 토착 낙농업에도 대들보 역할을 했다. 인도에서 농촌 여성들이 주로 꾸려가는 낙농업은 유럽과 북미에서 들여와서 인도의 정규 교육기관에서 낙농과학으로 가르치는 것과는 상당히 다르다. 여성들은 소와 들소뿐 아니라 돼지와 닭, 오리, 염소 등을 키우는 데도 전문가였다.

임업의 경우에도 양분과 비료로 생물자원(biomass)을 사용하는 데 여성들의 지식이 핵심적이었다. 다양한 사료용 종의 양분가치와 장작용의 연료가치, 식용 임산물과 종에 대한 지식은 여성들의 활동비중이 압도적인 농업관련 임업에 필수적이다. 저투자 농업에서는 직접적인 여성노동과 동물을 이용하는 여성노동을 통해 거름이 숲과 농가의 나무에서 논밭으로 옮겨진다.

농업에서 여성들의 노동과 지식은 '분야들' 사이의 '중간'영역, 분야 간의 보이지 않는 생태적 흐름에서 주로 발견되며, 바로 이런 연결고리를 통해 자원이 부족한 조건에서도 생태적 안정성, 지속가능성, 생산성이 유지된다. 여성의 노동과 지식이 눈에 띄지 않는 까닭은 여성의 기여에 대한 실제적 평가의 맹점으로 작용하는 성편견 때문이다. 이는 또한 개발에 대한 선형적이고 파편적이며 환원주의적인 접근에 뿌리박고 있는바, 그러한 접근법은 삼림·가축·작물을 각기 독립적인 것으로 다룬다.

'녹색혁명'의 초점은 성장억제, 단일경작, 다모작 등의 기술을 동원하여 쌀이나 밀의 알곡수확을 늘리는 것이었다. 인도의 여성농민들에게 쌀은 식량일 뿐만 아니라 사료이기도 하고 지붕을 덮을 짚이기도 하다. 다수확품종(HYVs)은 여성의 노동을 오히려 증가시킬 수 있으며, 지역의 특산품종과 토착적인 수확향상 전략에서의 전환은, 종자와 유전자원에 대한 여성의 통제력을 약화할 수 있다. 여성들은 오랜 옛날부터 종자를 지키는 사람이었으므로 그들의 지식과 기술이 모든 수확향상 전략의 기본이 되어야 한다.

## 여성: 생물다양성의 관리자

대부분의 문화에서 여성들은 생물다양성의 관리자였다. 그들은 농사를 지으면서 생물다양성을 생산하고, 재생산하고, 소비하며, 보존해왔다. 그러나 여성의 노동과 지식의 다른 양상들과 마찬가지로 생물다양성을 개발하고 보존하는 그들의 역할은 비노동이요 비지식이라 치부되어왔다. 그들의 노동과 전문적 식견은 정교한 문화적·과학적인 관행에서 나왔지만 자연적인 것의 일부로 정의되었다. 그러나 여성들의 생물다양성 보존은 그보다 널리 알려져 있는 생물다양성의 가부장적 개념과는 다르다.

최근 전세계적으로 생물다양성에 대한 관심이 높아가는 것은 대규모 단일경작에 기초한 농업생산이 확대되면서, 그와 관련한 취약성도 커짐에 따라 다양성이 파괴된 결과이다. 그렇지만 단일경작의 확산과 연결된 농경체계의 파편화가 여전히 생물다양성 보존의 지도적인 패러다임 역할을 하고 있다. 농경지 생태계의 각 요소는 고립된 것으로 보여지며 다양성의 보존은 다양한 품종을 수집하는 산술적인 행위로 여겨진다.

이와 대조적으로 인도 전통에서는 생물다양성이란 각 요소가 다른 요소들과의 관계를 통해 자체의 특성과 가치를 얻는 상관적인 범주이다. 생물다양성은 생태적이고 문화적으로 새겨진다. 생명의 재생을 축하할 뿐만 아니라 종자선택과 번식의 미묘한 시험장을 제공해주는 축제와 의례들에서 문화의 재생산과 보존을 통해 다양성이 재생산되고 보존된다. 지배적인 세계관은 이 시험들을 과학적이라 여기지 않는다. 실험실과 실험계획에서 나온 시험이 아니라 주민들의 전체적인 세계관 및 생활양식과 통합되어 있는 것이고, 흰 가운을 입은 남성들이 아니라 마을 여성들이 이 시험을 행하기 때문이다. 그러나 농업의 풍부한 생물다양성은 바로 이런 식으로 보존되어왔으므로 체계적으로 신뢰할 만한 방식이다.

여성들이 종자를 보존할 때는 다양성도 보존하며 그리하여 균형과 조화도 보존하는 셈이다. 나브다냐(Navdanya) 즉 9개의 씨앗은 비단 식물세계뿐만 아니라 지구와 사회 전체의 다양성과 균형의 재생을 상징한다. 이러한 복합적인 관계의 그물이 인도문화의 생물다양성에 의미를 부여하며 수백년을 두고 그것을 보존할 수 있었던 근간이었다.

## '신성': 보존범주

토착환경에서는 신성(神聖)이 보존의 큰 부분이었다. 신성은 다양성의 내재적인 가치를 망라하며, 전체에 대한 부분의 관계 즉 온전한 전체를 인식하고 보존하는 관계를 표시한다. 신성을 모독하는 종자는 생태순환의 전체성과 연결고리를 어지럽히고 농업생태계와 지속가능한 생산을 책임지는 아래와 같은 관계들을 끊어놓는다.

① 신성한 종자는 나바그라하(Navagraha)를 상징하는 나브다냐와 함께 대우주를 축소한 소우주로 여겨진다. 지구와 기후의 영향은 식물 생산성에서 핵심적인 것으로 간주된다. 반대로 다수확품종은 모든 계절적 기후와 우주의 주기들과의 연관을 파괴한다. 다모작과 무감광성(無感光性, 빛의 유무와 상관없이 발아되는 성질)은 다수확품종이 지구와 기후의 영향에서 벗어나는 두가지 주요 방법이다. 그러나 계절적 주기로부터의 '자유'는 거대한 댐과 집약적인 관개에 의존함으로써만 가능해진다.

② 종자의 다양성과 영양의 균형은 상호의존적이다. 다수확품종의 단일경작은 영양 결핍과 불균형을 초래한다. 곡물의 상품생산을 늘리기 위해 콩과 유지류는 희생되는 것이다.

③ 작물의 다양성은 토양의 비옥도를 유지하는 데 필수적이다. 화학비료에 의지하는 단일경작은 토양비옥도의 기반을 파괴하는 반면, 생물다양성은 그것을 향상시킨다. 성장억제 품종에서는 유기물을 토양으로 재순환시켜줄 짚이 나오지 않으며, 화학물질들은 토양 내의 식물군과 동물군을 죽여 없앤다.

④ 또한 생물다양성은 생산자가 곧 소비자인 자급적 농경단위의 지속가능성을 유지하는 데도 필수적이다. 다수확품종의 단일경작에서는

더 많은 농민들이 종자를 구입하는 소비자가 되며, 따라서 의존성과 생산단가가 증가하고 해당 작물을 지역산물로 내세울 권한은 줄어든다.

⑤ 마지막으로, 종자를 구입하게 된 다음부터 여성들은 의사결정과 종자관리라는 영역에서 쫓겨나 비숙련 노동자로 전락하게 된다. 까르나따까(Karnataka)지방에서 주요 작물들은 아까디(akadi)라 불리며 여성들이 아까디 작물에 관계된 모든 결정을 내린다. 람바니(Lambani) 여성들은 "남자가 아까디에 대해 아는 게 뭐가 있어? 그들은 쟁기질밖에 몰라"라는 말을 주고받는다. 아까디 작물을 여성들이 관리한 덕에 전통적인 종자가 수세대를 거쳐 보존되었다. 한 여성은 "그것들은 나와, 내 어머니와, 내 가족들이 키운 종자이며 내 딸이 키울 종자예요"라고 말한다.

농업공동체에서 생물다양성을 보존하고 갱신하는 여성들의 일상적 실천으로부터 얻을 수 있는 통찰은 무엇일까?

첫번째는 생물다양성의 의미인데, 나브다냐에 요약되어 있는바 생물다양성이란 환원주의적 범주가 아니라 상관적 범주이며 원자화된 개념이 아니라 맥락적 개념이다. 그러므로 생물다양성을 보존하는 것은 조화와 균형을 유도하는 관계를 보존하는 것이다. 생물다양성은 원료로 쓰일 때를 제외하고는 파편으로 보존될 수 없으며 그렇게 해서는 살아 있는 생태계와 살아 있는 문화의 생명력의 기반이 될 수가 없다.

두번째로 상관성의 보존에는 신성과 불가침의 개념이 따른다. 종자의 신성과 다양성의 개념은 종자를 이윤이 그 유일한 가치인 단순한 상품으로 여기는 것과는 전적으로 다른 세계관에 속한다.

세번째로 대부분 지속가능한 농업체계가 갖는 자급적 성격은 생산과 소비의 자기완결적 주기를 내포한다. 주류 경제학은 그러한 공급체계를 고려하지 못한다. 왜냐하면 주류 경제학은 생산자와 소비자가 다른 경우의 생산만을 고려하기에 상품생산만이 생산이며 자급은 비생산적인 일로 여기기 때문이다. 여기서는 여성의 과중한 노동도 비노동으로 나타난다. 불행히도 이 시각이 생물다양성 보존을 위한 주된 전략의 틀을 제공하고 있다.

이와 같이 생물적 자원은 사회적·윤리적·문화적·경제적 가치를 갖고 있지만 정부의 정책결정자들의 관심을 끌기 위해 논증되어야 하는 것은 오직 경제적 가치뿐이다. 생물적 자원이 지니는 경제적 가치의 세 가지 범주는 다음과 같다.

- '소비적 가치': 땔감, 사료, 사냥해서 얻은 고기 등 시장을 거치지 않고 직접 소비되는 생산물의 가치.
- '생산적 가치': 상업적으로 이용되는 생산물의 가치.
- '비소비적 사용가치': 유역보호, 광합성, 기후조절, 토양형성 등 생태계 기능의 간접적 가치.

이렇게 하여 분석과 옵션을 미리 결정하는 하나의 흥미로운 가치틀이 구성된다. 만일 자연과의 직접적인 교류로 생계를 꾸려가는 가난한 제3세계 주민들은 '소비'만 하고 상업과 교역의 이권세력들이야말로 '유일한' 생산자라면, 생물적 자원의 파괴에 책임이 있는 쪽은 제3세계이고 북은 그것을 보존할 능력을 가졌다는 결론이 당연히 따라오는 것이다. 이와 같이 이데올로기적으로 구성된 소비·생산·보존 간의 구분은 생물다양성 파괴의 근저에 깔린 과정의 정치경제학을 은폐한다.

그것은 무엇보다 생물다양성의 가치를 생산하고 보존하는 여성들을 단순한 소비자로 전락시킨다. 주류 보존전략은 여성들의 문화, 가치, 기술, 지식 등에 기반을 둔 보존 프로그램을 세우는 대신, 오히려 이것들을 없애버림으로써 지속가능한 생계와 생산체계의 기반인 생물다양성을 파괴할 조건을 만들어낸다.

지배적 세계관에서 다양성은 생태적인 것이 아니라 수적이고 산술적인 인자이다. 그것은 상관적인 공생이나 복합성이 아닌 산술적 다양성에만 관심을 둔다. 생물다양성은 흔히 '주어진 집합체 내에서 생태계와 종과 유전자의 수와 빈도를 포괄하는 자연의 다양성의 정도'라고 정의된다. 이와는 대조적으로 다양성을 지켜온 문화와 경제에서는 생물다양성을 균형과 지속가능성을 보장하는 관계의 망(web)이라 본다. 더 큰 규모로 보자면 이것은 행성과 행성 사이의 관계, 우주적 조화와 나브다나에 담긴 농경의 조화 사이의 관계를 포함한다.

우리가 사는 땅의 차원에서 본다면, 다양성과 상호관련성은 모든 지속가능한 농경체계의 특징이다. 이러한 맥락에서 생물다양성은 나무·작물·가축의 공존과 상호의존을 의미하며 이것이 생물자원(biomass)의 흐름을 통해 다산성의 주기를 유지한다. 여성의 노동과 지식은 이처럼 눈에 보이지 않는 '사이의 공간'에 집중되어 있다. 또한 혼합순환경작에서 다양한 작물들 사이에는 복합적인 기능을 통해 생태적 균형을 유지시키는 생태학적 관계가 있다. 곡물과 콩류를 섞어 심으면 질소순환 속에서 영양상의 균형이 이루어지며, 또한 혼합경작은 질병과 천적의 균형을 유지하여 화학적이거나 유전적인 처치 없이도 질병을 통제할 수 있다. 또한 다양한 혼합작물은 물의 순환을 유지해 토양의 습도와 비옥도를 보존한다. 이처럼 생태적으로 풍부한 생물다양성의 의미와 실천이 인도의 작은 농가들에서 수천년간 보존되어왔고, 지속가능성과

정의에 기초하여 식량과 영양을 공급해왔다.


## 생명공학과 생물다양성의 파괴

　제3세계 여성들이 생물다양성과 맺는 관계는 기업체 남성들이 생물다양성과 맺는 관계와 크게 다르다. 여성은 생물다양성을 통해 생산을 하지만 기업체의 과학자들은 단일성을 통해 생산을 한다.

　여성농민들에게는 생물다양성이 내재적인 가치를 지니지만, 국제적 종자회사나 영농기업에게는 생명공학 산업을 위한 '원료'로서만 가치 있을 뿐이다. 여성농민들에게 종자의 핵심은 생명의 지속이다. 다국적 기업에게는 종자의 가치가 생명의 단절에 있다. 종자회사들은 고의적으로 다음 세대를 낳을 수 없는 종자를 만들어냄으로써 농부들을 종자 관리자에서 종자소비자로 바꾸어놓는다. 접합(hybrid)종자는 그 결실을 다시 종자로 쓰지 못하도록 '생물학적 특허를 받은' 것으로 농민들은 해마다 회사에서 종자를 새로 사야 한다. 그렇지 않은 경우라도 법적 특허니 지적 소유권이니 하는 제도들이 농민들로 하여금 종자를 따로 비축하지 못하도록 한다. 종자 특허는 기본적으로 기업체들이 종자를 그들의 '창조물'로 본다는 뜻을 함축한다. 특허는 다른 사람들이 그 특허상품을 '만들지' 못하게 하기 때문에 특허받은 종자로는 종자를 만들 수 없다. 특허를 받은 회사에 사용료를 지불해야 한다.

　기업 소속의 과학자들이 생명을 '창조'했다는 주장은 전적으로 부당하다. 사실 그들은 창조라는 생명의 흐름을 방해한다. 또한 기업체들이 자신의 개발품이라고 주장하면서 사유물로 차지하려는 그 종자는 자연과 제3세계 농민들이 만들었기에 더욱 부당하다. 결국 종자에 대한 특허는 21세기판 해적행위이며, GATT와 같은 국제기구의 지원을 받는 다국적기업이 제3세계 여성농민들이 공유하는 유산이자 관리물을 훔치고 빼앗는 것이다.

특허와 생명공학은 이중의 절도행위이다. 그것은 제3세계의 생산자에게는 생물다양성을 훔치고, 세계 곳곳의 소비자에게는 안전하고 건강한 음식을 훔쳐간다.

유전공학은 전세계적으로 '녹색'기술이라 소개되고 있다. 1992년 5월 부시 대통령은 유전자조작 식품이 '자연적'이며 따라서 안전하다고 규정했다. 그러나 유전자조작은 자연적이지도 안전하지도 않다.

최근 미국식품의약국(FDA)은 유전자조작 식품에 관련된 몇가지 위험 사항을 열거했다.


• 유전자조작 식품에는 새로운 유독물질이 첨가될 수 있다.
• 유전자 조작식품은 영양가가 줄어들 수 있다.
• 새로운 물질은 식품의 성분을 크게 변화시킬 수 있다.
• 알레르기 반응을 일으키는 새로운 단백질이 들어갔을 수 있다.
• 항생물질 내성을 갖는 유전자는 인간과 가축의 질병에 대한 일부 항생제의 효과를 저하시킬 수 있다.
• 유전자를 제거함으로써 해로운 부작용이 야기될 수 있다.
• 유전자조작은 '가짜 신선함'을 만들어낼 수 있다.
• 조작된 식품은 가축에게 해를 입힐 수 있다.
• 유전자조작된 식용작물은 야생생물에게 해로울 수 있고 서식지를 변화시킬 수 있다.

우리에게 유전자조작 식품을 믿으라고 한다면 우리가 먹는 식품에 살충제를 넣은 회사들을 믿으라는 말이나 다름없다. 지금은 '녹색'회사라고 선전하는 몬샌토(Monsanto)는 과거 우리들에게 '농약이 없다면 수백만의 사람들이 배를 곯을 것'이라고 말했다. 보빨이 이들 독극물의 이미지를 바꾸어놓은 오늘날, 우리는 몬샌토, 씨바가이기(Ciba-Geigy), 듀퐁(Dupont), ICI, 다우(Dow)가 이제는 녹색상품을 판다는 이야기를 듣는다. 그러나 잭 클로펜버그(Jack Kloppenberg)가 최근 말했듯 "자기들이 늑대라는 사실이 드러나자 산업 선전가들은 자신들을 양으로, 그것도 녹색양으로 재정의하고 싶은 것"이다.

## 12장

# 새로운 재생산기술:
# 성차별적·인종주의적 함축[*]

마리아 미스

## 들어가며

특히 체르노빌 이후 원자력공학이 심한 공격을 받게 되자 그 기술이
차지했던 고귀한 지위를 생명공학, 주로 컴퓨터기술에 힘입은 유전공학
과 재생산기술이 이어받았다. 이들은 이른바 '하이테크'가 이룰 제3의
기술혁명에 대한 원대한 희망으로 제시되었다. 이 장에서는 새로운 재생
산기술의 발달이 함축하는 의미에 초점을 맞추고자 한다. 그러나 이들
공학이 그저 나란히 존재하는 것이 아니라 여러모로 서로 얽혀 있다는
점을 기억해야 한다. 특히 유전공학과 재생산기술은 밀접하게 연결되어
있으며 바로 이 결합이야말로 그들의 파괴적인 잠재력을 조명해준다.

이러한 기술들에 관한 담론들은 대개 분리해서 지배한다는 해묵은
원칙을 따른다. 기본 혹은 '순수' 연구가 응용연구로부터 분리되고, 유
전공학은 재생산기술로부터 분리되며 재생산기술은 다시 두가지, 즉

---

[*] 이 글은 1987년에 발간된 *Alternative*, XII에 수록된 글을 고친 것이다.

산업사회용과 저개발사회용으로 분리된다. 본질적으로 연관된 영역들과 맥락을 이렇듯 나누어놓음으로써 이 기술발전에 대한 평가가 매우 어려워진다.

그러므로 이 장에서 나는 이 기술들과 영역과 맥락 사이의 관계와 연결을 보여주는 방법론적 원리를 사용할 것이다. 그러한 포괄적이고 연속적인 조망을 통해서만 이런 발전이 모든 사람의 더 큰 행복에 기여하는지 아닌지 짐작할 수 있을 것이다. 우선 몇가지 기본 논제를 정리해본다.

① 이러한 기술들은 인간의 행복을 증진하기 위해서가 아니라 현재의 세계체제가 지속적인 성장 및 물질적 상품과 자본축적에 기초한 생활양식의 모델을 유지하느라 부닥친 어려움을 극복하기 위해 대규모로 개발되고 생산되었다. 내구소비재 시장이 더이상 확대되지 않자 과학자와 기업체들이 개발한 새로운 상품을 팔아줄 새로운 수요가 창출되어야 했다. 다른 투자영역의 전망이 더이상 그리 밝지 않은 상황에서 여성 신체의 생식능력이 과학자와 의료기술자, 투자가들의 '새로운 투자영역'과 이윤창출의 대상으로 발견되었다.[1] 재생산기술은 여성들이 그것을 필요로 했기 때문에 생긴 것이 아니라, **자본과 과학이 그들의 성장과 진보의 모델을 유지하기 위해 여성을 필요로 했기 때문에 개발된 것이다.**

② 이러한 기술들은 전세계적으로 남녀의 사회적 관계가 착취와 종속에 근거하고 있는 상황에서 도입되었다. 착취적이고 불평등한 관계 내에서 기술혁신이란 관련집단의 불평등과 착취를 감소시키기는커녕

---

1 Maria Mies, "Why Do We Need All This? A Call Against Genetic Engineering and Reproductive Technology," *Women's Studies International Forum*, Vol. 8, No. 6, 1985.

더욱 심화한다는 점은 역사적으로 증명된 사실이다.

③이러한 기술들은 그것을 팔려는 사람들에 의해 인도주의라는 명분으로 정당화된다. 예컨대 불임부부에게 아이를 갖게 해준다든지, 기형아 출산을 예방해준다든지, 임신과 출산의 위험을 줄여준다는 것이다. 그 방법론적 원칙은 한 개인의 곤경과 불행을 강조하고 그를 돕기 위해 모두의 연대를 요청하는 식이다. 여기에는 온갖 종류의 심리적 협박이 동원된다. 개별 사례는 오로지 이 기술들을 소개하고 모든 사람이 그것을 필요한 것으로 받아들이게 하기 위해서만 사용된다. 목표는 여성의 생식능력을 전적으로 장악하려는 것이다. 이 과정에서 여성의 인간적 존엄성은 무시된다.

④흔히 이런 기술 자체는 좋지도 나쁘지도 않으며 문제는 그 적용방법이라고들 한다. 이 주장은 과학과 기술이 가치에서 자유로우며 사회관계와는 어떤 관련도 없다는 널리 선전된 명제에 근거한다.

그러나 최근 몇년간 페미니스트들이 수행한 자세한 분석을 통해 지배적인 사회관계 역시 기술 자체의 핵심적 일부임이 밝혀졌다. 따라서 더이상 이런 재생산기술이나 유전공학 자체가 좋은지 나쁜지를 두고 논란을 벌이지 말고 이 기술의 근본원리 자체를 방법론과 함께 비판해야 한다.[2] 그 근본원리란 자연과 여성과 이민족(식민지인)에 대한 착취와 종속을 기초로 한 것이다.[3] 이러한 맥락 안에 새로운 재생산기술의 **성차별적, 인종주의적, 그리고 궁극적으로는 파시스트적 편향이 놓여 있다.** 다

---

2 같은 글. 아울러 Carolyn Merchant, *The Death of Nature: Women, Ecology and the Scientific Revolution*, San Francisco: Harper & Row 1983을 참조하라.

3 Maria Mies, *Patriarchy and Accumulation on a World Scale: Women in the International Division of Labour*, London: Zed Books 1991.

음으로는 이 점에 관해서 상세히 다루겠다.

## 선택과 제거

재생산기술과 유전공학은 물리학 등의 과학과 동일한 원칙에 근거한다. 다른 과학과 마찬가지로 이것들도 살아 있는 유기체를 분자, 세포, 핵, 유전자, DNA 등 점점 작은 단위로 쪼개어 (남성) 공학자의 구도대로 재결합한다. 이 과정에서 바람직한 요소를 선택하고 바람직하지 않은 요소는 제거하는 것이 핵심적이다. 사실상 선택과 제거의 원칙 없이는 생식과 유전자에 관한 기술 자체가 무의미해진다. 바람직하다고 생각되는 자질의 증식을 촉진시키고 바람직하지 않다고 보이는 자질을 제거하지 않는다면 유전자연구가 무슨 소용이 있겠는가? 이 점은 식물과 동물 유전자와 마찬가지로 사람의 유전자에도 적용되며, 생식요소(정자와 난자)를 선택하여 여성의 신체 밖에서 조합하는 재생산기술에도 마찬가지로 적용된다. 만일 이 살아 있는 유기체들이 침해받지 않고 그들 자신의 욕구와 사랑과 욕망에 따라 자유로이 생식을 조절한다면 이러한 선택과 제거는 가능할 수 없을 것이다.

캐럴린 머천트는 마녀학살 당시 여성에게 가해진 고문에서 자연에 대한 해부 및 침략과 유사한 것을 발견하였으며 이 두가지 유형의 폭력이 모두 근대 과학기술의 방법론에 내재된 것임을 보여주었다.[4] 근대의 과학적 방법론의 창시자인 프랜시스 베이컨은 자연을 강제로라도 비밀

---

4 Merchant, 앞의 책.

을 빼앗아야 할 마녀로 인식했다. 그는 다음과 같이 말했다.

십자가에 매달기 전에는 사람의 기질이 잘 드러나지 않듯, **붙잡아서 단단히 묶기 전까지는 계속 형상을 바꾸는 프로테우스처럼**, 자연도 그 냥 내버려둘 때보다 인위적인 도구(기계장치)로 시험하고 괴롭혀야 스스로를 더 잘 드러낸다.[5] (강조는 원저자)

강제와 폭력이야말로 근대과학의 보이지 않는 토대이다. 그렇기 때문에 마녀학살에서 여성에 대한 폭력이 행해지고 여성으로 인식되는 자연에게도 폭력이 가해진다.

하지만 식민지와 그 주민에게도 이와 동일한 폭력적 종속과 착취의 원리가 적용되지 않았다면 근대과학과 '기계장치' 발달의 전과정은 가능할 수 없었을 것이다. 아메리카, 아시아, 아프리카의 주민들은 유럽의 여성과 자연처럼 '야만인' 취급을 받았다. 식민지에서 빼앗은 부가 없었다면 자본주의도 근대유럽의 과학도 16~19세기에 급진전을 보지 못했을 것이다.

15세기 초만 해도 유럽이 중국이나 인도보다 덜 발전된 상태였다는 것은 잘 알려진 사실이다. 약학·수학·화학·생물학 분야에서 근대유럽의 과학은 중국·인도·아라비아에 힘입은 바 크다. 인도에서는 유럽에서 '발견'되기 훨씬 전부터 성형수술이 이루어졌고 우두법도 서양의사들이 '들여오기' 훨씬 전부터 알려져서 사용되고 있었다.[6] 마찬가지로

---

5 Bacon, *Works*, Vol. 4, 263면; Merchant, 앞의 책, 169면에서 인용.
6 Claude Alvares, *Homo Faber: Technology and Culture in India, China and the West 1500~1972*, New Delhi: Allied Publishers 1979, 2장, 46~74면.

농업·제련·제철·섬유생산 분야의 기술도 15세기 유럽보다는 훨씬 앞서 있었다.[7]

기술적 관행뿐만 아니라 자연에 관한 이론들도 중국과 인도가 유럽보다 더욱 정교했다. 조세프 니덤(Josef Needham)은 고대중국의 과학적 사고의 우수성을 풍부하게 입증했다. 그리고 인도에 관해서는 다음과 같이 쓰고 있다.

> 인도문화는 자연에 대한 체계적 사고에서 뛰어났던 것 같다.···모든 것이 제대로 가늠될 때가 오면 중국에 대한 최근 연구가 밝혀냈듯이 인도의 과학사도 수학, 화학, 생물학, 특히 그런 것들에 틀을 제공한 이론분야에서 눈부신 경이들을 담고 있음이 밝혀질 것이다.[8]

이렇게 보면 아시아보다 훨씬 앞서 있었던 것은 흔히 주장하듯이 유럽의 '두뇌력'이 아니었음이 명백해진다. 따라서 근대유럽의 과학이 막 발전하기 시작할 때에는 다른 문명에 비해 유리한 무언가 다른 것이 있었음이 분명하다. 이 무언가 다른 것이란 인간(남성)의 두뇌력을 **파괴와 전쟁의 기술**을 위해 사용한 것이었다. 애초부터 군사주의와 무기개발과 밀접하게 연결되어 있지 않았더라면 근대 역학과 물리학은 아마 전혀 다른 경로를 걸었을 것이다. 이것이 유럽의 호모 파베르(homo faber), 유럽적인 문명과 진보 모델의 비밀이다. 15세기 이래 유럽의 과학자들은 "파괴의 아버지"[9]였다. 이런 파괴기술의 개발을 정당화하기 위해 여

---

7 같은 책.
8 같은 책, 69~70면.
9 Brian Easlea, *Fathering the Unthinkable: Masculinity, Scientists and the Nuclear Arms Race,*

성과 자연과 식민지는 그들의 '인간적' 자질, 그들의 영혼을 빼앗겨야 했다. 그들은 영혼이 없는 물질로, 원료로 전락했다. 이처럼 자연, 여성, 식민지를 종속시켜 남성 과학자들이 원하는 대로 분해되고 재결합되며 영혼 없는 수동적 물질로 취급하는 과정의 목표는 물질적 부의 생산을 위해 인간의 노동력을 극대화하려는 것이었고 현재도 그러하다. 이 목표는 무엇이 가치있고 무엇이 아닌지, 무엇이 선택되어야 하고 무엇이 제거되어야 하는지에 대해 규정한다. 그리하여 백인들이 갈색이나 황색, 검은색 피부의 사람들보다 가치있고, 남성이 여성보다 가치있으며, 생산수단의 소유자가 그 생산수단으로 노동하는 사람보다 가치있다고 여겨진다. 가치가 덜하다고 간주되는 모든 것은 '자연'으로, 가치가 높다고 여겨지는 것은 모두 '인간'으로 정의된다. 그리고 가장 뛰어난 인간은 백인남성이며, 그에게는 모든 '자연'을 지배하고 자신의 창조물인 '문화'를 증진할 권리가 있다는 것이다.


## 인종주의, 성차별주의, 계몽주의

인종주의·성차별주의·파시즘은 탈역사적인 보편적 현상도 아니고 최근의 독특한 현상도 아니며, 유럽의 식민지확장과 근대과학의 발생과 밀접하게 연결되어 있다. '인간'인 백인과 '자연'에 가까운 흑인과 갈색인을 구분짓는 것이나 이와 유사하게 남성과 여성을 구분짓는 것은 '암흑'시대인 중세가 아니라 18,9세기 계몽주의시대에 가장 두드러

London: Pluto Press 1986.

304

졌다. 다수의 철학자·과학자·정치가들이 인종주의와 성차별주의 이데올로기에 공헌했다. 그 유명한 독일 철학자 헤겔은 1830년경에 흑인에 대해 이렇게 썼다.

전에도 말한 바와 같이 검둥이들(the Negro)은 그 야만성과 무법성으로 자연인을 대표한다. 그들을 제대로 이해하려면 그들에게서 모든 인간적 존엄성과 도덕성을 제거하고 봐야 한다. 그들의 특성에는 인간적인 것을 상기시키는 데라곤 없다. 이 사실은 선교사들의 광범위한 보고서에 의해서 확증되고 있다. 그러므로 검둥이들은 인간으로부터 전적으로 경멸을 받는다. (강조는 인용자)

이어서 헤겔은 인간적 가치가 이처럼 결여되었으므로 검둥이들이 노예가 될 운명에 있다고 주장한다. 헤겔에 따르면 인간이 아직 자신의 자유에 대한 인식을 이루지 못하여 대상으로, '가치없는 것'으로 전락하는 것이 노예제도의 근거이기 때문이다. 헤겔에게 검둥이는 역사의 바깥에서 살아가며 발전이 불가능한 존재이다. 그는 이렇게 적고 있다.

이런 모든 상이한 성질로부터 우리는 검둥이의 주요 특성이 야만성과 난폭성이라고 결론지을 수 있다. 이러한 특성은 발전과 교육이 불가능하다. 그들은 언제나 오늘날 우리가 보는 바와 같았다. 검둥이들이 유럽인들과 애초부터 그리고 오늘날까지 맺고 있는 유일한 관계는 노예제도이다.[10]

10 George Wilhelm Friedrich Hegel, *Vorlesungen über die Philosophie der Geschichte*, Frank-

19세기 식민지에 대한 담론 전반에는 문명화된 '문화인'(Kutur-Volker)과 '원주민' 혹은 미개사회 간의 구분이 마치 검은 실처럼 흐르고 있다. 그러나 1352~53년에 아프리카를 여행한 아라비아의 여행가 이븐 바투타(Ibn Battuta)는 원주민들을 다음과 같이 묘사한다.

　검둥이들은 몇가지 감탄할 만한 자질을 지니고 있다. 그들이 공평하지 않은 경우는 거의 찾아보기 힘들며 어떤 민족보다도 불의를 싫어한다. 작은 부정이라도 저지른 자는 그들의 왕에게 용서를 받지 못한다. 그들의 땅에서는 절대적으로 안전하다. 여행객도 주민들도 도둑이나 폭력을 무서워할 필요가 없다.[11]

　1352년에 벌써 이븐 바투타는 흑인들을 동료 인간으로 대접했고 그들의 높은 도덕적 자질을 찬탄하고 존중했다. 500년이 지난 후 위대한 근대독일의 사상가 헤겔은 그들을 질이 낮고 야만적인 '자연'의 일부로 취급했다. 이것이 자본주의와 과학의 발생과 함께 전개된 근대 인종주의의 핵심이다. 일부 범주의 사람들(유럽의 남성)만이 '인간화'되고 그들만이 이성과 역사와 자유의 영역에 들어가는 것은 다른 범주의 사람들(갈색인, 흑인, 여성)을 '자연화'하는 것에 변증법적으로 토대를 두고 있으며, 후자의 사람들은 이제 '야만인'으로, 즉 순전히 생물학적이고 이성과 윤리와 역사가 결여되어 있으며 생물학적 재생산의 끝없는 순

　furt: Suhrkamp 1970, 122면(마리아 미스의 번역).
11　Bodo V. Borries, *Kolonialgeschichte und Weltwirtschaftssystem*, Düsserldorf: Schwaan Verlag 1986, 83면에서 인용.

환에 그 존재가 묶여 있는 것으로 정의된다.

헤겔에 따르면 여성 또한 '야만인'과 마찬가지로 '역사 이전'의 영역에 속한다는 사실은 놀랄 일도 아니다. 헤겔은 여성이 '죽음의 영역', 즉 무의식적인 생식과정의 영역을 이루는 가족제도에 묶여 있다고 본다. 그러나 흑인들이 어떠한 에토스도 없는 데 비해 백인 유럽 여성들은 자녀를 돌보는 엄마가 되어 도덕의 영역에 들어갈 수 있다고 했다. 생식의 변증법에 대한 헤겔의 이해를 비판하면서 메리 오브라이언(Mary O'Brian)은 "여성 자체와 마찬가지로 여성적 도덕성은 언제나 특수하며 가족 내의 개인들과만 관련되어 있고, 생물적 삶에 초점이 맞춰져 있다"라고 말한다.[12]

이원적이고 가부장적인 논리에 따르면 남성은 '인간화'와 '문명화'의 과정에서 스스로를 자연의 영역('필요의 영역') 그리고 여성과 야만으로부터 해방시켰다는 것이다. 19세기에는 다수의 사회주의자를 비롯한 수많은 사상가들이 이런 견해를 갖고 있었다. 노동계급의 해방과 '인간화' 또한 생산력의 무제한적 발전으로부터 나올 것이라 기대되었으며, 여기서 생산력이란 자연에 대한 인간의 지배를 의미한다. 이 이론으로 인해 유럽의 노동계급운동 또한 전세계 노동자들을 '문명국'에 속한 노동자와 '야만인' 혹은 '원주민'에 속한 노동자로 나누는 구분을 받아들였다. 그래서 독일제국의 사회민주당(SPD)이 영국의 노동당과 마찬가지로 식민주의에 별달리 반대하지 않은 것이다. 1896년 독일 사회민주당 지도자 베른슈타인(Bernstein)은 "우리는 야만인들을 복종

---

12 Mary O'Brien, *The Politics of Reproduction*, Boston, London, Henley-on-Thames: Routledge and Kegan Paul 1983, 26면.

시키는 특정 방식을 반대하는 것이지, 야만인이 복종해야 하는 현실이나 더 높은 수준의 문명이 그들에 대해 주장하는 권리들을 반대하지 않는다."[13]라고 적고 있다. 심지어 1차대전 후에도 독일사회민주당은 '문명국'(Kulturnation)으로서 '야만족'의 땅을 식민지로 소유하고 착취할 독일의 권리를 주장했다.[14]

이러한 주장의 핵심은 산업국들이 원료와 값싼 노동력과 유망한 시장을 찾아 '원주민'의 땅을 마음대로 착취할 수 없다면 그들 나라의 프롤레타리아 대중도 높은 생활수준과 높은 문화적 수준에 이를 수 없으리라는 정확한 통찰이다.

## 우생학

19세기 전반기에는 성차별주의와 인종주의 이데올로기가 '자연'과 '문화'의 이원론에 관한 관념론적인 철학적 논의에 머물렀으나 19세기 후반에 와서는 유물론적인 '과학적' 토대를 얻게 되었다. 이 과정에는 다윈의 진화론이 특히 스펜서(Spencer)가 발전시킨 '사회적 다윈주의'의 형태로 결정적인 역할을 했다. 사회적 다윈주의는 '적자생존'이 저급한 사회가 '우월한' 사회로 진화되는 선택적 기제라고 가정한다. 이제 식민지 주민의 후진성은 그들이 진화과정의 낮은 단계에 있기 때문

---

**13** Martha Mamozai, *Herrenmenschen*, Frauen im deutschen Kolonialismus, Rororo, Reinbek 1982, 212면(마리아 미스의 번역).

**14** Kurt Mandelbaum, "Sozialdemokratie und Imperialismus," K. Mandelbaum (editor), *Sozialdemokratie und leninismus, Zwei Aufsätze*, Berlin: Wagenbach 1974.

이라고 생각되었다. 진화의 정점에는 앵글로색슨족 혹은 노르딕족이 있었다.

이러한 사상에 고무되어 다윈의 사촌 프랜시스 골턴(Francis Galton)은 1883년 '우생학'(eugenics)이라는 용어를 만들고 **우생학운동**을 벌이기 시작했다. 골턴은 다윈과 맬서스의 사상을 결합하여 인종의 질적 저하를 막기 위해 '선택적 육종'을 하자고 주장했다. '적자'는 더 많이 낳아야 하고 '부적자'는 덜 낳아야 한다는 것이다. 그러나 적합과 부적합은 영국 중산층의 가치기준으로 판정되었다. 골턴의 관심은 사람들의 유전적 자질에 머무르지 않았다. 그는 사회연구에서 통계를 장려했으며 유전적 자질을 측정하는 등급체계도 도입했다. 우생학에 통계적 방법을 적용함으로써 그는 자신의 이론에 '과학적' 정당성을 부여했다. 수학적 과정과 통계야말로 과학적 객관성의 증거로 간주되었기 때문이다. 골턴은 흑인들에게 지적인 면에서 백인들보다 두 단계 낮은 등급을 매겼다.

우생학운동은 사회과학, 지능검사를 시행하는 심리학, 행동주의, 정치학에 큰 영향을 미쳤다. 이 운동은 20세기 초 영국과 미국에서, 특히 그레고르 멘델(Gregor Mendel)이 1865년 처음 발견한 생물학적 유전법칙이 그의 사후인 1901년에 출판된 다음부터 상당한 파급력을 얻게 되었다. 미국 우생학운동의 주요 주창자인 찰스 대번포트(Charles B. Davenport)는 유력한 카네기재단 및 미국 내 유수 재벌가문들로 하여금 우생학운동에 자금을 대도록 설득했다. 1904년에는 실험진화연구소가 콜드스프링하버(Cold Spring Harbor)에 설립되었고 1907년에는 우생학기록사무소가 생겼다. 이러한 기관과 거기서 일하는 우생학자들의 목표는 사람들의 인종적 자질을 일람표로 만들어서 우수한 인종의 번식을 늘리고 열등한 인종의 번식은 줄이자는 것이었다. 1차 세계대전을 전후한 미국의 대체적 분위기에서 적극적 우생학이란 백인 앵글로색슨 족 혹은 최소한 노르딕족의 더 급속한 생식을 장려하는 것을 뜻했고, 소극적 우생학은 주로 흑인과 이민자들인 '열등한' 종족의 생식을 줄이는 것을 뜻했다. 이처럼 노골적인 인종주의이론이 정치적 행동을 요구하는 수많은 과학자들의 지지를 받았다.

우생학자들은 지능, 청결, 알코올중독, 사회적 행동, 가난 등 인간의 온갖 특징들이 모두 유전에 의한 것이라고 생각했다. 그들은 번식에 적합한 소를 고르고 부적합하다고 여겨지는 소는 제거하는 능숙한 소 육종자처럼 정부가 나서서 행동을 취해야 한다고 요구했다. "인간사회에는 무화과와 엉겅퀴, 포도와 가시나무, 밀과 살갈퀴(콩과의 월년초)가 있으니 국가가 마땅히 종족경작을 해야 한다"고 1934년에 휘트니(Whitney)는 적고 있다.[15]

우생학운동의 추종자들 중에는 극우파뿐 아니라 페이비언주의자와 같은 사회주의자들도 있었다. 심지어 가령 마가렛 생거(Margaret Sanger), 스텔라 브라운(Stella Brown), 엘리노어 래스본(Eleanor Rathbone) 같은 페미니스트들도 우생학운동을 지원했다. 마가렛 생거는 우생학적으로 고려된 가족계획을 옹호했다. 그녀는 "적자로부터 더욱 많은 자손을 얻고 부적자로부터 덜 얻는 것이 가족계획의 주된 문제이다"라고 썼다.[16]

1933년 히틀러가 '미래세대의 유전질병방지법'으로 알려진 강제불

---

**15** Gena Corea, *The Mother Machine: Reproductive Technologies from Artificial Insemination to Artificial Womb*, New York: Harper & Row 1985, 18면에서 인용.

**16** Margaret Sanger, *Birth Control Review*, 1919년 5월.

임법을 통과시켰을 때 우생학자들은 물론 박수를 보냈다. 영국의 『우생학개관』(*Eugenics Review*)지는 히틀러의 독일을 "거대한 유전실험"이 이루어지는 커다란 실험실이라 환호했다. 이 잡지는 "그 나라에서 벌어지는 모든 일을 비난하는 것은 매우 잘못되었으며 매우 비과학적이다. … 독일에서는 가장 선진적인 우생학 입법이 아무런 어려움 없이 통과되었다"고 했다.[17] 휘트니는 히틀러의 우생학정책을 다음과 같이 찬양하였다.

비록 우리들 모두가 이 법의 강제적 성격 — 예컨대 주정뱅이의 불임 같은 경우 — 에 찬성하지는 않을 것이나, 우리는 이 계획의 전반에서 드러나는 선견지명을 찬양하지 않을 수 없으며, 이 입법을 통해 독일이 더욱 강성해지리라는 것을 알고 있다.[18]

특히 유태인 그리고 집시와 장애자도 포함된 이른바 '부적자'들에게 나치가 가한 잔혹함은 제3제국의 몰락 이후 우생학운동의 평판을 떨어뜨렸다. 그러나 이 운동의 많은 참여자들이 제2차 세계대전 이후 인구조절과 가족계획이라는 새로운 영역으로 진입했다. 그들은 이제 우생학적인 선택과 제거의 원칙을 전세계 인구에 적용하고 있다. 유럽과 미국의 백인들은 자녀를 더 많이 낳으라고 장려되는 반면 저개발국의 흑인과 갈색인들은 인구를 줄이라는 과중한 압력에 시달리며 심지어 필

**17** Bonnie Mass, *Population Target: The Political Economy of Population Control in Latin America*, Toronto: Women's Press 1976, 21면에서 인용.
**18** Gena Corea, "Was der Konig nicht sieht…" *Dokumentation Frauenfragen 1985*, Fachhochschule Köln: FB Sozialpädagogik 1986.

요하다면 강제적인 불임수술을 받기도 한다. 나치 독일에서 장애인들의 강제불임에 관여했던 한스 하름젠(Hans Harmsen) 교수는 전후에 인구조절 기관에 들어갔고, 국제가족계획연맹(IPPF) 독일지부를 창설하여 '프로 파밀리아'(Pro Familia)라고 이름붙였다. 그는 오랫동안 이 기관의 의장을 지냈으며 제3세계 국가의 인구조절정책 형성에 중요한 역할을 하였다.[19]

히틀러의 독일에서 벌어진 인종학살을 '파시스트'라 비난하기는 쉽지만, 우생학의 기치하에 활보하는 인종학살을 알아보는 사람은 드물며, 그것을 파시스트라 비난할 태세를 갖춘 사람은 더욱 드물다. 그러나 우생학운동에서 나치 독일을 거쳐 태아검진·유전자조작·시험관수정 등의 새로운 재생산기술으로 이어지는 역사적 연속성이 존재한다. 이 기술의 주창자들과 시행자들은 이러한 역사적 유산에는 눈을 감아버린다.


## 사회생물학


예전의 우생학운동과 새로운 재생산기술 사이의 연결고리는 사회생물학이 제공했다. 사회생물학의 주요 대변인인 하버드대 생물학자 에드워드 윌슨(Edward Wilson)은 성별분업, 핵가족, 공격과 사회적 불평등과 같은 인간의 특성이 우리의 영장류 선조들의 유전자 하부구조에

19 Heidrun Kaupen-Haas, "Eine Deutsche Biographie —Der Bevölkerungspolitiker Hans Harmsen," A. Ebbinghaus, H. Kaupen Haas & K. H. Roth, eds., *Heilen und Vernichten im Mustergau Hamburg*, Hamburg: Konkret Literatur Verlag 1984.

서 비롯된 유전적인 것임을 증명하기 위해 생물학을 인류학 및 행동주의와 결합하려 한다.

우생학운동이 20세기 초에 새로이 각성한 노동자와 식민지인을 표적으로 삼은 데 비해, 사회생물학은 근대의 전쟁이 '유전적으로 더 공격적인 남성'에 원인이 있다는 식으로 정당화한다. 그것은 또한 남성우위를 종식시키려는 새로운 여성운동을 겨냥한다. 윌슨은 미국의 핵가족을 석기시대 동굴에 투사하는데, 그곳에서는 바브라 체이신(Barbara Chasin)이 말하듯 "남성이 활동적이고 공격적이며 생계를 부양했던 반면 몸집이 작은 여성은 동굴을 청소하고 마스토돈을 요리하며 아이들을 키웠다."[20]

미국에서 사회생물학이 생겨난 시기는 정부와 지배계급이 불우한 사람들을 위한 복지프로그램과 다른 개선조치들을 더이상 지원할 의사가 없어질 무렵이었다. 그리하여 사회적 불평등이 생물학적으로 결정된 유전자의 문제로 규정되었다. 윌슨을 비롯한 다른 사회생물학자들은 심지어 사회적이고 역사적으로 만들어진 제도와 관습들(도덕규범, 세계관, 분업, 정부형태, 결혼규범, 종교적 신념 등)까지도 유전적 특성이라고 설명했다.[21] 물론 성적 불평등도 생물학으로 설명했다.[22]

---

**20** Barbara Chasin, "Sociobiology, a Pseudo-Scientific Synthesis," Arditti et al., eds., *Science and Liberation*, Boston: South End Press 1980, 35면.

**21** Edward O. Wilson, *On Human Nature*, Cambridge, London: Harvard University Press 1978.

**22** Chasin, 앞의 글, 41~45면.

## 생명공학의 비도덕성

현대의 생물학연구, 특히 유전공학과 재생산기술은 이러한 기술들의 윤리적 기반에 관한 새로운 질문을 제기했다. 그러나 이 윤리적 질문들은 앞서 언급한 역사적인 배경이나 인간의 도덕성과 자유와 주체성이 자연으로부터의 해방에 근거를 둔다는 인간관 및 자연관과 분리될 수 없다. 인간은 자연의 일부가 아닌 자연의 주인이자 지배자로 여겨진다. 이 지배권은 그의 합리성과 두뇌력으로 정당화된다. 따라서 '머리'는 신체의 '아랫'부분보다 우월하고, 남성은 여성보다 우월하며, 문명이 자연보다 우월하다는 것이다.

이러한 모델과 절연하기는커녕, 생명공학은 그것을 더욱 발전시켰다. 예전에는 신체에 대한 '머리'의 통제가 전인적 인간에 대한 통제를 뜻했으나 요즘의 생명공학은 그러한 인간 자체를 제거한다. 생명공학자에게 인간은 단지 유기물질, DNA, 원료의 덩어리일 따름으로 마음대로 분해하고 새로운 바이오기계로 조립할 수 있는 것이다. 그들의 실험실에서 도덕성이란 찾아볼 수 없다. 그러나 이 도덕성의 부재는 근대과학의 가장 깊은 핵심을 구성하고 있다. 과학은 가치에서 자유로우며 이해관계나 야망이 아니라 오직 '순수한' 지식의 추구라는 동기를 지닌다고 가정된다. 과학에 대한 이러한 개념 때문에 윤리의 문제는 실험실 밖에서만 그리고 생명공학자들의 조립품이 광범위하게 응용되어야 하는지가 문제될 경우에만 제기된다. 과학자들이 엄청난 돈과 시간을 들여 실험을 하고 그 결과를 공표한 이후에야 윤리위원회가 구성된다. 그러나 그같은 발명품들의 가장 위험한 남용 정도만 막아보자는 이러한 반동적인 윤리는 무능할 뿐만 아니라 아예 윤리라고도 할 수 없다. 이 윤리위원회의 주된 임무란 이들 기술이 더 잘 받아들여지게 해주는 것이 기 때문이다.

이 '윤리전문가'들이 대개 주류 과학패러다임과 가치자유라는 이 패러다임의 주장을 수용하기 때문에, 그들은 무엇이 인류에게 혜택이 되고 무엇이 그렇지 않은지를 판정할 기준이 없다. 그들은 연구과정 이전에 그리고 연구과정 내부에서 윤리적 측면을 생각해볼 엄두를 내지 못하므로 과학적인 과정을 포괄적이고 총체적인 생명과정의 일부로 파악하지 못한다. 과학은 더이상 인간적·자연적 우주의 일부로 보이지 않고 오히려 이 우주 위에 군림한다고 여겨진다. 따라서 근대 과학과 기술의 일부로서 생명공학은 본질적으로 비도덕적이다. 윤리의 부재는 재생산기술의 발전을 좀더 자세히 들여다보면 더욱 명확하게 드러나는데, 왜냐하면 여기서는 여성이 자연에 대한 인간의 지배의 표적일 뿐 아니라 '유기물질'의 주된 원천이기 때문이다.

## 성차별적·인종주의적 함축

지나 코리아(Gena Corea)는 우생학운동과 오늘날의 유전공학 및 재생산기술에서 윤리적 고려의 부재와 양자간의 연속성에 관한 증거를 풍부히 제시한다. 그녀는 핵방사선이 유전자에 미치는 효과를 연구하여 노벨상을 받은 맑스주의 유전학자인 멀러(Muller)를 인용한다. 멀러는 점점 늘어나는 듯 보이는 불임에 대해 이렇게 말한다.

적극적 선택의 험난한 문턱을 넘을 호기이다. 왜냐하면 그런 상황의 부부에게는 자신들의 위기를 가능한 가장 좋은 유전형질을 갖춘 자녀를 갖는 영예로 삼자는 제안이 거의 언제나 수용되기 때문이다.[23]

그러나 (레닌, 뉴턴, 레오나르도 다빈치, 빠스뙤르, 베토벤, 오마르 카얌, 뿌슈낀, 쑨원, 맑스 같은 인물을 더 많이 번식시키기를 꿈꾼) 멀러와 이전의 우생학자들 간에는 차이가 있다. 멀러에 의하면 이런 슈퍼맨을 낳기 위해 남성과 여성 전부를 통제하여 교배할 필요가 없다. 유전자연구는 이미 상당히 발전하여 여성이 우수한 질의 난자를 가졌다면 천재가 기증한 정자를 그 여성에게 수정하기만 해도 될 단계에 이르렀다.

선택과 제거 원칙의 적용은 태아검진과 품질관리의 다양한 방식들이 더 완벽해지고 체외수정 기술이 발달함에 따라 한걸음 더 나아갔다. 오늘날에는 특정 자질기준에 따라 정자와 난자를 분리해내고 선택할 수 있을 뿐 아니라, 유전자를 분리하고 DNA를 재단하며 어떤 염색체가 결함이 있는지 검사하여 DNA 조각을 재조합하고 조작하여 유전물질에 직접 영향을 줄 수도 있게 되었다. 세계 도처에서 유전학자들은 아직 알려지지 않은 유전적 '결함'을 발견하고자 인간과 동물과 식물의 유전자지도를 만드느라 분주하다. 가까운 장래에 전혀 새로운 일련의 질병들이 발표된다 해도 나는 놀라지 않을 것이다. 우생학자들과 사회생물학자들의 이데올로기가 무엇이 '건강한' 것이고 무엇이 '결함이 있는' 것인지를 가르는 기준을 제공하게 될 것이다. 그렇게 해서 새로 규정된 유전질환은 거대한 유전자치료와 태아검진 시장을 형성할 것이다. 이

---

23 H. J. Muller, "The Guidance of Human Evolution," *Perspectives in Biology and Medicine*, Vol. III, No. 1, 1959.

사업의 목표는 호모 파베르와 기술진보가 만든 환경파괴에 인간을 적응시키려는 것이다.


## 성차별주의


성차별적 편견은 새로운 재생산기술과 유전공학의 모든 단계에 스며들어 있다. 전체적으로 이 기술들은 모성 곧 아이를 낳는 여성의 능력을, 한 여성이 적극적인 인간으로서 자신의 신체와 협력하는 창조적 과정에서 산업생산의 과정으로 바꾸어놓았다. 여기서는 엄마와 아이 간의 공생관계가 파괴될 뿐 아니라 전과정이 의료전문가들에 의해 합리화되고 대상화되며 계획되고 통제된다. 그 어느 때보다 여성은 더 대상화되고 더 수동적이다. 가부장제하에서 여성은 언제나 남성주체를 위한 대상이었으나, 이 새로운 재생산기술에서는 하나의 온전한 대상도 못되고 떼어내어 검사하고 재조합하고 팔아먹고 빌려주거나 혹은 실험이나 수정에 사용되지 않는 난자처럼 그저 버려질 한 묶음의 대상들에 불과하다. 이는 인간으로서, 개인으로서, 나누어질 수 없는 온전한 존재로서 여성의 완전성이 파괴됨을 뜻한다. 인간으로서 여성을 파괴하고 그를 생식물질 덩어리로 해부한 것은 바로 과학적 분석·종합 방법과 결합한 자연과 여성에 대한 남성의 지배이데올로기이다(13장을 보라).

여성에게 이러한 발달은 무엇보다 그들의 생식능력이 엄격하고 꾸준한 품질관리하에 놓이게 된다는 것을 의미한다. 오늘날 완벽한 아이를 낳도록 임산부에게 가해지는 압력은 엄청나며 앞으로 점점 증가할 것이다. 산업국에서는 이미 여성들이 일련의 숱한 임신검진을 받고 있다.

임산부가 30세 혹은 35세를 넘었다면 '위험임신'으로 간주되어 기형아 출산을 막기 위한 양수검사를 받으라는 압력에 시달린다.

중국이나 인도 같은 나라에서는 양수검사가 성감별용으로 사용되어 상당수의 여아들이 유산되고 있다. 비말 발라수브라흐마니암(Vimal Balasubrahmaniam)은 현대기술로 가능해진 이 태아살해 경향이 처음에는 서양의 인구조절 선전가들에 의해 퍼졌다고 말한다. '인구폭발'에 대한 최고의 처방이 '남자 태아만 선택하기'라 여겨졌던 것이다.[24]

새로운 재생산기술은 전체적인 품질관리일 뿐만 아니라 대다수 여성에게 자신의 신체와 출산능력에 대한 자신감을 잃게 만들 것이다. 이미 대부분의 젊은 여성들이 의사에게 계속 검진받지 않은 채 아기를 낳는 것을 불안해하고 있다. 대부분의 아이들이 병원에서 태어난다. 여성의 선택을 넓혀준다고 선전되는 새로운 재생산기술은 여성의 공포를 크게 증폭할 것이다. 여성은 결국 완전히 수동화 되어 여성 자신과 그 아이에 대해 모든 것을 알고 있다는 의료전문가들에게 스스로를 전적으로 내맡기게 될 것이다.

재생산기술자들의 선전은 명백히 여성이 낳은 아이를 '열등한 생산품'으로 격하할 목적을 지닌다. 프랑스의 몇몇 첨단 의사들은 끊임없는 의학적 통제를 받으며 과학적으로 생산되지 않고 '야생적으로' 잉태되어 태어난 '평범한 아이'(les enfants banales)보다 자기들의 시험관 아기가 더 우수하다고 자랑한다. '평범한 아이'와 시험관 아기의 차이는 자연의 창조물과 공산품의 차이로 여겨진다. 프랑스 같은 몇몇 나라에

---

24 Vimal Balasubrahmaniam, "Medicine and the Male Utopia," *Economic and Political Weekly*, 1982년 10월 23일.

서는 이 새로운 재생산기술이 기술진보를 통한 생산의 합리화에 뒤따르는 생식의 합리화방식이라 선전되고 있다. 따라서 여성들의 생식과정이 과학자 나아가 국가의 통제하에 놓여야 한다는 것이다.[25]

새로운 재생산기술의 반여성적 경향은 이 기술이 여성을 전적으로 사회의 통제하에 두게 만들 가능성이 있다는 점뿐만 아니라 그것이 지닌 공격적이고 침략적인 성격에서도 드러난다. 체외수정 프로그램은 장기간에 걸친 수정 가능성 조사와 호르몬 처치로 시작되는데, 이 처치의 장기적 영향에 관해서는 아직 알려진 바 없다. 난자가 성숙하면 여성의 복부를 절개해서 복강경을 사용하여 난자를 끄집어낸다. 이 수술은 전신마취한 여성의 배를 이산화탄소로 부풀린 상태에서 이루어진다. 수정된 난자를 다시 여성의 자궁에 집어넣는 작업 역시 신체에 가하는 침략행위이다. 수정란의 이식과 태아의 성장에 맞춰 자궁을 준비시키려면 다시 한번 호르몬 치료를 받아야 하며, 그런 다음에도 계속해서 빈번한 초음파검사와 양수검사를 받아야 한다.[26]

신체에 대한 이러한 침략은 불안과 정신적 외상을 야기한다. 지나 코리아는 체외수정 처치의 각 단계마다 여성들이 느끼는 희망과 절망의 파동을 묘사하였다.[27] 이 프로그램에서 여성들은 완전히 수동적인 존재가 되며, 따라서 체외수정 과정은 고통과 정신적 외상을 입힐 뿐 아니라 굴욕감과 비하감을 준다. 오스트레일리아에서 체외수정 처치를 받

**25** Laurence Gavarini, "L'uterus sous influence ou la Mere Machine," 'Feminisme et Maternite' 콜로퀴엄에 제출한 논문, Paris, 1984년 1월 7~8일.
**26** Renate Duelli-Klein, "Könige, Königsklone und Prinzessinnen: Neuigkeiten aus der Retortenwelt," *Dokumentation Frauenfragen 1985*, Fachhochschule Köln: FB Sozialpädagogik 1986.
**27** Corea, 앞의 글.

는 여성들을 대상으로 한 연구에서 바브라 버튼(Barbara Burton)은 많은 여성들이 전과정에서 심한 소외감을 느꼈다는 사실을 발견했다. 의사들은 어떤 것도 자세히 설명해줄 시간이 없고 실패했을 경우에는 특히 그렇다. 한 여성은 이렇게 말했다. "치료는 굴욕적입니다. 병원에 갈 때마다 자존심을 꺾어야 하지요. … 정육공장의 고기가 된 기분입니다. 하지만 어떻게 해서든 아이를 갖길 원한다면 할 수 없는 노릇이지요."[28]

체외수정 클리닉은 많은 국가에서 빠른 속도로 퍼지고 있다. 이 분야의 연구는 비약에 비약을 거듭하고 있으며 출산의 자연스러운 과정은 점점 인위적으로 조종되고 있다. 쌍빠울로의 병원의 경우 분만의 60퍼센트가 제왕절개 수술이라 한다. 의사들이 산모에게, 제왕절개 수술을 하면 그의 질이 남편에게 여전히 '매력적인' 상태를 유지할 수 있다고 설득한다는 것이다. 나중에 이 여성들이 자연적인 방법으로 아이 낳기가 곤란해지면 시험관 아기 전문가가 기다리고 있다. 체외수정 수술의 권위자로 쌍빠울로에서 체외수정 클리닉과 가족계획 병원을 함께 운영하고 있는 나까무라(Nakamura) 박사는 심지어 TV를 통해 체외수정 수술 장면을 생중계하기도 했다. 불행히도 환자는 죽었지만 나까무라 박사는 후에 자신의 병원 이름을 그 환자의 이름에서 따와서 그를 추모했다.[29]

---

28 같은 글, 26면.
29 Ana Dos Gomes Reis Regina, "IVF in Brasil: The Story Told by the Newspapers," FINRRAGE Emergency Conference on Reproductive Technology에 제출한 논문, Vallinge, Sweden, 1985년 7월 3~5일.

## '질병'으로서의 임신에서 '질병'으로서의 불임으로

의료전문가들이 어떻게 여성의 생식능력에 대한 이러한 전면적인 통제를 성취했는지 이해하려면 지난 수십년 동안의 피임운동을 상기할 필요가 있다. 국제보건기구(WHO)가 불임을 질병으로 규정하기 훨씬 전부터 임신은 질병으로 처치되고 있었다. 피임약을 팔아먹으려는 제약회사나 여성의 임신을 질병으로 정의할 때 명백한 이익을 얻는 의학계뿐만 아니라, 1985년 스웨덴에서 열린 '재생산기술에 대한 긴급회의'에서 어느 여성이 표현한 대로 '임신에 지친' 여성들 자신도 그렇게 생각했다. 오랫동안 많은 이들에게 여성해방은 임신을 조절하는 여성의 통제력과 동일시되어왔다. 다양한 피임방법, 특히 피임약의 개발은 많은 이들이 감당할 수 없는 임신에서 여성을 해방시켜줄 결정적인 기술혁신으로 환영받았다. 그러나 임신을 질병으로, 순수한 생물적인 사건으로 봄으로써, 여성들은 자신들의 생식능력에 대한 책임을 의료전문가와 과학자들에게 넘겨주게 되었다. 남성과 여성의 불평등한 성적 관계를 바꾸는 대신 기술혁신과 의학적인 처방에 여성해방의 희망을 걸게 된 것이다. 이것은 또한 여성의 가장 큰 장애물은 여성의 월경이라고 생각한 슐라미스 파이어스톤(Shulamith Firestone)의 견해와도 근본적으로 일치한다. 그녀는 여성해방이 인공자궁, 곧 생식행위의 궁극적 합리화에서 나오리라 기대했다.

그러는 동안 많은 여성들은 임신을 해서가 아니라 피임수단을 써서 임신 가능성과 싸우느라 병에 걸렸다. 오늘날 많은 여성들이 겪는 불임의 일부 원인은 신체 내부에 가하는 피임방식 특히 댈컨실드(Dalkon Shield)를 비롯한 여러 피임용 루프 삽입이나 의사들의 무자비한 처치

에서 기인한다는 사실은 널리 알려진 사실이다.[30]

임신과 불임을 '질병'으로 인식함으로써 그것이 사회적·역사적으로 영향을 받는 현상임을 알아보지 못하게 되었다. 임신과 불임은 이제 소수 의료전문가들의 배타적 권한 내에 놓인 순전히 생물학적인 범주로 규정된다. 이로 인해 불임이나 임신이 여성과 남성 자신에게 책임이 있으며 자신들의 생식능력이 그들이 살고 있는 전체 사회적·생태적 상황과 관계가 있다는 점을 이해할 가능성이 봉쇄되었다. 새로운 재생산기술에 내재한 성차별주의에 반대하는 모든 운동은 임신이나 불임이 그저 생물학적 조건이나 '질병'이 아니라 사회적으로 결정되는 것임을 인식하는 데서 출발해야 한다. 세계보건기구는 임신과 불임을 질병으로 정의하는 것을 지지하고 있다. 그리하여 세계보건기구는 전세계 여성들에게 자신을 의료기술자들과 다국적 제약회사라는 소수의 강력한 이권세력들의 손에 넘기라고 설득한다.


## 인종주의: 제3세계의 인구조절과 재생산기술

'질병'으로서의 불임을 겨냥한 기술뿐 아니라 전시체제로 임신과 싸우려는 기술까지 고려하면 선택과 제거라는 우생학적인 원칙은 전세계적 규모에서 가장 분명히 드러난다. 임신과의 전쟁의 주 타격대상은 저개발국 농촌과 도시의 빈민층이다. 어떤 대가를 치르고라도 아이를 낳

---

30 Renate Klein, ed., *Infertility: Women Speak out about Their Experiences of Reproductive Medicine*, London: Pandora Press 1989.

는 여성이 있는 반면 어떤 여성들의 임신을 막기 위해서는 가능한 방법이 모두 동원된다. 가난한 나라의 인구과잉이라는 허구가 한층 더 나아간 임신방지 기술의 발달을 정당화한다.

가난한 사람들이 자녀를 너무 많이 낳기 때문에 개발노력이 소용이 없다는 해묵은 맬서스주의 논리가 오늘날에도 전세계에 가장 널리 퍼진 허구를 뒷받침하고 있다. 이것은 서구의 정부뿐만 아니라 제3세계의 정부도 사실로 받아들이고 있다. 미국의 사기업들이 먼저 미국정부를, 다음에는 UN과 세계은행을, 그리고 마지막으로 그에 의존하는 제3세계 정부를 설득해 이 허구를 받아들이게 했고,[31] 사실상 아프리카·아시아·라틴아메리카의 모든 국가에서 생식행위에 대한 개입을 합법화하도록 만들었다.[32] 오늘날 백인세계에는 흑인 및 유색인의 '인구폭발'에 대한 공포가 너무나 널리 퍼져 있어서 인구정책자들은 흑인과 갈색인의 '길들지 않은 출산력'을 제어할 조치들을 입안할 때 윤리적 고려를 전적으로 무시할 수 있다. (북의 국가에서는 새로운 재생산기술의 이용을 합법화하기 위해 그렇게도 강조되고 있는) 자신의 아이를 가질 '기본권'이 방글라데시·인도·태국·이집트 등지에서는 인구정책자의 수중에 놓여 있다는 점을 생각해보면 선택과 제거라는 이중 정책은 분명하게 드러난다.

파리다 아크떼르(Farida Akhter)는 서구에서 페미니스트단체들이 유포하는 여성의 '재생산권'과 같은 개념이 인구조절정책의 통제를 받는 방글라데시의 대다수 여성에게는 아무 의미가 없다는 점을 적절히 지

**31** Mass, 앞의 책.

**32** Farida Akhter, *Depopulating Bangladesh: A Brief History of the External Intervention into the Reproductive Behaviour of a Society*, Dhaka: UBINIG 1986.

적한다. 생존 자체의 필요에 의한 혹독한 압력에 시달리는 이들 국가의 여성들은 난관개구술을 해주는 단산캠프에 참여하여 그들의 출산력을 얼마 안되는 돈과 한벌의 사리와 바꿀 수도 있다. 이 여성들을 위해 개발된 피임기술은 개인의 선택의 여지는 점점 줄이고 점점 많은 통제력을 의료전문가와 보건요원들의 손에 쥐어주며, 여성들은 정치적·경제적·문화적 강요에 의해 점점 더 종속된다. "여성의 권리를 고려하는 곳은 어디에도 없다"고 파리다 아크떼르는 말한다.[33]

인구조절 기술에 내재한 인간의 권리와 존엄에 대한 노골적인 경시는 수많은 예를 통해 확인된다. 그중 극명한 몇가지 예를 논의해보도록 하겠다.

1960년대와 70년대 초까지만 해도 국제적 인구기구는 사람들에게 피임을 하도록 교육하고 동기부여하는 것을 선호했으나 1975년 이후로는 강제적인 방법들이 동원되고 불임수술과 같은 '최종해결책'으로 향하는 추세가 널리 받아들여졌다. 인도는 1975~77년의 긴급조치기간 동안 대규모 단산캠페인을 벌였으며 그 과정에서 수백만명의 사람들이 강제적으로 불임이 되었다. 이 강제적 단산캠페인이 서구에서 어떠한 분노나 저항을 불러일으킨 바 없으며, 여아살해나 낙태를 야기한 중국의 강압적인 인구정책 또한 아무런 반대 움직임도 촉발하지 않았다. 오늘날 대다수 서구인의 태도는 히틀러의 우생법에 대해 미국과 영국의 우생학자들이 취했던 태도와 똑같다. 그들은 강요를 싫어하지만 '그' 사람들의 '무분별한 번식'을 막을 다른 대안이 없다는 것이다.

인간의 권리와 존엄에 대한 이러한 이중적 기준은 '인구폭발'이 위기

---

33 같은 책.

를 몰고 올 것이므로 마땅히 긴급한 위기관리 프로그램과 수단을 갖춘 전시체제가 필요하다는 논리로 정당화되려 한다. 오늘날 이 방법은 가족계획을 개발정책과 보건분야로 통합하는 다분야전략이 지나치게 시간이 많이 들고 직접적인 소득은 없다고 생각하는 USAID(미국 국제개발국)가 전파하고 있다. 이 전략에서 아시아·아프리카·라틴아메리카 여성들, 특히 빈민여성들의 임신은 더이상 피임약이나 루프삽입으로 '치료가능'한 '질병'이 아니라 콜레라나 말라리아, 천연두 같은 전염병으로 간주된다.

제3세계 여성의 임신을 전염병으로 간주한다는 것은 국가가 국민들의 생식행위에 개입해야 함을 의미한다. 대부분의 제3세계국에서 인구정책 — 전에는 가족계획이라고 불린 — 은 국가적 관심사이다. 국가의 개입은 '국제적 국가' 즉 세계은행 같은 원조와 채권 기구의 압력 하에 시작되었는데, 이들 기구는 경제적 조치들과 대출을 인구조절과 연결했다. 국가는 점점 최종해결책을 선택하게 되고 여성들이 점점 이 해결책의 주된 대상이 되고 있다. 인도에서는 1975~76년에 불임수술의 75퍼센트가 남성을 대상으로 했으나 1983~84년에는 85퍼센트가 여성 대상이었다.[34] 방글라데시에서는 전체 피임방법 중 불임수술의 비율이 1979~80년에는 19퍼센트, 1983~84년에는 39퍼센트, 1984~85년에는 43퍼센트로 늘어났다.[35]

최종해결책을 강요하는 추세는 특히 여성을 겨냥한다. 방글라데시에

**34** Mona Daswanit, "Women and Reproductive Technology in India: The Injectable Menace," 'Women against Reproductive and Genetic Technology' 회의에 제출한 논문, Bonn, 1985년 4월 19~21일.

**35** Akhter, 앞의 책, 21면.

서는 가장 곤궁한 여성들에게 책정된 식량구호품이 그들을 협박하는 수단이 되어, 몇 킬로그램의 밀을 대가로 불임수술을 받게 만든다는 사실이 이 점을 잘 드러낸다. 이렇게 하여 취약민구호 프로그램(VGF)이 극빈층 여성을 단산시키는 데 이용된다. 가족계획 당국은 불임수술을 받은 여성들에게 '정부구호의 식량을 받을 수 있음'이라고 쓴 증명서를 발급한다. 그런 증명서가 없는 여성은 아무것도 얻을 수 없다. 나이든 여성, 이미 불임수술을 받은 여성, 미망인들은 식량을 얻을 권리가 없는 것이다.[36]

## 실험재료로 쓰이는 제3세계 여성

'전시체제로' 제3세계의 빈민여성들의 출산력에 대항하여 싸우는 전략은 피임기술이 여성의 건강에 미치는 장기적인 부작용을 고려하지 않는다. 제3세계 빈민여성들은 인간이 아니라 인구통계표의 수치이다. 중요한 것은 임신율의 저하이지 여성들에게 미치는 영향은 하등 중요치 않다. 제3세계의 많은 정부들은 채권기구로부터 인구조절정책을 이행하라는 압력을 받고 있다. 정부들은 루프삽입, 불임수술 등의 '목표'를 달성하기 위해 공무원을 동원해 동일한 압력을 가한다. 공무원들은 주민들을 단산캠프로 끌고 가기 위해 종종 직접적 강제수단을 사용한다. 자인(S. P. Jain) 등의 인구학자들은 인도의 루프삽입 프로그램이 외

---

**36** Farida Akhter, "Wheat for Statistics: A Case Study of Use of VGF Wheat for Attaining Sterilization Target," 미간행 원고, Dhaka 1985.

국의 압력으로 마련되었으며, 여성에게 미칠 영향은 전혀 고려되지 않았고, 루프 사용의 중단은 상당수의 여성들이 부작용으로 고생하고 난 후라는 점을 인정한다.[37]

다른 많은 경우와 마찬가지로 이번에도 제3세계 여성들은 다국적 제약회사의 실험재료로 이용된 것이다. 피임의 장기적 효과를 알아내기 위해서는 서구의 여성들에게 임상실험을 하는 것보다 긴급 프로그램을 이용하는 것이 더 싸고, 빠르고, 정치적으로 용이하기 때문이다. 이런 의미에서 수많은 제3세계국들이 다국적 제약회사들을 위한 인간실험실이 되었다.

더구나 주사용 피임약(ICs) 등 아직 서구의 가족계획 프로그램 내에서 사용허가가 나지 않은 피임법이 주로 제3세계 여성들에게 시험되고 있다. 미국에서 발암가능성과 여타 장기적 효과 때문에 데포프로베라(Depoprovera)가 금지된 후 서베를린의 쉐링의 자회사인 게르만 레메디스(German Remedies)가 새로운 주사용 피임액인 NET-OEN (norethisterone-oenanthate)을 생산하고 있다. 합성 호르몬제인 NET-OEN은 근육주사로 투여되며 피임효과는 이삼개월간 지속된다.[38]

NET-OEN은 현재 인도에서 시험되고 있다. 이 시험은 1984년 가족계획 캠프에서 처음 시도되었다. 인도의 페미니스트단체들이 항의한 후에야 비로소 대중은 이 시험에 사용된 방법을 알게 되었다. 이 단체들은 NET-OEN이 투여될 때 동의가 필요하다는 원칙이 지켜지지 않았으며 여성들에게 위험한 부작용이 있을 수 있다는 점을 안내하지도 않

---

37 Daswanit, 앞의 글.

38 *War on Want: Norethisterone Oenanthate, The OTHER Injectible Contraceptive*, Briefing Paper, London: War on Want 1984.

았음을 발견했다. 여성조직들은 수천명의 여성들에게 자행되고 있는 NET-OEN의 시험이 비윤리적이고 안전하지 못하며 따라서 즉각 중단되어야 한다고 인도 최고법원에 청원하였다.

세계보건기구가 후원하는 이 시험 프로그램은 인도 의료연구위원회가 가족계획과 일차 보건센터를 통해 시행하고 있다. NET-OEN의 현장시험이, 인도의 수많은 연구소에서 다중심 임상접근의 형태로 표준화된 단일 방법론을 사용하여 진행 중인, 인간생식 연구를 위한 전국 프로그램의 일부라는 사실도 밝혀졌다.[39] 그러므로 책임감 있고 엄격히 과학적인 접근이라는 인상이 든다. 그러나 이는 여성의 건강에 대한 위협을 모호하게 만들고 이 시험에 내재한 인종주의를 감추는 것이다. 여성단체들이 지적한 건강상의 위협은 유방암, 두가지 종류의 자궁암, 심각한 월경장애, 여자 태아의 남성화 등이다.[40]

효과가 장기간 지속되는 호르몬 주사용 피임약은, 가족계획 입안자들에 따르면 그 생식기능을 합리적으로 통제하기 불가능한 제3세계의 무지한 여성들을 위해 개발되었다. 이 점은 이 주사용 피임약의 선전자들이 분명히 표현하고 있다. 그들은 제3세계 여성들은 아프기만 하면 주사를 맞는 데 익숙하기 때문에 주사용 피임약을 원한다고 말한다. 여기서 제3세계 주민들을 질병에 대한 정보를 제공할 필요 없이 그저 주사만 빨리 놓으면 그만인 무지한 존재로 다루는 방법이 어떤 결과를 낳

---

39 *Eve's Weekly*, Bombay, 1986년 7월 5일.
40 "Ban Injectable Contraceptives," Leaflet, Bombay: Women's Centre Bombay 1985. NET-OEN과 관련된 사건은 아직도(1992) 법정소송 중이다. 인도 보건운동가들에 따르면 이것은 인도에 들여오지 않겠지만, 장기적으로 호르몬에 영향을 미치는 또다른 피임약인 노르플랜트는 들여왔다고 한다.

는지가 잘 드러난다. 여성들은 이제 임신을 막는 주사까지 원한다는 것이다. 가족계획 담당자들에게도 주사는 가장 손쉬운 방법이며, 이것만 있으면 주민들을 교육할 필요도 없고 설득할 필요도 없다! 루프나 알약 같은 방법은 "혜택받지 못하고, 영양상태도 좋지 못하며, 과중한 일을 하는 여성들이 다루기는 힘든" 것으로 간주된다.[41] 그래서 데포프로베라, NET-OEN, 피임용 노르플랜트(피부 밑에 이식되어 5년 이상 레보노르제스트렐 스테로이드를 방출함) 같은 주사용 피임약이 이 범주의 여성들을 위해 특별히 고안되었다.

## 남아육종 혹은 사업으로서 가부장제

태아검진 기술에는 성차별적·인종주의적 측면들이 가장 밀접하게 얽혀 있다. 이미 말한 바와 같이 태아의 유전적 기형을 알아내기 위해 개발된 양수검사는 이제 인도에서 성감별용으로 널리 쓰이고 있다. 인도에서는 특히 지참금의 과중한 부담 때문에 여아를 원하지 않기 때문에 이 현대적인 기술이 가부장적 태도와 제도를 강화하는 데에 이용된다. 양수검사 결과 여아라고 판정되면 대부분의 여성은 태아를 낙태한다. 페미니스트단체들의 맹렬한 항의에도 불구하고 이 여아살해 관행은 절대적 수치로 늘어나고 있고, 지리적으로도 농촌지역과 빈민층으로 널리 퍼지고 있다. 검사비가 500루삐 정도라 노동자계급도 충분히

---

**41** Iris Kapil, "Case for Injectable Contraceptives," *Economic and Political Weekly*, 1985년 5월 11일, 855면.

감당할 수 있기 때문이다.[42] 이미 한명 또는 그 이상의 딸을 낳은 여성들이 또 딸을 낳을 경우 남편과 가족을 대하기가 두려워서 검사를 받기도 한다. 아친 바나이끄(Achin Vanaik)는 이렇게 적고 있다.

봄베이의 유명한 유산센터에서 1984~85년에 있었던 5만 1914건의 낙태 중 거의 100퍼센트가 성감별검사 이후에 이루어졌다. 현재 마하라시뜨라(Maharashtra)에 있는 거의 모든 중소도시에 성감별 클리닉이 있다.[43]

양수검사를 성감별에 이용해 여자태아를 낙태하는 행위가 급속도로 퍼져가자 인도의 페미니스트들은 강력한 항의운동을 펼쳐왔다. 그러나 여성단체들이 성감별검사의 금지를 위해 운동을 벌인 동안에도 봄베이에서는 태아의 성을 결정하기 위한 더욱 정교한 방법이 사용되고 있었다. 봄베이에 있는 사설 병원인 찌띠(Citi)클리닉의 의사들은 알부민 여과와 인공수정을 통해 정자나 혹은 염색체를 분리하는 임신 전 성선택(性選擇) 기술을 실행하고 있다. 1984년 미국인 의사 에릭슨(Ericsson)이 개발해낸 이 방법은 남아를 낳을 정액을 선택하기 위해 사용된다. 이 여과법을 통해 남성 결정인자인 Y염색체를 가진 정액이 X염색체 정액에서 분리되어 농축된다. 의사들은 Y염색체가 80퍼센트쯤 되도록 정액을 분리해낼 수 있으며, 시험관 아기를 만들 때와 같은 식의 준비과정을 거친 여성에게 이것을 투입한다. 인터뷰를 통해 성공률, 즉 남아를 낳

42 Vibhuti Patel, "Amniocentesis —An Abuse of Advanced Scientific Technique," XI World Congress of Sociology에 제출한 논문, New Delhi, 1986년 8월 18~22일.
43 Achin Vanaik, *Times of India*, 1986년 6월 20일.

을 확률은 80퍼센트라고 들었다. 봄베이의 이 병원은 에릭슨 박사가 설립한 액체 알부민 판매회사, 가메트릭스(GAMETRICS)사의 지부로 전세계에 만든 48개의 센터 중 하나이다. 몇몇 지부들은 남아선호 사상이 강한 제3세계국에 있다. 봄베이에서 이것을 시술하는 의사들은 이 방법이 양수검사와 여아살해보다는 과학적이며 윤리적으로도 더 받아들일 만하다고 주장한다. 기술 자체만 놓고 본다면 일리 있는 말이다. 모든 것이 매우 깔끔하고 매우 과학적이며 허술한 틈이 없는 하나의 사업이다. 그러나 이러한 방법은 남아선호 성향이 강한 나라에서 비부띠 빠뗄(Vibhuti Patel)의 말처럼 여성을 '멸종위기에 놓인 종'으로 만들고 있다. 그런 나라들에서 가메트릭스사의 장래는 밝기만 하다.

이러한 사례들은 성차별적·인종주의적 이데올로기가 자본주의의 이윤추구 동기와 밀접하게 관련되어 있으며 선택과 제거의 논리가 명확한 경제적 기반을 갖고 있다는 점을 분명히 보여준다. 가부장제와 인종주의는 윤리적으로 혐오스러운 이데올로기일 뿐만 아니라 명실상부한 사업이기도 한 것이다.

### 맺음말

출산력을 높이려는 것이든 낮추려는 것이든 재생산기술은 인간과 자연, 문화와 자연을 엄격히 구분하고 자연을 백인남성이 정복해야 할 대상으로 삼는 이데올로기적 풍토에서 발전했다. 정복과 통제의 주된 방법은 선택과 제거의 원칙에 입각하고 이 원칙은 모든 재생산기술에 스며들어 있다. 선택과 제거가 아니었다면 이 기술은 전혀 달라졌을 것이다. 그러므로 기술은 중립적이라 주장할 수 없으며 우리 사회의 성차별적·인종주의적·파시스트적 편견에서 자유롭지도 않다. 이러한 편견들은 이 기술들이 적용될 때 나타나는 문제가 아니라 기술 자체에 들어 있다. 이와는 별도로 이러한 원칙들의 역사적인 연속성은 19세기의 우생학운동, 나치의 파시스트 인종정책에 이어 오늘날의 유전공학과 재생산기술과 인구조절 기술로 이어진다. 이는 개념과 연구방법에만 국한되어 있지 않고 관련된 사람들 또한 얽어매고 있다.

## 13장

# 개체에서 조합으로:
## '재생산대안'의 슈퍼마켓[*]

마리아 미스

## '불임여성 돕기'에서 '재생산대안'으로

새로운 재생산기술의 '혜택과 위험'에 대한 논의는 대개 이 기술이 개별 불임남녀에게 '친자식'을 갖도록 해주고자 개발되었다는 암묵적 혹은 명시적 가정에 기초한다. 그러나 1985년 본에서 열린 '재생산기술과 유전공학에 반대하는 여성' 대회에서 이미 참석자들은 이 새로운 기술의 목적이 불임인 개인을 도우려는 것이 아니라 산업자본주의의 '성장' 문제를 해결하기 위해 새로운 재생산산업을 진흥시키려는 것이라 결론 지었다. 제철이나 석탄 등의 오래된 성장분야가 정체되기 시작하자 생식능력을 지닌 여성의 신체가 '투자'의 새로운 영역으로 부상한 것이다.

1985년에는 다소 추정적이었던 이 결론은 그간에 이미 현실로 드러났다. 미국 뉴저지주 럿거스(Rutgers)주립대학의 나딘 토브(Nadin Taub)와 캐롤 스미스(Carol Smith)의 지도하에 만들어진 '1990년대의

* *Reproductive and Genetic Engineering*, Vol. 1, No. 3, 1988에 처음 수록됨.

재생산법'(1987)이라는 프로젝트에 대한 보고서를 읽은 후 이 점에 관한 내 확신은 더욱 깊어졌다. 로리 앤드루스(Lori B. Andrews)의 「재생산기술에 대한 페미니즘의 시각」이라는 논문도 이 보고서의 일부이다. 로리 앤드루스는 럿거스 프로젝트의 활동그룹의 일원이다.[1] 그녀는 또한 미국변호사협회의 회원이며 약 1만명 가량의 출산 '전문가들'과 일반인으로 구성된 전문단체인 미국출산협회의 윤리위원회에 소속된 유일한 여성이다. 1986년 이 윤리위원회는 재생산산업의 '자유로운' 전면적 발전을 저지하는 대다수의 법률적 제약을 폐지시키려는 수많은 법률개정안을 제안했다(The Ethics Committee of the AFS 1986).

이 장의 논의는 주로 로리 앤드루스의 두 저술, ①「새로운 재생산기술에 대한 페미니즘의 시각」과 ② 헤이스팅즈센터 보고서 「나의 신체, 나의 재산」[2]에 관한 것이다. 또한 1987년에 배포된 럿거스 프로젝트의 요약보고 편람『1990년대의 재생산법 편람』(Briefing Handbook: Reproductive Laws for the 1990s)에 실린 몇몇 다른 논문에 대해서도 언급할 것이다.

앤드루스의 논문들과 『1990년대의 재생산법 편람』을 읽으면서 나는 논의를 이끌어가는 새로운 용어들에 곧바로 충격을 받았다. 재생산기술의 수혜자라는 이전 시대의 '불임여성' 혹은 '불임부부'는 이들 텍스트에서 거의 언급되지 않는다. 대신 '재생산대안' '재생산옵션' '재생산선택권' '재생산자율성' '재생산권' 등이 새로운 핵심 — 특히 앤드

---

1 Lori B. Andrews, "Feminist Perspectives on New Reproductive Technologies," *Briefing Handbook: Reproductive Laws for the 1990s*, Women's Rights Litigation Clinic and Institute for Research on Women, Rutgers Law School, Newark, NJ, 1987.

2 Lori B. Andrews, "My Body, My Property," *Hastings Center Report*, 1986, 28~37면.

루스가 자주 사용하는 ─ 용어들로 등장한다. 앤드루스는 이 '재생산대안의 자유로운 선택'이 미국 헌법에 보장된 생식결정의 자율성과 프라이버시의 권리에 토대를 둔다고 보며, 그녀에 따르면 헌법의 이 권리는 '임신중지권'을 구성한다.[3]

임신중지와 피임에 관한 재생산선택권을 뒷받침하는 헌법적 토대는 인공수정, 태아 기증, 대리모 등 이용의 자율성도 보호한다.

달리 표현하자면, 미국의 몇몇 페미니스트들이 '임신중지권'을 요구하면서 펼친 논의가 지금은 '대안적 재생산선택권'을 정당화하는 데 사용된다는 것이다. 앤드루스는 '친자식'을 낳을 '기본적인 권리'가 있을 뿐만 아니라 기술적으로 만들어진 다양한 생식옵션들이 미국 헌법의 보호를 받는 기본권의 일부라고 주장한다. 그녀는 다음과 같은 노마 위클러(Norma Wikler)의 말을 인용한다.

물론 페미니즘 프로그램에 위협이 되는 것은, 일단 재생산 의사결정에서 프라이버시의 권리가 자연적·헌법적 권리로서의 지위를 상실하고 나면 여성들이 지금 갖고 있는 선택권들을 잃을 위험이 있다는 점이다.[4]

이것은 새로운 재생산 슈퍼마켓이 열린다는 뜻이다. 마음대로 고르

3 Andrews, 앞의 글, 1987, 46면.
4 같은 글, 46~47면.

세요! 무엇이든 있습니다!

'재생산선택권', '재생산대안'이란 개념은 럿거스 프로젝트에 참여한 다른 학자들도 사용한다. 이러한 '재생산대안'들 안에는 불임부부를 위해 시험관 아기를 생산하는 데 필요한 다양한 기술뿐만 아니라 '정상적인' 임신을 예정일까지 이어갈 '권리'까지 있다. 다시 말해 자연적인 임신과 출산이 수많은 다른 '재생산대안들'과 동등한 위치에 놓인다. 수많은 재생산대안들은 모두 의료전문가와 재생산기술에 의존한다는 점에서 이어진다. 럿거스 활동그룹의 또다른 일원인 낸시 거트너(Nancy Gertner)는 '재생산선택권' 개념을 아래와 같이 정의한다.

재생산선택권은 이렇게 정의되어야 한다.
①국가와 연방헌법의 보호를 받는 한도에서 헌법적인 임신중지권을 행사하는 개인의 선택권.
②국가와 연방헌법의 보호를 받는 한도에서 불임수술을 받거나 거부할 수 있는 그/그녀의 헌법적인 권리를 행사하는 개인의 선택권.
③임신을 예정일까지 수행하는 개인의 선택권.[5]
④수정된 난자의 착상을 막거나 그밖에 수정 전, 수정시, 혹은 수정 직후에 사용되는 다른 방법으로 임신 회피용 약이나 기타 물질의 합법적인 처방을 얻거나 사용하는 개인의 선택권.
⑤체외수정, 인공수정 등을 통해서 임신할 수 있는 개인의 선택권.

5 Nancy Gertner, "Interference with Reproductive Rights," *Briefing Handbook: Reproductive Laws for the 1990s*, 1987.

그러나 로리 앤드루스는 이러한 일반적인 생식옵션에서 그치지 않는다. 그녀는 가능한 모든 기술적·사회적 대안들을 포함하는 쪽으로 개념을 확대한다. 그녀에 따르면 '재생산선택권'과 '재생산대안'은 불임부부를 위한 체외수정뿐만 아니라 누구라도 성적 접촉 없이 자신들의 자녀를 '만들' 가능성까지 포함한다. 여기에는 "생물학적으로 아무런 관련도 없는 아이의 부모가 될 계약을 맺는 것도 포함된다. 불임부부들은 난자기증자와 정자기증자 그리고 대리모의 조합을 이용할 수 있다."[6]

물론 '재생산대안의 자유로운 선택'은 또한 '대리모'와 여러 형태의 계약을 맺을 권리를 의미하며, 뒤집어 말하면 이른바 '대리모'가 될 여성의 '권리'까지도 의미한다. 더 나아가 유전적 '기형아'를 피할 기술적 방법까지 이 '재생산대안'의 종합선물세트에 들어 있다. 앤드루스의 말을 빌리자면 '재생산대안'은 "아이는 원하지만 이성과의 성적인 접촉은 원치 않는 사람에게" 적용될 수 있다.[7]

그러한 옵션들은 결국 유전자심사를 확산시킬 것이다. 앤드루스는 강제적인 유전자심사에는 반대했지만 (여전히?) '전통적인 방법'[8]으로 아이를 낳는 여성들과 '대안적 생식'을 이용하는 사람들을 위한 자발적인 유전자심사 및 의료심사는 옹호했다. 이러한 틀은 자궁은 들어냈지만 난소는 온전한 여성들이 대리모의 도움으로 '유전자 엄마'가 될 수 있게 한다. 마찬가지로 앤드루스는 암치료를 받고 있어서 "난자가 유전자 변이를 일으킬까" 봐 우려하는 여성들에게 "나중에 아이를 낳을 경우를 대비해 치료 전에 난자나 수정란을 냉동할 수 있는 가능성에 대해 의

---

6 Andrews, 앞의 글, 1987, 부록 A:3.
7 같은 글, 부록 A:4.
8 같은 글, 27면.

무적으로 알려줄 것"을 제안한다.[9] 앤드루스에 따르면 '재생산자율성'
에는 난자·정자·수정란의 냉동보존뿐 아니라, 「나의 신체, 나의 재산」
에서 분명히 썼듯, '신체의 일부'를 제3자에게 팔 권리까지 포함된다.

　앤드루스는 '재생산대안들'의 기술적인 가능성뿐만 아니라 재생산
기술이 만들어낼 새로운 사회관계에 대해서도 논한다. 그녀는 이러한
기술이 아주 새로운 가족구조를 만들어낼 것이라 보았다. 그리하여 억
압적 가족구조, 특히 핵가족에 대해 비판적인 페미니즘 운동이 수년 동
안 요구해온 것을 이 기술이 이뤄내리라는 것이다. 새로운 재생산기술
덕택에 이제 한 아이가 여러명의 아버지와 어머니를 가질 수 있는데, 예
컨대 유전자 부모와 사회적 부모, 임신한 어머니와 기른 어머니가 다를
수 있고 아버지 없이 두명의 어머니만 가질 수도 있다. 앤드루스에 의하
면 현행 가족법으로는 다룰 수 없는 이런 복합적 부모-자녀 관계로 야
기되는 법률적인 문제들(가령 후견인문제)은 피할 수 있는 문제이다.
임신하기 전에 누가 유전자 부모가 될 것이며 누가 임신한 어머니가 되
고 누가 사회적 부모가 될 것인지 등을 명시하는 계약을 맺으면 된다.[10]
이는 새로운 재생산대안들이 필연적으로 가장 친밀하고 사적인 관계에까지 계약
법이 침투하는 결과를 초래함을 뜻한다.

　이 '재생산대안' 논의에서는 기술 자체에 대한 근본적인 비판이 없다
는 것이 가장 놀라웠다. 내가 보기에, 앤드루스와 럿거스 활동그룹의 성
원들은 오히려 그 기술이 여성의 '재생산자율성'을 높여줄 엄청난 잠재
력을 가진 발명품이라 생각한다. 그들의 주된 관심사는 강제가 없어야

---

9 같은 글, 4면.
10 같은 글, 33면.

338

하며 계급과 인종을 막론하고 모든 여성들이 '재생산대안'들에 동등하게 접근할 수 있어야 한다는 것이다.

이 프로젝트의 활동그룹은, 궁극적으로 가장 절박한 문제 중 하나가 개인의 재생산자율성의 극대화와 사회적 자원의 균등분배 사이에 균형을 맞추는 것이라고 본다. … 활동그룹은 국민의료보험 체계가 자원을 좀더 균등하게 분배하는 데 도움을 주리라고 믿는다.[11]

## '대리모'산업

'개별적인 불임남녀'를 돕는 것으로부터 '생식산업'을 전면적으로 발전시키는 것으로 이행했다는 것은, '대리모'와 '임신을 수행할 어머니'를 고용하고 정자와 난자, 수정란을 파는 데 장애가 되는 모든 법률적 장벽들을 제거해야 한다는 앤드루스의 주장에서 분명히 감지할 수 있다. 알다시피 이러한 법률논쟁 ── 특히 '대리모'에 관한 ── 은 이미 시작되었다. 역사상 처음으로 뉴저지의 판사 하비 쏘코우(Harvey Sorcow)는 1987년 메리 베스 화이트헤드(Mary Beth Whitehead) 소송에서 아이를 출산한 여성의 권리보다 계약법을 더 중시하는 판결을 내렸다. 뉴저지 대법원이 쏘코우의 판결을 뒤집기는 했지만 다른 주들이 이 선례를 따르지 않는다면 재생산의 상업화로의 길은 여전히 활짝 열려 있는 셈이다.[12] 아이를 생산하는 것이 새로운 '성장산업'이 되었다. 몇년

---

11 *Reproductive Laws for the 1990s*, 11면.

전까지만 해도 가능성에 불과했던 것이 이제는 현실이 되었다.[13]

그러나 쏘코우 판사가 하늘에서 갑자기 떨어진 사람은 아니다. 그 판결은 인간의 존엄성, 특히 여성의 존엄성이 거론조차 안되는 '재생산대안' 담론의 결과라고 보아야 한다. 쏘코우 판사의 판결에서 이른바 '대리모'는 그저 '수태와 임신의 인자'로만 간주된다. 그는 이렇게 말했다.

생식이 보호받는다면 생식의 수단도 보호받아야 한다. 가족을 탄생시키는 데 바탕이 되는 가치와 관심은 어떤 수단이 동원되든 동일하다. 본 법정은 수단의 보호가 대리모의 이용까지 포함한다고 본다. 제3자를 이용했다고 해서 계약이 무효가 될 수는 없다. 기증자나 대리모는 수태와 임신의 인자를 제공함으로써 아이 없는 부부를 보조한다고 사료된다.[14] (강조는 인용자)

대리모계약의 신성함에 대한 앤드루스의 주장도 쏘코우 판사의 판결문과 크게 다르지 않다. 그녀는 상업적 대리모가 아기매매와 다를 바 없다거나 대리모가 신체적·정서적 위험부담을 갖는다는 등, 미국 페미니스트들이 대리모에 반대하여 제기한 다른 문제들을 논한다.[15] (하지

---

12 Janice Raymond, "The Spermatic Market: Surrogate Stock and Liquid Assets," *RAGE*, No. 1, 1988, 65~75면.
13 뉴저지 지방법원의 하비 쏘코우 판사의 판결은 1988년 2월 뉴저지 대법원에서 번복되었다. 이 판결에 대한 자세한 논의를 보려면 *Reproductive and Genetic Engineering At Issue* 1(2):175~81을 참조하라. (또한 Rita Arditti, *RAGE*, 1(1):51~64와 Janice Raymond, 1(1):65~75도 참조하라.)
14 Superior Court of New Jersey, The Matter of Baby 'M', Opinion, 1987년 3월 31일, 1~121면.
15 Andrews, 앞의 글, 1987, 15~20면.

만 그녀는 미국의 많은 페미니스트들이 대리모를 비판하는 진정한 논점 즉 여성의 매매에 대해서는 논의하지 않는다.) 그러나 그녀는 충분한 정보를 가진 당사자들의 동의에 입각하여 체결된 계약은 존중되어야 한다고 말함으로써 이 모든 비판에 대응한다.

그녀는 대리모에게 돈을 지불하는 것은 아기매매라는 비판에 대하여 대리모에게 돈을 주는 것이 미국 법에 금지된 아동매매가 아니라는 켄터키 대법원과 뉴저지주 내쏘 카운티(Nassau County) 법정의 판결(둘 다 1986년)을 인용하여 반박한다.[16] 두 법정에서는 출산 후 아이를 포기한다는 결정이 임신 이전에 이루어졌다는 점을 이유로 들었다. 강요를 통해서가 아니라 결과에 관해 충분히 인지한 냉정한 상태에서 계약서에 동의한 이상 그것을 아기매매라거나 여성착취라고 볼 수 없다는 것이다. 그러나 여성착취야말로 페미니스트 비판가들이 염려하는 바로서, 특히 부유한 중산층에 의해 빈민여성들이 착취당할 수 있으며 나아가 '번식자 여성'이란 새로운 계급이 등장할 우려마저 있다. 이런 상황에서는 순전히 먹고살기 위해 여성들이 대리모가 되거나 생식체나 난자를 팔 수밖에 없을 것이다.

우리는 우리 사회에서 여성들이 먹을 것을 장만하거나 가족들의 병원비를 대거나 혹은 사회가 의당 제공해주어야 할 물품이나 용역을 사기 위해 대리모가 될 수밖에 없다고 느끼게 되는 상황을 상상해볼 수 있다.[17]

16 같은 글, 19~20면.
17 같은 글, 17면.

앤드루스는 이 모든 경우를 다 착취라고 볼 수는 없다고 믿는다. 그녀는 "내가 돈을 안 받는 것도 아닌데 돈을 받고서 대리임신을 하는 것이 왜 착취냐"고 묻는 어느 예비 대리모의 말을 인용한다.[18] 앤드루스는 몇몇 페미니스트들이 요구하듯 대리모 자체를 금지하는 대신 대리모들이 돈을 더 받아야 한다고 생각한다.

앤드루스는 모든 논의에서 페미니즘의 원칙과 요구를 옹호한다고 주장한다. 이것은 대리임신 행위가 너무 '위험하다'는 일부 페미니스트들의 주장을 반박할 때도 해당된다. 앤드루스에 따르면 대리임신의 위험이 '일반' 임신의 위험보다 높지 않다고 한다. 더 나아가 그녀는 충분한 정보를 가진 상태에서 내린 자발적 동의에 근거한다면 위험한 활동(가령 소방활동)에 참여하는 것은 전통적으로 허용되어왔다고 생각한다. 따라서 여성에게 대리모가 될 가능성을 차단해서는 안된다는 것이다.

그러나 그녀의 가장 강력한 주장은 여성들이 책임있는 의사결정을 할 수 있으며 '변덕쟁이'가 아니라 성숙한 시민이라는 사실을 증명하려면 스스로 대리모계약서를 존중해야 한다는 것이다. 그녀는 이렇게 말한다.

내 개인적인 의견으로는 여성들은 의사결정을 하지 못한다는 가정에 근거해 여하한 정책적 논의를 수용한다면 한걸음 뒤로 물러서는 셈이다. 그것은 결국 여성의 재산소유권을 인정하지 않았던 법률을 위시하여 오랫동안 여성을 억압한 수많은 법률 원칙들의 이론적 근

---

18 같은 글, 16면.

거였다.[19]

　이런 법률 원칙과 그 배후의 이론적 근거, 즉 여성들은 이성적 결정을 할 수 없다는 논리가 둘 다 **성차별적이고 가부장적이어서** 거부되어야 한다는 생각은 앤드루스에게 떠오르지 않는 모양이다. 대신 그녀는 여성들이 이 (터무니없는) 원칙들에 부응하기 위해 분투해야 하며, 만일 우리가 메리 베스 화이트헤드나 그밖의 다른 대리모들이 자신이 낳은 아기를 계약에 따라 넘기지 않고 키우도록 허락한다면 그것은 여성운동이 이룬 '성취'를 위태롭게 하는 일이라 생각한다. 이 점으로 보아 앤드루스가 말한 '여성해방', 즉 전체 가부장적 자본주의 경제·법률 체계 내의 여성의 '동등한 참여'가 무엇인지 명백해진다. 이 체계가 지속되기 위해서는 계약이 존중되어야 하고, 대리모계약도 존중되어야 하며, 생식과 관계된 모든 과정과 관계들을 우리의 자연적 존재의 일부로 여기던, 케케묵은 과거의 유산인 모든 법률조항을 도려내어 시장법칙인 계약법의 규율 아래 두어야만 한다. 무제한적 자본축적이 다스리는 곳에서는 아이를 임신하고 낳은 어머니의 주장보다 계약이 우선하는 것이다.

　앤드루스에 의하면 대리모는 모성의 자격이 없다. 그것은 서비스조차 못되는데, 아버지 되는 사람을 위해 행한 서비스에 대한 대가는 받지 못하기 때문이다. 대리모가 지불받는 것은 '생산품'인 아이에 대해서뿐이다. 그리하여 대리모는 여성의 가사노동 착취와 유사하게 기능하는 새로운 '청부산업'이 되었다. 기업가(남성)는 원료의 일부(정자나 그가 사들인 기증난자)와 '임신수행자' 여성에 대한 대가를 선지급한다. 그

19 같은 글, 14면.

러나 생산품은 양도되어야 한다. 양도는 핵심적인 부분이다. 이와 관련
해 대리모산업은 예전의 가내공업이 처음에 씨름해야 했던 것과 같은
문제에 봉착한다. 생산자가 생산품을 반드시 넘겨주게 만들어 스스로
갖지 못하도록 하는 문제다. 이는 생산자로 하여금 그들이 생산한 물건
이 자신의 것이 아니라 상품이며 그들이 하는 일이 소외된 노동이란 점
을 받아들이게 해야 한다는 뜻이다.[20] 앤드루스는 여성들을 '전(前) 자
본주의적' 행동양식에서 끌어내어 생식행위에까지 시장의 법칙을 받아
들이게 하려고 엄청나게 애쓴다.

　그 과정에서, 그녀는 계속해서 '재생산자율성'이라는 개념을 사용한
다. 내가 앞서 논했듯, 이것은 모든 새로운 재생산기술로의 자유로운 접
근뿐 아니라 모든 종류의 새로운 사회적 장치를 함축한다. 하지만 대리
모에 관한 논의를 보면 이런 주장에 내포된 딜레마가 드러난다. 재생산
자율성의 개념에는 출산과정의 완전한 자유화가 포함된다. 무엇이든
가능하며 기술적·사회적으로 가능한 것은 법적으로도 허용되어야 한
다. 국가는 가능한 한 이 영역에서 떨어져 있는 것이 좋다. 여기까지는
그렇다고 하자. 그러나 새로운 재생산기술의 '진보' 덕택에 이제 생식
행위가 시장에 통합되었으므로 출산은 곧 네 것과 내 것을 사고 파는 문
제가 되어버렸다. 그리고 여기에는 계약이 필수적이다. 달리 말하면 앤
드루스가 그토록 강력히 지지하는 재생산자율성의 끝은 계약법인 것이
다. 다시 한번 강조하겠다. 재생산자율성은 계약법으로 끝난다! 대리모

---

[20] 예컨대 인도의 부족지역에 있는 여성들은, 성과급방식의 산업을 확립하기 위해 세운 개
　발계획의 맥락에서 자기들이 만든 도기가 시장에서 팔릴 것이란 점을 깨닫지 못했다. 그들
　은 그 그릇들을 자기들이 쓰기를 원했으며, 팔기 위한 상품을 생산해냈다는 사실을 이해하
　지 못했다.

이든, 수정란이나 그밖의 '생식재료'를 파는 것이든, 혹은 체외수정 프로그램에 들어가는 것이든, 이러한 계약에 들어가는 여성은 더이상 자율적 인간으로서 자신의 육체나 생식력과 상호작용할 수가 없다.[21] 재생산자율성, 재생산선택권, 재생산대안과 같은 개념은 페미니스트들의 귀에 언뜻 긍정적으로 들린다. 그러나 앤드루스와 그녀의 동료들은 이러한 개념을 뒤집어놓았다. 이 개념들은 이제 이윤과 명성을 추구하는 기업과 '첨단 의사'들이 좌우하는 전격적 상업화에 여성의 생식력과 육체를 무방비로 열어놓기 위해 사용된다.

## 나의 신체, 나의 재산?

대리모계약이나 재생산거래에 관련된 여타 계약들을 여성들이 충분히 존중하지 않을 수도 있다는 문제말고도 재생산의 완전한 상업화와 산업화의 길을 열기 위해 넘어서야 할 장애물이 더 있다. 앤드루스에 의하면 이는 여성들이 그리고 남성들마저 자기 신체—혹은 신체의 일부—를 이성적인 방식으로 사용할 줄 모른다는 사실이다. 내 관점에서 보면 이 이성적 방식이란 자본주의 시장경제에 적절한 방식을 뜻한다. 사람들은 아직 자기 몸을 시장상품으로, 따라서 이윤을 만들어내는 재산으로 여기지 않는다.

재생산대안의 자유화를 옹호하는 앤드루스의 주장을 읽은 다음이라

21 Renate Klein, "Where Choice Amounts to Coercion: The Experiences of Women in IVF Programmes," 3rd International Interdisciplinary Congress on Women에 제출한 논문, Dublin, 1987년 7월 5~11일.

면 그녀가 이미 우리 자신의 신체를 재산으로 삼자는 주장을 편 논문을 썼다는 사실이 놀랍지 않다. 「나의 신체, 나의 재산」이라는 논문에서 그녀는 생식과 관련된 우리 신체조직뿐 아니라 혈액, 정액, 조직, 세포 등 모든 다른 기관과 물질들도 신체 소유자의 재산이라고 주장했다. 그녀는 신체의 일부를 기증할 수는 있으나 매매할 수는 없다고 한 미국 법의 규정을 비난한다. 반면 그러한 신체의 일부나 물질 — 주로 환자에게서 무료로 취득한 — 로 실험을 하는 과학자와 의사들은 이러한 실험의 산물로 큰돈을 벌 수가 있다고 그녀는 말한다. 예컨대 그들은 세포주(cell line)에 대해 특허를 내서 팔 수도 있다. 앤드루스는 백혈병 환자 존 무어(John Moore)의 예를 드는데 의사들은 그에게 알리거나 동의를 얻지 않은 채 "상업적인 가치가 있는 모(Mo) 세포주를 개발하여 특허를 내는" 데 그의 피를 사용했다.[22] 이렇듯 신체기관과 신체물질에 대한 요구가 증가하고 있기 때문에 — 특히 생명공학 연구와 실험의 성장을 통해 — 앤드루스는 신체기관과 신체물질의 매매를 금지하는 모든 법적인 장애를 제거하라고 요구한다. 그러나 이는 무엇보다 인간의 신체를 재산으로 정의하는 것을 수반한다. 신체와 신체의 일부를 그녀 혹은 그의 재산으로 취급해야지만 이 재산의 '소유자'가 이러한 신체기관의 오용을 법적으로 방지할 수 있다는 것이다. 그녀/그는 이것들의 상품화에서 나오는 이윤에 대한 자신의 몫을 주장할 수 있다. 인간의 신체를 재산으로 규정하게 되면 그녀/그가 배상청구법에 따라 보상을 요구할 수도 있다. 앤드루스는 뉴욕의 어느 병원의 예를 든다. 이 병원은 한 여성의 난자와 그 남편의 정자를 수정하려 했는데, 산부인과 과장이 인큐베

22 Andrews, 앞의 글, 1986, 28면.

이터에서 배양조직을 걷어내서 없애버렸다. 그 부부는 산부인과 과장을 개인재산 횡령과 정신적 고통을 유발한 혐의로 고소했다. 앤드루스는 법정이 정신적 고통에 대한 주장만 인정하고 재산권 주장을 거부한 사실을 비판했다. 그녀는 신체를 재산으로 규정하지 않는다면 사람들이 안심하고 의사에게 재생산과 관련된 신체의 일부 — 수정란이나 생식체 — 를 맡길 수 없으리라는 점을 우려한다.

재생산기술의 발전으로 이제 사람들은 자주 자신의 생식체나 수정란을 의사나 실험기술자나 보건시설의 손에 맡기게 되었다. 그러나 신체의 일부가 재산으로 간주되지 않는다면, 신체물질을 타인에게 맡긴 사람들은 거의 보호되지 않을 것이다.[23]

앤드루스는 또 사후에 신체기관과 신체물질을 매매할 가능성에 대해서도 논한다. 그렇게 되면 사람들은 살아 생전부터 이미 팔린 해부용 시체로 걸어다니는 셈이 될 것이다! 그러나 분명히 그녀의 주된 관심은 급속도로 확장하는 재생산산업과 연구단체의 수요 때문에 대규모로 필요한 생식물질의 자유로운 상업화에 있다. 여기서 그녀는 난자, 수정란, 난세포와 정자는 채취된 사람의 재산이라 주장한 미국출산협회의 입장에 동의한다.[24] 분명 재산논쟁은 지나 코리아 같은 페미니스트들의 지지를 받아 이미 진행된 바 있다. 지나 코리아는 의사들이 생식실험에 쓰려고 여성들 모르게 수술 도중 난자를 '도둑질'할 수 있다는 점을 지적했다.[25]

**23** 같은 글, 30면.
**24** American Fertility Society, "Ethical Statement on In Vitro Fertilization," *Fertility and Sterility*, 1984, 41:12.
**25** Gena Corea, *The Mother Machine*, New York: Harper & Row 1985, 135면.26) Andrews, 앞

앤드루스는 강압이 아니라 여성들에게 충분히 알리고 동의를 받기만 한다면 난자나 다른 생식물질의 매매나 기증에 관련된 윤리적 문제는 해결되리라는 입장이다. 그녀는 신체기관의 상업화 자체를 비판하는 것이 아니라 소유자의 동의 없이 이루어지고 있다는 사실만을 비판한다.

## '판매자'와 '구매자' 및 사회에 미칠 영향

자신의 주된 논의를 개진한 다음 앤드루스는 '재산으로서의 인간신체' 개념의 도입이 '기증자'——이제 '판매자'로 불려야 하는——와 '접수자'——혹은 구매자—— 및 사회 전반에 미칠 영향에 대해 논한다. 재산으로서 인간신체라는 정의에 반대하여 제기될 수 있는 한가지 주장은 가난한 사람들이 자신들의 신장이나 그밖의 장기를 어쩔 수 없이 내다팔아야 할지도 모른다는 우려이다. 그렇게 되면 가난한 사람들도 신장 두개만 가지고 있다면 '자본'소유자로 간주될 수 있는 상황에 이르게 될지도 모른다. 신장은 한개에 5만 달러가 나간다. 따라서 이들이 사회복지급부 대상자가 될 자격이 없다는 얘기도 나올 수 있다. 앤드루스는 이러한 주장에 대해서도 대리모계약을 맺는 '가난한 여성'의 경우와 같은 태도로 일관한다. 아이들을 먹이기 위해, 가까운 사람의 치료비를 대기 위해, 혹은 그밖의 생필품을 사기 위해 신체의 일부를 판다는 것은 윤리적으로 용납 불가능하지는 않다는 것이다. 그녀는 신체기관의 매

의 글, 1986, 32, 33면.

매에 대한 금지가 그 사람의 가난을 없애주지는 않는다고 말한다. 오히려 그녀/그를 파국으로 몰 수도 있다. 여기서 다시금 '가난한 여성' 혹은 남성은 인간신체(혹은 그 일부)를 자본주의 시장으로 내보내는 것을 정당화하기 위해 이용된다. 앤드루스는 신체기관을 사고 판다는 사실에서 윤리적인 문제가 발생한다고 보지 않고 '판매자'와 '구매자'의 건강에 미칠 위험에 대해서만 논의한다. 그리고 오직 당사자만이 그 위험을 감수할 것인지의 여부를 결정할 수 있다고 주장한다. 그녀가 주로 염려하는 바는 강제가 없어야 하며 적절한 정보를 제공받아야 한다는 점이다. 그녀는 제3자——가령 죽은 사람의 신체 일부를 그 친척이 판다거나 병원이 환자의 신체기관을 판다거나——가 아니라 '소유자'들이 자기 신체를 파는 것이라면 윤리적인 문제는 일어나지 않는다고 생각한다.[26] 그러나 그녀는 내가 나의 신체를 재산으로 생각하는데 다른 사람이 내 신체를 재산으로 취급하지 말라는 보장을 어떻게 할 수 있는지는 말하지 않는다.

그녀는 또한 신체를 재산으로 규정하게 되면 인간존재의 온전함이 파괴된다는 사실에서 생기는 윤리적 문제도 간과한다. 인간 혹은 인간신체가 부분들의 단순한 총합은 아니라고 하면서도 사실상 신체를, 팔 수 있는 물질의 저장고로 다룬다. 우리의 다양한 신체기관과 신체물질에 대한 해부와 상업화를 정당화하기 위해 그녀는 우리가 이미 '팔리고 있다'고 주장한다. 우리가 이미 노동력과 두뇌력을 팔고 있지 않느냐는 것이다. 특히 후자를 강조하며 저작권 특허의 법적 원리가 두뇌력과 그 산물을 '지적재산'으로 규정하고 있음을 든다. 앤드루스에 따르면 인지

26 Andrews, 앞의 글, 1986, 32, 33면.

적인 기능과 그 소유권을 파는 것이 우리의 '물질적' 신체의 일부를 파는 것보다 더 나쁘다. 인간에 대한 앤드루스의 이상주의적인 관점은 그녀가 인간을 '정신'과 '육체'로 나누는 데 반대하는 페미니즘의 입장을 받아들이지 않는다는 점을 보여준다. 그녀는 아래와 같이 쓰고 있다.

나는 인간의 독특함은 신체적 산물보다 지성의 산물과 더 관련이 깊다고 본다. (일례로 인간성에 대한 정의는 대부분 신체부분들의 소유가 아니라 지각 혹은 여타의 인지적 특성에 초점을 둔다.) 나의 지적 산물을 파는 것보다는 나의 골수를 파는 것이 인간으로서 나를 덜 상업화한다고 말할 수 있겠다. 그러므로 나는 신체기관을 사고 파는 것이 인간을 상업화한다고는 보지 않는다.[27]

앤드루스는 보스턴여성건강공동체가 "우리 몸은 우리 것"이라고 말한 것이 무슨 의미인지나 알고 있을까?

그녀는 부자들만이 신체기관을 사들일 수 있고 내다파는 사람은 가난한 사람이리라는 의견에도 반박한다. 이것이야말로 가장 뻔뻔스런 형태의 상업적 착취가 될 것이다. 그녀는 지금 이미 제3세계 사람들이 산업국의 부유한 사람들에게 그들의 신체물질(예컨대 혈장)을 '주고' 있다고 말한다.

지금도 미국의 제약회사들은 아시아와 라틴아메리카 등 제3세계 나라들에서 자국의 혈장 생산품 수요를 충족하기 위해 혈장을 모으

27 같은 글, 35면.

고 있다. 가난한 나라의 국민이 부유한 나라의 국민에게 신체의 일부를 주고 있는 것이다. 어쩌면 우리는 모든 나라에서 인간신체의 생산물을 상업화하지 못하도록 투쟁해야 하는지도 모른다. 하지만 이 투쟁이 혈액공급을 감소시킨다면 의사들은 수술이 필요한 몇몇 환자를 포기해야 한다. 완전한 거래금지를 주장하는 사람들이 그같은 결과까지 불사할 수 있을까?[28]

앤드루스가 완전한 거래금지에 흥미가 없다는 점은 확실하다. 오히려 그녀의 의도는 투자와 상업화의 새로운 영역을 개척하는 것이지 이 영역을 줄이는 것이 아니다. 그러나 이 목표를 이루기 위해서는 과학적·상업적 이권세력들이 인간의 신체, 특히 생식력 및 생식기관에 '자유로이' 접근할 수 있게 되어야 한다. 나는 앤드루스의 분석이 이들 이권집단에게 유리하게 작용한다고 믿는다. 그러므로 (내가 강조하는바) '가난한 사람들이 부유한 사람들에게 자신들의 피를 주고 있다'는 그녀의 말은 가난한 사람들로 하여금 부유한 사람들에게 '주도록' 강제하는 폭력을 은폐한다.[29]

---

28 같은 곳.
29 한 독일 신문에 의하면 방글라데시에서 60명의 여성과 아동이 납치되어 인도 국경으로 끌려갔다고 한다. 경찰조사 결과, 이 여성들이 매춘을 강요받았음이 밝혀졌다. 어린이들은 살해하여 신장을 떼어다 팔았다. 로리 앤드루스가 이런 사건에 대해서도 '제3세계'에서 유입되는 혈장에 대한 것과 똑같은 주장을 펼치는지 궁금하다. 신체와 장기가 시장성을 띤 상품이 된다면 서방세계의 부자들의 생명을 늘리기 위해서 제3세계의 가난한 어린이들이 살해되는 것을 어떻게 막을 것인가? *Frankfurter Allgemeine Zeitung*, 1988년 2월 27일.

## 해방에서 국가통제로

자신의 두 논문 모두에서 앤드루스는 현재 생식과정과 신체기관의
전면적인 상업화를 가로막는 법률을 완전히 자유화할 것을 주장한다.
그럼에도 불구하고 그녀는 이러한 완전한 자유화와 법률적 장벽의 제
거가 새로운 '권리'의 남용과 오용으로 이어지리라는 점을 알고 있다.
일례로 그녀는 신체기관의 무제한적 상업화로 인해 유전적 혹은 전염
성 질병이 발생할 수도 있음을 인정한다.

앤드루스는 재생산기술의 잠재적 이용자들의 사회적·심리적 적합성
여부에 대한 심사에는 반대하면서도 정자기증자나 대리모들에 대한 의
학적·유전적 심사의 필요성에 이르면 딜레마에 빠진다. 그녀는 정자기
증자 및 대리모와 관련된 전문적 가이드라인이 느슨하게 적용되는 것
에 유감을 표명하며 인공수정을 실시한 불임전문가의 29퍼센트만이 정
자기증자에 대한 생화학시험을 했다는 연구보고서를 인용한다. 그러나
또한 그녀는 의학적인 그리고 (혹은) 유전적인 심사를 의무로 규정한
몇몇 주의 입법조치를 언급한다. '임신과 수태의 인자'들과 다른 신체
기관의 시장이 점점 확대됨에 따라 받는 쪽에서 유전적·전염성 질병에
대한 두려움도 커지리라는 점은 명백하다. 여기서 국가가 잠재적인 구
매자를 보호하기 위해 개입할 필요가 생긴다.

글만으로는 앤드루스가 의학적·유전적 심사에 대한 주 입법조치들
을 어떻게 생각하는지 분명치 않다. 그녀는 기증자와 대리모에 대한 의
학적 심사를 옹호하는 '많은 페미니스트'들에 대해 다소 모호하게 언급
할 뿐이다.

수많은 페미니스트들이 AIDS와 같은 전염성 질병에 대한 기증자 심사에는 찬성하겠지만 불쾌한 우생학으로 향하는 한 단계로 비쳐질 유전병 심사에 대해서는 망설이고 있다.[30]

'자율성'과 '개인선택'에 대한 모든 주장에도 불구하고 개인의 이해 관계에 대한 보호가 문제가 되면 그들은 국가를 끌어들이고 국가의 통제를 요구해야 한다. 재생산 혹은 신체 기관의 상업화를 가로막는 모든 법률적 장벽을 제거해야 한다고 하면서도 이 새로운 '재생산' 및 여타의 대안들이 남용되지 않도록 새로운 법률적 통제를 마련해야 한다는 것이다. 이는 '기술적' 대안들이 진보하고 인간신체와 그 재생산능력의 상업화를 막는 법률적 규제들이 없어질수록 더 많은 국가통제가 요구된다는 뜻이 된다. 그리하여 다양한 '재산소유자'들의 대립하는 이해관계를 정리하기 위해 더 많은 법률과 더 많은 관료와 더 많은 경찰이 필요하게 된다. 국가통제가 이렇듯 지속적으로 증가하는 과정은 의료소송에 대한 병원과 의료진의 두려움뿐만 아니라 AIDS에 대한 공포로 인해 더 가속화된다. 재생산과정에 대한 국가통제의 증가로 인해 형식적인 민주주의에서 살거나 '전체주의'국가에 살거나 큰 차이가 없다. 영국처럼 사회화된 보건체계이건 독일처럼 부분적으로 사회화된 보건체계이건 아니면 미국과 같은 사적인 체계이건 그 역시 문제가 되지 않는다. 재생산과정, 특히 여성신체에 대한 법률적·국가적 통제의 증가는 재생산기술과 유전공학의 기본적인 방법론적 원칙의 논리적이고도 필연적인 결과이다. 나는 다음과 같이 정식화하고자 한다.

30 Andrews, 앞의 글, 1987, 27면.

생식적·유전적 과정과 이 과정들의 전체론적 기반을 이루는 인간의 몸, 특히 여성의 몸을 해부하여 '생식인자' '생식요소' '생식 및 유전 물질'로 만들 기술적 가능성과 이러한 '구성요소' 등을 새로운 '재생산대안'으로 재조립할 가능성을, 몇몇 사람들은 개인의 '선택'과 '자율성'을 향상할 기회로 환영한다. 그러나 개인선택의 증가는 자동적으로 재생산영역에서 국가와 법률의 더 많은 통제로 이어질 것이다.

재생산기술과 유전공학의 기본적인 방법론적 원칙은 다른 '딱딱한' 과학과 같다. 유기적 혹은 비유기적 전체를 점점 더 작은 입자로 쪼개어 새로운 '기계들'[31]로 재조립하는 데는 선택과 제거라는 우생학적 원칙이 깔려 있다. 바람직한 입자는 선택되고 바람직하지 않은 입자는 제거된다. 이런 원칙이 없다면 전체적인 분해와 재조립 과정은 의미가 없을 것이다. 생식의 영역에서 이러한 분해, 즉 '분리하여 지배한다'는 원칙은 임신한 여성을 '모체'와 '태아'로 나누는 데서도 나타난다. 가부장제와 사적 이해에 근거한 체제 내에서 이러한 구분은 자동적으로 이해관계의 갈등, 다시 말해 모체와 태아 간의 적대를 낳는다. 이제 태아 혹은 수정란은 모체와 별개의 것으로 간주되며, 현대의 재생산기술 아래서는 사실상 여성의 몸과 더더욱 분리되고 있다. 실제로 점점 많은 재생산기술자들이 여성의 자궁을 태아에게 '위험한 환경'이라고 부르기 시작한다.[32] 모체와 태아 간의 이런 새로운 적대 — 현대 과학자들이 만든 인

---

31 Carolyn Merchant, *The Death of Nature: Women, Ecology and the Scientific Revolution*, San Francisco: Harper & Row 1983.
32 Mary Sue Henifin, "What's Wrong with 'Wrongful Life' Court Cases?" *Gene Watch, A*

위적인 적대 ─ 를 규제하기 위해 몇몇 사람들(가령 생명권운동가들)
은 태아를 법률적 의미에서 완전한 인간으로 선언하고자 한다. 그들은
태아를 모체의 위협으로부터 보호받아야 할 '태아권리'를 갖는 한 인간
으로 보기 원한다. 이를 위해 그들은 '태아보호법'과 이 법을 시행할 국
가적·법적 기제를 요구하고 있다.[33]

그러나 모체와 태아 간의 새로운 적대만이 문제가 아니다. 재생산기
술이 발전할수록 그리고 실험실 내에서 수정란연구가 더 많이 행해지
고 산전진단 과정이 발전할수록, 태아는 점차 인간으로, 환자로 정의되
고 있다. '환자로서의 태아' 개념에는 앞서 언급한 우생학적 원칙이 전
적으로 실현되고 있다. '결함이 있는' 태아는 제거하거나 유전자치료
로 손을 보아야 한다. 이러한 과정과 처치들에서 모체와 태아 간의 적
대는 의사와 아이, 의사와 어머니/부모 간의 적대로 이어진다. 미국에
서는 벌써 이른바 유전자결함을 갖고 태어난 아기의 부모들이 의사와
병원을 상대로 손해배상소송을 한 사례가 몇몇 있다. 결함이 있는 태아
를 제때 발견하여 유산시키지 않았다는 이유에서이다. 메리 수 헤니핀
(Mary Sue Henifin)은 선천적 결함을 갖고 태어난 로즈마리 프로캐닉
(Rosemary Procanik)의 아들의 사례를 전한다. 의사와 병원은 아이 어
머니에게 임신 후 첫 3개월 동안 홍역의 위험에 대해 알려주지 않아서
제때 유산을 할 수 없게 했다는 이유로 소송을 당했다.[34] 수 헤니핀은 그
처럼 '잘못 태어난 생명에 관한 소송'과 손해배상 요구가 의사들과 병
원에 제기될 뿐만 아니라 임신기간 동안 특정 산전검사를 받지 않았거

*Bulletin of the Committee for Responsible Genetics*, 4(1), 1987, 1~2, 11~15면.
33 독일에서는 이러한 태아보호법이 1991년부터 시행되고 있다.
34 Henifin, 앞의 글, 2면.

나 약물을 복용했거나 혹은 위험한 직업에 종사하는 여성들에게도 제기되리라는 점을 우려한다. 그런 우려가 근거없는 것이 아니라는 점은 배상법 전문가 마저리 쇼(Margery Show)의 주장(헤니핀의 인용)에서 분명히 드러난다. 쇼의 말에 따르면 어떤 여성이 일단 태아의 임신을 끝까지 진행하려 결심한다면 그 여성은

> 태아가 살아서 태어날 경우, 태아에 대한 태만행위에 대해 '장래에 관한 조건부 책임'을 지게 된다. 이 행위는 산모의 태만으로 인한 태아학대로 간주되며 손상을 입고 태어난 아기가 그 결과라 할 수 있다. 유전적으로 결함이 있는 아기에 대한 임신을 끝까지 진행하겠다는 결정이 한 예가 될 것이다. 임신 중 약물이나 알코올 남용 … 필요한 산전관리의 소홀, 부족한 영양섭취, 돌연변이 유발요인이나 기형발생물질과의 접촉 혹은 모체의 유전자형에서 기인한 결함있는 자궁 내 환경에의 노출도 … 아기가 손상을 입은 원인이 될 수 있으며, 그 아기는 신체적·정신적으로 건강하게 태어날 자신의 권리를 침해받았다고 주장할 수 있다.[35]

다시 말해 법정과 법률은 태아가 다른 사람, 특히 모체에 의해 손상되지 않도록 조치를 취해야 한다는 것이다. 이러한 논쟁이 법률가들의 학술적 논쟁에 그치지 않는다는 점이 캘리포니아에서 무뇌아를 낳은 한 여성의 사례를 통해 밝혀졌다. 그녀는 임신기간 중 의사의 권고를 따르지 않았다는 명목으로 감옥에 갇혔다. 하지만 그같은 경우에 적합한 법

---

35 같은 글, 15면.

률이 없었기 때문에 공소가 기각되었다. 이 간극을 메우기 위해 한 의원이 즉각 '모성태만' 혹은 의사의 지시에 대한 '의도적 무시'의 사례를 다룰 법안을 제출하였다.[36]

'인간으로서의 태아'든 혹은 '환자로서의 태아'든 '태아권리'의 시행과 확대는 여성 개인의 권리를 희생해야지만 실현될 수 있음이 명백하다. 자넷 갤러허(Janet Gallagher)가 지적한 대로 이것은

> 가임기의 모든 여성에 대한 억압적인 복종과 강제의 체제로 이끌 것이다. 달리 무엇을 택할 수 있겠는가? 불임을 증명할 수 없는 모든 여성에게 매달 집행되는 임신검진과 조깅·음주·노동에 대한 허가서 발급? 병원이 감옥이 되고 의사가 경찰이 되면, 산전관리가 가장 필요한 임부들(가난한 여성, 어린 여성, 약물 남용자)은 그들에게 절실히 필요한 산전관리를 받지 못하게 될 것이다.[37]

그러나 태아의 법적 지위를 완전한 성인으로 확장하고자 하는——그리하여 산모를 태아의 적으로 간주하는——사람들만 여성과 수정란/태아의 생명보존 관계를 파괴하는 것이 아니다. 태아를 하나의 '물건'으로, 여성에게 속한 재산으로 여기는 사람들도 마찬가지로 파괴한다. 앞에서 이미 말한 대로 이 집단 역시 이 '재산'을 태만과 오용과 손상으로부터 보호하기 위해 국가와 국가의 법적 기제를 필요로 한다. 생식과정과 생식물질을 점점 더 작은 부분으로 분해할 가능성이 늘어나면서, 여

36 Janet J. D. Gallagher, "Foetus as Patient," A Forum on Reproductive Laws for the 1990s에 제출한 논문, *Briefing Handbook: Reproductive Laws for the 1990s*, 1987.
37 Gallagher, 앞의 글, 2~3면.

성과 분리된 이러한 부분들에 손상과 침해를 가할 가능성도 커진다. 앤드루스식으로 볼 때 엄마의 '재산'이 되는 냉동수정란이 손상을 입을 위험이 엄마의 자궁 속에 있는 태아를 해칠 가능성보다 의심할 바 없이 훨씬 더 크다! 그러한 손상으로부터 '재산' 소유자를 보호하기 위해 새로운 법률이 제정되어야 하며 재생산기술자와 소유자가 서로의 상반되는 이해관계를 보호하기 위해 자세한 계약서를 작성해야 한다. 그리고 국가는 이러한 법률과 계약서들이 시행되고 준수될 것을 보증해야 한다.

특히 재생산의료 전문가들과 병원들은 손해배상청구로부터 자신들을 보호하기 위해 점점 —'충분한 정보에 입각한 동의'를 근거로 하는— 계약서를 요구하고 있다. 의사와 환자 간의 적대도 늘어났다. 국가 역시 재생산분야 전반에 통제권을 확대하는 데 결정적인 이해관계가 있다. 럿거스 프로젝트의 몇몇 페미니스트들이 생각하듯이 새로운 재생산기술은 개별 여성의 '재생산선택권'을 넓혀주었을 뿐만 아니라 국가가 간섭할 가능성 또한 증가시켰으며 이미 전국적인 보건체계가 자리잡은 곳에서는 더욱 그러하다. 국가는 국민의 정상적인 건강상태를 유지하고 보건지출을 낮추는 데 이해관계가 있다. AIDS와 유전병에 대한 공포는 의심의 여지 없이 국가의 통제를 더욱 강화시키게 될 것이다. 결국에는 국가가 남아도는 수정란과 여타의 '생식물질'을 어떻게 할지도 결정하게 될 것이다.

럿거스 프로젝트의 몇몇 여성들이 믿었던 대로 새로운 재생산기술이 여성의 '재생산선택권'을 확장하는 동시에 이런 '사적 결정'의 영역에서 국가개입을 배제한다는 것은 환상에 지나지 않는다. '첨단 의사'들에게 살아 있는 과정들과 유기체를 조각조각 분해하도록 허용한 사람들은 그 나뉜 부분들 간의 이해갈등에서 비롯되는 필연적 적대도 받아들여야 한다. 그들의 자유주의적 수사에도 불구하고 이들은 각 부분의 '권리'를 놓고 벌어지는 갈등을 통제하기 위해 국가를 불러들여야 할 것이다. 원자화된 개인들은 국가가 개인의 프라이버시와 자율성을 존중해야 한다고 요구한다. 동시에 그들은 자신의 사적인 결정에 대한 절대적 보장 또한 요구한다. 따라서 더 많은 자유주의는 필연적으로 더 많은 국가통제로 이르게 될 것이다.

내 견해로는 이 지점에서 앤드루스가 표명한 자유주의적 입장과 생명권운동(Right-to-Life movement)의 주장 사이에 놀라운 유사성이 보인다. 다른 많은 페미니스트들과 마찬가지로 앤드루스는 생명권운동이 임신중지에 관한 자유주의적 입법을 철폐하려 하기 때문에 이를 강력히 반대한다. 그러나 양측의 논의를 잘 들어보기만 해도 이 두 입장이 실제로는 겉보기보다 훨씬 더 비슷함을 알 수 있다. 앤드루스는 인간의 신체, 특히 재생산기관들이 재산, 즉 물건이라고 주장한다. 이 개념에 의하면 '재생산자율성'이란 여성에게 소유자로서 이 재산을 몇번에 나누어 팔거나 임대하는 등의 권리가 있다는 뜻이다. 그리하여 임신한 여성은 태아의 주인이고, 태아는 물건이 된다. 임신한 여성과 그의 태아 사이의 공생관계 그리고 양자의 생명을 보호하는 살아 있는 관계는 상징적으로 파괴될뿐더러 새로운 재생산기술에 의해 현실적으로도 파괴된다.

다른 한편 생명권운동은 태아가 법률적인 의미에서 완전한 인간이며 임신한 여성의 임의적 간섭행위로부터 법적인 보호를 받아야 한다고 선언하고자 한다. 이 경우 역시 여성과 태아의 공생관계는 최소한 상징적으로 파괴되며 여성은 아이의 적으로 간주된다. 그러나 두 경우 모두 여성의 신체 내에서 여성 자신과 태아 사이에 적대가 형성된다. 그리고 둘 다 이 갈등을 해결하기 위해 국가의 개입을 필요로 한다. 다시 말해 여성의 생식기능에 대한 정부의 침입이 불가피해진다. 앤드루스는 여성의 신체적 재산을 보호하기 위해 국가를 필요로 하고, 생명권운동은 태아의 인간으로서 지위를 보호하기 위해 국가를 필요로 한다.

그러나 앤드루스의 주장에서 분명히 드러나듯 여기서 인간이란 신체 각 부분과 기관들의 단순한 조합에 불과하므로 물건으로서 인간과 사람으로서 인간의 차이는 사라진다. 생명권운동이 지키고자 하는 인간이란 결국 그녀/그의 신체기관의 주인 또는 매매인이다. 자유주의적 입장과 보수주의적 입장이 만나는 곳이 바로 부르주아적 재산 개념과 재생산기술의 '진보'에 기초한 이런 새로운 형태의 경제적·과학적 식인풍습이다. 내가 보기에는 양 진영의 소란스런 논쟁 아래에 공통된 토대가 있는데, 이것은 애초부터 자본축적을 위해 모든 사물과 생명체들을 상품화하려는 단 하나의 목표만을 가져온 체제이다.


## 개체에서 조합으로


마지막으로 럿거스 프로젝트의 논문들 특히 로리 앤드루스의 논문들을 읽는 내내 나를 떠나지 않았던 질문을 던지고자 한다. 앤드루스는 인간의 신체와 각 기관과 물질을 재산으로 간주할 것을 강력히 주장했다. 그렇게 함으로써 그녀는 부르주아적 자유와 권리들의 기반 안에, 즉 사유재산제도 안에 확고히 자리잡는다. 이 자유와 권리들은 오직 재산소유주들 편이었다. 재산이 없는 사람은 자유롭지도 평등하지도 않았다.

앤드루스에 의하면 여성이 자기 신체의 소유주가 못되는 지금의 상태로는 자유로울 수도, 평등할 수도, 자율적일 수도 없다. 이 논리를 따르자면 여성들이 신체기관들을 사고 팔 수 있기 위해 자기 신체의 소유주가 되어야한다고 요구하는 것이 당연한 순서일 듯싶다. 하지만 사고 파는 자유란 그들 신체의 분해에 의존하며 이는 다시 한 사람의 '온전한' 여성 — 분해되지 않은 — 은 자유로울 수도 자율적일 수도 없다는 뜻이 된다. 여기에서 다음과 같은 의문이 제기된다. 즉 그렇다면 사고 파는 사람은 누구인가? 만일 개인 — 즉 나누어지지 않은 인간 — 이 팔 수 있는 부분들로 나뉜다면 그 개인은 사라지게 된다. 계속해서 나눌 수 있는 조합(the dividual)만이 남는 것이다. 그렇다면 우리는 대체 어디까지 이런 식으로 나눌 수 있는지 물을 수밖에 없다. 얼마나 많은 부분으로 분해되고 팔리고도 계속 '주인'과 '판매자' 노릇을 할 수 있을 것인가? 다른 모든 부분을 떼어내도 좋고 팔아도 좋다고 결정하는 핵심부분 즉 남아 있는 '주체'는 무엇인가? 두뇌인가? 지정된 주체가 없다면 자율성과 자기결정에 대한 모든 논의는 결국 공허할 따름이다. 계약서를 쓰고 지키기 위해서라도 주체는 있어야 한다. 그런데 이 주체 즉 개인이 이론상으로나 실제적으로나 제거되었다. 남아 있는 것은 각 부분의 조합뿐이다. 부르주아적 개인이 스스로를 제거한 것이다. 그러므로 우리는 개인의 신체 내에서나 사회체제 내에서나 윤리적인 질문을 위한 자리가 더 이상 존재하지 않는 이유를 이해할 수 있다. 서로 관계없는 부분들만 남은데다 각각이 홉스의 『리바이어던』에서처럼 서로 싸우고 있기 때문이다.[38] 이들 원자화되고 적대적인 부분들이 모든 것을 기계적으로 한데

---

[38] 토마스 홉스는 '인간'이 기본적으로 이기적인 동기로 움직인다고 보았기에, '사회체' 내에서 원자화된 적대적인 개인의 이익을 조절할 강력한 국가를 요구했다. 이제 사회체, 즉 그러한 이기적인 분자로 구성된 사회뿐 아니라 개별적인 인간신체마저도 그런 식으로 해부되고 있다(Hobbes 1965 참조).

유지시키는 국가를 필요로 함은 당연하다. 그러나 이 국가조차 더이상 진정한 의미의 주체는 아니다. 실제로는 수요와 공급이라는 시장기제가 지배한다. 이 기제가 인간의 가치를 결정하여 신장은 하나에 5만 달러, 자궁은 빌리는 데 1만 달러가 되었다. 이제 온전한 인간으로서의 여성 — 그리고 남성 — 은 더이상 존재하지 않는다.

# 5부

# 무역의 자유냐 생존의 자유냐

## 14장

# 자기결정: 유토피아의 종말?

마리아 미스

## 들어가며

자기결정 곧 우리의 신체와 삶에 대한 자율성의 요구는 여성운동의 근본요구 중 하나이다. 이는 여성에 대한 폭력에 반대하는 운동, 자율적이며 여성을 배려하는 건강관리를 위한 운동, 그리고 무엇보다 제한적인 임신중지법에 반대하는 운동 등 수많은 운동을 통해 주장되었다.

종종 자기결정의 권리, 자신의 신체에 대한 자율과 통제로 명시되는 여성의 자기결정이라는 정치적 목표는 의식적이든 아니든 자기결정이라는 기본적인 권리, 신체적으로 침해받지 않고 온전함을 유지할 권리에서 비롯되었다. 알다시피 이 기본권은 부르주아혁명의 과정에서 제시된 인권목록에서 나왔다. 그것은 주로 국가와, 개인의 사적 영역에 대한 국가의 침해에 대항하여 제기되었다. 모든 근대헌법에 명시된 이 기본권이 여성에게는 적용되지 않는다는 사실이 과거의 여성들과 일부 새로운 여성운동을 투쟁의 전선으로 이끌었다. 여성들에게는 자신, 특히 자신의 신체에 대한 이 결정권이 부여되지 않았으며 남성들(남성 의

사들, 남성 정치가들, 남성 성직자들, 그리고 당연히 남성 일반)에 의해 점령된 영토로서 여성의 신체는 타인의 소유로 취급되었다. 이러한 점령으로 특히 여성의 재생산기관과 생식력이 수난을 당했다. 따라서 여성들에게 자기결정이란 무엇보다 점령으로부터의 해방, 타인들 곧 남성이나 가부장적 사회세력에 의한 결정의 종결을 의미했다. 그러므로 자기결정의 요구는 저항권이나 스스로를 방어할 권리에 입각한 방어적인 것이었다.

그러나 이 개념은 유토피아적인 요소 또한 포함하며, 지금까지도 그러한데, 이 요소란 여성들이 투쟁목표로 삼는 것, 즉 자율적이며 자기결정권을 지닌 여성이란 요소이다.

최근까지 나 역시 이런 유토피아를 지녔으니, 아마 그 배경과 결과에 대해서는 충분히 생각해보지 않았던 듯하다. 하지만 새로운 유전공학 및 재생산기술에 대한 투쟁의 맥락에서, 그리고 특히 앞 장에서 논한 럿거스 프로젝트의 논문들을 읽은 다음에는 이와는 다른 이해에 도달하였다.[1]

새로운 생명의학(biomedical)상의 발전에서 드러난 자기결정과 관련된 딜레마를 더 논의하기 전에, 먼저 자기결정의 개념을 재고해야 하는 두번째 이유를 말하고자 한다.

1986년 파리다 아크떼르는 『방글라데시의 인구 줄이기』에서 서구의 급진적 페미니스트들의 가장 중요한 전략이 개입주의자(국제적 인구조절기구)와 정치적으로나 지적으로 거리를 두는 것이었다고 썼다. 그러나 이 전략은 방글라데시에서는 그다지 성공하지 못했는데, 방글라

---

1 13장을 참조하라.

데시에서는 여전히 페미니즘이 서구적 교의로 여겨지는데다 서구여성들이 그러한 개입주의적 재생산정책의 희생자가 아니었기 때문이었다. 그녀는 이렇게 쓰고 있다.

서구 페미니스트들이 이해하기 힘든 것은 여성의 재생산권이나 자기 신체의 통제와 같은 개념이 대다수 방글라데시 여성들에게는 의미가 없다는 사실이다. 가난과 저개발의 과정은 그들의 삶을 만성적 굶주림으로 인한 아사 직전 상태로까지 몰고 갔다. 생존의 본능이 해방을 향한 충동을 압도하였다. 난관결찰 수술이 이루어지는 방글라데시의 단산캠프와 병원에서 여성들은 재생산의 책무에서 자신을 해방하기 위해서가 아니라 대개의 경우 유인책으로 제공되는 돈과 '사리'라는 옷을 얻기 위해 자신의 신체에 대한 훼손을 받아들인다. 돈과 사리는 식량과 교환할 수 있으므로 여성의 생존능력에 보탬이 된다. 어디서도 여성의 권리는 관심사가 되지 못한다. [2]

파리다 아크떼르는 서구 여성만큼이나 방글라데시의 여성에게도 해방의 문제는 중요하다고 주장한다. 그녀가 비판하는 것은 서구 페미니스트들이 방글라데시와 같은 나라에 가해자는 국제자본주의의 경제적·정치적·문화적 억압은 고려하지 않은 채 '자기 신체의 통제' 혹은 '여성을 위한 재생산권'에 대한 요구들을 부르짖는다는 점이다.
서구 페미니스트들이 자신들도 이익의 일부를 취하는 착취적 세계경제질서를 공격하지 않고서 모든 여성을 위한 재생산의 자기결정을 요

2 Farida Akhter, *Depopulating Bangladesh*, Dhaka: UBING 1986, 2~3면.

구한다면, 이는 미국이 '제3세계'의 군사독재를 지지하는 마당에 로널드 레이건이 인권을 요구하는 것과 마찬가지 수준이다.

'제3세계' 여성들이 자기결정에 대한 요구를 비판하는 또다른 이유가 있다. 독립적이며 고립된 자율적 개인으로서의 여성이라는 유토피아는 그들의 관심을 끌지 못한다. 그들은 가부장적 착취와 억압에 반대하는데 이 착취와 억압은 서구에서와 마찬가지로 그들의 세계에서도 대개 가족 제도에 의해 지속된다. 그러나 그들의 여성해방 개념은 모든 공동체적 관계의 단절을 의미하지 않는다. 그들은 개별 여성의 고립을 긍정적인 어떤 것으로 개념화할 수 없다. 그들은 자신들에게는 근대 복지국가와 같은 안전망이 존재하지 않기에 가족, 마을, 공동체가 제공하는 관계의 그물이 필요하다는 것을 알고 있다. 우리가 그러하듯 대도시의 익명성 속에서 홀로 자유롭게 살다가 결국 양로원에서 죽기를 바라지 않는다.

그러므로 자기결정에 대한 요구는 두가지 관점에서 재고되어야만 한다. 첫번째는 개별 여성의 자기결정이 여전히 우리가 여성해방이라 믿는 것에 본질적으로 필요한가라는 점이다. 두번째는 제3세계에 사는 우리 자매들이 제기하는 이 유토피아 비판을 심각하게 받아들여야 하지 않을까란 점이다.

가령 여성의 재생산권을 위한 '재생산권에 관한 전지구적 네트워크'가 제기하는 요구들은 재생산과 성의 문제를 법률적인 문제로 바꾸어 놓았을 뿐 아니라 각 여성의 개별적 자기결정이라는 개념을 우리 해방의 희망의 핵심으로 지속시킨다. 이러한 재생산권은 은연중에, 출산을 장려하는 재생산기술뿐 아니라 출산을 억제하는 재생산기술에 의해서도 증진될 것으로 이해된다.[3]

## 자기결정의 딜레마

우리들 다수가 직면하고 있는 자기결정권의 딜레마는 다음의 주장들에서 명백히 나타난다. ⓐ새로운 재생산기술에 반대한다면 임신중지에도 반대해야 한다. 그리하여 우리는 보수적 입장에 도달하게 된다.[4] ⓑ자기결정과 재생산자율성의 이름으로 임신중지의 권리를 요구한다면 이러저러한 새로운 '재생산대안'을 택하기로 결정한 여성들에게도 똑같은 권리를 인정해주어야 한다. 강요에 의한 것이 아니라면 우리의 신체에 대한 통제를 증진하는 어떠한 기술도 환영해야 한다. 가령 로리 앤드루스 같은 사람들이 이를 주장한다.[5]

3 재생산권에 대한 전지구적 네트워크의 견해는 기본적으로 자유주의 페미니즘의 입장과 동일하다.
4 이 논의는 1985년 4월 본에서 열린 'Women Against Reproductive and Genetic Engineering' 1차 대회에서 Arnim v. Gleich가 제시하였다(Arnim v. Gleich, "Gentechnologie und Feminismus," *Kommune*, Vol. 3, No. 12, 1985, 51~54면 참조). 이 입장은 Heidemarie Dann, Maria Mies, Regine Walch가 *Kommune*, Vol.3, No. 12, 1985에서 논의했다.
5 미스가 쓴 3장을 참조하라. 페미니스트와 태아론자(foetalist)들을 동일한 입지에 놓는 이 논의에 대해서는 몇몇 페미니스트들이 이미 언급하였다. Janice Raymond는 여성중심적인 입장에서는 결코 페미니스트와 태아론자가 동일하다고 볼 수 없다고 지적했다(Janice G. Raymond, "Fetalists and Feminists: They are not the Same," Patricia Spallone & Deborah L. Steinberg, eds., *Made to Order: The Myth of Reproductive and Genetic Progress*, London: Pergamon 1987을 참고하라). 서독에서는 Renate Sadrozinski가 의회에 제출된 새로운 태아보호법안에 대한 논의의 맥락에서 다시 한번 이 문제를 논의했다(Renate Sadrozinski, "Kinder oder keine-entscheiden wir alleine," ─On the Abolition of the Law Against Abortion and the Patriarchal Need to Protect Embryos, Reproductive and Genetic Engineering, *Journal of International Feminist Analysis*, Vol. 2, No. 19, 1989, 1~10면을 참조하라). 나는 모성 지위의 향상은 여성 전반의 지위가 올라가야만 가능하다는 Janice Raymond의 견해에는 동의하지만, 여성에게도 남성과 같은 지위를 부여한다면 이 문제가 해결되리라는 그녀의 믿음에는 동조할 수 없다.

이 주장이 어디가 문제인가? 좀더 자세히 들여다보면 자기결정을 위한 투쟁이 처음과는 달라졌음을 알 수 있다. 애초에 우리 여성들은 착취적이고 억압적인 남녀관계로부터의 해방을 위해 싸웠으나, 이제는 여성의 몸의 통제되지 않은 생식잠재력으로부터의 '해방'이나 우리의 여성적 본성으로부터의 '해방'이라는 문제를 다루고 있다. 이 본성은 점점 더 장애로 치부되어, 생명공학자들이 출산장려 혹은 출산억제 기술을 통해 우리를 거기서 해방시켜주어야 한다고 여겨진다. 그리하여 여성해방은 기술진보의 결과가 되었으며 더이상 가부장적 남녀관계의 변화를 뜻하지 않게 되었다.

성적 관계를 포함하는 성별 관계를 변화시키는 데 노력을 기울이는 대신 빠른 '기술적 처방'을 받아들이도록 고무된다. 남녀관계나 이를 둘러싼 상황은 그대로인데, 여성을 위한 더 큰 자율성이라는 견지에서도 이 관계에 중요한 변화가 있었다고 말할 수 없다. 오히려 신속한 '기술적 처방'은 성적 접촉의 결과의 책임에서 남성을 이전보다 더 자유롭게 만들었으며 여성들에게는 새로운 형태의 타인결정, 새로운 타율성을 부과하였다. 그리하여 이것은 여성을 언제든 손에 넣을 수 있다고 기대하는 남성들을 비롯하여 제약회사, 의료전문가, 정부에 의한 지배가 되었다.

자기결정과 관련하여 여성들이 봉착한 딜레마는 어제오늘의 문제가 아니다. 새로운 여성운동뿐 아니라 이전의 여성운동도, 적어도 부분적으로는 부르주아혁명에 따르면 만인에게 적용될 자유·평등·자율을 여성에게도 보장하라고 요구하면서 '여성판' 프랑스혁명을 일으키는 데 너무 치중했던 것 같다. 이러한 노력을 하다 보면, 우리는 그때나 지금이나 여성의 인체, 여성의 몸에서 기인한 듯 보이는 장벽에 부딪힌

다. 이 장벽을 극복하고 또한 여성을 스스로 결정하는 주체로 만드는 것
이 과거의 여성해방운동의 목표였다. '신체의 정치학'이 진행됨에 따라
산아제한, 성의 개혁, 자기결정권을 지닌 모성, 모성보호를 위한 운동
은 19세기 말에 시작되었다. 주잔 치머만(Susan Zimmermann)이 보여
주었듯, 이 운동은 여성들이 자기 신체와 그 욕구를 의식적으로 소유할
것을 요구했다. 이는 자아에 대한 권리, 자아를 결정할 권리를 확립하는
핵심적인 요소였다. 그리고 나아가,

　　의식과는 명백히 따로 떨어진 별개의 것으로 분석되는 신체에 대
　한 자기결정권 같은 개념이 의존과 직접적 종속으로부터의 개인의
　자유에 그 뿌리를 두고 있음은 비교적 분명한 사실이다. 이 자유는 부
　르주아사회를 이루는 기본원리이다.[6]

이 자기결정권이 여성이 자기 신체의 주인, 소유주이냐 아니냐에 달
려 있다는 점은 이미 분명해졌다. "여성은 자기자신의 소유주, 주인이
되어야만 한다. … 인류의 유일한 구원인 지식은 여성에게 엄마가 될 것
인지 아닌지를 스스로 결정할 힘을 주어야 한다. … 그것이야말로 여성
을 해방시킬 것이다."[7] 이 운동은 여성이 고정된 '대상'에서 지성을 갖
춘 개인의 지위로, "스스로 나아가는 주체로 상승하도록, 하나의 '물건'
에서 한 사람의 인간 또는 인격체로 상승하도록 하기 위해 ―― 그리하여

6 Susan Zimmermann, "Sexualreform und neue Konzepte von Mutterschaft und Mutter-
　schutz Beginn des 20. Jahrhunderts," Diploma dissertation, University of Vienna 1986/86,
　11면.
7 같은 글, 12면.

신체에 대한 근대지식의 도움으로 자신의 모성을 소유하고 지배하며 조종할 능력을 얻게 만들고자" 노력했다.[8]

주잔 치머만의 지적에 따르면, 자기결정하는 주체가 되려는 이와 같은 시도는 여성이 자기자신을 소유·지배·통제하는 부분 —— 두뇌 —— 과 통제·소유되는 부분으로 나누도록 만들었을 뿐 아니라, 결국 이 운동은 여성을 시민적 주체로 재구성하는 것을 보장하기 위해 국가에 도움을 요청해야 했다. 이리하여 국가가 '생산품과 생산과정'을 지배하게 되는 것이다.[9] 그녀는 이렇게 결론내린다. "대체적으로 부르주아적 개인이 출현하는 곳에서는 당사자인 개인을 포함한 전체, 살아 있는 연관성의 모든 직접적이고 자발적인 자기조직화가 소실된다."[10]

오늘날 새로운 재생산기술에 맞서 싸우면서 우리가 자신에게 던지는 질문들은 사실 새로울 것이 없다. 그러나 아마 계몽주의시대 이래 자유와 해방의 근본개념이 된 자기결정 개념을 비판적으로 바라보기란 지금이 처음일 것이다.


## 자기결정 개념의 역사적·철학적 기초

과거의 여성운동이 궁극적으로 여성에게 시민의 자격, 주체의 자격을 주는 데 초점을 맞춘 이유는 무엇인가? 이 주체, 이 개인, 이 자유롭고 당당하고 자율적인 인간이야말로 모든 해방운동의 목표요 모든 부

8 같은 곳.
9 같은 곳.
10 같은 글, 120면.

르주아혁명의 목표였기 때문이다. 그러나 이 혁명의 역사를 자세히 고찰해보면, 자유·평등·자율이 만인을 위한 보편적 인권으로 규정되면서도 아메리카의 대농장에서 유럽 식민주의자를 위해 일하는 노예나 재산이 없는 노동자의 범주에 속하는 사람들은 통째로 이런 인권에서 사실상 배제되었음을 알 수 있다. 재산소유주만이 온전한 사회적인 의미의 주체일 수 있었다.[11]

따라서 우리의 시야를 남성중심적이며 유럽중심적인 관점에 한정짓지 않고 이 과정을 총체적으로 바라볼 때 다음과 같은 명제가 성립된다. 즉 남성의 상승은 여성의 하락을 기반으로 했다. 유럽의 진보는 식민지의 퇴보를 기반으로 했다. 생산력(과학, 기술)의 발전이란 본국과 식민지에서 공히 절도와 전쟁과 폭력에 바탕을 두고 있다. 그리고 사회적 개인, 주체의 자기결정이란 타자에 대한 정의, 즉 특정 인간들을 '대상'으로 정의하는 데 기반을 두었고 지금도 마찬가지이다. 다시 말해 주체의 자율성이란 타자(자연, 다른 인간들, 주체의 '열등한' 부분)의 타율성

---

11 그럼에도 불구하고 이것은 결코 여성을 위한 발언이 아니다. 예를 들어 미국과 영국에서 부유하고 재산이 있는 여성들은 투표권이 있었으나 19세기에 이를 상실했다. 그리하여 여성은, 그녀가 재산을 소유했더라도, 정치적 주체가 될 수 없었다. 명백히 이것은 결혼을 통해 남성에게 종속된 결과이다. 여성이 단지 뒤처진 존재가 아니라 덜 발달된 단계로 되돌아가게 되었음을 주목해야 한다. 일례로 영국 식민지에서 노예들도 비슷한 운명을 겪었다. 그들은 기독교도가 되는 것을 금지당했다. 그리하여 노예들은 기독교인의 자유를 누릴 수 없다고 여겨졌다. 그러므로 '검둥이'는 다른 종(種)으로 인간도 아니었다. 헤겔은 이렇게 '검둥이'가 아직 자연적인 상태를 벗어나지 못했다고 설명함으로써 그들을 인간 이하의 노예 수준으로 강등하는 것을 정당화한다(G. Wilhelm Hegel, *Vorlesungen über die Philosophie der Geschichte*, Frankfurt: Suhrkamp 1970을 참조하라). Rhoda Reddock은 영국 정착민들이 '검둥이'는 다른 종에 속한다는 민족학자들의 견해를 피력함으로써 노예제를 정당화했다고 밝힌다(Thoda Reddock, *A History of Women and Labour in Trinidad and Tobago*, London: Zed Books 1993). 내가 자연화라고 불렀던, 인간에서 '자연'으로의 격하는 모두 부르주아혁명이 자유롭고 자율적인 개인의 창조를 목표로 하던 시기에 생겨났다.

372

(남에게 지배받음)을 근거로 한다.

자기결정과 타인결정 간의 관계는 적대적이며, 이원적인 패러다임에서는 필연적으로 그러할 수밖에 없다. 우리는 18세기 이래 유럽 시민들이 고된 노동을 기꺼이 감수함으로써, 즉 프로테스탄트 윤리와 과학의 진보 그리고 새로 얻은 부를 통해 타인결정으로부터 스스로를 해방시켰다고 들어왔다. 그러나 실제로는 세계와 자연과 여성을 한꺼번에 식민화하지 않았다면 이들 신흥계급과 시민사회 전반이 그러한 부를 얻지는 못했을 것이다.

시민 곧 '자유로운' 사회적 주체의 부상에 따르는 비용을 다른 사람들이 부담해야 했다. 자유주의자나 맑스주의자나 한결같이 목적론적 역사관을 피력함으로써 이러한 비용을 정당화했다. 인류가 야만상태에서 문명과 문화와 자유로 전진하기 위해 불가피한 비용이라는 것이다.[12]


## 씨몬느 드 보부아르의 계몽주의 유산

만일 자기결정이 타인결정 없이는 존재할 수 없으며 이 점은 더 넓은 역사적 맥락에서도 적용된다고 말하려면, 이러한 진술이 개별 여성과 여성 전반에 모두 해당됨을 증명해야 한다. 내가 말하려는 바는 북의 백

---

12 희생자들은 언젠가는 — 개발과 생산적인 노력을 통해 — 주인의 수준까지 올라갈 수 있으리라는 설득으로 위안을 받았다(F. Engels, *The Family, Private Property and the State*). 그러나 어쨌건 간에, 우리는 '따라잡기식 개발'의 논리 혹은 피압박자들이 '자유롭고 자율적인 주체'로 올라갈 수 있다는 논리가 정치적으로도, 경제적으로도, 문화적으로도 성공할 수 없다는 사실을 인식해야만 한다. 이 끝이 안 보이는 사다리에서는 피압박자들이 한칸 올라가면, 지배자들은 두칸을 올라가기 때문이다.

인중산층 여성이 자연과 제3세계를 더더욱 종속시켜 자기결정을 신장할 수 있다는 사실뿐만이 아니며,[13] 개별 여성이 자기자신과 자기 신체와 맺는 관계에서도 이 점은 마찬가지라는 것을 말하고자 한다. 계몽주의시대 이래 여성들이 자신의 몸 — 자연뿐 아니라 — 을 자신과는 별개의 것으로, 심지어 적으로 여기도록 배웠다는 점은 이미 언급했다. 사회적 주체 즉 자신의 소유주가 되기 위해 여성은 스스로를 주종관계 속으로 내던지거나 혹은 판매가능한 신체기관의 슈퍼마켓을 연상시키며 자기자신을 여러 조각으로 쪼개야만 했다. 이것이 계몽주의시대에 '백인남성'이 자연과 여성과 식민지를 지배하면서 만든 해방의 유토피아의 필연적 결과이다.

이블린 폭스 켈러[14] 등이 주장하듯, 계몽주의 이래 인간이 여성에게서 태어나 죽는 존재이며 신체와 감각, 그리고 공감이나 반감 같은 정서를 지니고 있음을, 나아가 경험을 소유하며 땅, 물, 공기, 식물, 동물, 다른 인간 등의 환경과 '살아 있는 관계'에 있음을 상기시키는 모든 것을 우리의 지식 개념에서 지우려는 노력이 이루어졌다.

이와 마찬가지의 자기소외 과정이 인간의 몸에서도 발생한다. 그리하여 해부학이 신체를 지배하는 선구적인 과학이 되었고 자연과학 발달을 위한 방법론적 원칙을 제시하였다. '눈에 보이도록 하고 분해하고 발견하라'가 그 원칙인데 이는 전체적이고 살아 있는 상호연관 그리고

---

13 Irene Stoehr & Angelika Birk, "Der Fortschritt entläßt seine Tochter," *Frauen und Ökologie: Gegen den Machbakeitswahn*, Die GRÜNEN im Bendestag, Köln: Volksblattverlag 1987; Maria Mies, *Patriarchy and Accumulation on a World Scale: Women in the International Division of Labour*, London: Zed Books 1991.
14 Evelyn Fox Keller, *Reflections on Gender and Science*, New Haven: Yale University Press 1985.

인간과 그/그녀의 몸 사이의 관계를 해부하라는 것이다.[15]

씨몬느 드 보부아르가 제시한 여성해방의 유토피아뿐 아니라 '여성문제'에 대한 그녀의 분석은 싸르트르에 의해 매개된 헤겔적 주인-노예 변증법에 근거한다.[16] 헤겔에 의하면 자기의식(자아에 대한 확신)—그리고 그와 더불어 자기결정, 이른바 대자적 자아—은 생명에 반해서만, 즉 생명주기에 그저 파묻힌 상태를 극복함으로써만 발전할 수 있다. 하지만 우리 인간은 순수한 정신으로 존재하지 않으므로 이 생명, 유기적 세계, 특정한 경험들로 이루어지는 일상세계가 필요하다. 싸르트르와 보부아르는 이렇듯 생명에 묻힌 상태를 내재성이라 불렀다. 자유, 자기결정, 고도의 가치와 문화는 이 내재성을 초월할 때만 얻을 수 있다. 헤겔에 따르면 자아는 오직 외적 대상으로서 또다른 의식과 대립함으로써 스스로를 의식한다. 이 대상은 욕망의 대상이기도 하다. 에고(자기의식)는 타자성(otherness)의 극복을 통해 타자, 대상을 '통합'하고자 한다. 욕구의 충족이란 독립된 타자성을 극복하는 것이다. 타자의 독립성을 파괴함으로써 에고는 세계 내 존재로서의 자기의식을 실현한다.

씨몬느 드 보부아르는 남녀관계를 다음과 같이 설명했다. 남성은 스스로를 내재성과 분리하고 여성을 타자로 만듦으로써, 즉 여성의 자율적 존재를 말소함으로써 자유와 초월에 도달한다. 그랬을 때 보부아르에게 문제되는 것은 여성이 어떻게 초월에 이를 것인가 하는 점이다. 헤

---

**15** Hartmut Böhme & Gernot Böhme, *Das Andere der Vernunft: Zur Entwicklung der Rationalitätsstrukturen am Biespiel Kants*, Frankfurt: Suhrkamp 1985, 52면.

**16** Mary O'Brien, "Sorry We Forgot Your Birthday," *The Politics of Reproduction*, London: Routledge and Kegan Paul 1985에 실린 싸르트르와 드 보부아르에 대한 논의도 참조하라. Genevieve Lloyd 또한 여성해방에 대한 보부아르의 개념화를 논의하고 비판하였다. Genevieve Lloyd, *Male and Female in Western Philosophy*, University of Minnesota Press 1985.

겔이나 싸르트르와 마찬가지로 보부아르에게도 초월은 곧 자유와 자기
결정을 의미했다. 이는 매일매일의 일상에 묻혀 있어서는 얻을 수 없다.
여성해방은 가사노동이나 육아가 아닌 직업이나 사회적·문화적 활동
처럼 자유롭게 선택한 행위와 계획을 통해 자기결정 즉 초월을 성취하
는 것을 말한다.

초월(자기결정/자유, 보편)과 내재성(생명/자연, 유기체/동물, 특수)
의 이분법에서 자기결정이 갖는 딜레마가 명백히 드러난다. 보부아르
에 따르면 우리 여성들은 자율적인 주체로서 의식적인 존재와 물리적
존재로서 여성적 신체 사이의 갈등이란 문제를 직시해야 한다.

여성을 내재성(삶, 일상성, 부엌, 단순한 생명주기, 생물적인 것)에 가
둔 것이 남성이라는 보부아르의 의견에 동의한다고 해도, 우리는 이 틀
안에서 어떻게 자율성을 얻을 수 있는가를 물어야 한다. 보부아르에 따
르면 여성들이 "오늘날 요구하는 것은 생명에 종속된 존재나 동물성에
묶인 인간이 아니라 남성과 똑같은 존재로 인정받는"것이다.[17] 그녀는
생명과 자유/자기결정, 자연과 문화, 정신과 물질 사이의 이원적이고
위계적인 구분을 유지한다. 그녀는 육체로부터의 소외, 특히 자기결정
(초월)을 방해한다고 본 여성신체로부터의 소외를 지속한다. 우리의 몸
이 우리의 적이라는 것이다. 이리하여 그녀는 특히 계몽주의시대 이래
자유와 해방의 선결조건으로 제시된 유럽 남성의 프로젝트였던 이 구
분에 대해서 의문을 제기하지 않는다. 그녀는 남성처럼, 주인처럼 되고
자 하며 여성의 신체(노예) 안에 머리(주인)의 지배권을 확립할 가능성
말고는 아무것도 보지 않았다.

17 Simone de Beauvoire, *The Second Sex*, New York: Vintage Books, Random House 1974, 73면.

남성의 자기결정이 여성과 자연의 종속과 타인결정에 근거한다는 점을 상당히 분명하게 진술하고 있으면서도, 보부아르는 어떤 또다른 타자를 종속시키는 것을 뜻하는 똑같은 논리를 통해 여성의 자기결정에 다다르고자 한다. 이 패러다임에서는 대상 없이는 주체가 없고 내재성 없이는 초월도 없으며 노예제가 없으면 자유도 없는 것이다. 그렇다면 누가 여성의 타자인가? 그것이 보부아르의 문제이다. 결국 여성의 몸, 특히 그것의 '길들지 않은' 생식력이 적으로 간주된다.

내가 보기에는 바로 이 점이 많은 페미니스트들이 새로운 재생산기술을 여성해방에 대한 공헌으로 인식하는 사실을 설명해준다. 이러한 기술이 동물적인 신체로부터 우리를 더욱 독립시켜줄 것으로 보이기 때문이다. 이렇게 본다면 일부 프랑스 페미니스트들이 기술을 통해 생산의 합리화를 이루었으니 이제 기술을 통해 생식을 합리화함이 마땅하다고 주장한 것도 놀랄 일이 아니다. 자율성과 자기결정, 초월과 자유를 씨몬느 드 보부아르식으로 규정하는 사람은 자신이나 타인의 신체 훼손에 동의하게 마련이다.

### '살아 있는 관계'의 재창조[18]

앞에서 이야기한 것처럼 임신한 여성과 그녀의 몸 안에서 자라는 존재 간의 관계에 관한 한, 이른바 자유주의자·진보주의자 그리고 이른바

---

18 '살아 있는 관계'(living relation)가 독어의 'der lebendige Zusammenhang'을 잘 번역한 것인지 모르겠다. 이것은 개인적인 차원과 사회적·공동체적 차원에서 지구상의 생명체의 살아 있는, 생명을 유지하는 상호관계를 의미한다. 여기에는 물질성과 상호성이 함축되어 있다.

보수주의자의 입장은 떠들썩한 논쟁들에서 보여지는 것만큼 그리 크게 다르지가 않다.[19] 두 입장 모두 태아와 여성 간의 공생관계를 나누어 분석한다. 이른바 자유주의자와 진보주의자는 태아란 세포덩어리, 물건, 소유물에 지나지 않는다고 말한다. 보수주의자는 태아가 법률적으로 온전한 인간이며 무엇보다 여성으로부터 보호되어야 한다고 말한다.

양자 모두 태아를 임산부와 분리된 별개의 것으로 간주한다. 이 사례에서도 나타나듯 공생관계 곧 살아 있는 관계가 기술적으로 해부되는 순간 나뉜 부분들은 서로 적대관계에 놓인다. 한 부분이 다른 부분과 싸우며 주체-객체 관계가 성립된다. 태아가 아직 자기결정을 내릴 수 없으므로 최고의 사회적 주체인 국가가 어머니와의 투쟁과정에 개입한다. 태아를 물건, 하나의 소유물로 간주할 때도 마찬가지로 보호가 요구된다. 여기서도 결국에는 국가가 나서서 남용되거나 손상되지 않도록 해당 재산(난자, 태아, 정자 등)의 소유주의 이해를 보장해야 한다. 손상과 손해배상으로부터 당사자들의 이해를 보호하기 위해 자세한 계약서가 병원과 여성, 의사와 여성, 여성과 남성 등의 사이에 작성되어야만 한다. 국가는 그같은 계약서의 이행을 보장해야 한다. 그러므로 자유가 늘어날수록 국가의 간섭도 늘어난다. 자기결정에 대한 모든 요구는 국가를 향해 제기되며 국가는 더 자유로운 법을 제공하거나 제한규정을 철폐해야 한다. 그러나 대부분의 여성들이 알려고 들지 않는 것은 우리가 국가에게 모든 생식과정 — 태아검진, 병원출산 — 에 대한 더 많은 통제권을 주어야만 국가가 이를 행할 것이라는 점이며, 이처럼 점점 강화되는 통제를 가능하게 하는 것이 바로 기술이라는 점이다.

19 미스가 쓴 4장을 참조하라.

나아가 자기결정에 대한 여성들의 요구는 우리에게 더 안전한 피임이나 출산의 수단을 가져다주리라 여겨지는 과학과 기술로 향한다. 이 과정에서 많은 사람들이 임신 및 불임과 관련해 전세계적인 사업을 벌이는 이윤지향적인 다국적 제약회사의 손에 스스로를 점점 더 내맡기고 있음을 간과한다. 그렇다면 '자기결정'은 어떻게 되는가? 여성들은 몇가지 경구피임약, 나선형 장치, 자궁 내 삽입기구, 페서리, 임신중지 사이에서 '자기결정하는' 선택권을 갖는다. '타이드'(Tide)와 '올'(All)이란 제품 중에서 선택하는 것처럼 그들은 이러한 수단들을 만들어내는 몇몇 제조회사 중에서 선택할 수 있다. '제3세계'에서의 인구조절 정책은 점점 더 '사회적 마케팅' 방식을 따르고 있다. 여기서 여성들은 분홍·초록·황금색 알약 중에서 선택할 권리를 허용받음으로써 '자기결정'과 '선택의 자유'에 대한 환상을 유지할 수 있다. 그러나 우리 여성들은 여성 신체에 해를 끼치지 않는 피임도구란 없다는 것을 알고 있다. 자기결정이란 실제로는 '슈퍼마켓에서 선택할 자유'로 축소되었다. 자기결정은 여전히 우리 신체의 일부에 대한 타인결정이나 우리 자신이 대표하는 공생관계의 파괴를 의미한다.

　　이러한 연관성이 명백하기 때문에 나는 페미니스트 유토피아를 표현하기 위해 자기결정이란 개념을 그럴듯 단순하게 쓸 수가 없다. 물론 그렇다고 해서 당장에 다른 개념이 생기는 것은 아니다. 하지만 내가 보기에 생식 기술의 예가 이 한가지는 분명히 밝혀준다고 생각된다. '자기결정'이라는 이름 아래 기술적 가부장제가 우리의 살아 있는 관계, 공생관계들을 더이상 해부하지 못하게 해야 한다는 점이다. 부분들간에 적대를 만들고 그 부분들을 상품으로 팔고 이용하게 하는 것이 바로 이 기술적인 분리이기 때문이다. 여성의 신체가 전능한 남성들의 미래 생명공학산업에 쓰일 원료 제공처가 되어서는 안된다.

나는 공생관계라는 개념이 여성운동 내에서 부정적인 함축을 지닌다는 점을 알고 있다. 정신분석학에서는 한 개인이 어머니와의 공생관계에서 분리되는 것이 성인의 전제조건이요 자율성의 전제조건으로 간주된다. 공생, 즉 '더불어 살기'란 늘 여성의 인체에 단단히 고착된 기생적이고 지배적인 관계를 나타낸다. 그러나 우리는 어머니와 자식 간의 이러한 지배관계가 단순히 '자연적인' 것이 아니라 가부장제사회 내에서 여성에 대한 사회적 규정의 결과요 폭력의 결과라는 점을 알고 있다. 문제는 출산할 수 있는 우리의 해부학적 구조에 있는 것이 아니라 살아 있는 관계의 파괴와 가부장적 지배에 있다. 피임이라는 기술적 전략도 이러한 지배를 없애거나 살아 있는 관계를 보존하고 복원하지 못했으며 오히려 여성을 더욱 격하하고 원자화했다.[20]

살아 있는 관계의 재창조란 첨단 의사들이 더이상 우리의 신체를 마음대로 하지 못하도록 거부해야 한다는 뜻뿐만 아니라 다른 인간들, 여성과 남성과 어린이가 임산부 혹은 불임여성과 살아 있는 사회적 관계를 이루어야 한다는 뜻도 된다. 살아 있는 관계의 재창조는 또한 세대간의, 무엇보다 엄마와 딸의 관계가 가부장적 사슬에서 벗어나게 되리란 것을 의미한다. 여성해방은 각 딸세대가 엄마세대를 무엇보다도 적으로 보며 최초의 자유의 행사가 '엄마와의 분리'로서 실행되어야 한다는 뜻이 아니다. 한 여성이 자신이 임신했거나 혹은 불임이라는 사실을

---

20 만일 한 임산부가 그녀의 임신을 지속할 마음이 없다면, 이러한 살아 있는 공생관계는 파괴될 것이다. 그러나 Renate Sadrozinski가 지적한 바와 같이 이것은 자기결정의 행위가 아니라(Sadrozinski, 4면을 참조하라) 가부장적 구조에 의해 기본적으로 결정된 상황을 거부할 수 있는 선택이다.

알았을 때 필요로 하는 도움, 지식 그리고 또한 없어서는 안될 사랑은 어디서 오는 것일까? 도움을 주는 환경, 무엇보다 엄마세대와의 애정어린 살아 있는 관계가 없다면 개별 여성들이 첨단 의사나 국가와 맞설 방법이란 없다.

살아 있는 관계를 재창조한다는 것은 또 '우리에게는 욕망, 여성들에게는 부담'이라는 오랜 표현과는 달리 남성들도 성관계의 결과를 비롯해 생명에 책임을 져야 한다는 뜻이다. 나는 여성의 육신이 여성의 욕망에 지운 부담을 기술이 제거해버려서 우리 여성도 남성들처럼 '순수한 욕망'을 채울 수 있게 되는 것이 여성해방을 열어준다고 생각하지 않는다. 내 견해로는 여성해방이란 이 육신성에서 분리되어 초월이라는 남성의 영역으로 '상승'하는 것을 의미하지 않는다. 오히려 남성들이 이 살아 있는 관계와, 이 일상성과, 이 부담과, 이 내재성과 연결됨을 뜻한다. 그러기 위해서는 새로운 기술이 아니라 욕망과 부담이 평등하게 공유되는 새로운 양성관계가 필요하다. 이제 남녀 모두 자연이 우리의 적이 아니고, 우리의 신체가 우리의 적이 아니며, 우리의 어머니도 우리의 적이 아니라는 점을 깨달아야 할 때이다.

## 15장
# GATT, 농업, 제3세계 여성
반다나 시바

농업과 그에 관련된 활동들은 제3세계 여성들에게 가장 중요한 생계 수단이다. GATT에서 말하는 농업에서의 '자유무역'이란 초국적기업들이 제한이나 규제를 받지 않고 혹은 책임도 지지 않은 채 농산품에 투자하고 농산물을 생산하고 교역하는 자유를 창출하려는 것이다. 영농산업을 위한 이러한 자유는 농촌여성들이 지역의 환경·경제·문화의 요구에 따라 식량을 생산하고 가공하고 소비할 자유를 부정하는 데 기반을 둔다. GATT가 달성하려는 목표는 식량의 주된 공급자를 여성 등의 자급생산자로부터 초국적기업으로 대체하려는 것이다. GATT협정 최종안에 등장하는 '시장접근' '국내보조' '위생 및 식물검역 조치들' '지적재산권' 등의 어지러운 단어 뒤에는 식량을 둘러싼 세력관계를 강제로 재구성하려는 의도, 즉 식량을 민중의 손에서 빼앗아 소수의 영농산업세력의 수중에 집중하려는 의도가 숨어 있다. 갈등은 북의 농민과 남의 농민 사이에서 빚어지는 것이 아니라, 세계 도처의 영세농들과 다국적기업 사이에서 발생한다. 미국·일본·유럽의 많은 농민들 또한 GATT 개혁안에 반대하는 것은 놀랄 일이 아니다. 이 개혁은 수많은 영세농을

382

몰아내려는 것이기 때문이다.

비록 그들의 활동이 눈에 띄지 않고 공식적인 농업개발 프로그램에서 무시되지만 제3세계 영세농민은 대다수가 여성이다. 식량의 국제교역에 초점을 맞춤으로써 GATT정책은 여성이 중심적 역할을 하는 가계와 가족중심의 식량경제를 점점 더 주변으로 내몰고자 한다. 더구나 GATT가 자동발효되는 조약이므로, 자동적으로 세계은행이나 국제통화기금과 더불어 세계통치의 중심을 이룰 다자간무역기구(MTO)가 설립될 것이다(이 다자간무역기구가 GATT를 대체하여 1995년 1월 출범한 세계무역기구WTO이다—옮긴이).

## 여성과 식량생산

GATT의 부정적인 영향은 제3세계 여성에게 한층 더 크게 작용할 것이다. 왜냐하면 종종 그 사실이 간과되거나 무시되지만 여성들이야말로 식량 생산과 가공에서 주된 역할을 하기 때문이다.

인도의 경우 전체 노동인구 중 농업종사자가 70퍼센트이며 경제활동을 하는 여성의 약 84퍼센트가 농업에 종사하고 있다.[1] 일례로, 오리싸(Orissa)의 부족경제 — 이동경작(bogodo) — 에서 남성이 연간 59.11일을 농업활동에 쓰는 데 비해 여성의 경우는 105.4일이나 농업활동을 한다.[2]

1 National Sample Survey, 38th Round, Report No. 341.
2 Walter Fernandes & Geeta Menon, "Tribal Women and Forest Economy," New Delhi: Indian Social Institute 1987.

비르 싱(Vir Singh)의 추산에 의하면 인도의 히말라야지대에서 한쌍의 황소가 1헥타르의 농장에서 일년 동안 일하는 시간이 1064시간이고 남성은 1212시간이지만 여성은 3485시간 일한다고 한다. 여성은 남성과 가축이 일하는 시간을 합한 것보다도 많은 시간 동안 일하는 것이다![3]

께랄라, 따밀나두(Tamilnadu), 서부 벵갈(Bengal) 등 3대 쌀재배지역의 여성 농업노동자들과 경작자들에 대한 사라다모니(K. Saradamoni)의 연구는 생산과 가공 과정에서 이 두 집단의 여성들이 중심적인 역할을 한다는 것을 입증한다.[4] 께랄라의 빨가뜨(Palghat)지대에 대한 조운 멘처(Joan Mencher)의 연구에 의하면 남성의 독점적인 일인 쟁기질을 제외하고는 여성들이 모든 과정에서 일을 도맡는다고 한다. 또한 이 연구는 투입되는 노동력의 3분의 2 이상이 여성이라고 추정하고 있다.[5]

히마찰 쁘라데시(Himachal Pradesh)의 고산농업에서 성별분업에 대한 바띠(Bhati)와 싱(Singh)의 연구는 여성들이 전체 농업노동의 61퍼센트를 담당하고 있음을 보여준다.[6] 라자스탄(Rajasthan)과 서부 벵갈의 3개 마을 127개 가구에 대해 12개월에 걸쳐 연구한 자인(Jain)과 찬드(Chand)의 세밀한 보고서는 19세에서 70세까지의 여성들이 여러 영역에서 남성보다 더 긴 시간 동안 활동한다고 전한다.[7]

3 Vir Singh, "Hills of Hardship," *The Hindustan Times Weekly*, 1987년 1월 18일.

4 K. Saradamoni, "Labour, Land and Rice Production: Women's Involvement in their States," *Economic and Political Weekly*, 22(17), 1987.

5 Joan Mencher, "Women's Work and Poverty: Women's Contribution to Household Maintenance in Two Regions of South India," D. Droyer & J. Bruce, eds., *A Home Divided: Women and Income Control in the Third World*, Stanford: Stanford University Press 1987.

6 J. B. Bhati & D. V. Singh, "Women's Contribution to Agricultural Economy in Hill Regions of North West India," *Economic and Political Weekly*, Vol. 22, No. 17, 1987.

7 Devaki Jain & Malini Chand Seth, "Domestic Work: Its Implication for Enumeration of

자급농경에서 여성의 일과 삶은 가령 사료, 비료, 식량, 연료로 쓰기 위해 생물자원을 다채롭게 이용하고 관리하는 것에 기초한다. 숲에서 사료를 모으는 일은 작물재배에 필요한 비료를 마련하고 토양과 물의 안정성을 도모하는 과정의 일부이다. 이러한 활동에 소요되는 여성의 노동은 전분야에서 평가절하되고 무시되는 경향이 있다.[8]

생태적으로나 경제적으로 중요한 이런 관련활동까지 고려한다면 인도 농촌지역에서 '일하는' 여성의 가장 주된 직업이 농업임을 알게 된다. 인도 여성의 대다수는 그저 '가정주부'가 아니라 농민인 것이다.[9]


## 영세농민 내쫓기


농산물의 자유로운 수출과 수입을 장려하는 GATT정책은 영세농민의 지역적 식량생산능력을 파괴하는 정책이다. 이 정책은 식량을 국제교역의 영역으로 옮겨놓음으로써 가정과 공동체에서의 식량생산을 몰아냈다. 농업협정에 의거한 '시장접근'과 '국내보조'하에서 부과된 정책은 기본적으로 초국적기업들이 영세생산자를 내몰도록 하는 정책이다. '시장접근'[10]으로 각국은 곡물의 자유로운 수입을 허용하고 수출입에 부과된 모든 규제를 해제하도록 강요당한다. 이리하여 '시장접근'은

Workers," Saradamoni, ed., *Women, Work and Society*, Delhi: Indian Statistical Institute 1985.
8 Vandana, Shiva, *Staying Alive: Women, Ecology and Survival*, New Delhi: Kali for Women 1988 and London: Zed Books 1990.
9 Vandana Shiva, "Women's Knowledge and Work in Mountain Agriculture," Conference on Women in Mountain Development에 제출한 논문, ICIMOD, Kathmandu 1988.
10 Draft Final Agreement on GATT, GATT Secretariat, Geneva, 1991년 12월.

제3세계의 자급적 식량생산체계를 초국적기업을 위한 '시장'으로 바꾸는 수단이 된다. 이와 유사하게 국내보조에 관한 조항들을 통해 국내정책을 국제시장에 연관시킴으로써, GATT는 가난한 생산자와 소비자들을 위한 보조금을 거대 영농업자들을 위한 것으로 바꿀 수 있게 했다.

이것이 정부로 하여금 국내보조를 줄이고 밀 수입을 늘리도록 강요한 세계은행과 IMF의 구조조정 아래 인도가 겪은 경험이다. 구조조정의 결과 1992년 한해 동안 밀의 시장가격과 정부수매가는 80루삐나 차이가 났다. 국내에서도 충분한 양의 밀이 생산되었지만 구조조정으로 왜곡된 정부정책은 그것을 수매할 수 없었다. 곡물수입을 자유화하라는 세계은행의 압력 아래 이처럼 인위적으로 조작된 품귀현상을 이용하여 인도정부는 1992년에 480억 루삐를 경화로 주고 밀 250만 톤을 수입했다.

구조조정 프로그램은 국민들에게 식량을 값싸게 공급하는 식량보조금을 폐지하라고 처방했으며, 이와 동시에 세계은행은 농산물수입을 자유화하도록 권고했다. 그 결과는 정확히 말해 보조금이 없어진 것이 아니라 보조금에 대한 재분배가 이루어진 것이었다. 그래서 보조금의 수혜자는 더이상 인도의 빈민층이 아니었다. 미국의 유력한 초국적기업이 바로 그 수혜자가 되었다.

1991년 인도는 17억 9천만 루삐를 받고 67만 2천 톤의 밀을 수출했다. 그러나 1992년에는 수입자유화와 구조조정의 압력 때문에 250만 톤의 밀을 수입해야 했다. 그중 1백만 톤은 수출업자에게 톤당 30달러의 보조금을 지급하는 미국에서 수입했다. 미국의 보조금에도 불구하고 운송비와 물류비가 붙은 밀 수입비용은 정부가 인도 농민들에게 지급한 보조금보다 비쌌다. 정부가 지급한 보조금은 퀸틀당(1퀸틀은 100kg)

260루삐였는데 북미에서 수입한 밀의 가격은 퀸틀당 560루삐였다. 그래서 인도 농민운동은 밀을 수입하고 다국적기업을 보조하기(그럼으로써 외환을 고갈시키고 부채를 늘리기)보다는 국내보조금을 올려달라고 요구하고 있다.

비료의 관리해제도 수입자유화도 인도 국고의 부담을 줄여주지는 못했다. 예상대로 구조조정 프로그램하에서 공공지출과 외환지출이 줄어들기는커녕 실제로는 둘 다 늘어났다. 구조조정의 목적은 경제를 안정시키는 것이 아니라 불안정하게 만들어 인도를 세계은행과 초국적기업에 더욱더 의존할 수밖에 없게 만드는 것인 듯하다. 전 미국 농림부장관은 이렇게 말했다. "개발도상국이 스스로 식량을 조달해야 한다는 것은 시대착오적인 발상이다. 그들은 대개의 경우 값싸게 구입할 수 있는 미국 농산물에 의존함으로써 식량안정성을 더 확고히 할 수 있다."

그러나 미국의 곡물이 싼 이유는 적은 비용을 들여 효율적으로 생산하기 때문이 아니라 높은 원가에도 불구하고 미국 기업과 정부가 보조하여 가격을 고정하기 때문이다.

레이건 대통령의 농업정책 대변인인 상원의원 루디 보시비츠(Rudy Boschwitz)는 『타임』에 보낸 편지에서 미국 농업정책의 목표가 제3세계의 식량수출업자들을 축출하는 것이라고 분명히 밝혔다. 그는 "지금 이들 국가를 저지하기 위해 우리의 농산품가격을 낮추지 않는다면 세계시장에서 우리의 경쟁적 지위는 계속 내려갈 것이며 훨씬 더 회복하기 어려워질 것이다. 이러한 저지정책은 우리 농업정책의 최우선과제 중의 하나가 되어야 한다"라고 썼다.[11]

11 Vandana Shiva, "Structural Reforms and Agriculture," *Observer*, 1992년 11월.

미국에서는, 세계은행과 IMF, GATT가 제3세계의 대부조건으로 명시하여 이들 나라에서 폐지하려 하는 식량보조금 정책 같은 조치들을 써서 식량가격을 낮춘다. 그리하여 1986년 미국은 42억 달러어치에 불과한 옥수수와 밀 수출을 보조하기 위해 약 100억 달러를 지출했다. 세계은행이 제3세계에서 공공 식량배급체계를 와해하고 식량보조금을 없애기 위해 비용효율성을 운위하는 동안, 미국은 전적으로 보조금에 의존하고 **비용효율성**이 낮은 프로그램을 통해 식량독점 정책을 구축하였다.

그리하여 미국은 쌀 100파운드당 세계시장 가격을 8달러에서 4달러도 못되게 낮추었다. 이는 비용효율성을 통해서가 아니라 100파운드당 17달러의 수출보조금을 지급하여 가능해진 일이었다. 이 전적으로 인위적인 가격은 제3세계의 생산가보다 톤당 80달러 가량 낮은 가격이며 미국의 생산가보다는 대략 140달러나 낮은 가격이다.[12]

그 결과는 제3세계 농민들과 제3세계 경제의 생존에 대한 노골적인 공세이다. 미국의 농업정책이 세계 쌀가격을 50퍼센트 이상 낮춘 결과 400만명의 태국 쌀 재배농민은 극심한 타격을 입었고, 결국 방콕의 미국대사관에 가서 미국의 농업관련 법안에 대해 항의하게 되었다.

초국적기업은 보조금으로 생긴 잉여농산물을 덤핑해서 사업거리가 생겼지만 제3세계의 농민들은 굶주려야 했다. 1986년 미국과 유럽공동체는 남아도는 밀을 말리와 부르키나파소(Burkina Faso)와 같은 서아프리카 국가에 톤당 60달러에 팔아넘겼는데, 이는 수수 같은 지역농산물의 생산·운송·판매 비용의 3분의 1 정도밖에 안되는 가격이었다. 이

---

**12** Mark Ritchie & Kevin Ristau, "Crisis by Design: A Brief Review of U.S. Farm Policy," League of Rural Voters Education Project, Minneapolis 1987.

것은 직간접적인 보조금과 수출가격을 통해 가능했다.[13] 보조금을 받는 초국적기업들이 이런 식으로 제3세계 농민을 궁지로 몰아넣자, 농민들은 싼 수입농산품 때문에 지역 주산물의 가격이 낮아져 벌이가 좋지 않게 돼 농사일을 그만둘 수밖에 없었다.

꼬스따리까에서는 세계은행의 구조조정 프로그램의 강요로 식량을 수입하였는데 그 결과 연간 수입이 10퍼센트 증가했으며 국내 곡물생산은 급격히 줄어들었다. 필리핀의 경우도 마찬가지다. 1980년대 중반에는 거의 자급자족 상태였으나, 1990년 즈음에는 해마다 나라 전체 소비량의 16퍼센트에 달하는 60만 톤의 쌀을 수입하였다.[14]

영세농을 이주시키는 것은 GATT의 의도적인 정책이다. 협정초안에는 '구조조정' '생산자 퇴거' '자원회수' 조항이 들어 있는데, 이는 농민들과 그들의 자원을 잉여물로 취급하여 "토지와 가축 등의 자원들을 판매를 위한 농업생산에서 제거하고자 계획된 프로그램"을 통해 처분해야 함을 우회적으로 진술한 것에 불과하다.[15] 여기에는 가축의 대대적인 도살과 같은 폭력적 기제들도 포함된다.

그러므로 초국적기업이 도입한 농업생산 모델에서는 영세농들을 이주시키고 그들을 '잉여'인구로 취급하는 것이 꼭 필요하다. 전세계적으로 세계은행의 구조조정 대출은 영세농으로 하여금 땅을 저당잡히게 하고 이어서 그 땅에서 떠나도록 만드는 과정을 지지하므로, 영세한 자영농들을 위협한다. 게다가 긴축정책과 금융부문의 자유화로 영세농에

---

13 Kevin Watkins, "GATT and the Third World," *Race and Class*, "The New Conquistadors," Vol. 34, No. 1, 1992년 7~9월.
14 같은 글.
15 GATT Draft Agreement.

대한 대출은 줄어들고 투입되는 생산비와 운송비는 늘어나게 된다. 또한 은행 민영화와 영농산업의 성장은 농민의 가장 중요한 자산인 토지가 기업적 영농업자와 은행의 수중에 넘어가게 되리라는 뜻이기도 하다. 이 과정은 미국에서 이미 진행된 과정인데, 이 나라에서는 농가부채가 1970년대 초까지는 1200억 달러였으나 1980년대 초에는 2250억 달러로 늘어났다. 농업인구는 영세농들이 토지에서 밀려나서 1950년에서 1960년 사이에 30퍼센트가 줄었고 1960년에서 1970년 사이에는 26퍼센트가 더 줄었다. 1981년 이후로는 60만명의 영세농민이 그들의 땅에서 쫓겨났다.[16] 세계은행과 IMF, GATT의 처방은 그와 똑같은 정책을 인도 농업에도 적용하려는 것이다. 앞으로 모든 인도 농민의 50퍼센트가 그들의 땅에서 쫓겨난다면 그 결과가 어떨지 생각해보라! 그들이 다른 산업에서 일자리를 찾을 수 있다고 말할 수는 없다. 이미 그곳에서도 '자르기' 정책이 시행 중이기 때문이다.

여성과 여타 영세농들이 농업생산을 그만두면 식량소비에도 심각한 영향을 미칠 것이다. 농민들은 주로 생산에 참여하여 식량을 구하기 때문이다. 초국적기업이 보조금으로 생산한 잉여농산물을 제3세계에 덤핑판매하면 농민들은 식량생산에서 배제되고 급기야는 굶주리게 된다.

이른바 식량소비 자유화의 영향에 대한 한 보수적 평가는 2000년이 되면 굶주리는 인도 인구가 농산물의 자유무역이 도입되지 않았을 경우보다 5.6퍼센트 더 생기리라고 전망한다. 자유무역은 또한 농산물의 소비를 26.2퍼센트 감소시킬 것이다.[17] 따라서 자유무역의 성장은 굶주

16 Mark Ritchie & Kevin Ristau, 앞의 글.
17 K. Frohberg, G. Fischer & K. Parikh, "Would Developing Countries Benefit from Agricultural Trade Liberalisation in OECD Countries," I. Goldin & Knudsen Odin, eds., *Agricul-*

림의 성장을 의미한다.

초국적기업의 이윤 증가는 민중의 식량욕구의 충족을 희생함으로써 가능하다. 여성들이 식량 생산과 공급을 책임져왔기에 식량의 감소는 그들에게 직접적인 영향을 미친다. 그리하여 식량에 대한 통제권은 점점 여성들의 손을 떠나 북의 초국적기업에게 넘어간다. 시장·무역·권력이 소수 초국적기업에 집중되어 있기 때문에 제3세계의 영세농들은 경쟁을 엄두조차 낼 수 없다. 미국의 식량수출은 전세계 농산물무역의 76퍼센트를 차지한다. 1921년에는 36개 회사가 미국 밀 수출의 85퍼센트를 점유했었다. 1970년대 말이 되자 카길(Cargill), 콘티넨탈그레인(Continental Grain), 루이스드레퓌스(Luis Dreyfus), 번지(Bunge), 안드레＆코(Andre＆Co), 미츠이/쿡(Mitsui/Cook)의 6개 회사가 밀의 85퍼센트, 옥수수의 95퍼센트, 수수의 80퍼센트를 수출했다. 이들 회사는 유럽공동체의 밀과 옥수수 거래의 90퍼센트 그리고 오스트레일리아의 수수 수출의 90퍼센트를 담당했다. 이중에서도 미국 최대의 사기업인 카길과 세번째로 큰 콘티넨탈그레인의 시장점유율은 25퍼센트에 달한다.[18]

기업의 이익이 손해를 입게 되면 미국정부의 정치적인 보복을 당한다. 우루과이라운드에서 개발도상국의 식량주권에 대한 위협은 나이지리아의 사례로 인해 더욱 공고해졌다. 나이지리아는 예전에 사하라지역에서 가장 큰 밀 수입국이었다. 1988년 나이지리아정부는 밀 수입을 금지했는데, 수입으로 인해 자국 내의 식량가격이 낮아지고 카사바, 얌,

tural Trade Liberalisation-Implications for Developing Countries, Paris: OECD 1990.
18 Dan Morgan, Merchants of Grain, New York: Viking 1979.

기장 등의 주산물 생산이 줄어들었기 때문이었다. 카길사(과거 나이지리아의 주된 밀 공급자)가 벌이는 밀 판매촉진 캠페인은 나이지리아 섬유에 무역제재를 가하겠다고 위협하였다. 또한 농산품교역 자유화에 대한 GATT협약을 적용하여 미국 밀의 자유로운 시장접근의 회복을 요구하겠다고 경고하기도 했다. GATT의 상호보복 조치 규정은 그러한 길들이기를 겨냥한 것이다. 이런 식의 자유가 나이지리아 농민들이 주산물을 재배할 자유를 앗아가리라는 점은 미국정부나 카길사가 알 바 아니다.[19] 마찬가지로 최근 인도의 밀 수입도 해당국가의 취약성을 예고한다. 값싼 수입 밀은 농민들을 농업생산에서 밀려나게 할 뿐 아니라, 식량을 국내에서 생산하지 않고 수입해야 하므로 인도의 대외채무와 국제수지에 부담을 가한다. 정부와 기업의 유착관계를 생각하면 GATT의 강령이 해석하는 자유무역이란 초국적기업으로 하여금 가격을 규제하도록 만드는 것이고 그 기업들을 위한 '자유무역'이 제3세계 정부와 국민의 자유와 자율성의 부정에 기초한다는 것은 그리 놀랄 일이 아니다.

초국적기업은 가격을 조작할 뿐만 아니라 식품안전 기준을 조작함으로써 수출과 수입을 통제한다. 둔켈(Dunkel)안은, 위생 및 식물검역 조치는 그것이 교역에 미치는 부정적 영향이 최소화하도록 '조화가 이루어져야' 함을 분명히 한다. 또한 둔켈안은 코덱스알리멘타리우스(Codex Alimentarius), 듀퐁, 셰브론(Chevron), 몬샌토, 머크(Merck), 어메리컨나누드(American Gnanud), 미쯔비시, 셸(Shell), 코덱스(Codex) 같은 국제 대행기관들이 위생기준을 정하도록 규정했는데, 이들은 모

---

19 Mark Ritchie, "GATT, Agriculture and the Environment, the US Double Zero Plan," *Ecologist*, Vol. 20, No. 6, 1990년 11~12월.

두 초국적기업의 영향하에 있다. 게다가 그 안에 따르면 "계약당사자들은 과학적 원칙에 근거한 위생 및 식물검역 조치가 현존하는 과학적 증거에 반하지 않음을 보장해야 한다." 또한 이들 원칙들은 GATT가 수입과 수출을 규제하는 기준을 초국적기업의 편의에 맞추어 적용할 수 있음을 의미한다. 초국적기업의 이해에 맞추어 재단된 기준으로 보자면 초국적기업이 유전공학으로 만들어낸 유기체는 '안전'하고 제3세계 국가가 수출한 유기식품은 '불안전'하다.[20]

GATT로 인해 국가차원의 농업통제가 사라졌다고 해서 제3세계 농민들에 대한 규제가 없어진 것이 아니다. 제3세계 정부에게 통제받는 대신 그들의 운명은 초국적기업의 이해를 도모하는 국제관료기구(IMF, 세계은행, MTO)의 지배하에 놓이게 되었다. 농민들은 자유로워진 것이 아니라 책임을 덜 지는 새로운 형태의 통제와 규제를 받게 된 것이다. 영세농의 입장에서 자유란 국가로부터뿐 아니라 초국적기업의 통제에서도 벗어나야만 가능해진다.


## 지적재산권과 종자소유권


GATT협약에서 지적재산권(IPR)은 농촌 여성들로부터 힘과 통제권과 지식을 앗아가는 또하나의 도구로 쓰인다. GATT와 그밖의 국제규약들에서 지적재산권은 농촌 여성이 관리·보호하던 종자를 빼앗아 초

---

**20** Tim Lang, "Food Fit for the World? How the GATT Food Trade Talks Challenge Public Health, the Environment and the Citizen," Sustainable Agriculture, Food and the Environment (SAFE) Alliance, London, 1992년 3월.

국적기업의 사적 소유물로 만들고자 한다. GATT는 지적재산권에 '무역관련'이라는 어구를 덧붙여 이를 통해 유전자원과 생명체의 소유권 문제를 국제무역에 관한 주요 안건으로 다룰 것을 강요했다.

개념적인 수준에서 '무역관련 지적재산권'(TRIPs)은 그 정의부터가 초국적기업에 유리하고 시민 일반 특히 제3세계의 농민과 산림거주자에게는 불리한, 제한적인 것이다. 사람들은 어디서나 새로운 것을 개척하고 창조한다. 사실 가장 혁신적인 사람들은 가난한 사람들이다. 그들은 매일매일 생존의 위협을 받으면서 생존의 수단을 만들어내야 하기 때문이다. 여성들은 종자와 유전자원의 중요한 혁신가요 보호자였다.

지적재산권 소유에 대한 제한들은 무역협상에서 해석되는 대로 여러 층위에서 작동된다. 첫번째가 공적 권리를 사적 권리로 바꾸는 것이다. 무역관련 지적소유권 조약의 전문은 지적소유권이 오직 사적인 권리로만 인정된다고 선언한다. 이로써 '지적공유지' 내에서, 즉 농민들의 마을에서, 부족들의 숲에서, 심지어 과학자들의 대학에서 생겨난 모든 지식과 사상과 혁신이 배제되었다. 그러므로 무역관련 지적재산권은 지적공유지를 사유화하고 시민사회에서 지성을 말살하여 그 결과 정신을 기업의 독점물로 만드는 기제이다.

두번째 제한은 지적재산권이란 지식과 혁신이 사회적 요구에 부응할 때가 아니라 이윤을 발생시킬 때만 인정된다는 것이다. 제27조 1항에 따르면,[21] 혁신이 지적재산권으로 인정되려면 산업에 활용될 수 있어야 한다. 이윤과 자본축적만이 창조성을 활용할 수 있다고 간주된다. 대기업이 통제하고 소규모 비공식생산 부문은 '탈산업화'되는 상황에서 사

---

21 Draft Agreement, GATT.

394

회적 이익은 무시된다.

　지적재산권에 대한 가장 중요한 제한은 '무역관련'이라는 말을 앞에 붙임으로써 확립된다. 여성들이 이룬 대다수 혁신은 가정적·지역적·공적으로 이용하기 위해서이지 국제무역을 위한 것이 아닌 반면 초국적 기업들은 오직 세계시장과 국제무역에서 자신들의 점유율을 높이기 위해서만 혁신을 한다. 그리고 GATT의 무역관련 지적재산권은 모든 생산과 분배와 이윤을 다국적기업이 독점할 권리를 부여하기 위해 전세계의 시민과 군소 생산자들을 희생시킬 것이다.

　특허 가능한 물질에 대한 제27조에는 공익이라는 견지에서 내린 국가의 결정은 기각된다는 점이 분명히 명시되어 있다. 27조 1항은 "특허는 새롭고 독창적인 것으로서 산업에 적용할 수 있다는 조건을 충족시킨다면 생산품이든 가공과정이든 모든 기술분야에서 이루어진 어떤 혁신에도 적용된다"고 적고 있다. 이것은 공익이나 국익을 보호하기 위한 국내 특허법의 예외사항을 무효화한다. 일례로 1970년 인도의 특허법은 농업과 원예 방식은 특허를 설정할 수 없다고 배제했으나 무역관련 지적소유권 법령에는 포함되어 있다. 인도의 특허법에 따르면 식품·의학·제약·화학생산품에는 가공과정의 특허만이 허용되나, 다자간무역기구 아래서는 제3세계 국가들도 이 분야의 생산품 특허를 허용해야 할 것이다. 제27조는 특허법에 서명한 지 4년 후에 다시 특허가능 범위와 특허대상을 검토하라고 요구한다. 그러나 다자간무역기구 내에 민주적 구조란 없으므로 그러한 재검토는 오로지 다국적기업들의 독점영역을 넓혀주기 위해 이용될 것이다. 생명체에 대한 특허에 반대하는 전세계적 운동은 GATT의 무역관련 지적재산권을 거부하며, 지속가능한 농업 운동과 생물다양성 보호운동에서도 특허체계의 보편화에 대해 우려를 표명하고 있다. 27조 3항은 "당사자들은 특허 혹은 효과적인 식물 분류체계, 혹은 양자의 조합 등을 통해 식물품종을 보호하도록 해야 한다"고 규정한다.[22]

이러한 강제로 인해 농민들은 그들의 종자를 확보할 수 없게 되었다. 새로운 식물품종 보호연맹의 국제협약은 종자를 보존할 농민의 권리를 인정했으나 1991년 3월 개정안에는 이 규정이 삭제되었다. 새로운 식물품종 보호연맹의 새 조항(그리고 무역관련 지적재산권)은 농민들이 종자를 확보하려면 특허권 사용료를 내도록 하고 있다. 다자간무역기구 하에서 더욱 강력한 지적재산권 체계가 세워진다면, 가난한 나라에서 부유한 나라로 더 많은 자금이 특허권 사용료로 흘러들어가서 제3세계의 외채위기는 10배나 더 악화될 것이다. 대부분의 식물다양성이 제3세계에서 비롯되었으며 오늘날 산업국들의 통제 아래 있는 종자와 식물 원료들은 농민들에게서 무상으로 빼앗은 것인데 이를 특허물질로 만들어 그들에게 되판다는 것은 지극히 모순된 일이다. 그 결과 종자회사들은 독점이윤을 얻게 되었고 재능있는 제3세계 농민들은 보상도 받지 못한 채 자신들의 종자를 비축하고 사용할 수조차 없게 되었다.

종자와 식물원료 분야에서 지적재산권은 경계를 정하기가 결코 쉽지 않다. 특허권을 주장하기 위해 다국적기업들이 사용하는 유전자원은 제3세계 농민들, 특히 여성들이 수세기 동안 혁신하고 선택한 결과이기 때문이다. 국제연합 식량농업기구(FAO)는 이러한 기여를 '농민의 권리'라는 형태로 인정했고, 1992년 지구정상회담에서 조인된 생물다양성협약 또한 이를 인정했으며 지적재산권을 생물다양성 보호라는 목적

---

22 같은 글.

에 종속시킬 필요성을 받아들였다.

그러나 무역관련 지적재산권 규정은 다국적기업의 이익을 보호하는 데만 급급하여 다른 국제회담에서 결의된 이런 협약들에 반대한다. 농민과 제3세계 시민들에게 미치는 부정적인 영향은 특허 출원과 조건의 확대, 입증부담의 전도 등으로 가중될 전망이다. 제34조에서는 가공과정 특허의 영역에서 입증부담을 전도시켰다. 통상적인 법에서 피고는 유죄가 입증되기 전까지 무죄이다. 다자간무역기구 체제에서는 기소된 측이 자신의 결백을 증명해야 한다. 그러지 못할 경우 특허권자의 권리를 침해한 것으로 인정되어 유죄이다.[23]

농업분야에서 이것은 불합리하고 매우 부당한 결과를 낳을 수 있다. 다국적기업들은 이제 형질과 특성의 소유권을 포함해서 식물품종들에 대한 광범위한 특허를 획득하고 있다. 입증의 부담이 전도됨으로써 애초 종자에 특정 형질을 부여해준 농민들을 기업체가 특허권 침해로 기소하는 일이 법적으로 가능해졌다. 무역관련 지적 소유권에는 그러한 경우에 농민을 보호할 조항이 없다.

이러한 상황이 다자간무역기구가 제도화할 상호보복의 가능성과 결합되면 다국적기업들은 모든 농업과 모든 생산을 독점할 매우 강력한 도구를 갖게 된다. 이러한 전체 경제의 독점화는 무역관련 지적재산권 심의회와 다자간무역기구를 설립하는 동기가 되었다.

제3세계 국가들은 지적재산권이 국제무역 협상에 끼여들 여지가 없으며 나아가 지적재산권을 농업 — 특히 생물다양성과 생명공학 — 에 적용하는 것은 논쟁의 여지가 대단히 많은 일임을 거듭 주장해왔다. 이

23 같은 글.

논쟁들은 많은 사람들의 건강과 환경권을 보호하기 위해 민주적으로 진행되고 해결되어야 한다. 아직 해결되지 않은 지적재산권을 주된 과제로 삼는 다자간무역기구를 설립한다면 다국적기업만이 권리가 있으며 시민에게는 어떠한 권리도 없다는 의미일 것이다. 이 체제는 자유무역이 아닌 기업들이 제한적인 사업에 종사할 자유에 기초해 있으며 그리하여 강제와 무책임한 권력에 기반을 둔 억압적 세계경제를 위한 시나리오를 제공한다.

종자가 이 갈등의 중심에 놓이게 될 것이다. 농화학이나 농업가공과 연계되어 특허가 설정된 종자품종은 새로운 의존성을 만들어내는 데 핵심적이다. '새로운 종자정책'은 이미 종자분야에 다국적기업체를 참여시켰다. GATT의 무역관련 투자조치들(TRIMs)은 그러한 투자를 전보다 더욱 자유롭게 만들 것이다. 이미 지적한 바와 같이 초국적기업들은 그런 식으로 농민의 종자를 가져다가 가공하여 특허품종으로 되팔아먹을 것이다.

인도에서는 자국의 거대 제약기업인 산도즈(Sandoz)가 다국적 모기업의 자회사인 미국의 노섭킹(Northup King) 및 네덜란드의 식물관련 대기업 자두인(Zaaduine)과 계약을 맺었다. ITC는 오스트레일리아의 콘티넨탈그레인의 자회사인 퍼시픽씨즈(Pacific Seeds)와 제휴했으며 미국의 거대 종자회사 카길은 질앤드컴퍼니(Gill and Company)와 제휴하고 그 회사를 좌우할 만큼의 주식을 소유하고 있다. 다른 두 미국 기업 씨드텍인터내셔널(Seedtec International)과 델지엔(Dehlgien)이 마하라시뜨라 하이브리드(Maharashtra Hybrid)와 나트씨드컴퍼니(Nath Seed Company)와 각각 계약을 맺었다. 파이어니어하이브레드(Pioneer Hi-Bred)사는 인도에 파이어니어씨드컴퍼니라는 자회사를 열었다. 이밖에 힌두스딴레버(Hindustan Lever)는 벨기에 회사와 협상 중이고 회스트(Hoechst)와 씨바가이기(Ciba-Geigy)는 다른 제휴선을 통해 들어올 것이라고 한다.[24]

유전자원에 대한 통제 상실에 더하여 토지소유권의 상실이라는 새로운 위협이 있다. 은행들이 민영화되고 계약경작이 도입되면서 농민들은 그/그녀의 토지를 잃을 위기에 처하게 될 것이다. 토지, 물, 유전자원에 대한 권리의 보호는 농민들의 자유에서 핵심적이다. 그러나 GATT는 법적 보호를 기업부문의 이익과 초국적기업의 자유라는 견지에서만 규정하고 있다. 지속가능성과 정의라는 관점에서 볼 때 자원에 대한 누구의 권리가 보호되어야 마땅한가? 농민운동과 환경운동이 전세계의 이윤을 차지하려는 이해세력들에 의해 자연자원이 통제될 목전의 상황에 관심을 기울이기 시작하면서, 이 물음은 중심무대를 뒤흔들게 될 것이다.

자연자원에 대한 지역적 통제는 농민의 자유를 위해 필수적인 전제조건이다. 그러나 우리가 이미 살펴본 바와 같이 자연자원의 통제권을 농민과 제3세계 정부의 손에서 국제기구로 옮겨놓은 자유무역은 환경에 심각한 영향을 미쳤다.

기업체들은 지역자원의 보호에는 관심이 없고 다만 이윤을 극대화하기 위해 토지와 물, 유전자원을 재생불가능하고 지속불가능한 방법으로 사용한다. 환경파괴를 규제하기 위한 각 지역의 법률과 규칙들은 자유무역의 장벽으로 취급될 것이다. 이리하여 자원보호에 대한 각 지역 공동체의 민주적인 결정이 GATT에 의해 무효화된다. 둔켈이 작성한

---

24 "Seeds —A Hard Row to Hoe," *India Today*, 1989년 2월 15일.

GATT협정안은, 지방정부가 GATT규정에 따를 것을 보장하는 조치를 중앙정부가 취하도록 요구했는데 이로 인해 의사결정에 미치는 농민의 영향은 더욱 줄어든다. 그리하여 농민조직이 약화되고 지방 입법기관과 의회도 마찬가지일 것이며, 모든 권력은 GATT와 초국적기업의 손에 집중될 것이다.

## 초국적기업 대 자급생산자의 자유

GATT협정의 지적재산권 보호를 통하여 초국적기업들이 주장하는 자유는 1492년 콜럼버스가 비유럽 주민들을 정복하는 것이 유럽인의 타고난 권리라는 선례를 만든 이래, 유럽 식민자들이 내내 주장해온 자유이다. 교황이 유럽의 왕과 여왕을 통해 발행했던 토지소유권 증서가 최초의 특허였다. 상인 모험가들에게 발행해주었던 특허장과 특허권은 "기독교인 군주나 주민이 실질적으로 소유하지 않은 먼 이교도 야만인의 땅과 나라와 영토를 발견하고 찾고 탐색하고 조사하라"는 승인서였다.[25] 식민자들의 자유는 원래 토지에 대한 권리를 가진 주민들을 종속시키고 노예로 만들어서 얻은 것이었다. 식민지 주민들을 자연이라고 정의하고 그들에게 인간성과 자유가 있음을 부정하였으므로 이런 폭력적 점령도 '자연스러운' 일이 되었다.

로크의 재산에 관한 논고[26]는 유럽에서 엔클로저운동 동안 진행된 이

---

**25** Djelal Kadir, *Columbus and the Ends of the Earth*, University of California Press 1992, 90면.
**26** John Locke, *Two Treaties of Government*, ed. Peter Caslett, Cambridge University Press 1967.

러한 절도와 약탈 과정을 사실상 정당화했다. 로크는 자본주의의 자유란 훔칠 자유라는 점을 분명히 했다. 그는 재산이란 자연으로부터 자원을 빼앗아 노동과 결합해서 만들어진다고 했다. 그러나 여기서의 노동은 육체노동이 아니라 자본통제 안에서 드러나는 '정신적인' 형태이다. 로크에 의하면 자본만이 빼앗은 자연에 가치를 더할 수 있고 따라서 자본을 가진 자만이 자연자원을 소유할 자연권이 있으며, 이 권리는 다른 사람들의 공동권리를 무효화한다. 그리하여 자본은 자유의 근원이 되지만, 이 자유란 자본이 자기 것으로 주장하는 땅, 숲, 강과 생물다양성의 자유를 부정하는 것이다. 공유물을 사유화해서 획득한 재산이 자유와 동일시되기 때문에 그에 대해 권리를 주장하는 공유권 소유자들은 자본소유자에게서 자유를 박탈하는 자로 인식된다. 그리하여 자신들의 권리를 돌려받고 자원에 접근하고자 요구하는 농민과 부족민들은 도둑으로 간주된다.

　지적재산권의 범위 내에서 재산에 대한 로크적 개념은 지식에 대한 데까르뜨적 개념과 결합하여 자본주의 가부장제의 눈에는 '자연스럽게' 보이는 왜곡된 세상을 만들어낸다. 과학혁명기 동안 데까르뜨는 정신과 육체가 완전히 분리되고 유럽 남성의 정신만이 지적으로 육체를 완전히 초월할 수 있다고 여겨지는 새로운 지적 세계질서를 만들어냈다. 아무리 단순할지라도 모든 인간의 노동이 어느정도는 '머리와 손'의 통일로 이루어짐에도 불구하고 이렇게 하여 지적 노동과 육체노동은 전혀 별개의 것이 되어버렸다. 하지만 자본주의 가부장제는 여성과 제3세계 주민들의 '머리' 즉 정신은 부정한다. 지적재산권을 농업에 적용하는 것은 궁극적으로 수천년 동안 종자를 보존하고 사용한 제3세계 농민과 여성과 남성들의 지적 창조성과 기여를 무시하는 행위이다.

지성의 소유를 인류의 오직 한 계급으로만 제한하는 세계관이 함축하는 바는 그 계급이 지적 노동의 모든 산물을, 심지어 타인에게서(제3세계에서) 빼앗아온 것조차도 자신의 사유재산이라 주장할 권리를 갖게 된다는 점이다. 생명체에 대한 지적재산권과 특허는 살아 있고 자유로운 모든 것을 장악하려는 자본주의 가부장제의 최종적인 표현이다.

　　생명을 소유하고 통제하고 파괴할 경제적 힘을 지닌 남성의 제약없는 권리로 자유를 바라보는 자본주의 가부장제의 관념이 '자유무역'으로 표현되는 곳이 GATT이다. 그러나 제3세계와 여성에게 자유란 다른 의미를 지닌다. 국제무역의 변방으로 보이는 지역에서도 이러한 상이한 자유의 의미가 갈등과 분쟁의 초점이 되고 있다. 식량과 농업의 자유무역은 현재의 인간존재의 가장 근본적인 윤리적·경제적 문제들이 구체적으로 드러나는 장이다. 제3세계 여성들이 독특한 기여를 하는 것도 바로 여기서이다. 그들은 매일매일의 삶을 통해 근대 가부장제가 근거하고 있는 세가지 식민화 즉 자연과 여성과 제3세계의 식민화를 체현하기 때문이다.

16장
# 칩꼬 여성의 자유 개념

반다나 시바

 

1986년 11월 30일, 둔(Doon)계곡의 나히깔라(Nahi-Kala) 마을의 여성 차문데이(Chamundeyi)는 숲에서 사료를 모으다가 트럭이 근처 석회석 채석장을 향해 산으로 올라가는 소리를 들었다. 1986년 9월부터 채석장으로 가는 길에는 이 지역에서 극심한 환경파괴를 낳은 채굴작업을 막기 위해 타노(Thano)지방의 마을공동체가 세운 칩꼬(Chipko) 캠프가 자리잡고 있었고, 따라서 트럭이 거기 있어서는 안될 일이었다. 채석장 인부들이 항의자들을 공격하고 그들을 봉쇄선에서 강제로 떼어놓은 다음 트럭을 몰아 통과한 것이었다. 차문데이는 낫을 내던지고 비탈을 타고 내려가, 올라오는 트럭 앞에 마주섰다. 그러고는 트럭 운전자들에게 '가려거든 내 시체를 넘어가라'고 말하였다. 그들은 그녀를 얼마간 질질 끌고 다니다가 멈추었고 되돌아갔다.

1987년 4월에도 나히깔라의 주민들은 여전히 항의하고 있었다. 1982년에 이미 임대가 만기되었는데도 정부가 광산을 폐쇄하는 조치를 취하지 않고 미적거렸기 때문이었다. 채굴작업 또한 1980년의 삼림보존법을 전면적으로 위반한 것이었다. 채굴을 막으려는 주민들의 직접적 행동은 정부가 스스로 정한 법을 이행하지 못한 데서 비롯되었다. 그러는 동안 채석장 계약자는 린치를 가하려고 시도했다. 1987년 3월 20일에 그는 200명의 깡패를 동원하여 평화로운 시위자들을 돌과 쇠파이프로 공격하였다. 그러나 어린아이들, 여성들, 남성들 모두 봉쇄선에서 물러나지 않았다. 그들은 모두 그들 자신의 지도자였으며 의사결정자였고 힘의 원천이었다.

외부에서 온 카리스마적인 지도자가 운동을 형성하고 유지한다는 신화는 이뜨와리 데비(Itwari Devi)나 차문데이 같은 평범한 여성이 엄청난 힘으로 지역적 지도력을 발휘한 나히깔라의 비폭력투쟁에서 무너졌다. 20여년 동안 발전하며 나무와 살아 있는 산과 살아 있는 물에 이르기까지 활동영역을 넓혀온 칩꼬운동을 지속시킨 힘의 원천은 그들 같은 여성의 보이지 않는 힘이었다. 칩꼬의 각 새로운 단계는 눈에 띄지 않는 여성들에 의해 만들어졌다. 1977년 아드바니(Advani)의 바치니 데비(Bachni Devi)는 칩꼬의 환경슬로건을 다음과 같이 만들었다. "숲이 지니고 있는 것은 무엇인가? 토양과 물과 맑은 공기이다."

10년 후 둔계곡에서 차문데이는 칩꼬의 시인 간샴 '샤일라니'(Ghanshyam 'Shailani')가 새로운 노래를 짓도록 영감을 불어넣었다.


진실을 위한 싸움이
신샤루칼라(Sinsyaru Khala)에서 시작되었다.
권리를 위한 싸움이
말꼬뜨타노(Malkot Thano)에서 시작되었다.
자매여, 그것은 우리의 산과 숲을
지키는 싸움이다.

그것들은 우리에게 생명을 주나니
살아 있는 나무와 시내의 생명을
너의 가슴에 품어라.
우리의 숲과 시내를 죽이는
산의 채굴에 저항하라.
생명을 위한 싸움이
신샤루칼라에서 시작되었다.

3월 29일 칩꼬의 친구들의 모임에서 나는 차문데이와 이뜨와리 데비와 하루를 보내며 그들의 숨겨진 힘을 배웠고, 그들로부터 자연의 숨겨진 힘에 대해 배웠다. 여기에 우리가 나눈 경험들을 발췌해본다.

반다나 나히깔라의 석회석 채굴로 파괴된 것은 무엇입니까?

차문데이 17년 전 내가 나히에 왔을 때 숲은 링갈(ringal), 뚠(tun), 신샤루(sinsyaru), 갈드(gald), 치르(chir), 반즈(banj)로 풍성하고 빽빽했습니다. 구즈랄(Gujral)광산은 링갈과 떡갈나무와 신샤루를 파괴했죠. 숲이 품어준 수원(水原)도 말라버렸습니다. 12개의 시내도 마찬가지입니다. 2년 전에는 빠딸리까다르(Patali-Ka-Dhar)에서 시작되어 신샤루칼라에 물을 공급하던 그칠 줄 모르던 폭포 만데까차라(Mande-Ka-Chara)가 말라붙었습니다. 채굴은 우리의 숲과 시내와 삶의 원천을 죽였습니다. 그래서 우리가 우리의 생활을 포기하고 숲과 강을 살리려 하는 거죠.

이뜨와리 신샤루까칼라(Sinsyaru-Ka-Khala)는 신샤루 덤불이 무성한 연중 마르지 않는 시내였습니다. 지금은 석회석을 파낸 널따란 바닥만이 덩그러니 남은 불모지가 되었죠. 채굴로 인한 파괴가 이루어지면서 물과 방앗간과 숲과 논이 쓸려가버렸어요. 구즈랄이 처음 왔을 때 그는 누더기를 입고 있었습니다. 밀가루를 빻으러 물방앗간에 갔던 때를 기억합니다. 구즈랄은 낡아빠진 트럭을 타고 다니며 점심으로 마른 차빠띠와 생양파를 먹었죠. 26년 동안 우리의 산을 갈취한 결과 이제 그는 트럭이 12대나 있고, 우리를 괴롭히고 공격할 깡패와 산을 파헤칠 일꾼들도 잔뜩 고용할 수 있는 부자가 되었습니다. 우리는 그의 광산을 막기 위해 일곱달이나 도로에 진을 치고 있지만 우리를 해치려는 시도나 죽여버리겠다는 위협은 점점 더해만 갑니다.

처음에는 강바닥에서 석회석을 골라내는 것으로 시작하더니 다음에는 산으로 올라가더군요. 10년 동안 집중적으로 채굴하더니 우리의 풍요롭고 비옥한 산을 사막으로 만들어버렸습니다. 신샤루의 원천이 말라붙었죠. 그때 우리는 우리 아이들이 살아남으려면 광산문을 닫아야만 한다고 마음을 굳혔지요.

광산을 폐쇄하려고 우리 마힐라 만달(Mahila Mandal)과 함께 일한 유바끄 만달(Yuvak Mandal)의 어린 아들들은 구즈랄이 처음 우리 마을에 왔을 때 6개월이나 한살쯤이었지요. 그들은 내내 구즈랄이 우리 땅과 자원을 자신의 사유재산으로 취급하는 것을 보면서 자랐습니다. 칩꼬시위는 그 아이들이 그람 사바(Gram Sabha) 땅의 채굴에 로열티를 지불하라는 요구를 하면서 가속화되었어요. 구즈랄은 그들에게 이렇게 말했습니다. "내가 던져주는 부스러기로 자란 너희들이 감히 내게 로열티를 요구하다니." 아이들은 말했지요. "우리는 우리 어머니 ─ 그리고 어머니나 마찬가지인 산과 숲과 시내 ─ 의 보살핌으로 자랐습니다. 이제 더이상 당신이 우리의 생존자원을 파괴하도록 내버려두지 않겠습니다. 당신의 트럭이 광산으로 들어가게 놔두지 않겠습니다"라고 말입니다.

차문데이 3월 20일에 우리는 구즈랄의 트럭이 오는 것을 보았습니다. 그들이 사따그라하(Satyagraha)캠프에 있던 5명의 사람들을 몰아내자 여자들이 캠프로 달려갔습니다. 우리는 트럭을 붙잡고 "제발 그만두고 우리말을 들어주세요"라고 말했습니다. 그들은 데흐라 둔(Dehra Dun) 빈민가에서 여자들을 고용해서 우리를 공격하게 했고 우리를 밀치고 봉쇄선까지 진입했지요. 8명의 청부깡패들이 이렇게 말하더군요. "이봐요, 어머니, 누님네들, 칩꼬 활동가들과 함께 여섯달 동안이나 시위에 참가해서 죽치고 있었지만 그들이 해준 게 뭡니까?" 그래서 내가 말했죠. "들어보세요, 형제님들. 구즈랄은 우리 산을 26년간이나 파헤쳤는데 그가 우리에게 해준 건 뭐죠? 칩꼬 사람들은 우리와 6개월간 투쟁을 같이 했을 뿐입니다. 26년 후에 다시 와서 그들이 우리를 도와 이룩한 게 무엇인지 보세요." 구즈랄이 고용한 사람들은 이렇게 말하더군요. "필요한 게 있으면 말해요, 다 들어줄 테니." 그래서 대답했죠. "우리는 딱 한가지가 필요합니다. 광산문을 닫으세요." 그들은 채굴은 그만두겠지만 이미 파놓은 것은 가져가겠다고 하더군요. 우리는 말했습니다. "아뇨, 이 돌들은 산에서 나온 것이니 우리는 그것을 도로 갖다놓아 산을 안정시킬 것입니다. 우리는 그것으로 침입을 막는 둑을 만들 거예요. 우리는 이 돌들로 숲과 산을 보호할 겁니다. 이것들은 다르띠 마(Dharti Ma, 어머니 대지)의 살입니다. 우리는 그것을 원래 있던 자리에 되돌려놓아 어머니의 상처를 치유할 겁니다." 그러자 그들은 "우리가 한번씩 왔다갈 때마다 석회석을 날라주고 받은 우리 수입에서 일부를 나누어주겠소"라더군요. 우리는 광산문을 닫기만을 원하니 어떤 것도 우리를 유혹하지 못한다고 거듭 말했죠. 그들은 “운송에 쓸 트럭을 주겠소. 바후구나(Bahuguna)는 그걸 주지 못해요”라고 했습니다. 우리는 “운송수단은 우리 자신입니다. 우리의 발이 가장 믿을 만한 수단이죠. 우린 트럭 필요없어요. 광산문만 닫아줘요”라고 대답했어요.

반다나 이번이 세번째 공격인데요. (1986년—인용자) 11월 사건에서는 무슨 일이 있었죠?

차문데이 아이들 밥을 먹이고 아들 수라즈 싱(Suraj Singh)과 바라뜨 싱(Bharat Singh)을 데리고 숲에 사료를 구하러 가던 참이었어요. 트럭이 오는 걸 보았죠. 나는 수라즈 싱에게 가서 캠프의 사땨그라히스(Satyagrahis)에게 알리라고 했죠. 하지만 그들은 이미 캠프 사람들을 공격하고 길에서 끌어낸 다음이었어요. 나는 이미 광산을 절반쯤 올라온 트럭 앞에 서서 그들을 가로막고 말했습니다. “가려거든 내 시체를 넘어가라.” 결국 돌아가더군요.

반다나 삶에서 지키고 싶은 가장 중요한 세가지를 꼽으라면 무엇을 들겠습니까?

차문데이 우리의 자유와 숲과 식량입니다. 이것이 없다면 우린 아무것도 아닙니다. 가난뱅이죠. 우리가 먹을 식량을 스스로 생산한다면 우리는 부자입니다. 우리는 사업가나 정부가 주는 일자리 필요없어요. 스스로 먹고살 수 있습니다. 게다가 라즈마나 생강 같이 팔 수 있는 작물도 생산하지요. 생강 2퀸틀이면 우리가 필요한 전부가 충족됩니다. 숲은 비료나 사료의 원천으로서도 핵심적이에요. 숲에서 일하고 농사를 지을 자유는 우리에게 매우 중요합니다. 구즈랄의 광산이 우리에게 일자리를 주고 부자로 만들어준다고들 하지만 실은 그것이 우리의 일과 유복한 살림살이를 파괴했어요.

반다나 뇌물에 유혹을 느낀 적이 있나요?

이뜨와리 구즈랄이 내 아들에게 나를 칩꼬시위에서 데리고 나가면 50만 루삐를 주겠다고 했답니다. 내 아들이 이렇게 대답했대요. "돈은 어디서나 벌 수 있지만 내 어머니의 긍지와 자존심은 마을공동체에서만 나옵니다. 그러니 무엇과도 결코 바꿀 수 없소."

차문데이 그들은 내 오빠에게 가서 "네 누이를 데려가라"고 했어요. 구즈랄도 직접 와서 우리에게 학교와 병원을 지어주겠다고 하더군요. 그래서 왜 그 생각을 하는 데 26년이나 걸렸냐고 했죠. 이제는 너무 늦었다구요. 우리는 광산문을 닫고 스스로 자신을 지키기로 했다구요.

반다나 당신들의 힘(shakti, 샤끄띠)의 원천은 무엇이며 칩꼬의 힘은 무엇입니까?

이뜨와리 샤끄띠는 이 숲과 초원에서 나오지요. 우리는 내적인 샤끄띠를 통해 그것들이 해마다 자라나는 것을 보면서 우리의 힘을 얻습니다. 우리는 시내가 새로 거듭나는 것을 보며 우리에게 샤끄띠를 주는 그 깨끗하게 반짝이는 물을 마십니다. 신선한 우유를 마시고 기(ghee, 인도에서 물소 젖으로 만드는 액체 버터—옮긴이)를 먹고 우리 밭에서 자란 식품을 먹습니다. 이 모든 것이 우리 몸에 영양분을 줄 뿐 아니라 도덕적인 힘까지 줍니다. 우리는 우리 자신의 주인이며 우리의 부를 통제하고 만들어냅니다. 필요한 것들을 시장에서 사지 않고 스스로 만든다 하여 '원시적'이라느니 '뒤떨어졌다느니' 하는 소리를 듣는 여성들이 칩꼬를 이끌고 있는 것도 이런 이유 때문이죠. 우리의 힘은 자연의 힘입니다. 구즈랄에 대항하는 우리의 힘은 이러한 내적인 원천에서 나오며 그가 거짓된 돈의 힘으로 우리를 억누르고 위협할수록 더욱 강해집니다. 우리는 목숨을 바쳐서라도 이 광산을 폐쇄하고 구즈랄이 대변하는 힘에 대항하고 도전하는 평화적 시위를 계속할 것입니다. 우리를 폭행하려는 모든 시도는 우리의 신심을 강화할 뿐입니다. 3월 20일에 그들은 광산에서 돌아가던 우리에게 돌을 던졌습니다. 우리 아이들에게 돌을 던지고 그애들을 쇠몽둥이로 때렸지만 우리의 샤끄띠를 파괴할 수는 없었습니다.

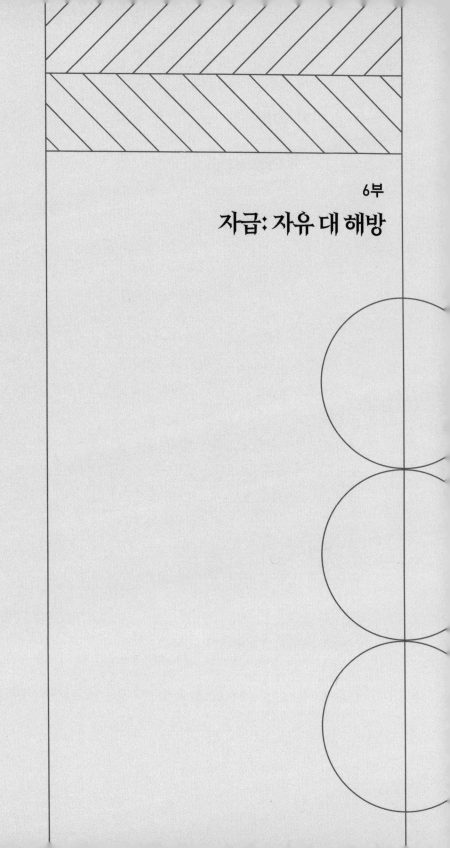

**6부**

# 자급: 자유 대 해방

## 17장

# 소비자해방[*]

마리아 미스

로마클럽의 『성장의 한계』(*Limits to Growth*)[1]와 대통령에게 보내는
『글로벌 2000』(*Global 2000*)[2]이 출판된 이래 우리 지구의 자원기반이 제
한되어 있으며, 상품과 용역의 무제한적 성장과 그에 따른 화폐수입을
지향하는 경제철학을 따르는 것이 필연적으로 지구의 생태적 한계를
넘어서는 일이 되리라는 점이 명백해졌다. 북의 부유한 산업국들에서
일반적인 '좋은 삶' 모델이나 생활수준 혹은 소비자중심 모델이 세계
전역으로 일반화될 수 없다는 점도 명백해졌다(4장을 보라). 그럼에도 불
구하고 국가 수준이든 국제 수준이든 사실상 모든 개발 개념과 전략들
이 명시적으로나 암묵적으로 이것이 장기적으로 가능하다는 가정에 기
초를 둔다. 지속가능한 개발이라는 전략조차 영구적 성장의 패러다임

---

[*] 이 글은 제네바에서 1991년 5월 27~30일에 열린 '여성과 어린이가 제일 먼저' 씸포지엄에
제출한 글을 대폭 수정한 것이다.
[1] Dennis Meadows, Donella Meadows, E. Zahn & P. Miling, *The Limits to Growth*, New York:
Universe Books 1972.
[2] *Global 2000*, Reports to the President, Council of Environmental Quality, ed., US For-
eign Department, Washington 1972.

412

자체는 문제삼지 않는다.

남의 국가들에 대한 과거나 현재의 식민착취 없이는 북의 부자나라
들의 생활수준은 유지될 수 없다. 부유한 나라에서 팔리는 수입상품
에 들어간 모든 노동에 유럽의 (남성) 숙련공의 임금만큼이 지불된다
면, 이 상품들을 살 수 있는 사람은 극소수에 불과할 것이다. 이른바 개
발(반다나 시바는 그것을 악개발maldevelopment이라 부른다)이란 낮
은 단계에서 높은 단계로 옮겨가는 진화과정이 아니라 가난한 사람들
을 더욱 가난하게 만들어서 부유한 사람들이 더 부유해지는 양극화과
정이다. 200년 전 서구세계는 현재의 빈민국보다 겨우 5배 부유했었다.
1960년에는 그 비율이 20:1이 되었고 1983년에는 46:1이 되었다.[3] 제한
된 세계 안에서 잘사는 나라들의 끝없는 부의 증가는 내가 줄곧 식민지
라고 부르는 자연, 여성, (이른바) '제3세계', '남의 국가들'을 희생시킨
대가로 얻어졌다.

부유한 나라의 이러한 계속적인 경제성장은 국민들의 소비패턴에도
반영된다. 일례로 서독에서는 1950년에서 1980년 사이 개인소비가 5배
나 늘었고 여기에는 소비패턴의 변화도 동반되었다. 1950년대 무렵에
는 가구당 소비의 절반 가량이 식비로 지출되었으나 1987년에는 식비
비중이 23퍼센트로 줄어들었다. 개별 가구소득의 훨씬 많은 부분이 이
제 레저활동과 사치품 구매에 쓰이게 되었다. 고소득층과 저소득층의
소비패턴은 다르지만 가난한 나라들과 비교해볼 때 저소득층조차 상대
적으로 더 잘살며 소득의 10.2퍼센트를 레저상품을 구매하거나 레저활

---

3 F. E. Trainer, *Developed to Death: Rethinking Third World Development*, London: Green Print
  1989, 14면.

동을 하는 데 쓴다.[4]

산업성장 모델은 부족한 자원을 고갈시키고 식민지를 착취할 뿐만 아니라 점점 더 많은 쓰레기와 유해폐기물을 만들어내어 오존층을 파괴하고 온실효과를 낳는 주범이 된다. 세계인구의 4분의 1이 세계에너지의 75퍼센트를 사용하여 이산화탄소 배기량의 80퍼센트를 발생시킨다.[5] 산업 — 대개 유독성 — 폐기물뿐 아니라 가정쓰레기도 양이 점점 늘어난다. 가령 서독에서는 1971년에서 1982년 사이에 민간 가정의 쓰레기가 인구당 연간 350킬로그램에서 775킬로그램으로 늘어났다.[6] 그 결과 나타난 문제가 부유한 산업국이 쓰레기를 버릴 장소가 없다는 것이었고, 그래서 불가피하게 남의 가난한 나라들을 쓰레기 특히 유해폐기물을 버릴 쓰레기 식민지로 활용하게 되었다.

성장지향적인 산업적 세계시장체제가 지속가능하지도 않고 전세계에 보편화할 수도 없다는 점은 이론의 여지가 없는 사실이다. 어떤 이는 부유한 나라의 생활수준과 소비패턴을 유지하기 위해서는 지구가 두개 더 필요하다고 한다. 하나는 원료를 얻기 위해 다른 하나는 쓰레기장으로 쓰기 위해.

산업성장 모델의 지속은 환경파괴와 불평등을 심화하고 빈곤을 가속화할 뿐이다. 그리고 여성과 어린이가 제일 먼저 영향을 받는다. 이를 피하려고 '여성과 어린이가 제일 먼저'라는 구호를 지금까지와는 다른

4 G. Dorr & K. Prinz, "Entwicklungstendenzen des Konsums privater Haushalte," E. Hildebrand, ed., *Ökologischer Konsum*, Schriftenreihe des O. O.W. 25/89, Berlin 1990, 46~48면.

5 M. Muller, "SPD-Experten orten Krise des Kapitalismus in naher Zukunft," *Frankfurter Rundschau*, 1991년 3월 25일.

6 Der Fischer *Öko-Almanach*, 1984/85, Frankfurt: Fischer, 245면.

자비로운 의미로 자리매김하는 목표를 설정하려면, 산업과 세계시장과 이윤을 중심으로 한 성장모델을 넘어서야 한다. 반다나 시바가 설득력 있게 보여준 바와 같이[7] 이 넘어섬은 가난한 나라·지역의 여성과 어린이가 살아남는 문제이다. 그들은 '개발'과 '근대화'에 단호히 반대하며, 그것들이 자신들의 생존기반 즉 공유물인 땅과 물, 공기와 숲, 공동체와 문화를 자유로이 향유하는 것을 끝장내리라는 점을 알고 있다.

4장에서 밝힌 바와 같이 북의 국가와 남의 부유층에 만연한 이 따라잡기식 개발과 소비주의 모델은 이 지구의 모든 사람에게 적용될 수는 없다. 더구나 환경재해가 늘어나고 부유한 나라의 물질적 생활마저 저하되고 있다는 사실에 비추어볼 때 그러한 보편화는 바람직하지도 않다. 이는 환경문제 및 점증하는 남의 빈곤과 기아 문제를 해결하기 위해서는 새로운 비전과 방법이 필요하다는 뜻이 된다. 따라잡기식 개발은 해결책이 아니라 문제 그 자체이다.

환경파괴와 남북 간의 빈익빈 부익부 현상의 상호관련성에 대한 최근의 모든 분석을 검토해볼 때 결론은 남의 부유층과 북에게 현재의 과도한 소비를 포기하라는 요구에 이른다. 현재의 전지구적 상황을 생각할 때 이 해결책이야말로 부유한 산업국의 모든 정치가와 대다수 시민들이 받아들이고 싶지 않은 것이다. 1992년 6월 리우데자네이루의 지구정상회담에서 북의 정치가들은 북의 국가들이 대부분의 에너지를 소비하고 있으며 따라서 오존층파괴와 지구온난화를 비롯한 대부분의 환경오염에 책임이 있다는 분석의 명백한 결론들을 받아들이기를 주저했

---

7 V. Shiva, *Staying Alive: Women, Ecology and Survival*, New Delhi: Kali for Women 1988 and London: Zed Books 1990.

다. 여성들을 포함해 북의 국가에 살고 있는 대부분의 사람들은 그들의 통찰을 실천에 옮기기를 싫어한다.

그러나 특히 리우에서 있었던 유엔환경개발회의(UNCED) 이후 점차 사람들은 책임 전환과 회피를 계속할 수 없음을 이해하게 되었으며 실행가능한 대안을 찾으려 하고 있다.

## 자발적인 소박함과 소비자해방

이러한 소비주의 모델의 극복은 부유한 산업국들에서 먼저 시작되어야 하며, 그러기 위해서는 부유한 나라나 계급들이 생활수준을 자발적으로 낮추고 소비패턴을 바꾸는 것이 한가지 방법이다. 지속가능성과 자급자족이 가난한 나라 사람들에게 좋은 것이라면 부유한 나라 사람들에게도 좋은 것이 되어야 한다. 그렇지 않은 이중기준은 받아들이기 어렵다. 예를 들어 북의 산업국에서는 성장일로의 자동차산업과 개인 운송체계로 세계의 기후를 계속해서 파괴하면서 브라질 사람들에게는 열대우림을 파괴하지 말라고 요구할 수는 없는 일이다.

많은 사람들이 자신의 생활양식을 바꿀 필요성을 인식하기는 하지만 변화를 이룰 책임은 대개 정치나 정부 혹은 과학자나 기업가들에게 맡기고 있다. 속도제한을 도입하는 등 생산패턴 — 혹은 소비패턴까지도 — 을 변화시킬 법률이 없다면 개별 소비자들은 그/그녀의 일상적 생활양식을 유지할 것이다. 그러나 민주주의사회에서 정치가들은 사람들이 받아들이리라는 확신이 없는 한 인기없는 정책을 도입하기를 꺼린다. 그러므로 소비자해방운동은 소비자 자신들에게서 나와야 한다.

그러한 운동이 강력해지고 널리 퍼졌을 때에야 비로소 정치가와 기업가들이 그것을 따를 것이다.

　그러나 이런 일이 일어나려면 사람들이 대안적인 '좋은 삶'이 무엇인지를 정의함으로써 적은 것이 많은 것이라는 사실을 깨달아야 한다. '좋은 삶'에 대한 새로운 정의는 예전과는 다른 가치들, 즉 자급자족, 타인 및 자연과의 경쟁 아닌 협동, 지구상의 모든 생명체와 그 다양성에 대한 존중, 인간 및 인간 아닌 존재의 주체성에 대한 믿음, 호전적인 사리사욕이 아닌 공동체적 합치, 우리 사회의 과잉소비를 낳은 '허세부리기'가 아닌 창조성, 그리고 노동과 삶에서의 만족과 기쁨 찾기를 강조할 것이다. 하지만 소비자해방이 해방으로 이해되어야지 박탈이나 금욕행위로 인식되어서는 안된다는 점이 가장 중요하다. 소비자해방의 목표는 삶의 질을 개선하려는 것이다. 부유한 사회에 사는 많은 사람들은 그러한 개선의 필요성은 인정하지만 대개 소비주의와 삶의 질 저하의 관련성은 알지 못하거나 알고 싶어하지 않는다. 그러나 유럽 등지에서 이루어진 조사는 많은 사람들이 환경을 보호하기 위해 더욱 많은 일을 할 준비가 되어 있음을 보여준다.[8]

## 기본적 욕구를 충족시키는 다른 방법들

　'좋은 삶'의 새로운 정의에는 기본적 인간욕구를 충족시키는 다른 방

---

8 B. Strumpel, "Die Eiderspruche zwischen Umweltbewtsein und Massenkonsum," *Frankfurter Rundschau*, 1991년 3월 26일.

법들이 포함된다. '인간을 척도로 하는 라틴아메리카의 개발' 회의의 워크숍에서 기본적 인간욕구라는 이 개념을 발전시킨 맥스니프(Max-Neef)와 그의 동료들은 이 욕구가 보편적이기는 하나 그것의 **충족기제**, 즉 충족시키는 방법과 수단은 문화적·지역적·역사적 조건에 따라 달라진다는 점을 강조한다. 산업자본주의에서는 경제적 상품 생산과 그것의 할당체계가 지배적인 **충족기제** 유형을 조건짓는다.[9] 욕구와 충족기제의 구분은 똑같은 기본적 인간욕구를 충족시키는 데 여러 다른 방법이 있다는 사실을 우리에게 알려주므로 소비자해방의 논의에 유용하다. 맥스니프와 그의 동료들은 기본적인 욕구를 아홉가지로 밝히고 있다. 생존(가령 건강이나 의식주), **보호**(보살핌, 연대, 노동 등), 애정(자긍심, 사랑, 관심, 유대 등), **지식**(특히 학습, 배움, 분석 등), 참여(책임감, 권리와 의무의 나눔), 여가/한가함(호기심, 상상, 놀이, 휴식, 재미), **창조**(직관, 상상, 노동, 호기심을 포함하는), 정체성(소속감, 차별화, 자긍심 등), 자유(자율, 자존, 자기결정, 평등)이 그것이다.[10]

이러한 기본적 인간욕구는 보편적인 것으로 부유하건 가난하건 혹은 '과잉개발'국이든 '저개발'국이든 모두에게 적용된다. 과잉개발된 산업사회에서는 거의 대부분 이 욕구들이 산업적으로 생산되어 시장에서 구입해야 하는 충족기제들에 의해 충족된다. 이것들은 종종 유사-충족기제일 뿐 궁극적으로 진정한 충족감을 주지는 못한다.

예를 들면 지위를 과시하고자 차를 사고, 사랑과 찬미에 대한 욕구를

9 M. Max-Neef et al., "Human Scale Development: An Option for the Future," Development Dialogue, Santiago, Chile: CEPAUR Dag Hammarskjöld Foundation 1989, 27면. (영문판, London: Zed Books 1992.)
10 같은 글, 49면.

채우려고 화장품을 사는 식이다. 그밖에 보호와 생존과 자유의 욕구에 부응한다는 명목으로 정당화되는 무기 제조와 구매 같은 것은 다만 파괴적일 따름이다.

소비자해방과 변화된 생활양식이란, 가짜도 파괴적인 것도 아닌, 인간과 환경의 관계가 더이상 악화되는 것을 막고 기존의 가부장적 남녀 관계를 심화시키지 않으며 미래세대들의 생활조건을 위협하지도 않는, 그리고 의존성을 높이는 대신 자립을 고취하는 다른 충족기제들을 선택하는 것을 뜻한다.

만일 우리가 산업사회가 만들고 모든 가난한 나라로 수출한 정신구조에서 벗어나고자 노력한다면 시장에 의존하지 않고도 기본적인 욕구를 충족시키는 많은 다른 방법들을 발견할 수가 있다. 예컨대 풍족한 사회의 많은 여성들에게 '쇼핑잔치'는 사랑과 인정의 욕구를 충족시키기 위한 시도이다. 많은 이들이 이 욕구를 충족하기 위해, 최신유행을 따름으로써 찬사를 받고 상대 남성의 애정을 얻게 되리라는 희망으로 옷을 구입한다. 산업사회에서 여성의 자긍심은 겉으로 드러나는 외양과 긴밀히 연관되어 있으나, 보상심리로 아무리 많이 소비한다 해도, 새옷을 구입해서 충족될 수 있는 욕구가 결코 아니다. 그것들은 유사 충족기제이기 때문이다. 심층적인 인간욕구는 상품구입으로는 채워지지 않는다. 소비자해방운동에서는 이러한 애정의 욕구를 충족시킬 새로운 방법, 특히 상품화되지 않은 방법들을 발견하거나 창조해야 한다. 예를 들어 아이들에게 장난감을 사주는 대신 더 많은 시간을 함께하고 놀아주는 방법이 있을 것이다. 상품화되지 않은 많은 충족기제들은 시너지효과를 일으킨다는 장점이 있다. 여러가지 욕구를 한꺼번에 충족시킬 수 있는 것이다. 아이들과 놀면서 시간을 보내면 애정, 보호, 지식, 여가, 자유, 정체성 등의 다양한 욕구가 충족된다. 또한 이것은 아이와 어른에게 동시에 만족을 준다. 기본적 인간욕구가 상품화되지 않은 방식(나는 이를 '자급적 방식'이라 부른다)으로 충족된다면 그때의 만족감은 종종 상호적이다. 다시 말해 주는 사람이 동시에 받기도 하는 것이다. 아이에게 젖을 먹이는 어머니는 줌과 동시에 무언가를 받는다. 부자나라에서 생활양식의 변화가 대규모로 일어난다면 환경파괴와 제3세계의 착취를 멈출 수 있을 뿐 아니라, 북의 중산층이 자기네 나라의 하층계급과 남의 주민들에게 제시한 소비모델을 바꿀 수도 있을 것이다. '따라잡기식 개발'과 모방소비의 매혹을 일소하기 위해서는 풍족한 사회 내부에서 이 모델에 대한 실질적인 비판이 필수적으로 이루어져야 한다. 북의 소비패턴은 남의 정치적·경제적 권력집단에 의해 궁극적인 '좋은 삶'으로 인도할 바람직한 수단으로 수입되고 있다. 그리하여 이 소비패턴은 의존성, 채무, 내부의 불균형과 문화적 정체성 상실을 심화한다.[11] 맥스니프와 그의 동료들은 '제3세계' 국가들이 경제적·문화적 의존에서 벗어나 자기들이 가진 자원을 자기들의 복지를 위해 더 효율적으로 활용하기 위해서는 이러한 모방소비 패턴을 포기해야 한다고 강조한다. 이것이 자립을 향한 첫걸음이 될 것이다. 이처럼 강요된 소비패턴을 포기하는 일은 이제까지 과잉개발된 부유한 나라들에게도 자립을 향한 첫걸음이라는 것이 내 생각이다. 이미 살펴본 대로 이들 나라의 대부분이 '제3세계' 국가와 그 자원에 대한 착취에 크게 의존하고 있다. 지속가능성과 자립이라는 목표가 남의 국가에게 분별있고 적절하다면 북의 국가에도 역시 분별있고 적절해야 마땅하다.

11 같은 글, 47면.

## 다른 경제들

자립과 생태적 지속가능성의 목표에 근거한 경제는 현재의 성장지향적·이윤지향적 경제와는 매우 다를 것이다. 다른 곳에서 그러한 '도덕경제'[12] ─ 시장의 비용-수익 계산이 아니라 윤리적 원칙에 근거한 경제 ─ 에 대해 쓴 적이 있으므로 여기서는 가장 두드러진 특징들만 언급하도록 하겠다.

거대한 경제단위에서는 생태적 지속가능성, 자립, 여성과 어린이의 욕구를 우선시할 수 없다. 이것들은 훨씬 더 작고 분산된 단위를 필요로 한다. 그렇게 되면 생산과 소비가 조율될 수 있을 것이며, 또한 소비의 필요에 생산을 맞추는 일은 사람들로 하여금 생산결정을 내리는 데 진정으로 참여할 수 있게 해줄 것이다. 소규모 경제단위는 공동체 내의 협동을 용이하게 하며, 자립으로 나아가는 데 필요한 첫걸음이 될 것이고, 상부상조와 호혜성 같은 덕목이 작용하도록 만들 것이다.

현행 성별분업도 변화되어야 한다. 남성과 여성 모두 넓은 의미의 생명의 생산과 유지에 대한 책임을 나누어야 할 것이다. 즉 아이와 노인, 병자를 돌보고 가계를 꾸리고 정서적인 지원을 제공하는 것은 여성만의 일이 아니라 남성도 해야 하는 일이다. 그리고 그러한 경제하에서는 기본적 인간욕구가 상업적으로 충족되지 않으므로 남성들도 전쟁놀이 등의 파괴적인 활동에 쓰는 시간이 줄어들 것이다. 남성들이 생명유지에 대한 온전한 책임을 나누게 된다면 마침내는 그들의 정체성도 바뀌

---

12 M. Mies, "Moral Economy: A Concept and a Perspective," 'Challenges', Science and Peace in a Rapidly Changing Environment 회의에 제출한 논문, Berlin, 1991년 11월 29일.

게 될 것이다. 현재 급증하는 공격적이고 군사적인 람보 이미지의 남성성이 낡은 폐물이 될 것이고, 이는 여성과 아이들에게 가장 유익한 일이 될 것이다. 남성성이 람보주의나 마초주의와 동일시되는 한, 남성이 여성과 자연과 이민족을 상대로 일으키는 전쟁의 첫번째 —— 그러나 첫번째이기만 한 —— 희생자가 여성과 어린이일 것이기 때문이다. 체르노빌 참사 이후 어느 러시아 여성은 이렇게 말했다. "남자들은 생명을 생각하지 않아요. 자연과 적을 정복하려 할 뿐이지요."[13]

산업체제는 계속 늘어나는 물질적·비물질적 상품을 위한 시장을 만들고 확장할 수 없다면 기능하지 못한다. 이 시장은 착취적인 국제적 분업 내지 성별분업에 의해 구매력을 획득한 사람들, 특히 북의 주민들이 주로 제공한다. 또한 그만큼은 못되지만 남의 도시 중산층들도 이 시장을 형성한다. 그리고 시장기능은 가령 교육, 건강, 우편제도와 국방 등에 대한 국가독점에 의해서도 촉진된다.


## 여성, 소비패턴의 주체이자 객체

역사적으로 볼 때 성장지향적인 산업체제의 시장을 확대하는 문제는 여성을 소비행위자로 동원함으로써 해결될 수 있었다. 산업생산된 소비재 시장으로서 개별 가정을 발견한 때가 1920년대였다. 제1차 세계대전 전까지는 일상적인 필요를 충족시키는 많은 물품들이 가정에서 만들어졌으나, 전후시기에 들어와 세제, 비누, 세탁기, 옷, 식품 등 소비재

13 6장을 참조하라.

상품이 두드러지게 확대되었다.

페미니스트 역사가들은 근대적 가정과 근대적 가정주부를 형성한 이 과정 — 나는 이것을 가정주부화[14]라 부른다 — 이 산업자본주의의 시장요구에 필수적이었다고 본다.[15] 그들은 가정과학 운동이 여성을 어떻게 동원하였으며, 가사를 전문직업화하려는 모든 노력에도 불구하고 가정주부들이 어떻게 하여 가정 내 영역에 고립되고, 가정의 공허함 — 점점 더 많은, 더 새로운 소비재 상품으로 채워지는 공허 — 에 시달리게 되었는지를 보여준다. 근본적으로 이 상황은 바뀐 게 없다. 근대의 소비산업은 노동절약 장치들, 패스트푸드, 기성복, 화장품 등 여성들이 살 물건들을 끊임없이 만들어낸다. 그러나 이것들은 많은 여성들이 일터나 가정에서 느끼는 공허감을 채워주지 못했다. 그런 물건을 사서 여성이 얻는 만족감은 곧 지루함으로 변질되고 따라서 어제 산 물건을 오늘 버리고 내일 또 새것을 사는 상황이 벌어진다. 이처럼 내다버리는 사회는 '쇼핑중독'이라는 새로운 중독증을 만들어냈다. 최근의 연구는 쇼핑중독자들은 대개 여성으로, 필요성의 여부와 상관없이 계속 사고 또 사야 하는 내적 충동을 경험한다는 사실을 보여준다. 그들 다수는 상당한 빚을 져가면서까지 계속 산다. 셔호른(Scherhorn) 등이 독일의 쇼핑중독에 대한 연구에서 밝힌 바에 따르면 중독증에 걸린 여성 대다수가 옷과 화장품을 구매한다. 셔호른 등은 이 중독이 이들 여성의 자존심이나 자신감의 부재와 긴밀히 연관되어 있다고 분석한다.[16] 새옷을

---

14 Mies, 앞의 글.

15 B. Ehrenreich & D. English, "The Manufacture of Housework," *Socialist Revolution*, No. 26, 1975.

16 G. Scherhorn, L. Reisch & G. Raab, *Kaufsucht, Bericht über eine empirische Untersuchung,*

사는 것은 우리 사회에서 여성들이 일반적으로 경험하는 가치부재에 대한 보상 시도이다. 어린 시절의 경험에도 이런 중독의 원인이 있을 수 있지만 대개는 산업이 전파하고 쇼핑중독자 여성들이 유독 강하게 반응하는 소비패턴이 여성 일반에게 영향을 끼친다는 점은 부정할 수 없는 사실이다.

그러므로 소비자해방은 남의 빈국들에게 혜택을 줄 뿐 아니라 여성을 비롯한 모두를 이런 중독증에서 해방시켜줄 것이다. 그것은 실제 욕구에 근거한 소비패턴의 회복을 뜻한다. 개인적인 노력부터 대규모 소비자 불매운동에 이르기까지 우리의 낭비적 생활양식을 바꾸려는 여러 다른 시도들이 있다. 여기서는 특히 창의적인 두가지 사례를 지적하고자 한다. 미국에서 전개된 글로벌액션플랜(GAP)[17]은 일상생활에서 각기 특정한 생태적 변화를 이루고자 노력하는 여러 그룹의 친구들을 한데 모으고자 하는 운동이다. 또하나는『윤리적 소비자』(*The Ethical Consumer*)[18]라는 잡지로서, 이 잡지는 사람들의 구매결정에 윤리적인 고려와 동기를 재도입하려 시도한다. 이와 비슷한 접근들이 우리의 경제행위를 변화시키려는 헤이젤 헨더슨(Hazel Henderson)의 노력에 의해서도 이루어지고 있다.[19] 가장 인상깊은 소비자해방운동은 1970년대 초반 세이까쯔(生活)클럽(SC)을 태동시킨 일본 여성들의 노력이다. 여

---

Stuttgart: Institut für Haushalts- und Konsumökonomik, Universität Hohenheim 1990.

**17** D. Gershon & R. Gilman, *Global Action Plan for the Earth*, 57 A Krumville Road, Oliverbridge, New York 12461.

**18** The Ethical Consumer (various), London.

**19** H. Henderson, *Creating Alternative Futures*, New York: Pedigree Books 1979; "Reframing the Global Debate Over Development From 'Economism' to Systems Theory," International Meeting of Experts에 제출한 논문, Bonn, Germany: Die Grünen im Bundestag.

기에 이 운동을 간략히 소개한다.

## 세이까즈클럽

내가 처음으로 산업사회에서의 소비자해방운동, 여성과 자연과 제 3세계의 해방에 기여할 수 있는 운동의 필요성에 관해 글을 썼을 때는 그러한 전략에 유보조항들이 많이 필요하다는 지적들이 있었다. 이 접근의 비판자들은 대개 같은 점을 강조한다. 즉 소비감소는 다국적기업 같은 생산자에게는 아무 영향도 미치지 못하는 개인적이고 고립적인 행동이며, 북의 착취적 경제로 인해 이미 희생당한 빈민층과 여성들에게 타격을 주게 되리라는 것이다. 이 전략은 이해관계가 아니라 순전히 윤리적·도덕적 호소에 의존하므로 실행될 수 없고 사람들은 이를 따르려 하지 않을 것이었다. 더구나 이것은 능력껏 소비할 개인의 권리를 침해한다. 또한 변화에 대한 요구가 정치가로부터 나오지 않으므로 탈정치화과정이 될 수도 있었다. 이밖에 자주 언급되는 또하나의 주장은 소비자해방의 과정은 너무 느린데 상황은 그런 전략이 치유하기에는 이미 너무 멀리 가 있다는 것이다.

나는 논의나 주장을 통해 북의 주민들로 하여금 자신의 생활양식을 변화시키고 소비주의에서 해방될 필요를 확신하게 만들 수 있다고는 생각지 않는다. 북의 과소비에 대한 비판은 리우데자네이루에서 열린 UNCED회담에서 남의 대표들이 큰소리로 분명히 말했으나 북의 대표들로부터는 어떠한 정치적 행동도 이끌어내지 못했다. 그러므로 이러한 전략을 이미 오래 전부터 실천에 옮긴 여성과 남성들이 본보기를 보여주는 것이 더 고무적일 듯하다.

일본의 세이까쯔클럽은 소비자해방운동의 최초의 사례 중 하나이다. 1970년대 초반 미나마따병이 발생하자 PCB, 식품첨가물, AF2 등 식품오염을 우려한 여성, 특히 엄마들이 모여서 이 소비자-생산자 조합을 세웠다. 그들은 더이상 가족들에게 안전한 먹거리를 마련해줄 수가 없음을, 핵에너지의 사용이 환경을 파괴하고 농약이 모유를 오염시키고 있음을 깨달았다. 여성들은 생태농업을 실행하는 축산농의 우유를 구입하기 시작했다. 이 운동을 통해 여성과 여타 소비자들은 농업방식과 농업정책 전반에 대해 직접적인 관심을 가지게 되었고, 정부의 공식정책에 내재된 위험 즉, 자동차산업 등의 이익을 보호하기 위해 정부가 식량자급을 희생할 태세가 되어 있음을 깨닫게 되었다. 그들은 여성과 어린이의 이해를 심각하게 고려하는 농업정책이 어떤 것이어야 하는지를 생각하기 시작했다. 세이까쯔클럽은 소비자, 특히 여성의 구매력을 유기농업·생태농업을 개발하고 일본의 식량자급을 고무하는 쪽으로 사용하였다. 그들은 농민들이 땅과 가축에게 하는 일이 결국에는 소비자에게 영향을 끼친다는 사실을 알고 있었다. 이러한 이해를 바탕으로 하여 유기농업을 장려하기 위한 '생산자와 소비자'의 협동이 생활개혁운동으로 활성화되었다.[20]

소비자들은 자신들과 직접 연결된 농민들이 만든 모든 생산품을 사겠다고 약속한다. 처음에는 유기농법을 쓰는 농민들을 찾아나서야 했으나 그 다음부터는 규모가 엄청나게 커졌다. 클럽의 회원은 1989년

20 Katsuko Nomura, Hideki Nakahara & Meiko Katsube, eds., *Consumer Currents in Japan*, Tokyo: The Information Centre for the Public Citizens, c/o Ohdake Foundation, 1983년 4월, 35면.

17만 가구에 달했으며 2만 7천개의 한(약 8명 가량의 성원으로 구성되는 기본 지역집단)으로 조직되어 있다. "세이까쯔클럽에서는 모든 성원들이 정책결정에서 제 목소리를 갖고 역할을 하게 하고자 한다."[21] 여성들이 클럽 이사진의 80퍼센트를 차지한다. 세이까쯔클럽은 일본의 농업정책에 영향을 미치고 사람들의 생활양식을 바꾸어놓았을 뿐 아니라 여성들이 국가정책과 사회적 삶의 형성에서 능동적인 역할을 하도록 해주었다.

우리는 주부들이 가정에서부터 행동을 함으로써 자연과 조화를 이루는 사회를 만들 수 있다고 믿습니다. 그리고 우리의 구매와 소비를 통해서 일본 농업과 어업의 경영방식을 변화시키고자 합니다.[22]

그러나 세이까쯔클럽 조합원들의 관심사는 자기들이 먹을 오염되지 않은 식품이나 기타 생산품에 국한되지 않는다. 그들의 목표는 자립적이며 생태적인 자급사회라 부를 수 있는 방향으로 전체 사회를 끌고 가려는 것이다.

세이까쯔클럽은 오늘날 자본주의 지배사회의 부산물인 지금의 낭비적 생활양식을 바꾸기 위해 스스로 운영하는 생활양식을 창조하자고 대중에게 요구하고 있다. 우리는 상업 생산물이 만들어낸, 모든 것을 다 갖겠다는 식의 환상을 거부하고, 소박하지만 의미있는 존재를

**21** Paul Ekins, *A New World Order: Grassroots Movements for Global Change*, London: Routledge 1992, 131면.
**22** 같은 책, 132면.

창조하는 것이 삶의 질을 개선하는 방법이라 믿는다. 스스로의 삶을 통제하고 다스리는 일은 더 높은 삶의 질을 실현하기 위한 중요한 요소이다. … 세이까쯔클럽의 목적은 우리의 삶을 스스로 운영하여 자치사회로 가는 법을 배우는 것이다. 지역사회를 재건설하려는 우리의 비전은 이러한 원칙에서 나온다. 우리가 가고자 하는 방향 중 하나는 지역에 기반을 둔 경제를 만들어내는 것이다.[23]

이러한 활동과는 별도로 세이까쯔클럽은 여러가지 캠페인에도 참여한다. 예컨대 체르노빌 이후 그들은 방사능재난 경보네트워크를 설립했다. 클럽은 일하는 여성들의 육아, 보건교육, 음식 준비 등을 돕기 위해 여성노동자 공동체를 만들었다. 1979년에는 처음으로 클럽의 조합원이 토오꾜오 시의원으로 선출되었다. 지역그룹들은 전국에 걸쳐 네트워크를 형성하였고, 그들의 슬로건은 '여성 민주주의: 평화, 생명, 미래, 자연, 지구'이다. 세이까쯔클럽은 자신들이 나아갈 야심찬 목표를 세워놓고 있다. '집단구매에서 모든 이의 삶으로'라는 캠페인에서 세이까쯔클럽이 세운 목표는 일본의 모든 가구와 접촉하여 그들 중 10~30퍼센트를 회원으로 모집한다는 것이다.

생활, 복지, 건강, 교육, 문화, 환경 등 다양한 분야에서 세이까쯔클럽의 이상에 근거한 조합공동체를 통해 오늘날의 도시와 농촌사회가 새롭게 태어나고 인간다워질 수 있다.[24]

23 같은 책, 131~32면.
24 같은 책, 133면.

428

세이까쯔클럽의 사례는 소비자행동 혹은 내가 말한 소비자해방은 특히 여성의 관심사와 경험에서 출발했을 때 자기중심적이며 원자화된 개인들의 님비주의와는 매우 다르다는 사실을 보여준다. 그것은 '모든 이의 삶'을 실제로 바꿀 수 있는 역동성을 발전시킬 수 있다. 일본 여성의 조직활동에 대한 글을 쓴 우에노 찌즈꼬(上野千鶴子)는 여성들의 소비자-생산자 조합과 네트워크가 세상을 바꿀 수 있다고 주장한다. 이러한 네트워크는 세이까쯔클럽의 범위를 넘어 확장되며, 우에노에 따르면 자본주의 원칙이 아니라 도덕경제의 원칙 즉 상호협력, 신뢰, 배려, 공동체, 인간과 자연에 대한 존중에 입각한 생산과 소비의 전체 유통구조를 실제로 만들어낼 수 있다.

그들은 생산자와 소비자를 직접 이어주는 대안적 경로를 만들어서 상품과 용역의 자본주의적 유통을 대체할 야심을 갖고 있다. 결국 생산자도 소비자이기에 자본가들에게 이윤을 만들어줄 이유가 없는 것이다.[25]

---

25 Chizuko Ueno, *Women's Networking Is Changing the World*, Tokyo: Nikon Keizei Shinbun-scha 1988.

## 18장

# 북의 탈식민화<sup>●</sup>

반다나 시바

백인남성의 짐(White Man's Burden)은 지구와 특히 남의 주민들이
감당하기에 점점 더 무거워지고 있다. 지난 500년의 역사를 통해 북의
국가들과 자연, 북의 국가들과 그밖의 사람들 사이에는 언제나 식민관
계가 형성되었고, 식민화하는 남성이나 사회는 우월하므로 지구의 미
래 그리고 다른 민족이나 문화에 책임을 져야 한다고 여겨졌다. 이러한
우월성 가정에서 백인남성의 짐이라는 개념이 생겨난다. 그리고 백인
남성의 짐이라는 관념에서 백인남성이 자연과 여성과 여타 사람들에게
부과한 짐이라는 현실이 나온다. 그러므로 남의 국가들의 탈식민화는
북의 탈식민화와 밀접하게 연결되어 있다.

간디는 세계의 피압박자는 하나라는 의미에서뿐 아니라 억압자 역
시 억압의 문화에 갇혀 있다는 더 넓은 의미에서 자유의 개별성을 정식
화하였다. 그러므로 탈식민의 문제는 식민화된 사람들의 상황만큼이나
식민자들의 상황과도 관련이 된다. 북에서 탈식민화가 중요한 까닭은

---

● 이 글은 1992년 독일에서 열린 인도페스티벌을 위해 준비한 논문을 수정한 것이다.

부를 만드는 과정이 동시에 빈곤을 만들며 지식을 만드는 과정이 동시에 무지를 만들고 자유를 만드는 과정이 동시에 비자유를 낳기 때문이기도 하다.

식민화의 초기단계에 백인남성의 짐은 전세계의 유색인종들을 '문명화'하는 것이었는데, 이는 무엇보다 그들에게서 모든 자원과 권리를 빼앗는 것을 뜻했다. 식민화의 후기단계에 이르면 백인의 짐은 제3세계를 '개발'하는 것이었는데, 여기에는 다시 지역공동체로부터 그들의 자원과 권리를 빼앗는 것이 포함되었다. 우리는 지금 식민화의 제3단계로 들어가는 문턱에 서 있고 이 단계에서 백인남성의 짐은 환경, 특히 제3세계의 환경을 보호하는 것이다. 또한 여기에는 권리와 자원을 통제하는 일이 들어 있다.

북이 남의 주민들의 삶에 대해 새로운 통제를 주장할 때마다 그것은 우월성의 개념에서 나온 몇몇 형태의 백인남성의 '짐'을 근거로 하여 정당화되어왔다. 백인남성의 '짐'은 역설적이게도 지구와 이민족들이 환경파괴와 빈곤과 박탈이라는 새로운 짐을 지는 결과를 가져왔다. 북의 탈식민화는 이른바 남의 '환경과 개발' 위기를 극복하기 위해 반드시 필요하다. 남의 해방에 대해 북이 내린 처방은 언제나 새로운 짐과 속박을 낳았으며, 백인남성의 짐에 기초한 낡은 식민주의 질서를 통해서는 환경의 구원을 얻을 수 없다. 이 둘은 윤리적·경제적·인식론적으로 모순관계를 이룬다.

## 윤리적 탈식민화

모든 생명체의 민주주의로부터 자연을 지배하는 인간의 왕국으로. 대부분의 비서구문화는 모든 생명체가 평등하다는 사상에 근거를 둔다. 학교에서 힌두어 수업시간에 배운 것 중 하나가 인간이 바수다이바 꾸뚬깜(Vasudhaiva Kutumkam) 즉 지구가족의 일원이라는 것이다. 지구가족의 일원으로서 인간은 모든 생명체의 민주주의에 참여한다. 인도의 국민시인 라빈드라나트 타고르(Rabindranath Tagore)는 독립운동의 절정기에 쓴 『따뽀반』(Tapovan)에서 인도문화의 특징은 자연의 생명원리를 문화적 진보의 최고형태로 정의하는 데 있다고 말했다.

숲의 문화가 인도사회의 문화에 연료를 공급해왔다. 숲에서 생겨난 문화는 종과 계절에 따라 모습이나 소리나 향기를 달리하며 언제나 진행되는 생명갱신하는 숲의 다양한 과정들로부터 영향을 받았다. 다양한 생명체를 통합하는 원리, 민주적 복수성의 원리는 이렇게 하여 인도문명의 원리가 되었다.[1]

삶의 원천으로서 자연은 신성시되었고 인간의 진화는 지적으로나 정서적으로 자연의 리듬 및 패턴과 조화롭게 상호작용하는 인간의 능력이라는 견지에서 측정되었다. 결국 환경위기는 인간이 자연의 생명체가 이루는 민주주의의 일부가 아니라 자연과는 별개의, 자연을 능가하는 존재라는 잘못된 믿음에 원인이 있다. 예를 들어 뉴잉글랜드상사(New Eng-

---

1 Rabindranath Tagore, *Tapovan*, (Hindi), Gandhi Bhavan, Tikamgarh, undated.

land Company)의 회장이기도 했던 저명한 과학자 로버트 보일(Robert Boyle)은 기계론적 철학의 등장을 비단 자연뿐 아니라 아메리카 원주민을 지배할 권력도구라 보았다. 그는 자연의 작용에 대한 뉴잉글랜드 인디언들의 터무니없는 생각을 뜯어고치겠다는 의도를 분명히 표명하였다. 그는 자연을 '일종의 여신'으로 보는 생각을 공격했고 "인간이 자연이란 것에 대해 품는 경외심은 신의 열등한 피조물을 다스리는 인간제국의 장애물"이라고 주장했다.[2] 이리하여 '신의 열등한 피조물을 다스리는 인간제국'이 '지구가족'(earth family)을 대신하게 되었다.

식민화와 자본주의의 기획에는 이러한 개념적 축소가 꼭 필요했다. 지구가족의 개념에는 착취와 지배란 있을 수 없으므로 착취와 이윤을 무제한 추구하기 위해서는 자연과 자연에 토대를 둔 사회의 권리를 부정해야 했던 것이다.

크로스비(Crosby)의 말처럼 "유럽제국주의가 지배한 수세기 동안 모든 사람이 형제라는 기독교의 관점은 자주 비유럽인들에 대한 박해를 이끌었다. 내 형제인 그가 나와 같지 않다면 그는 그만큼 죄가 있다는 논리였다."[3] 유럽인들은 아메리카·아프리카·아시아의 원주민들을 '발견'할 때마다 이들에게 우월한 인종의 구원을 받아야 할 야만인의 정체성을 투사하였다. 노예제조차 이런 근거에서 정당화되었는데, 아프리카인들을 '끝없는 야만의 밤'에서 끌어내 '우월한 문명'의 품으로 감싸 안았기에 그들을 노예로 만든 것은 자선행위라고 했다. 우월성 가정과 유럽 남성만이 유일하게 온전한 인간이란 가정하에 모든 가혹행위도

---

2 Brian Easlea, *Science and Sexual Oppression: Patriarchy's Confrontation with Woman and Nature*, London: Weidenfeld and Nicholson 1981, 64면에서 인용.

3 Alfred Crosby, *The Columbian Exchange*, Westport, Connecticut: Greenwood Press 1972, 36면.

승인되었다. 세계 도처에서 벌어진 원주민학살은 그들이 실상 인간이 아니며 동물군의 일부라는 이유로 도덕적으로 정당화되었다. 필거(Pil-ger)가 언급하듯 『브리태니커 백과사전』의 오스트레일리아 항목 또한 여기에 대해 한치의 의심도 갖지 않은 듯하다.[4] "오스트레일리아 사람들은 육식동물이다. 스라소니나 표범, 하이에나보다 난폭하여 자기들끼리 잡아먹는다." 오스트레일리아에 관한 『열대에서의 승리』(*Triumph in the Tropics*)라는 책에는 오스트레일리아 원주민이 반(半) 야생 개와 같다고 씌어 있다.[5] 오스트레일리아인이나 아메리카인, 아프리카인, 아시아인들은 동물이었으므로 인간으로서 권리가 없었다. 배즐 데이빗슨(Basil Davidson)이 말한 바와 같이 이민족의 땅에 침입하여 재산을 강탈하는 것도 '법이 없는 부족' '소동을 부리는 거친 족속'에 대한 유럽인의 '타고난' 우월성으로 간주되어 도덕적으로 정당화되었다.[6]

과학적 사명은 종교적 사명과 결합하여 자연의 권리를 부정하였다. 과학혁명과 함께 기계론적 철학이 부상한 저변에는 모든 생명체를 유지시켜주는 자기재생적이고 유기적인 자연이라는 개념의 파괴가 있었다. 근대과학의 아버지라 불리는 베이컨에게 자연은 더이상 어머니 자연이 아니라 공격적인 남성정신이 정복해야 할 여성적 본성이었다. 캐럴린 머천트가 지적하듯[7] 이렇게 생명을 기르는 살아 있는 어머니에서 무기력하고 조작가능한 죽은 물질로 자연을 변형하는 것은 성장하는

4 John Pilger, *A Secret Country*, London: Vintage 1989, 26면.
5 같은 책.
6 Basil Davidson, *Africa in History*, New York: Collier Books 1974, 262면.
7 Carolyn Merchant, *The Death of Nature: Women, Ecology and the Scientific Revolution*, New York: Harper & Row 1983, 182면.

자본주의의 착취라는 지상과제와 정확히 맞아떨어졌다.

　물활론적이고 유기적인 우주관의 제거는 자연의 죽음을 만들어냈고 이것이 과학혁명의 가장 광범위한 영향이었다. 이제 자연은 내재적 힘이 아닌 외부적인 힘에 의해 움직이는 무기력한 죽은 입자들의 체계로 간주되므로 기계론적 틀거리가 자연의 조작을 정당화할 수 있게 되었다. 더구나 하나의 개념틀로서 기계적 질서는 힘에 근거한 가치의 체계와 연결됨으로써 상업자본주의가 취한 방향과 전적으로 양립할 수 있게 되었다.[8]

　환경위기의 윤리적 측면의 기원은 권리를 가진 유일한 종(種)으로서 백인남성이 스스로에게 부과한 짐으로 거슬러올라갈 수 있다. 한편이 백인남성의 짐은 관대하게도 이민족과 여타 종의 권리를 인정하도록 북의 윤리적 담론이 확장된다는 생각과 연결되어, 다시 환경위기 해결을 위한 도구로 여겨진다. 무엇보다 중요한 점은 자연의 모든 존재를 포함하도록 권리의 윤리적 확장이 일어나고 있다는 유럽중심적 가정이 퍼져나가는 동시에, 그 어느 때보다 더 깊은 차원에서는 자연의 권리가 줄어들고 소외되며 가난한 사람들의 생존권이 위협받는 현실을 못 보게 된다는 사실이다. 이러한 분열은 생물다양성의 영역에서 가장 잘 드러난다. 생물다양성의 보존은 모든 종이 존재의 내재적 가치나 권리에 기초하여 윤리적으로 정당화되는 반면 생명공학은 종들이 내재적 가치를 갖지 않는다는 가정하에 발전한다. 종들은 권리를 박탈당하고 있다.

8 같은 책, 193면.

또한 모든 생명체의 민주주의에 근거한 윤리가 자연의 권리와 인간공
동체의 권리를 구분하지 않으므로, 이같은 자연의 권리에 대한 새로운
침해는 생물다양성을 이해하고 이용하는 농민과 부족민과 여성의 권리
침해로 곧바로 이어진다.


## 인구문제

인구 '폭발'은 언제나 사회적·경제적 양극화가 심화되는 시기에 근대
가부장제가 만든 이미지로 등장해왔다. 인구과잉에 대한 최근의 우려
는 환경에 대한 우려와 관련되어 있다. 지구환경의 파괴에 관한 불안으
로 인해 널리 퍼진 세계의 굶주린 무리들에 대한 묘사는 인구조절정책
이 받아들일 만하며 심지어 부득이한 것으로 보이게 만든다.

수치에 대한 이러한 강조는 자원을 이용할 기회가 불평등하다는 점
이나 지구환경에 지우는 부담이 누구나 똑같지 않다는 점을 감춘다. 이
책의 다른 곳에서도 언급했다시피 지구 전체로 볼 때, 아시아·아프리
카·라틴아메리카의 가장 빈곤한 지역에서 인구가 아무리 급속히 줄어
든다 하더라도 환경에 미치는 영향은 10대 부국의 현 소비수준을 5퍼센
트 줄이는 것에 못 미친다.[9] 그러나 현재 지배적인 경제·정치적 과정들
은 어떤 대가를 치르더라도 북의 낭비적인 '생활양식'을 보호하고자 하
며, 가난한 사람들은 그들이 지구자원에 과부하를 걸고 있으며 그렇기
때문에 그들의 출산은 엄격히 조절되어야 한다고 비난할 때만 고려의

9 "Consumption," 봄베이의 the Indira Gandhi Institute가 UNCED에 제출한 논문, 1991.


436

대상이 된다.

이러한 선별전략은 여성과 어린이와 지구 사이에 인위적인 갈등을 만들어낸다. 인구과잉으로부터 지구를 보호하기 위해서는 인구조절계획을 통해 여성의 신체에 무자비한 침해를 가해야만 한다는 것이다.

## 경제적 식민화: 풍요의 성장, 빈곤의 성장

두가지 경제적 신화가 풍요의 성장과 빈곤의 성장이라는 긴밀히 상호연관된 두 과정을 용이하게 분리했다. 첫번째 신화는 성장을 단지 자본의 성장이라는 측면에서만 보는 것이다. 이때 그같은 성장이 야기하는 자연의 파괴와 자급경제의 파괴가 간과된다. 동시에 발생된 성장의 두 '외연' ─ 환경파괴와 빈곤 ─ 은 성장의 과정과 인과적으로 연결되지 않고 서로에 인과적으로 연결된다. 가난이 환경파괴를 일으킨다고 주장되는 것이다. 그런 다음에는 질병이 치료책으로 제시된다. 즉 애초에 환경파괴와 빈곤을 발생시킨 성장이 이 문제들을 해결해주리라는 것이다. 이것이 바로 세계은행 개발보고서와 브런틀런드(Bruntland) 보고서 『우리 공동의 미래』(*Our Common Future*)[10]와 UNCED과정의 메시지이다.

이미 살펴본 바와 같이, 풍요를 빈곤에서 분리해내려는 두번째 신화는 자기가 쓸 것을 스스로 생산하는 것은 생산이 아니라고 가정한다. 이를 토대로 하여 경제성장을 국가단위로 측정하기 위한 생산의 범위가

10 WCED, *Our Common Future*, Geneva 1987.

설정된다. 두가지 신화가 모두 성장과 소비주의를 신비화하며 빈곤을 만들어내는 진정한 과정을 숨기는 데 기여한다. 우선 자본에 지배되는 시장경제만이 유일한 경제는 아니다. 그런데도 개발은 시장경제의 성장에만 근거하고 있다. 개발에 따른 보이지 않는 비용은 두가지 다른 경제, 즉 자연의 과정과 사람들의 생존에 대한 파괴였다. 이 두가지 핵심적인 경제에 대한 무지 혹은 무시야말로 환경파괴의 위협과 인간생존에 대한 위협을 야기한 원인임에도 불구하고 이 둘은 여전히 개발과정의 '숨겨진 부정적 외연'으로 남아 있다.

인간사회에는 언제나 상품과 용역의 교역과 교환이 있었지만 그것들은 자연경제와 민중경제에 종속되어 있었다. 시장영역과 인간이 만든 자본이 사회를 조직하는 최고의 원리로 부상하면서 자연과 사회에서 생명을 유지하고 부양하는 다른 두가지 조직원리 — 환경과 생존 — 가 무시되고 파괴되기에 이르렀다.

근대 경제와 개발 개념이 인간과 자연의 상호작용의 역사에서 차지하는 부분이란 극히 미미하다. 수세기 동안 생명유지의 원칙은 자급자족 기제들을 통해 생계수단을 자연에서 직접 이끌어내게 하여 인간사회에 생존의 물질적 기반을 제공해주었다. 자연의 한계는 존중되었으며 인간소비의 한계에 길잡이 역할을 했다. 남의 대다수 나라에서는 아직도 많은 사람이 시장지향적 개발에서는 눈에 띄지 않는 생존경제로 생계를 유지하고 있다. 모든 사회의 모든 사람은 생존을 위해 자연경제에 의존한다. 사회가 자연과 맺는 관계의 조직원리가 생명유지일 때, 자연은 공공의 재산으로 존재한다. 그러나 이윤과 축적이 조직원리가 되고 시장을 위한 자원의 착취를 지상과제로 만들어낼 때 자연은 자원이 된다. 맑은 물과 비옥한 토지와 곡식과 식물의 유전적 다양성이 없다면 인간의 생존은 불가능하다. 이러한 공유물이 경제개발에 의해 파괴되었으며 그 결과 자연과정의 경제와 생존경제 사이에는 새로운 모순이 생겨났다. 개발에 의해 전래의 땅과 생존수단을 빼앗긴 사람들은 점점 더 자연을 갉아먹으며 생존할 수밖에 없기 때문이다.

경제성장으로서 개발과 상업화가 이제 남의 환경위기의 근원으로 인식되고 있지만 역설적으로 다시금 '지속가능한 개발'이란 형태로 환경위기의 치료책으로 제시된다. 그 결과 지속가능성의 의미 자체가 실종되었다. 지속가능한 개발이라는 이데올로기는 시장경제의 한계 내에 갇혀 있다. 그것은 자연자원을 둘러싼 갈등과 환경파괴를 경제위기와는 별개로 보며 그 위기를 해결하기 위해 시장체제를 확장하라고 말한다. 결과적으로 처방된 해결책이란 자연경제와 생존경제의 점진적인 생태적 재생프로그램 대신 더욱 많은 자본을 투자하여 자연자원을 직접적으로 더 많이 착취하는 것이 된다. 세계은행 총재인 클라우젠(Clausen)은 "더 나은 환경은 종종 성장의 지속에 의존한다"라고 권고한다.[11] 이후 챈들러(Chandler)도 환경문제에 대한 시장중심적 해결책을 옹호하는 논의를 재개했다.[12] 그는 보존을 향한 발걸음이 현실적으로 시장을 통해서만 가능하다고 믿는다.

경제성장은 자연자원을 과잉개발해야 이루어질 수 있으며 이는 다시 자원의 부족을 낳는다. 경제성장을 위해서는 계속 파괴해야 할 분야를 재생시키는 데 경제성장이 도움이 될 리 없으므로, 자본이 성장할수록 자연은 움츠러든다. 시장의 성장이 시장이 만든 위기를 해결할 수는

---

11 Edward Goldsmith, "The World Bank: Global Financing of Impoverishment and Famine," *The Ecologist*, Vol. 15, No. 1/2, 1985.

12 W. D. Chandler, "World Watch Paper 72," Washington DC: World Watch Institute.

없는 일이다. 더구나 자연자원은 현금으로 변형될 수 있지만 현금은 자연의 생태과정으로 변형될 수가 없다. 자연경제에서 유통의 수단은 화폐가 아니라 생명이다. 또한 민중경제와 자연경제에 대한 경시는 이 영역들에서 나온 생산품을 인정하지 못하는 것과 직결된다. 남의 자급경제에서 생산자는 소비자인 동시에 보존자이지만 생산능력을 부정당한 채 그저 소비자로만 취급된다. 이런 접근법의 한 예가 세계은행, 세계자원기구(WRI), 국제자연보존연맹(IUCN), 세계야생생물보호기금(WWF)이 생물다양성 보호를 위해 만든 프로그램이다.[13] 이 제안서에는 경제적 가치가 다음의 범주들로 구분된다.

- 소비적 가치: 땔감, 사료, 사냥해서 얻은 고기 등 시장을 거치지 않고 직접 소비되는 생산물의 가치.
- 생산적 사용가치: 상업적으로 이용되는 생산물의 가치.
- 비소비적 사용가치: 유역보호, 광합성, 기후조절, 토양형성 등 생태계 기능의 간접적 가치.

이렇게 하여 분석과 옵션을 미리 결정하는 하나의 흥미로운 가치틀이 구성된다. 만일 자연과의 직접적인 교류로 생계를 꾸려가는 가난한 남의 주민들은 '소비'만 하고 상업과 교역의 이권세력들이야말로 '유일한' 생산자라면, 생물적 자원의 파괴에 책임이 있는 쪽은 남측이고 그것을 보존할 능력을 가진 쪽은 북이라는 결론이 당연히 뒤따라온다. 이와 같이 이데올로기적으로 구성된 소비·생산·보존 사이의 구분은 생물

13 WRI, IUCN, WWF, *Biodiversity Conservation*, Geneva 1991.

다양성 파괴의 근저에 깔린 과정의 정치경제학을 은폐한다. 무엇보다 그것은 생물적 자원과 일차 상품들 대부분의 차원에서 보건 심지어 금융자원의 차원에서 보건, 남이 북에게 실질적인 기증자 역할을 한다는 사실을 부정한다. 북의 탈식민화를 위해 폐기되어야 할 첫번째 신화는 상품과 금융이 오직 산업경제에서 남으로 흘러들어가기만 한다는 것이다. 사실상 1980년대에 남의 가난한 나라들은 막대한 자본수출국이었다. 남에서 북으로 흘러간 순이전액만 해도 연간 500억 달러였다.[14] 식물, 생식질, 값싼 카사바, 콩, 생선과 임산물 등 남이 북에 '증여'하는 물품들 —— 이 물품들의 낮은 상품가격이 그것들의 환경적 가치나 사회적 가치를 반영하지 못하는 한 —— 까지 합치면 북으로 유입되는 자본의 양은 훨씬 커진다. 남의 빈곤은 북의 부를 낳는 바로 그 과정을 통해서 발생한다.

## 지적 식민화: 지식의 성장, 무지의 확산

인류역사상 인간의 지식이 이처럼 급속도로 증가한 때가 없었고, 세계에 대한 우리의 무지가 이처럼 깊었던 적도 없었다. 그리고 그 무지는 대개 과학지식의 폭발로 만들어졌다. 라베츠(Ravetz)는 이렇게 말한다.

우리는 과학이 무지의 경계를 저 멀리 밀어낸다는 전통적 관점을 더이상 고수할 수가 없다. … 무지는 언제나 우리와 함께 있을 것이

---

14 NGLS, UNDP, NOG, *Guide to Trade and Aid*, 1990.

고, 사실상 인간이 만든 무지가 우리의 생존에 대한 커다랗고 계속 늘어나가기만 하는 위협을 이룬다. … 체제는 일종의 '무지에 대한 무지'를 강요하여 그럴싸함을 유지한다.[15]

가이아(Gaia)의 균형 유지의 수단인 순환의 복합성과 상호연관성, 우리가 가이아에게 가하는 분열의 엄청난 규모, 우리가 가이아를 이해할 단서를 해독하고자 사용하는 과학적 자료의 원시성을 고려할 때, 비로소 우리는 가이아와 우리의 관계에 대한—관점에 따라 범죄로도 혹은 그저 가련한 행위로도 보일—인간이 만든 무지에 관해 말할 수 있다. '무지에 대한 무지'를 강요하는 지식체계는 근대세계의 창조에서 으뜸가는 위치를 부여받았다. 과학은 성장과 진보의 원동력이라 불린다. 한편으로는 과학이 사회변화의 논리와 충동 모두를 제공하므로 현사회는 스스로를 과학에 기초한 문명으로 인식한다. 이런 측면에서 과학은 사회 내에 자의식적으로 새겨져 있다. 그러나 한편으로는 사회조직이나 사회적 생산의 모든 다른 형태와 달리 과학은 중립적이고 보편적인 가치를 지니며 따라서 사회 위에 존재한다고 간주된다. 과학은 공적 영역에서 심판받지도 의심받지도 평가받지도 않는다. 하딩(Harding)은 이렇게 말했다.

근대문화에서 신(神)도 전통도 과학적 합리성만큼 신뢰받지 못한다. … 과학의 신성이 금기시하는 기획은 다른 제도나 사회적 관행들

---

15 J. Ravetz, "Gaia and the Philosophy of Science," Peter Bunyard & Edward Goldsmith, eds., *GAIA: The Thesis, the Mechanisms and the Implications*, Cornwall: Wadebridge Ecological Centre 1988, 133면.

을 심사하는 것과 동일한 방법으로 과학을 심사하는 것이다.[16]

과학 자체가 사회세력의 산물이며 과학적 생산을 동원하는 사람들이
결정하는 사회적 의제가 있음에도 불구하고, 현시대에 과학적 행위는
사회적·정치적으로 중립적이라는 특권을 지닌 인식론적 지위를 부여
받는다. 그리하여 과학은 사회적·정치적 문제에 기술적인 해결책을 제
공하면서도 자신이 만든 새로운 사회적·정치적 문제에 대한 책임은 면
제되고 그에 초연하다는 이중적 성격을 지닌다. 과학적 사고는 특정 계
급, 성, 문화적 이해관계가 가진 우선순위나 인식을 반영하여 자연이나
사회의 질서를 조직하고 변화시킨다. 그러나 자연과 과학이 각기 자체
의 조직을 지니므로 새로운 질서의 부과가 언제나 아무 문제 없이 정연
하게 진행되지는 않는다. 종종 사람들과 자연으로부터 저항이 있는데,
이 저항은 '예기치 않은 부작용'이라는 식으로 외부로 전가된다. 과학
은 사회적 평가로부터 면제되며 자신이 미친 영향으로부터도 단절되어
있다. 이러한 분열된 정체성을 통해 과학의 '신성'이 만들어진다.

과학·기술·사회 간의 감춰진 고리를 드러내면서 누구도 이야기하지
않는 은폐된 문제들을 밝히고 논의하는 문제는 남북관계와 연결되어
있다. 과학, 기술구조, 그리고 이것들이 부응하는 욕구를 지닌 체제에
대한 사회적 설명이 가능할 때에야 비로소 남과 북의 관계라는 견지에
서 균형이나 설명이 가능하다. 이러한 설명의 필요성은 생명공학 혁명
에서 이전보다 훨씬 더 중요해질 것이다. 윤리적·정치적 경계를 설정하

---

16 Sandra Harding, *The Science Question in Feminism*, Ithaca: Cornell University Press 1986,
   30면.

는 국제협약의 구속이 없다면 생명공학 혁명은 북과 남의, 부자와 빈자의 양극화를 더욱 심화할 것이다. 사회의 한 부분이 생명공학 혁명과 관련된 지식과 이익을 독점하고 나머지는 지식과 혜택에서 배제될 뿐 아니라 생태적·정치적·경제적 비용을 감당하도록 강요받는다면, 과학·기술·사회 간의 불균형한 관계가 더욱 왜곡될 것이기 때문이다. 사회적 설명과 통제의 제도가 만들어지지 않는다면 남(南)은 실험재료를 제공하는 실험실이자 모든 위험물질을 처리하는 쓰레기장이 될 것이고, 그로 인한 혜택은 모두 북으로 흘러들어갈 것이다. 실제로 이런 일은 이미 시작되었다. 이것은 미래에 대한 우려가 아니라 지금 현재 우리 눈앞에서 벌어지고 있는 일이다.

UNCED과정은 과학과 기술의 신성에 도전하고 이들의 구조를 더 투명하게 만드는 대신, 사실상 기술을 더욱 모호하고 신비로우며 더욱 마술적인 것으로 만들었다. 자연이란 부적절하므로 기술로 개선해야 한다는 관점에 의해 환경위기는 가속화되고 있다. 이제는 질병을 약이라고 처방하는 견해가 지배적이어서, '기술이전'이 모든 생태적 질병의 특효약이 되었다. 앵거스 라이트(Angus Wright)는 이렇게 지적한다. "역사적으로 과학과 기술은 자연세계에 기적이 있다는 생각을 거부함으로써 첫걸음을 내디뎠다. 그러나 아마 그 생각의 회복이 최선의 방책일 듯하다."[17]

환경문제를 해결하는 과학과 기술의 전능에 의문을 제기하는 것은 북의 탈식민화의 중요한 단계이다. 두번째 단계는 점차 강화되는 '지

---

17 Angus Wright, "Innocents Abroad: American Agricultural Research in Mexico," Wes Jackson et al., eds., *Meeting the Expectations of the Land*, San Francisco: North Point Press 1984.

적재산권'의 지배력에 따르기를 거부하는 일과 관련된다. 남의 주민들은 과거의 식민과정이 낳은 부담 때문에 여태까지 허덕이고 있는데, 재식민화라는 새로운 부담이 추가되고 있다. '관세와 무역에 관한 일반협정'은 북의 금융·산업 이권세력들을 위한 자유를 요구하면서 남의 시민들에게는 생존권의 자유를 부정한다는 점에서 예전의 동인도회사와 유사하게 기능한다. 남의 시민들의 자유란 전지구적 교역을 방해하는 '비관세' 무역장벽으로 취급되어야 한다는 것이다. 식민지 건설의 초기단계에서와 마찬가지로, 국적 없는 기업들이 모든 국가에서 최고시민의 권리를 누릴 수 있도록 남의 원주민들은 시민으로서의 권리를 박탈당한다. 무역과 약탈이 다시 한번 결합되었고, 무역관련 지적재산권의 경우에 이는 더욱 심하다. 토지, 산림, 강, 대양들이 모두 식민화되었으므로 자본축적을 계속하기 위해서는 식민지로 삼을 새로운 공간을 찾아야만 했다. 남아 있는 것은 내부의 공간 즉 식물, 동물, 여성의 신체였다.

'인간적'인 면은 포기되는 것 같다. 인간다움과 역동적 삶을 이루는 차원들은, 우월한 것은 두뇌이며 인간적인 면은 그저 두뇌의 순수성을 희석시킬 뿐이라는 가정에 포섭된다. 또한 북은 자연과 더불어 사는 삶의 토대를 상실했으므로 자기가 생각하는 — 메마른 — 욕망들에 맞추어 자연을 재창조할 가능성이란 것에 도취하여, 사실상 신을 흉내내고 있다. 그 최종적 산물은 지구의 죽음일 뿐이며, 설사 무언가 남아 있다 해도 자연의 폐기물 아래 파묻혀 전적으로 인공적인 환경으로 둘러싸인 진정한 인간 이하의 세계일 뿐이므로, 이는 끔찍한 일이다. 이 세계는 『1984』보다는 그에 앞서 나온 올더스 헉슬리(Aldous Huxley)의 풍자소설 『멋진 신세계』(*Brave New World*)에 더 가까울 것이다.

'지적재산권'의 성립은 여러 층위의 박탈과 연결되어 있다. 첫번째

층위에서는, 육체에서 분리된 인식하는 정신이 출현함으로써 공유물로서의 지식이 파괴된다. 사유재산의 라틴어 어원 쁘리바레(privare)는 '박탈하다'라는 뜻이다. 15,6세기에 생겨난 사유재산법은 산업화를 통한 자본축적의 사회적 조건을 만드는 동시에 숲과 목초지에 대한 주민들의 공동이용권을 침식하였다. 새로 제정된 사유재산법은 생계유지의 기반인 공유지에 대한 집단적 권리를 파괴하는 한편 상품으로서의 재산에 대한 개인의 권리를 보호하는 데 목적을 두었다.

무역협상은 정신의 산물을 논하기에는 생경하다. 그러나 GATT의 후원 아래 진행 중인 우루과이라운드 다자간무역협상의 의제에 이른바 무역관련 지적재산권을 넣도록 강요하는 북의 부자나라들이 하고 있는 일이 바로 이런 것이다. 북의 다국적기업들은 각 나라로 대표를 보내어 자신들의 실험실에서 만들 수 있는 모든 것에 대한 지적재산권을 더욱 철저히 지켜달라고 요청하고 있다. 또한 지적재산권에는 새로운 기술과 더불어 생명까지 포함되었다. 다국적기업의 시각에 의하면 지적재산권은 진보와 개발에 필수적이다. 지적재산권이 없는 나라는 '국제적'으로 승인된 공정무역의 원칙을 지키지 않고 국가적인 이익만을 내세운다고 비난받는다. 그들은 지적재산권을 주장하는 것이 투자와 연구를 자극하기 위해 꼭 필요하다고 단언한다.

다른 한편 남에서도 인도 같은 나라들은 기술이전을 고무하고 자국의 종속을 막기 위해 특허법을 채택하였다. 그들은 특허조항을 수정하여 식품이나 건강과 같은 중요한 분야를 독점적 통제에서 배제하였고, 지역적 생산과정에서 특허를 반드시 사용해야 하며 그렇지 않으면 특허권이 상실된다고 규정함으로써 의무적 허가를 강화하였다.[18]

1960년대와 70년대에는 UN체제를 통해 논의가 이루어졌다. 그러나

1980년대에 와서 부자나라들은 지적재산권 논의를, 전세계가 과반수원칙으로 정하는 UN에서 소수의 북의 산업국들이 효과적으로 통제하는 GATT로 이전해야 한다고 결정했다. 독점을 막고 공공의 이해를 보호하기 위해 만들어진 남의 특허법은 이제 개발의 도구가 아니라 경제적 횡령을 위한 포장으로 간주되었다. 미국의 국제무역협회는 미국 산업이 '허약한' 특허법으로 인해 1억 달러에서 3억 달러 가량 손실을 보고 있다고 추산한다. 미국이 요구하는 더 강력한 지적재산권 체계가 형성된다면 가난한 나라에서 부유한 나라로 그만큼 더 많은 자금이 이전되어 남의 국가들이 현재 처한 외채위기는 10배나 더 악화될 것이다. 다국적기업들은 시민을 보호한다는 명목으로 시장을 감시할 새로운 권리를 갖게 된다. 산업국들은 국경통제, 위반 상품의 압수 및 파기, 투옥, 차압, 형사 제재, 벌금, 배상 등을 원한다.

시장의 힘이 이렇듯 생명마저 소유하고 사유화하려는 충동의 명백한 동기라면, 이 변화들의 사회적 수용은 백인을 다른 종(다른 민족을 포함한)들이 생존과 가치를 의지해야 할 선택받은 종으로 보는 세계관에서 연유한다.

지구와 남의 주민들은 500년 동안 백인남성의 짐에 혹독한 대가를 치러왔다. 아마도 지구공동체를 재건하려는 노력에서 가장 중요한 단계는 이 아름다운 지구가 백인남성의 짐이라는 생각과 모든 생명체의 민주주의가 양립할 수 없다는 점을 깨닫는 일이다. 신화에 나오는 아틀라스와는 달리 우리가 지구를 떠메고 있는 것이 아니라 지구가 우리를 떠메고 있다.

---

18 *Pocket book on Indian Patent Law*, National Working Group on Patents, New York.

## 19장

# 인간인가 인구인가
## : 재생산의 새로운 생태학을 향하여

마리아 미스 & 반다나 시바

### 인구, 환경, 인간

수년 전, 남의 국가들에서 점점 더 심해지는 끈질긴 빈곤은 인구폭발 탓으로 여겨졌다. 『성장의 한계』[1]가 출판된 이래 인구증가는 점차 전지구적 규모의 환경파괴를 야기한 주된 원인으로 보여지고 있다. 증가하는 인구와 지구의 생태적 기반의 파괴 간에 인과관계가 있다는 가정은 1992년 6월 리우데자네이루에서 열린 지구정상회담(UNCED)을 전후하여 정치적 담론에서 강력하게 강조되었다. 매체들은 이 관점을 지지하는 주장들을 전세계로 퍼뜨렸고 점점 더 공공연하게, 냉소적이고 비인간적인 인구조절정책들이 제안되었다. 이중에는 가령 1990년 모리스 킹(Maurice King)이 제안한 여성에 대한 강제적 피임 기술이나 아동에 대한 기본적인 보건의 거부 같은 것도 있었다.[2]

---

1 Meadows et al., *The Limits to Growth*, New York: Universe Books 1972.
2 Maurice King, "Health is a Sustainable State," *Lancet*, 1990년 9월 15일(*Third World Resurgence*, No. 16, 31~32면에 실린 글의 축약).

선진국의 산업화나 기술진보, 풍요로운 생활양식이 전세계적인 환경 파괴의 가속화를 촉진했다는 것은 더이상 덮어둘 수 없는 사실이다. 주된 위협은 ① 토지의 질 저하(예컨대 사막화, 염화, 농경지의 유실 등) ② 주로 열대우림에 대한 벌채 ③ 오존층 파괴로 인한 기후변화 ④ 주로 이산화탄소 등의 배기가스의 증가에서 기인한 지구온난화 등이다. 그러나 조만간 재앙의 문턱을 넘을 것으로 우려되는 이러한 위협에 대해 근본적인 원인은 따지지 않은 채 대개가 인구증가라는 단 한가지 원인만을 탓하고 있는 실정이다. 북의 부유한 나라나 정치·경제적 지배세력뿐 아니라 UN기구들까지도 이 관점을 지지한다. 그리하여 유엔인구활동기금(UNFPA)은 최근의 보고서 『세계인구현황 1990』에서 이렇게 진술한다.

기술의 형태가 어떤 것이든, 소비 아니 낭비가 어떤 수준에서 이루어지든, 빈곤과 불평등이 어떤 수준이든 간에, 인구가 증가하면 할수록 환경에 미치는 영향은 더 커진다.[3]

부유한 북에서는 출생률이 감소하며 이민자들의 유입으로 균형이 맞춰진다. 그러므로 범인은 남의 가난한 나라에 사는 사람들로 지목된다. 향후 35년 동안 지구 인구증가의 95퍼센트가 아프리카·아시아·라틴아메리카의 개발도상국에서 발생할 것이다.

세계인구는 1초당 3명 꼴로, 혹은 매일 25만명씩 늘어난다. 이것은 역

---

3 Nafis Sadik, ed., *The State of World Population 1990*, New York: United Nations Population Fund (UNFPA) 1990, 10면.

사상 그 어느 때보다 빠른 속도이며 개발도상국에서 가장 급속히 늘어난다. 그러나 손상된 지구환경이 1990년대 혹은 그 이후에 이 수치를 감당할 수 있을까? 대부분의 환경파괴 주범인 착취적이고 식민주의적인 세계체제나 현재의 지배적인 개발패러다임 혹은 산업사회의 낭비적인 생산과 소비 패턴에 대해서는 아무도 주의를 기울이지 않는다. 이것들이 환경파괴의 주원인이라는 점은 UNFPA 보고서도 인정한 바 있다.

현재까지 대부분의 자원과 쓰레기는 '상위 10억명' 즉 산업국에 사는 사람들이 이용하고 만들어냈다. 오존층 파괴와 산성화에 전적으로 책임이 있으며 지구온난화에 대해 대략 3분의 2의 책임을 져야 하는 것도 이 나라들이다.[4]

이러한 통찰에도 불구하고 이 위협적 경향에 대응하는 주된 정책은 오직 인구증가를 정지시키려는 데에 국한된다. 행동을 취해야 할 사람은 문제를 야기한 부유층이 아니라 남의 착취받는 빈민들이라는 것이다.

이러한 맬서스식 논리를 지지하는 주장들은 통계발표에 근거하는 경우가 많은데, 이 통계자료들은 다시 북의 산업화된 경제·사회 모델이나 성장모델이 궁극적으로 남에 사는 모든 사람들에게 적용될 수 있다는 가정에 근거하고 있다. 그러한 주장은 늘 이런 문구로 시작한다. '만일 현재의 경향이 지속된다면…' '만일 과거의 양상이 반복된다면…' 자동차 생산의 성장에 관한 계획의 예를 들어보자.

**4** 같은 책, 1~2면.

수입이 늘어나면서 생활양식과 기술은 유럽이나 북아메리카 혹은 일본을 닮아간다. 차량 소유는 늘어날 것이다. 1950년 이래 인구는 2배로 늘어났으나 자동차 인구는 7배로 늘어났다. 향후 20년간에 세계의 자동차군단은 현재의 4억대에서 7억대로 늘어날 것이다. 이것은 인구증가보다 2배나 빠른 속도이다.

이 진술 다음에는 북의 자동차 생산율 감소에 관한 이야기가 나올 것으로 기대할 수도 있겠으나, 그 대신 우리는 다음과 같은 말을 듣게 된다. "과거의 경향이 지속된다면 개발도상국들은 2025년에는 연간 166억 톤의 탄소를 방출하게 될 것이다. 이는 현재 선진국의 배출량보다 4배나 많은 양이다."[5]

그러므로 진짜 위협은 늘어나는 세계인구가 북의 평균적인 생활양식을 흉내내어 그만큼 많은 자동차와 텔레비전과 냉장고 등을 갖게 되는 것이다. 이런 생활양식의 일반화가 자연에 치명적이라는 점은 누구나 인정하면서도, 북의 산업과 경제, 소비자와 정치가들은 이러한 생활양식을 지탱하기 위해 자동차 등을 끝없이 증가시키는 것말고는 달리 방법을 알지 못한다. '자동차 수'는 늘어나야 하지만 이로 인한 환경피해를 줄이기 위해 남의 인구(차를 사지 않을 사람들)는 줄어야 한다는 것이다. 이것이 산업체제의 진정한 딜레마이다. 성장의 포기를 원치 않으므로 성장이 끼치는 해악을 그 희생자, 즉 남의 가난한 사람들, 특히 아이를 너무 많이 낳는 여성들에게 뒤집어씌운다. 이 여성들에게는 가족계획 기술이 필요하며 이들이 바로 환경파괴의 주범이라고 공격하는

5 같은 책, 12면.

1990년 UNFPA 보고서에서 그와 같은 '뒤집어씌우기'가 명백하게 드러난다.

가부장제사회에서 여성은 토지의 보존뿐 아니라 물·연료·식량·사료 등 일상생활과 생계유지에 필요한 것들을 생산하고 유지하는 일을 책임져왔다. 그러나 북이 전파한 '개발'과 근대화가 진행될수록 그들은 생명유지 체계의 한계상황으로 밀려난다. 그들은 사료를 얻으려고 숲을 파괴하고, 식수를 찾느라 수자원을 오염시키고 고갈시키며, 먹여 살릴 군식구를 너무 많이 낳아서 토지자원을 소진한다고 비난받는다.

인구과잉을 억제하기 위한 UNFPA 보고서에서 제시된 방법들은 모두 여성을 대상으로 한다. 과도한 출산에 대해 남성들이나 사내다움에 대한 숭배가 갖는 책임은 오직 지나가는 말로만 언급될 뿐이다. 보고서는 남의 대다수 여성들은 적은 수의 아이를 원한다고 하면서도 피임방법이 문제가 될 때는 남성을 아예 대상으로 생각하지도 않는다. 가부장제 문화를 직접 공격하고 변화시키려 하면 북의 문화적 제국주의의 간섭이나 강요로 해석될까 두려워하는 듯하다. UN기구가 성관계에 관하여 가부장제 문화를 공격한다면 즉각 정치적 반응이 나올 것이기 때문이다. 대신 여성의 지위를 높이는 정책이 제시된다.

이 정책은 주로 여성의 교육·보건·소득능력의 향상에 대한 요구로 이루어져 있다. 다양한 사례에서 나타나듯 교육을 더 받은 여성은 가족계획을 실천하리라고 가정된다. 그러나 교육은 흔히 고립된 것으로 파악되며 계급이나 시골 혹은 도시라는 지역적 배경 등의 주변환경과의 연관은 무시된다. 교육만으로는 많은 여성들의 빈곤문제를 해결할 수 없으며 남의 주민들이 대가족을 유지하는 이유 중 하나인 노후보장 문제를 해결할 수도 없다. 사회보장체계가 없는 상태에서는 자녀만이 유일한 노후보장책이다. 가족계획정책은 소가족이 행복한 가정이라는 주장을 통해 전파된다. 그러나 UNFPA나 다른 어떤 인구조절기관도 자녀 수가 줄어들어서 정말로 더 행복하고 더 잘살게 되었는지에 대해 물어본 적은 없다. 그들의 보고서에서는 남의 빈부격차가 점점 더 벌어지고 있다는 사실만을 읽을 수 있을 뿐이다. 세계의 정치지도자들이 영구적 성장에 근거한 체제에 대해 공공연히 반대하거나 북의 소비패턴을 과감히 줄이도록 요구할 엄두를 내지 못하므로, 점점 더 일종의 구명보트나 선별분배 철학이 해결책으로 여겨지고 있다. 이 철학은 심지어 방글라데시의 지역 가족계획 담당자도 설파한다.

알다시피 다까(Dhaka)에서 빠투아칼리(Pathuakhali, 방글라데시의 마을 이름—인용자)로 오는 증기선에는 선실이 9개뿐이다. 9개의 선실로는 18명만이 여행할 수 있다. 뱃삯이 비싸므로 선실은 부자들만 이용한다. 나머지 일반승객들은 갑판에서 여행한다. 화장실은 선실승객에게만 제공된다. 그러나 이따금씩 선실승객들은 갑판승객에게 화장실 사용을 허락하는데, 이는 가난한 갑판승객들이 화가 나서 내려가 배에 구멍을 뚫을까 겁이 나서이다. 그러면 배는 가라앉을 것이고, 가난한 승객도 물론 죽겠지만 부유한 선실승객도 살아남지 못한다. 그러므로 자매들이여 선실승객에게 문제를 일으킬 아이를 더 낳지 맙시다.[6]

남의 인구폭발에 대한 북의 '선실승객'들의 두려움은 남의 부유한 중

6 F. Akhter, "New Reasons to Depopulate the Third World," *Third World Resurgence*, No. 16, 21~23면.

산층도 갖고 있다. 인구조절정책은 이러한 제국주의적이고 계급적인 두려움을 동원한다.

인구와 빈곤 그리고 인구와 환경에 대한 담론들은 자본주의 산업사회에 내재한 몇가지 기본적인 변칙들의 영향을 받고 있다. 이 변칙들이란 인간과 환경, 개인과 사회, 생산과 재생산, 성과 생식 간에 존재한다고 가정된 모순이다. 자본주의 철학에서 경제의 기본단위는 자기중심적이며 공격적인 자기이익을 추구하는 고립된 개인이다. 이때 개인의 이익은 마찬가지로 자기이익을 추구하는 다른 개인들의 이익과 기본적으로 적대관계에 있다고 간주된다. 따라서 개인과 공동체 간에는 이해관계의 갈등이 있으며 인간과 사회에 대한 홉스식 개념에 따르면 이는 오직 전능한 국가에 의해서만 해결되는 갈등이다. 애덤 스미스는 이 딜레마를 그 유명한 '보이지 않는 손'의 개념으로 해결하고자 했는데, 이는 자기이익을 추구하는 이기적 개인들 사이에서 경제적 이득을 추구하는 공격적 경쟁이 일어나도록 내버려둔다는 뜻이고 그렇게 하면 결국 만인을 위한 최적의 부를 낳는다는 것이다.

인간과 사회에 대한 이러한 개념의 근저에는 이미 윌리엄 페티(William Petty)가 1690년에 처음 개발한 통계적 관점 혹은 '정치적 산술'이 전제되어 있다. 사회와 인간, 그리고 그 둘과 자연(오늘날은 자원이라고들 하는)의 관계의 수량화는 발흥하는 자본주의에 필수적이었다. 페티는 베이컨의 뒤를 이어 '자연적 통일체'(body nature)와 '정치적 통일체'(body politic) 간에는 유사성이 있다고 보았고 국가의 부와 힘이 그 신민의 수와 기질에 의존함을 보여주고자 하였다.[7]

7 Barbara Duden, "Population," W. Sachs, ed., *Development Dictionary*, London: Zed Books

그러나 바브라 두덴(Barbara Duden)에 의하면 통계학이 모든 근대과학, 특히 경제학의 새로운 언어가 되고 '인구'라는 용어가 실제의 인간들과 멀어진 것은 1800년 이후의 일이다.[8]

그런 동안 실제 살아 있는 개인, 현실의 사람들, 현실의 공동체, 그들의 역사·문화·다양성은 인구수치, 성장률, 압력, 정책에서 표현되는 총수치라는 추상 뒤로 사라져버렸다. 바브라 두덴이 쓴 대로 인구(population)라는 용어는 "사람에게만큼이나 모기에 대해서도" 사용될 수 있다.[9] 살아 있는 사람들을 수치로 바꾼 인구의 개념은 앞서 보았듯이 UN 문서에서 '자동차 인구'의 성장을 '사람 인구'의 성장과 비교하는 일까지 가능하게 했다.

인구가 저개발과 가난과 환경파괴의 주범으로 지목되면 사람들이 사라질 뿐 아니라 그밖의 다른 변칙들이 새로운 자본주의 인구정책과 더불어 출현하게 된다. 즉 개인의 성적 행위 및 재생산행위와 공동체의 안녕 사이의 관계, 생산과 재생산 사이의 관계에서 변칙들이 나타나는 것이다. 자본주의 가부장제의 자유주의적 철학에서는 개인의 성행위가 생물적 충동으로 표현되는 자연법칙에 의해 결정되며 따라서 경제적 자기이익이나 마찬가지로 사람들은 그저 자신들의 이기적인 쾌락을 추구할 뿐 다른 사람들과 공동체의 복지나 성적 행위가 여성에게 미칠 결과는 개의치 않는다고 가정된다. 이 개인적인 성적 자기이익이 외부의 힘, 기술, 국가, 새로운 피임기구로 견제되지 않는다면 결국 '인구과잉'이 생긴다는 것이다.

1992, 147면.
8 같은 글.
9 같은 글, 148면.

이와 똑같은 자유주의적 철학이 성과 생식의 분리를 정당화하기 위해서 뿐만 아니라 개인의 성적 행위 및 재생산행위를 다른 사회적·경제적·문화적 영역 및 관계와 상호연관된 사회적 관계의 표현이라기보다는 순전히 개인적인 행위로 규정짓기 위해서도 사용된다. 많은 여성이 현세계의 (무)질서를 이루는 정치·경제 구조 전반의 변화를 요구하는 대신 여성 개인의 재생산권만을 강조하는 것도 바로 이 때문이다. 그들은 개별 여성만을 고려하며 개별 여성의 재생산의 자유 혹은 '선택'을 보호하는 일만을 염두에 둔다.[10] 한편 인구조절 담당자들은 여성들을 다만 자궁의 집합체나 인구과잉의 예상 용의자로만 여긴다. 이 두 견해는 모두 동일한 철학에서 비롯되었으며 둘 다 사람들 ── 실제 남성과 여성 ── 이 생산자와 재생산자로서 스스로, 서로서로, 그리고 자연과 상호작용하는 진정한 사회적 관계를 무시한 추상화에 기초한다. 자본주의 가부장제가 야기한 생산과 재생산의 분리는 생산자들로 하여금 스스로를 자신을 둘러싸고 있고 자신들 내부의 자연과는 분리된 더 우월한 존재로 생각하게 만들고, 재생산자로서 여성들에게는 자신이 수동적이며 자기 신체와 생식능력과 주체성에서 소외되어 있다고 경험하게 한다.

북의 페미니스트들은 누가 어떤 목적으로 어떤 정치적·경제적 틀 내에서 피임기구의 생산을 통제하는지는 묻지 않은 채 '우리 자신의 신체에 대한 통제권'과 안전한 피임기구를 요구하여 인간과 인구 이상(anomaly)에 동조하고 있다. 그러나 남의 여성들은 자신들이 점점 더 인구조절 담당자들에 의해 수치, 목표, 자궁, 난관, 혹은 다른 재생산기

---

10 '재생산권'에 대한 이러한 편협하고 개인주의적 개념에 대한 비판으로 F. Akhter, "On the Question of Reproductive Right," *Depopulating Bangladesh, Essays on the Politics of Fertility*, Dhaka: Narigrantha Prabartana 1992, 33면을 참조하라.

관으로 환원된다는 사실에서 이런 이상을 경험한다.

이 장의 목표는 이 명백한 이상들이 그릇된 가정에 근거하고 있을 뿐 아니라 지구의 질병을 희생자들, 주로 가난한 여성들 탓으로 돌리는 관점에 근거하고 있음을 밝히려는 것이다.

## 누가 누구를 떠메고 있나

모리스 킹은 『인구통계의 덫』[11]이라는 그의 분석에서 해당지역의 인구가 생태계에 가하는 유일한 압력이며 인간 아닌 생물의 군집과 마찬가지로 인간사회에도 분명한 포화수준이 있다고 주장한다.

그러나 대부분의 제3세계 생태계는 그 지역의 인구뿐만 아니라 산업 원자재와 소비에 대한 북의 요구까지 감당해야 한다. 제3세계의 자원에 대한 이같은 요구는 지역인구를 지탱하는 문턱이 계속 낮아지고 있음을 뜻한다. 다시 말해 지역의 생산, 소비, 생활양식에 근거해 충분히 지속가능한 인구규모까지도 외부의 자원착취 때문에 지속할 수 없게 된다. 지속불가능한 이용의 근원을 가시적인 지역적 수요뿐 아니라 비가시적인 지역외적 자원수요에서도 찾는 일은 이에 대한 이론적이면서 개념적인 도전이다. 그렇지 않으면 지속가능한 인구의 추구는 전지구적 경제체제가 가한 실제 환경부담은 없애지 않은 채 제3세계에 사는 환경파괴의 희생자들에게 이데올로기적 전쟁을 선포하는 것으로 변질될 것이다.

11 Maurice King, *The Demographic Trap*.

인간사회의 경우 '포화수준'은 지역의 인구규모 문제가 아니라 지역의 생물학적 부양체계의 문제이다. 북의 인구가 남의 인구 및 생태계와 맺는 한층 더 복잡한 관계가 바로 이것이다. 남의 생태계(ecosystems, 이하 E)는 세계시장(global market, 이하 G)에 상품과 원료를 공급하고 지역 공동체(local communities, 이하 L)를 생존시킨다는 이중의 부담을 떠안는다.

L을 줄이고 G를 무시한다고 E를 보호할 수는 없다. 가렛 하딘(Garett Hardin)의 독창적인 에세이 「공유지의 비극」(Tragedy of the Commons)이 그렇듯 인구와 환경의 관계에 대한 대부분의 분석은 지역 외부의 자원수요를 무시한다. 공유지 파괴에 관하여 그가 보지 못하는 것은 공유지가 사유화될 때 파괴가 가속화된다는 사실이다.

공유지를 사유화하면 사람들은 자원과 분리된다. 사람들은 쫓겨나고 자원은 사적 이윤을 위해 착취당한다. 영국에서 공유지의 사유화(엔클로저)는 양을 키우기 위해 농부들을 땅에서 몰아냈다. "엔클로저는 짐승을 살찌우고 사람을 마르게 했다" "양이 사람을 잡아먹었다"는 이야기는 사유화의 결과를 특징짓는 말들이다. '포화수준'이 문제가 된 이유는 토지가 이제 사람이 아니라 양을 부양하기 위해, 넓게 보아 영국의 성장하는 섬유산업에 양모를 공급하기 위해 이용되기 때문이었다. 권리를 빼앗긴 사람들은 노동력의 시장가격만큼만 가치를 지니는 자원으로 바뀌었다. 사람들을 땅으로부터 쫓아내는 일은 수치상의 성장을 위한 필수요건이다.

그러나 토지에서 밀려나고 공유지를 박탈당한 이들 가난한 농민과 장인들 모두가 발흥하는 산업에 의해 자유로운 임금노동자로 흡수되지는 않았다. 많은 사람들이 아메리카나 캐나다의 새로운 식민지로 이주해야 했고 좀도둑 등은 오스트레일리아로 호송되었다. 양을 키울 자리를 마련하려고 스코틀랜드고원에서 사람들을 강제로 몰아낸 뒤, 거기 살던 많은 사람들은 캐나다로 가서 벌목공이 되거나 새로운 식민지에서 싸울 영국군인으로 충원되었다.

공유지의 사유화나 시골 빈민의 강제퇴거와 비슷한 과정들이 산업화 단계에 있던 유럽의 다른 나라에서도 발생하였고 이 과정에서 빈민이 된 많은 사람들이 식민지로 수출되었다. 19세기 중반 이후 수많은 가난한 유럽인들이 북아메리카로, 그리고 브라질이나 남아프리카 등의 다른 식민지로 물밀듯이 빠져나갔다. 그러나 2차대전 이후의 이주 물결은 가난한 사람들에게만 국한되어 있지 않았다. 의학의 발달이나, 일반적 생활수준의 향상, 새로운 피임기구의 개발이 아니라 바로 이런 유럽 빈민(그리고 야심가)들의 이주가 유럽의 인구통계치의 감소를 낳았다. 제3세계의 식민화와 개발계획도 영국이나 유럽의 엔클로저와 같은 결과를 낳았다.

인구증가는 환경위기의 원인이 아니라 한 양상이며, 인구증가와 환경위기 모두 처음에는 식민주의, 다음에는 북이 강요한 악개발모델에 의한 자원박탈과 생계파탄과 관련된다. 1600년까지 인도의 인구는 1억에서 1억 2500만명 가량이었고 1880년에도 안정된 추세를 유지했다. 그러다가 늘어나기 시작해서 1845년에는 1억 3천만명, 1855년에는 1억 7500만명, 1867년에는 1억 9400만명, 1871년에는 2억 5500만명이 되었다. '인구폭발'이 시작된 시기는 영국의 통치가 확대되고 사람들의 자원과 권리와 생계가 몰수된 시기와 일치한다.

'포화수준' 담론에서 무시되는 또 한가지는 사람들의 생식행위에 대한 식민주의적 간섭의 역사이다. 이 간섭은 유럽에서와 마찬가지로 애초에는 마음대로 처분할 더 많은 노동력, 자급활동에서 풀려나 공장·농장·도로·광산 등에서 외국자본의 이윤을 위해 생산적으로 일하게 만들 노동력이 필요해서 시작되었다. 이 정책은 낳아서 기르기보다는 사는 게 돈이 덜 드는 카리브해연안 노예들에 대한 출산억제책[12]과 백인농부들한테 더 많은 노동력이 필요했을 때 남아프리카에서 시행된 출산장려책 사이를 왔다갔다 했다. 헤레로(Herero) 반란 이후 임신중지를 하거나 피임하는 남아프리카 여성들은 처벌을 받았다. 이 출산장려책은 식민통치 기간 내내 기독교 선교사들의 지원을 받았는데, 수세기 동안 이들은 가는 곳마다 특히 여성들이 생계수단을 제공하는 지역환경의 한계와 균형을 맞추기 위해 자신들의 생식잠재력을 조절해온 토착 제도와 가족형태, 방식이나 성적 관행들에 반대하는 캠페인을 벌였다.

환경파괴의 원인으로 인구를 집중 지목한 것은 두가지 차원에서 잘 못되었다. ① 이것은 희생자, 주로 여성들을 비난한다. ② 현재의 정책처방은 경제적인 불안정을 다루지 못하고 생존권을 부정함으로써 진정한 문제를 회피한다. 그릇된 이해는 그릇된 해결책을 낳는다. 그 결과 수십억의 돈을 인구조절 프로그램에 투자했지만 환경파괴, 빈곤, 인구증가는 변함없이 계속되고 있다.

그렇다면 문제의 근원, 즉 가난을 낳는 착취적 세계시장체제를 직접 다루는 편이 더 효과적일 것이다. 사람들에게 자원을 이용할 권리와 자유를 줌으로써 그들이 지속가능한 생계수단을 만들어낼 수 있도록 하는 것이 환경파괴와 그에 수반되는 인구증가의 유일한 해결책이다.

---

12 Rhoda Reddock, *A History of Women and Labour in Trinidad and Tobago*, London: Zed Books, 근간.

## 잘못된 가정, 잘못된 결론

또한 '인구폭발'에 환경파괴의 주된 책임이 있다는 논의는 면밀한 사회사적 분석의 견지에서는 유지될 수 없는 몇가지 가부장적이고 유럽중심적인 가정과 이론에 근거하고 있기에 잘못되었다.

이중 첫번째가 잘 알려진 맬서스의 '인구법칙'으로, 이에 따르면 인구는 기하급수적으로 늘어나는데 식량생산은 산술급수적으로 늘어난다. 이 '법칙'은 이후의 인구통계학자들이 '자연출생률'(natural fertility)이라 부른 개념에 토대를 두고 있는데, 이는 피임이나 산아제한에 기대지 않고 아무런 제약이나 통제도 받지 않는 인간의 출생률을 말하며 이것이 전적으로 무의식적인 생물학적 과정이라는 뜻을 함축한다.

그와 같은 개념은 특정 단계 이후에는 사람들을 '부양'할 식량도 공간도 없다는 의미이다. 지구의 생태적 포화수준에 대한 논의는 맬서스적 논리에 근거하고 있다. 그러나 또한 우리가 따라잡기식 개발의 신화라 부른 것에도 바탕을 둔다. 이 신화는 인구증가를 생물학적·통계적 과정으로 볼 뿐 아니라, 현재와 미래의 전세계 모든 사람들이 북이나 남의 부유층이 현재 향유하는 소비수준을 갈망할 것이며 결국에는 이를 성취하게 되리라는 함축을 담고 있다.

UNFPA 같은 UN기구들, 세계은행, 인구위원회와 그밖의 국가적·국제적 기구들의 대다수 인구통계 분석과 인구정책을 떠받치는 맬서스식 논리는 전 근대적이며 산업화 이전의 전통사회에 대해 몇몇 인구통계학자들이 사용하는 '자연출생률' 개념에 의해 강화된다. 이 인구통계학자들은 유럽과 미국, 일본의 근대적 산업사회의 재생산행위를 설명할 때는 '조절된 출산행위'라는 개념을 적용한다. 이들은 18세기 말 이전까지도 모든 산업화 이전 사회에서는 '자연적 출산행위'가 우세했으며 유럽 안팎을 막론하고 이런 사회에서는 피임을 몰랐다고 가정한다. 또한 '자연출생률'이란 언제나 높고 비교적 안정적이며, 질병, 전염병, 전쟁, 낮은 생활수준 등의 생물학적 요소와 성적 금기와 같은 제도적 구속을 통해서만 견제된다고 여겼다.

그러나 유럽에서는 인구통계학자들이 이행기라 부르는 18,9세기 이후부터 자연적 출산이 조절된 출산으로 대체되었고 그리하여 19세기 중반의 높은 출생률은 20세기의 낮은 출생률에 자리를 내주었다고 한다. 흔히 19세기 유럽의 인구증가는 의술의 발전, 개선된 위생시설과 생활수준, 낮은 사망률 등 산업적 진보 때문이라고 여긴다. 마찬가지로 근대화기술, 특히 의학의 발달이 이른바 인구성장의 '자연적 조절책'이라 불리던 전염병과 질병을 억제하여 남의 인구폭발을 낳았다고도 한다. 그러나 유럽의 갑작스러운 인구증가가 근대적 피임기구의 발명, 특히 여성들에 대한 교육, 높은 급여의 일자리, 대중이 구입하는 더 많은 소비재 등에 의해 조절되었다고 여겨지지만, 이와 똑같은 일이 남의 국가들에서는 일어나지 않았다. (유럽의 빈민들이 식민지로 수출되었다는 사실은 대개 간과된다.) 1970년대 중반 이래 페미니스트를 비롯한 여러 학자들은 전 근대사회의 전반적인 자연출생률이라는 가정에 이의를 제기하고, 경구피임약이 등장하기 전부터 여성들은 피임과 산아제한 수단에 대해 알았고 또 이를 실행해왔다고 주장한다.

미국의 산아제한 역사에 대한 연구에서 린다 고든(Linda Gordon)은 근대적 피임이 발명되기 훨씬 전인 1877년에 이미 피임법이 있었음을 보여준다.

우리의 기술공학 사회에 널리 퍼진 허구는 산아제한 기술이 근대 의학과 더불어 나왔다는 것이다. 이는 사실과 다르다. 최근 20년을 제외하면 근대 의학이 에누리 없이 1백년도 더 된 산아제한 방법들을 개선하기 위해 한 일은 거의 없다.[13]

고대부터 거의 세계 모든 곳의 여성들이 피임법을 알고 있었고 남성들 역시 임신을 피할 방법을 알고 있었다. 와이크먼(Wajcman)이 주장하듯 근대적 피임법은 여성의 자기결정권을 신장하기 위해서가 아니라 인구조절의 목적으로 개발되었다.[14] 페미니스트 역사가들은 유럽에서 수세기 동안 박해받고 잔인하게 학살당한 이른바 '마녀'들이 실은 현명한 여성들로 의술과 조산술에 밝아서 여성들이 자녀수를 조절할 방식을 잘 알고 있었다는 증거를 풍부히 제시한다. 그러나 르네쌍스와 상업자본주의의 발흥 이후 더욱 많은 사람들이 노동자가 되어야 했다. 그래서 출산장려정책에 장애가 될 피임지식을 가졌다는 이유로 이 현명한 여성들을 '마녀'로 고발한 사람들 속에는 프랑스의 장 보댕(Jean Bodin)이나 영국의 프랜시스 베이컨 같은 근대 절대주의국가의 이론가들이 끼여 있었다. 이런 여성들이 전멸되면서 그들이 지닌 산아제한이나 여타의 지식들도 사라졌다.[15] 하인존(Heinsohn)과 슈타이거(Stei-

---

**13** Linda Gordon, *Woman's Body, Woman's Right: A Social History of Birth Control in America*, Harmondsworth: Penguin 1977, 25면.

**14** J. Wajcman, *Feminism Confronts Technology*, Pennsylvania: The Pennsylvania State University Press 1991, 76면.

**15** 마녀사냥과 그것이 여성에게 미친 영향에 대한 논의로는 M. Mies, *Partriarchy and Accumulation on a World Scale: Women in the International Division of Labour*, London: Zed Books 1991을 참조하라.

ger)에 의하면, 19세기 중반 유럽의 인구 급증은 근대 자본주의국가의
의도적인 출산장려책과 더불어 이 여성들과 그들의 지식이 체계적으로
말살당한 결과이지, 의학과 위생과 영양 상태의 진전 때문이 아니다.[16]

이러한 근대 인구통계학자와 인구조절기관들은 비판적 역사연구를
거의 주목하지 않았다. 그들은 이른바 전 근대사회의 자연출생률 이론
에 계속 매달려 유럽역사에 대한 자기들의 해석을 여기에 투사하고 있
다. 성 및 출산과 관련된 이들 전 근대사회의 실제적 사회사를 연구하는
노력은 거의 없는 실정이다.

예를 하나 들어보자. 무쌀람(B. F. Mussalam)은 전 근대사회가 피임
방법에 무지했다는 이론은 유럽사회보다 더 전통적이고 가부장적이라
여겨지는 중세 이슬람사회에조차 들어맞지 않음을 보여준다. 무쌀람의
정교한 사회사적 분석에 따르면, 산아제한 방법, 특히 '코이투스 인터럽투
스'(coitus interruptus, 피임수단으로서의 성교 중단—옮긴이)라는 방법은 코
란과 이슬람법으로 허용되어 있었을 뿐 아니라, 이슬람사회에서 널리
실행되었다고 한다. 게다가 여성들은 주로 차단피임법(barrier method)
이었던 여러 기술들을 사용했다. 그러므로 자연출생률 개념은 중세 이
슬람사회에조차 적용되지 못하며,[17] 전 근대 유럽사회나 남의 다른 전
통사회에 대해서는 더 말할 나위도 없다.

다양한 문화의 성 및 생식 행위에 대해 더 많은 사회사적 연구가 이루
어져야 한다. 여러 사회에서 식민통치가 제국을 위해 일할 더 많은 노동
자를 만들고자 어떤 수단과 어떤 이유로 전통사회의 산아제한법을 폐

---

**16** G. Heinsohn & O. Steiger, *Die Vernichtung der Weisen Frauen, Hexenverfolgung, Bevolker-ungspolitik*, Herbstein: Marz-Verlag 1984.

**17** B. F. Mussalam, *Sex and Society in Islam*, Cambridge: Cambridge University Press 1986.

기하거나 파괴했는지 설명해야만 한다. 그리고 2차대전 이후 초국적 제약기업이 남의 과잉인구와 싸우기 위해 근대적 피임기구를 발전시킨 경위에 대해서도 설명이 필요하다. 전통적 방식과는 달리 근대적 피임기술은 과학자, 이윤을 추구하는 제약업자, 국가에 의해 전적으로 통제된다. 이 기술들은 여성을 자궁·난소·난관 등 생식기관들의 조합으로 인식하는 데 근거하고 있다.

## 자궁으로서의 여성, 표적으로서의 여성

인간이 인구가 되는 과정은 단순한 인식론적 변화 이상으로 이해되어야 한다. 실질적으로 이것은 사람들의 삶에 대한 직접적이고 대개는 강압적인 개입을 의미한다. 특히 여성에게 더욱 그러한데 그들이 인구성장의 책임이 있다고 지목되기 때문이다.

근대 환원주의 과학과 자본주의 가부장제의 수량적·분할적 논리에 따라 인구조절론자들과 개발론자들은 사람들을 그들의 자원기반과는 분리된 것으로, 그리고 여성들을 그들의 재생산기관과는 분리된 것으로 개념화하였다. 피임장치 생산업체와 다국적 제약회사들을 포함한 인구조절기관들은 실제 인간으로서의 여성이 아니라 자궁, 난관, 호르몬 등 그들의 재생산기관을 통제하는 데만 관심이 있다.

남의 인구를 줄이기 위해 점점 더 효과적인 기술적 처방을 개발하는 과정에서,[18] 여성의 긍지와 본래의 온전함, 그들과 자녀들의 건강은 거

---

18 Farida Akhter, 앞의 글.

의 고려되지 않는다. 이런 이유로 제3세계 여성을 위해 생산되고 소개된 대부분의 피임기구가 여성에게 부정적인 부작용을 갖고 있었으며 지금도 마찬가지이다. 더구나 호르몬 피임약들(데포프로베라, NET-OEN, 그리고 최근의 노르플랜트나 RU486)은 여성에게서 재생산과정에 대한 통제력을 점점 더 빼앗아 의사와 제약산업의 손으로 넘겨주고 있다. 여성을 그의 재생산능력에서 소외시키는 이 과정의 최신 작품은 항출산(anti-fertility)백신에 대한 연구이다.[19] 이와는 별도로 주로 여성 불임수술이 가장 효율적인 인구조절 수단으로 권장된다.

1970년대 초반 이래 인구조절정책은 인종주의적·성차별적·제국주의적이며 반(反)빈민적이라는 비판을 받아왔다. 이들 비판자 모두 국가와 국민의 건강을 염려하고 있으며 따라서 쉽게 답할 수 없는 껄끄러운 의문들을 제기했다. 왜 인구정책과 출산조절 연구가 특정 국가들의 국방담당 부서의 지원을 받는지, 그리고 왜 이들 나라는 인구성장을 '안보위협'으로 간주하여 해당 정부에게 그리고 그 정부를 통해 국민(거의 언제나 여성들)에게 미묘한 강압조치를 실행함으로써 자신들이 개입할 틈을 만들어내는지. 만일 엄격한 인구정책이 진정 가난을 퇴치하는 방법이라면 왜 여성의 80퍼센트가 불임수술을 받은 라틴아메리카가 전보다 더 가난하고 더 박탈당하는지. 만일 질적으로 더 나은 생활이 목표라면 부유한 나라들에서 성행하는 장기(藏器)거래에 공급하기 위해 브라질 거리의 가난한 아이들이 살해되는 사태는 줄어야 하는 것 아닌지. 더구나 브라질의 출생률은 불과 20년간, 북의 나라들이 수세기 동안 이

---

19 Talwar박사는 봄베이에서 항출산백신의 개발작업에 참여하고 있는 연구자 중 한명이다. (Deepa Dhanraj와 Abha Bhaiya가 만든 비디오 다큐멘터리 'Something like a War'를 참고하라.)

룬 출생률 감소에 맞먹는 정도인 50퍼센트나 줄지 않았던가.


## 누가 대가를 치르는 개발인가?

남의 채무국에 강요되는 구조조정 프로그램은 장기적으로 불균형과 채무를 증가시킬 뿐이다. 통계를 보면 영아와 산모의 사망률 증가, 집 없는 아이들의 증가, 무분별한 도시화에 대한 끔찍한 증거들이 나타나 있다. 오랜 역사에 걸쳐 아프리카·아시아·라틴아메리카의 주민들과 자원은 북의 경제를 성장시키기 위한 잔인한 약탈에 시달려왔다. 오늘날 인구증가가 환경파괴의 주범으로 몰리는 와중에도 일본에 일회용 나무 젓가락을 공급하기 위해 사라와크(Sarawak) 숲은 벌채되고 그 주민들은 자기 땅에서 집을 빼앗기고 있다. 또 인도네시아의 숲은 휴지를 만들기 위해 베어지고 아마존 삼림은 소고기버거를 만들 소농장을 짓기 위해 불타 없어지고 있다. 이들 국가들에 대한 약탈은 대부조건, 엄청난 이자율 등 터무니없는 세계무역 관행들을 통해 계속되고 있다. 가난이 늘어나고 동시에 사회적 불안이 늘어날수록 빈곤층과 교육받지 못한 계층은 숫자에서 안정을 구하게 될 것이고, 정부는 대외원조에 따르는 인구조절 조건에 부응하기 위해 점점 더 강압적인 조치들을 사용하게 될 것이다.

1951년 제1차 5개년계획이 시작되면서 인도는 국가 인구정책을 공식화한 최초의 나라가 되었다. 그것은 중앙에서 계획하고 재정을 대고 감시하는 전형적인 '상명하달'식 정책으로 전국단위와 지역단위에 모두 적용되었다. 외국기관이 주도하여 처방하고 고안한 정책을 다시 인도

정부와 공무원들이 이행한 것이다. 이 인구정책이 실패라는 평가를 내리는 데는 굳이 계획담당위원회의 중간평가 보고서조차 필요치 않았는데, 왜냐하면 이미 통계를 통해 이 정책이 사람들의 요구에 맞지 않음이 분명해졌기 때문이다. 국가 긴급조치기간(1975~77) 동안 이루어진 강제적 불임수술 캠페인이 실패로 돌아간 후, 프로그램의 명칭은 '가족계획'에서 '가족복지'로 바뀌었지만 여성과 관련된 전략과 접근방식은 변하지 않은 채 그대로였다. 여성들은 아기 낳는 것만 원하는 무지하고 무식하며 멍청한 존재이므로 그들의 출산력은 마땅히 규제되어야 한다고 여겨졌다. 보건과 관련지어 볼 때 인도의 인구조절정책은 이중의 비극이었다. 첫번째는 그것이 여성의 피임요구를 이해하고 충족하지 못했다는 점이고 두번째는 다른 모든 보건업무를 밀어내고 가려버렸다는 점이다.

현재 남의 국가들에서 시행되는 인구조절정책은 착취를 일삼는 제국주의적 세계질서를 우려하는 사람뿐 아니라, 특히 남의 보건활동가와 페미니스트 들도 비판해왔다. 여성을 인간이 아닌 '난관, 자궁, 표적'으로 취급하는 인도의 인구정책과 관련하여 미라 시바(Mira Shiva)는 불임수술을 받는 여성뿐 아니라 '가족계획 담당자들에게도' 금전적인 보상을 제공하는 난관개구술 캠페인이 얼마나 무책임한지를 지적한다. 사회의 다른 영역에서는 거의 변화를 시도하지 않으면서 강압이 인구성장률을 줄이는 유일한 수단으로 여겨졌던 것이다. 그 대가로 여성들은 그들의 긍지를 너무나 분명히 침해당했으며, 왜곡되지 않은 정보, 안전하고 효율적인 피임관리, 전체 과정을 신뢰할 수 있게 만드는 추후 서비스에 대한 권리를 부정당했다. "몇몇 지역에서 발생한 여성들의 건강상태 저하와 (왜곡된─인용자) 성비는 방치할 수 없는 상태로서, 피임의 필요성이란 인간복지의 여러 구성요소 중 한가지에 불과하다." 안전하고 100퍼센트 효과적이라는 선전과 함께 인도 여성들에게 시행되는 여러 피임기구의 부작용에 대해 보건활동가 미라 시바는 이렇게 말한다.

리퍼스루프(Lippes Loop)는 경이적인 여성용 피임기구라는 대대적인 선전과 함께 인도에 처음 도입되었다. 60년대에 댈컨실드가 소개될 때도, 7명의 여성이 죽은 후 미국에서 제기된 소송으로 전세계 수천명의 여성 사용자들에게 자궁 내 감염을 초래했다는 사실이 밝혀지기 전까지는 '안전'하다고 공언되었다. 인도에서는 여성들이 자신의 의료기록을 마음대로 볼 수 없어서 심각한 합병증에 걸린다 해도 보상받을 도리가 없으므로 문제는 더욱 심각하다. 설령 기록을 볼 수 있다 해도 실제로는 거의 이루어지지 않는 사후검사 때문에 의료기록을 통제하여 얻어낸 보상은 모두 무효가 된다.

비싼 돈을 주고 수입한 복강경을 이용한 여성 불임수술은 인도 가족계획 프로그램의 일대 혁신으로 여겨졌다. 그러나 한시간에 몇명을 불임수술했는지 자랑삼아 이야기하는 인도 의사들의 무지막지한 시술로 이 방식은 엄청난 악평을 얻게 되었다.

기이한 일은, 효과가 장기지속되는 주사용 피임약이 빈혈과 영양부족과 체중미달에 시달리는 제3세계 여성에게 안전하고 효과적이라고 여겨지는 반면, 북에서는 호르몬제제의 위험성에 대한 인식 때문에 경구피임약에서 호르몬 함량을 최소화하는 추세로 가고 있다는 사실이다. 호르몬 피임약을 사용하는 서구여성들은 '충분한 정보를 제공받고' 영양상태도 양호하며 사후검진과 치료를 받을 수 있는 상태에서 이런 선택을 한다. 그러나 인도나 방글라데시의 평균적인 여성들은 이 모든 편의들을 제공받지 못하며, 장기지속 호르몬 피임약의 부작용이라 인식되는 월경혈 과다증후는 이미 심한 빈혈상태인 여성들에게 특히 해로울 것이다. 또한 보건요원들의 장담이나 부추김에도 불구해도 지나치게 긴 월경이 무월경만큼이나 문화적으로 받아들이기 힘들다는 사실을 감출 수는 없다. 이밖에 다른 의문들도 있다. 임신 사실을 모른 채 호르몬 주사를 맞았다면 태아에는 어떤 영향을 주는가? 호르몬이 태아의 성장에 부정적인 영향(teratogenic effect, 기형발생 효과)을 미친다는 사실은 널리 인정되고 있는데, 그렇다면 장기지속 호르몬 피임약이라고 이 영향이 없거나 미미할 수가 있을까? 보건활동단체나 여성단체, 소비자단체는 사용자에 미칠 부작용을 적절하게 경고하지 않은 채 또다시 목표공략에만 치중하는 이 프로그램에 대한 우려를 표명해왔다. 탈리도마이드(Thalidomide)와 디틸스틸바에스트롤(Diethylstilbaestrol)은 임산부에게도 안전하다고 여겨졌다. 그러나 전자의 작용으로 사지가 없는 아기가 태어나지 않는다는 보장이나, 후자의 장기적인 사용이 유방암과 자궁경부암을 야기하지 않는다거나 다음 세대에서 여아의 경우 질암을, 남아의 경우 고환의 기형을 초래하지 않으리란 보장은, 어디에도 없다.[20]

20 Vandana Shiva & Mira Shiva, "Population and Environment: An Indian Perspective," *Power, Population and the Environment: Women Speak*, (Gillian Philipps가 편찬) Toronto: WEED Foundation 1992, 43~51면.

## 인구조절과 강압

　인구-환경 담론은 몇몇 사람들에게 공포를 안겨주었으며 사람들의 재생산행위에 강압적으로 개입할 것을 표방하는 정책에 대한 모든 윤리적·인간적 반대를 무화했다. 물론 그러한 개입은 전혀 새롭지 않았다. 1975~77년의 긴급조치기간에 인도가 겪은 일이 그러했으며 방글라데시도 마찬가지 경험을 했다. 방글라데시의 파리다 아크떼르는 이 '강압적 인구감소 정책'을 가장 소리높여 비판하는 사람 중 하나이다. 수많은 강연과 논문에서 그녀는 인구조절 프로그램이 다국적 제약회사의 상업적 이익을 위해 고안된 것이고, 그리하여 방글라데시 국민들에게 원조와 차관의 조건으로 강요되었으며, 이 프로그램이 점점 더 강압적으로 시행되고 있음을 설득력있게 보여준다. 게다가 방글라데시에서는 불임수술이 사전검진 없이 이루어지기 때문에 임산부까지 불임수술을 받는 사태가 발생했다. 그러나 이 프로그램의 시행에 책임이 있는 정부는 여성들이 경험하는 건강상의 문제를 다룰 어떤 계획도 갖고 있지 않다. 인도와 방글라데시에서 여성들은 새로운 호르몬 피임약을 위한 실험용 생쥐로 이용된다. 방글라데시에서는 노르플랜트가 여성 1천명에게 투약되었는데, 아무도 자기들이 방글라데시 출산연구 프로그램이 지원한 실험에 참여하고 있음을 몰랐다.[21]

　또한 파리다 아크떼르는 남에서는 이처럼 강압정책이 사용되는 반면 북에서는 새로운 피임기술 및 재생산기술과 관련된 '자유로운 선택'과 '재생산자유'라는 판매촉진용 수사가 남발되는 상황의 모순을 지적한

---

21 F. Akhter, 앞의 글, 26~32면.

다. 그녀는 인구조절기관이 남의 인구감소 정책을 정당화하기 위해 북의 재생산권운동의 슬로건을 채택하는 일이 점차 늘어나고 있음을 보여준다. 그녀는 또한 개인의 '권리'만을 강조하여 생산이나 마찬가지로 생식 또한 사회관계의 일부임을 망각하는 북의 페미니스트들을 비판한다. 개인의 성적 행위와 재생산행위를 사회관계와 단절시키는 것은 남북을 막론하고 여성들에게 해를 끼칠 뿐이다.[22]


## 재생산의 새로운 생태학


그러나 비인간적·반여성적·반빈민적이며 인종주의적·제국주의적·강압적인 인구조절정책에 대한 우리의 비판이 아무도, 특히 여성들 누구도 산아제한법이나 피임법을 이용하면 안된다는 뜻은 아니다. 에코페미니즘의 시각에서 볼 때는 여성들에게 그들이 원하는 게 무엇인지를 물어보는 것이 반드시 필요하다. 목표지향적이고 강압적인 인구조절 프로그램은 가난한 여성들이 가족수에 대해 어떻게 생각하는지는 전혀 고려하지 않는다.

남의 대다수 빈민여성은 그들의 성과 재생산행위를 통제하려는 두가지 세력의 대상이다. ①자신의 신체에 대한 여성의 주권을 부정하는 가부장적 제도·이데올로기·규범·태도들 ②여성을 다만 잠재적 출산예정자로만 보아 그들의 생식능력을 통제해야 한다고 보는 국제 인구조절기구들이 그것이다. 그러나 북에서도 남에서도 인구조절기관들은 가부

22 같은 글, 41~56면.

장적 기구와 태도를 공공연하게 비난하지 못한다.

에코페미니즘의 시각은 생식을 고립된 것으로 보지 않고 남녀관계, 성별분업, 성관계, 그리고 정치·사회·경제 전반의 상황과 연관된 문제로서 조망한다. 현재는 이 모든 것이 가부장적 자본주의 이데올로기의 영향하에 있다. 그러므로 최우선 과제는 여성들이 자신의 성과 생식능력에 대한 자율성을 더 많이 회복하는 일이다.

이는 먼저 여성들이 자신의 신체로부터의 소외를 극복하고 신체와 하나가 되는 법을 다시금 배워야 한다는 뜻이다. 자본주의적이고 가부장적인 생식관계와 기술이 가져온 이 소외는 남의 가난한 여성들보다 북의 여성들에게 더 큰 영향을 미쳤다. 남의 가난한 농촌여성들은 아직 그들의 신체주기나 임신과 불임의 증거를 알고 있지만, 북의 여성들은 그런 내밀한 지식을 거의 다 잃어버리고 대신 자기의 몸에서 무슨 일이 일어나는지 일러주는 의료전문가들에게 점점 더 의존한다. 재생산의 새로운 생태학이란 여성들이 미라 사드고빨(Mira Sadgopal)이 말한 이러한 '수태지식'을 되찾고,[23] 현대적 수단뿐 아니라 전통적 수단도 그들에게 방법을 일러줄 수 있음을 깨닫는 것을 뜻한다. 다음으로는 남성들도 여성의 수태지식에 대해 배우고 그것을 존중해야 한다. 이는 여성과 남성의 생식잠재력의 새롭고 창조적인 상호작용을 의미한다.

성적 관계란 또한 전반적인 생산관계에 뿌리박은 생태적 관계로 이해되어야 함을 명심해야 한다. 이러한 관계들이 착취와 지배에서 벗어나지 않는다면 피억압자뿐 아니라 억압자들도 파괴적인 결과를 맞게 될

---

23 Mira Sadgopal, "Fertility Awareness Education in the Context of Development Issues," Pune대학에서 열린 '여성과 개발' 세미나에 제출한 글, 1992년 2월 6일.

것이다. 가부장적 지배와 착취로부터 성관계를 해방시키는 것은 단순히 피임기술의 문제가 아니라 태도/생활양식, 제도, 남성과 여성의 일상적 행동까지도 변화시킬 것을 요구한다. 분명 새로운 피임도구의 도입은 심지어 북에서도 기대했던 성적 관계의 근본적인 변화를 만들어내지 못했다. 사회변화는 기술적인 처방으로는 이루어질 수 없으며, 생산관계든 지구 전체든 기술만으로는 지배와 착취에서 해방될 수 없다.

남성과 여성이 성적 행위를 자연과 그들 자신과 상대방과의 애정어린 극진한 상호작용으로 이해하기 시작한다면 여성에게 해를 주지 않는 산아제한법을 찾을 수 있을 것이다. 그러한 애정어린 극진한 관계는 성에 대한 새로운 이해, 즉 이기적이고 공격적인 '충동'이 아니라 자신과 서로와 그리고 알게 모르게 지구와 지구에 사는 모든 것과 관계맺는 인간능력으로서의 성에 이르게 해줄 것이다.

이 새로운 성과 재생산의 생태학을 발전시키는 일은 여성들이 인간 존엄성을 유지하고자 한다면 반드시 필요하며, 호전적인 가부장제사회에서 자신의 성을 공격성과 동일시하도록 교육받은 남성들에게는 더욱 중요하다. 이 공격성은 그들의 상대자뿐 아니라 그들 자신을 향해서도 발휘된다. '적', '자연', 여성과 이민족을 정복하기 위해 그들은 먼저 스스로를 정복하는 것부터 배워야 했으며, 이는 자신들에게 있는 보살피고 사랑하고 양육하는 특성을 여성적인 것으로 업신여겨 부정하고 파괴해야 했음을 뜻한다.

가부장적으로 성을 바라보지 않는 이런 새로운 이해는 성별분업, 경제, 정치에서의 변화가 함께 이루어져야만 가능하다. 남성들이 아이와 노약자, 자연을 보살피는 일을 나누게 될 때, 생명을 유지하는 자급노동이 돈 버는 노동보다 더 중요함을 깨달을 때, 비로소 그들은 남성이든 여성이든 그들의 상대자와 보살피고 책임지는 애정관계를 맺을 수 있을 것이다.

그러한 관계는 '인간'과 '인구'의 대립을 해소할 것이고, 그렇게 되면 개인의 성 및 생식행동이 '지속가능한' 자녀수에 대한 공동체의 요구와 대립할 필요가 없게 된다. '자연출생률'이란 개념이 18세기 이래 전파된 유럽중심적이고 가부장적인 허구라는 점은 이미 밝힌 바 있다. 특히 여성들은 산아제한과 피임의 방법과 기술을 언제나 알고 있었다. 경제적·정치적 생태지역들(eco-regions)의 맥락에서 재생산의 새로운 생태학은 강압적인 국가나 국제기구의 중재 없이도 환경에 대한 인간의 균형잡힌 비율을 보장할 새로운 (혹은) 재발견된 방법으로 이르게 해줄 것이다. 에코페미니즘의 관점에서 우리는 재생산영역에서 국가의 개입을 배제할 것을 요구한다.

7부

# 결론

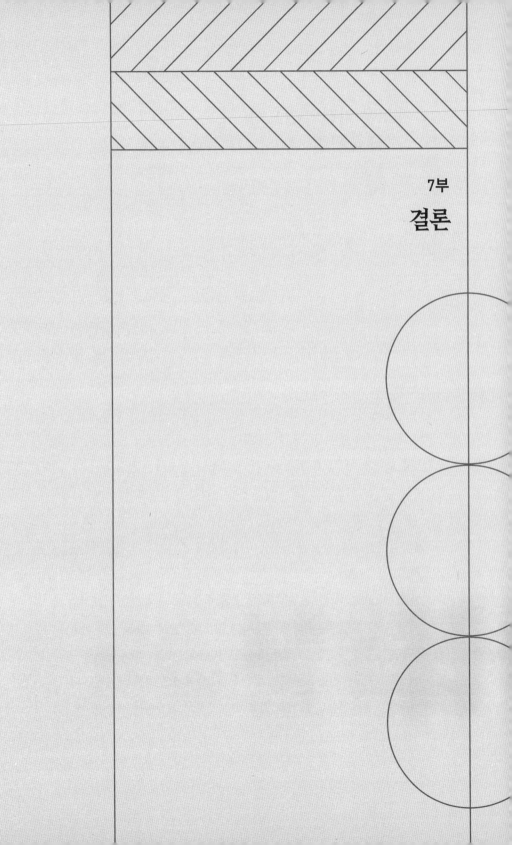

**20장**

# 새로운 비전의 필요성
# : 자급적 관점

마리아 미스

리우데자네이루에서 있었던 지구정상회담(UNCED, 1992년 6월)은
현재 전세계의 환경·경제·사회 문제의 해결책을 북과 남의 엘리뜨 지
배층으로부터는 기대할 수 없음을 다시금 분명히 드러내주었다. 반다
나 시바가 이 책에서 제시한 바와 같이 실천과 이론이 존중되고 보존되
는 새로운 비전 — 현세대와 미래세대, 그리고 지구의 동료 피조물을
위한 새로운 삶 — 은 민중운동의 생존투쟁 속에서만 찾을 수 있다. 이
러한 운동에 적극 참여하는 사람들은 선진국의 일반화된 자본주의 —
가부장제 개발모델을 근본적으로 거부한다. 그들은 이 청사진에 따라
개발되기를 원치 않으며 자신들의 통제하에서 자신들의 자급기반을 온
전히 보존하고자 한다.

그러나 새로운 비전을 탐색하는 흐름이 '개발'의 결실을 기대하지 않
는 남의 주민들에게서만 발견되지는 않는다. 생태적으로 건전하고 착
취적이지 않으며, 가부장적이지 않고, 자급적인 사회를 추구하는 움직
임은 북의 몇몇 집단들에서도 발견된다. 여기서도 역시 새로운 관점을
추구하는 움직임은 근대화의 결과에 실망하고 좌절한 중산층뿐 아니라

478

사회적 피라미드의 바닥에 있는 사람들에 의해 이루어진다.

우리는 이 새로운 시각을 **자급적 관점**, 혹은 **생존의 관점**이라 부른다.

이 개념은 특히 남에서 이른바 비공식부문을 이루는 가정주부, 자급농민, 소생산자들의 감추어진 비임금 혹은 저임금 노동을 상품과 화폐의 무제한적 성장이라는 자본주의 가부장제 모델의 토대이자 기반으로 분석하기 위해 처음 개발되었다. 모든 생산관계에서 생명을 만들고 지키는 노동으로서 자급노동은 생존의 선결조건이었으며 지금도 그러하다. 그리고 이 노동의 대부분은 여성들이 맡고 있다.[1]

최근 수십년간 환경파괴가 심해지자, 이 자급적 방식——혹은 생명생산——이 자본주의 시장경제의 감추어진 바탕일 뿐 아니라 산업사회, 시장경제, 자본주의 가부장제라 불리는 이 파괴적 체제의 숱한 난관에서 빠져나올 길을 제시할 수 있다는 사실이 분명해졌다.

이 점은 동유럽과 구소련에서 자본주의적 산업주의의 대안이라 여겨졌던 사회주의판(版) 따라잡기식 개발이 실패한 뒤 더욱 확실해졌다. 사회주의적 대안은 수많은 남의 국가들을 인도하던 별이었다. 그러나 이제 구(舊) 사회주의국가들이 추구하던 개발의 길이 더 나은 사회를 향한 청사진이 될 수 없음은 명백하다. 산업사회의 자본주의적 모델과 겨루려는 노력에도 불구하고 이 체제는 자본주의보다 더 많은 환경파괴를 일으켰으며, 자연에 대한 이 체제의 관계는 서구와 마찬가지의 착취원칙에 근거하고 있었다. 게다가 이 체제는 쿠르츠(Kurz)가 지적한 바와 같이 자본주의가 최초로 만들어낸 소외되고 일반화된 상품생

---

1 Maria Mies et al., *Women: The Last Colony*, London: Zed Books 1988; M. Mies, *Patriarchy and Accumulation on a World Scale: Women in the International Division of Labour*, London: Zed Books 1991.

산과 동일한 경제모델[2]에 기반하고 있었는데, 이 모델은 앞에서 밝힌 대로[3] 여성과 자연과 이민족의 식민화에 기초한다. 상품생산 사회라는 이 모델이 지속가능하지도 않고 전세계적으로 일반화될 수도 없는 까닭은 이 내재적인 식민주의 때문이다.

쿠르츠는 자본주의식이든 사회주의식이든 상품생산 체제에 내재한 이같은 식민지의 필요성을 분명히 밝히지는 못했고, 다만 옛 '현실사회주의'(AES)의 붕괴 이유를 일반화된 상품생산이 지닌 딜레마에서 찾았다. 일반화된 상품생산의 대안으로서 자급적 관점의 윤곽을 그려보기에 앞서, 인간욕구를 충족시킬 수 있는 유일한 방법으로 선전되는 이 괴상한 경제체제의 모순들을 다시 한번 살펴보도록 하자.


## 상품생산 사회의 정신분열증

상품생산 체제의 논리는 잉여가치 생산과 영구적 성장의 충동이라는 원칙 들에 있다. 이 논리는 자본주의에서나 현실사회주의에서나 마찬가지였고(지금도 그렇다), 다만 자본주의사회에서는 잉여가 사적으로 축적되고 현실사회주의에서는 국가에 의해 축적되었다는 점이 다를 뿐이다. 두 체제에서 모두 인간은 생산자로서나 소비자로서나 원칙상 주체이다. 생산자로서 그들은 노동력을 임금(화폐)과 교환하고 소비자로서 화폐를 자신의 욕구를 충족시킬 상품과 교환한다. 두 체제 모두 생산

---

2 R. Kurz, *Der Kollaps der Modernisierung*, Vom Zusammenbruch des Kasernensozialismus zur Krise der Weltökonomie, Frankfurt: Eichborn Verlag 1991.

3 Mies et al., 앞의 책.

과 소비 사이에 근본적인 모순이 존재하는데, 유통 혹은 시장의 영역에 의해 상품생산의 영역이 소비의 영역과 원칙적으로 분리되어 있기 때문이다.

또한 경제주체인 개인들은 상반되는 이해를 지닌 생산자와 소비자로 양분되어 있다. "생산자로서 상품주체 혹은 교환주체는 그가 '노동자'이건 '자본가'이건 혹은 자본주의적 관리자이건 '현실'사회주의적 단위의 생산감독자이건, 자신의 생산물의 사용가치에 관심이 없다. 그들은 자신의 소비를 위해서가 아니라 익명의 시장을 위해 생산한다. 전체 기획의 목표는 감각적이고 직접적인 욕구충족이 아니라 노동을 화폐(임금, 이윤)로 전환하는 것이다."[4]

생산자에게는 자신의 생산물이 탈감각화되고 추상적인 "노동합성물이 된다. … 그것들은 다만 잠재적인 화폐에 불과하기 때문이다."[5] 자신들이 만드는 것이 과자이건 중성자탄이건 그들에게는 다를 바 없다고 쿠르츠는 말한다. 그러나 동일한 인물이 소비자로서는 정반대의 이해관계, 즉 구입할 물건의 감각적이고 구체적인 사용가치에 이해관계를 갖는다. "먹고 마시고, 집이 필요하고, 옷을 입는 개인으로서 사람들은 감각적일 수밖에 없다."[6]

산업적 상품생산 사회에서 자연의 파괴에 궁극적인 책임이 있는 것은 생산과 소비, 교환가치와 사용가치의 이러한 모순이다. 생산자로서 사람들의 유일한 관심은 그들 생산의 화폐산출량을 최대화하는 것이고 따라서 그들은 유독물질과 핵무기를 계속 생산하고 자동차를 더 많이 만들

4 Kurtz, 앞의 책, 101면.
5 같은 곳.
6 같은 책, 102면.

어낼 것이다. 그러나 동시에 소비자로서 그들은 맑은 공기와 오염되지 않은 식품, 자신의 집에서 멀리 떨어진 안전한 쓰레기 처리장을 원한다.

생산과 소비가 이렇듯 일반화된 상품생산에 내재한 모순적인 방식으로 조직되어 있는 한, 경제적·생태적·정치적·윤리적·영적 위기들에 대한 어떠한 해결책도 기대할 수 없다.

어떤 사람들은 환경적으로 유해한 물질·기술·상품을 자연친화적이고 생명보존적인 것으로 대체하는 것이 해결책이라 생각한다. 그들은 파괴적인 상품의 생산과 판매를 '에코마케팅'으로 대체하여 상품생산과 시장의 힘을 지속가능한 개발을 위해 제어하자고 한다. 그들은 기업 부문에서, 심지어는 환경오염을 서슴지 않는 회사들로부터 자금을 모아 환경조직의 활동을 후원하고자 한다. 그러나 산업은 그들의 전반적인 정책을 바꾸는 일환으로서가 아니라 이미지 개선에 이용하기 위해 환경조직을 지원한다. 최근의 이러한 자본주의 녹색화 전략(Greening of Capitalism)의 발전은 스위스의 기업가이자 억만장자인 슈테판 슈미타이니(Stephan Schmidtheiny)에 의해 주도되었다. 그는 48개의 선진적인 국제 기업으로 구성된 '지속가능한 개발을 위한 기업위원회'(Business Council for Sustainable Development)를 설립하고 이끌고 있으며, 1992년 리우 환경개발회의의 사무총장 모리스 스트롱(Maurice Strong)의 조언자였다. 슈미타이니와 그의 위원회는 앞으로 산업이 어떻게 성장을 생태적으로 건전한 생산과 결합해야 하는지를 보여주는 전략을 개발하였다.[7] 그러나 상품 생산과 소비에 내재하는 근본적 모순

7 Stephan Schmidtheiny, *Changing Course — A Global Perspective on Development and Environment*, Massachusetts Institute of Technology 1992.

관계는 비판하지 않는다. 개인의 자기이익, 경쟁의 일반화, 영구적 성장에 대한 체제의 요구라는 자본주의의 기본원리에 대한 비판도 없다. 오히려 에코마케팅과 환경조직 후원을 새로운 투자영역으로, 상품 생산과 판매를 확장할 새로운 기회로 보고 있다. 녹색자본주의는 더욱 많은 자연을 사유재산과 상품으로 바꾸는 일에 기여하게 될 뿐이다.

파괴적이고 비합리적인 상품생산 체제에서 탈출할 길을 따라잡기식 개발과 기술적 처방에서 찾을 수는 없다. 설사 산업이 야기한 환경파괴의 일부를 종식시키고 복구하는 빠른 기술적 대안을 발견할 수 있다 하더라도 마찬가지이다. 이 점은 동독에서 가장 확연히 드러나는데, 독일 마르크화가 도입되고 통일독일의 평등한 시민이 되었을 때 동독의 주민들은 자신들이 서독 주민들을 따라잡게 되리라 희망했다. 지금은 서독 기업조차 동독의 생활수준이 서독과 같아지려면 최소한 20년은 걸릴 것이라고 한다.

그러나 이 책의 4장에서 논의한 대로 따라잡기식 개발은 바람직한 것도 못된다. 그럼에도 불구하고 이 근대 산업사회의 유토피아는 이미 붕괴되고 있고 탈산업화과정이 시작되고 있는 곳에서조차, 근본적인 비판을 받지 않고 있다. 가령 북의 국가가 빌려준 돈으로 따라잡기를 시도했던 페루, 아르헨티나, 멕시코, 브라질 등의 수많은 남의 국가들의 경우가 바로 이러하다. 이 국가들은 세계은행과 IMF의 구조조정 정책의 희생자로서 현재 외채의 덫에서 허덕이고 있다.

이러한 탈산업화과정은 동유럽과 구소련, 그리고 경제와 근대화정책을 소련과의 수출입에 전적으로 의존했던 꾸바에서도 일어나고 있다. 소련이 붕괴된 후 수입, 특히 석유와 기계류의 수입이 전면 중단되었다. 꾸바는 지금 미국의 신식민지가 되느냐 아니면 자급적 기술과 생산을 되살림으로써 정치적·경제적으로 독립된 실체로 살아남느냐 하는 기로에 서 있다.

석유의 부족을 메우기 위해 피델 까스뜨로(Fidel Castro)는 중국에서 십만대의 자전거를 수입해왔고 십만마리의 황소로 농업용 트랙터를 대체하고 있다. 몇년 전까지만 해도 산업시대 이전 생산방식으로의 그러한 '회귀'는 불가능하다는 비웃음을 샀을 것이며, 특히 이른바 진보주의자들에 의해 그러했을 것이다. 독립된 사회로서 꾸바의 생존은 국민들이 자급적 생산으로의 이런 강제적 복귀를 패배가 아니라 기회로 볼 수 있는지의 여부에 달려 있다. 그러나 이는 지역적 자급자족, 생태적 지속가능성, 사회적 평등에 기초를 둔 새로운 사회주의 개념 또는 '좋은 사회'에 대한 새로운 개념을 사람들이 수용하는 문제를 수반한다.

꾸바는 아직도 국제적인 연대를 기대하고 있으나 발크제국이나 우끄라이나, 그루지야 등 구소련에서 독립을 선언한 신흥 민족국가들의 협조를 구하기는 어려울 것이다. 이들 몇몇 나라는 사회주의 상품생산 및 분배 체제가 붕괴된 이후 트랙터 대신 말을 사용하거나 익명의 시장 대신 공동체를 위해 생산하는 것과 같은 자급적 생산과 기술을 재도입해야 하는 실정이다.

그러한 생존전략은 아프리카에서 탈산업화 위기를 벗어나는 유일한 길이기도 하다. 그러나 동유럽의 구(舊) 사회주의사회와는 달리 사하라 이남의 아프리카사회들은 이 탈산업화와 강요된 탈근대화가 단지 잠정적인 현상이라거나 '세계공동체' — 20퍼센트의 세계 부국 — 가 그들을 구해주리라 믿지 않는다. 에티오피아, 소말리아, 모잠비크 같은 나라는 이미 대규모 기아에 직면해 있다. 몇몇 아프리카 지도자들은 특히 동서화해 이후 자신들이 따라잡기식 개발전략에서 기대할 수 있는 것이란 아무것도 없음을 분명히 알고 있다. 그들은 이제 굶주린 아프리카가 아니라 동구권으로 돈이 흘러들어갈 것을 알고 있다.

1989년 12월 다르에스쌀람(Dar es Salaam)대학에서 열린 회의에서는 아프리카대륙 전역에서 온 학술단체, 교회, 노동조합, 여성조직, NGO, 학생, 정부관리의 대표자들이, 특히 아프리카를 세계시장의 원조와 교역으로부터 '강제적으로 단절'시킨 동서 데탕트 이후의 대안적 개발전략이 무엇일지에 대해 논의하였다. 회의가 끝난 후 참석자들은 '아프리카를 위한 대안적 개발전략'이라는 에스쌀람선언을 채택하였다.[8]

그들은 아프리카 채무국들에 구조조정 프로그램을 적용하면서 가혹한 조건을 강요한 IMF와 세계은행을 비난하고 모든 채무를 변제해줄 것을 요구한 후, 아프리카정부들이 다음과 같은 내용에 기반한 대안적 개발전략을 채택해야 한다고 강조하였다.

남남협력과 아울러 하위지역 및 지역 차원의 효과적인 아프리카통합에 바탕을 둔 민중중심의 개발, 민중민주주의, 사회정의. 아프리카 개발의 새로운 방향은 국제자본주의로부터의 계획된 이탈, 지역적 식량자급, 모든 사람의 기본욕구 충족, 적절한 중소기업의 육성과 반(反)농촌 편견의 일소를 통한 아래로부터의 개발에 초점을 맞추어야 한다.[9]

회의참석자들은 '자본주의 시장경제와의 강제적인 단절'을 자발적

---

8 Dar es Salaam Declaration: *Alternative Development Strategies for Africa*, London: Institute for African Alternatives (IFAA) 1989.
9 같은 책.

이고 새로운 사회적·경제적·정치적/문화적 전략으로 바꿀 수 있었던 것 같다. 자립, 자급자족, 식량자급, 재농촌화(re-ruralization)의 필요성, 참여민주주의, 지역 간 협력이 이 전략의 주요 개념들이다.

이 선언에는 내가 자급적 관점에 필요하다고 보는 구조적 요소들이 다수 포함되어 있다. 회의참석자들은 아프리카에서는 세계은행의 모델에 따른 따라잡기식 개발이나 산업화가 가능하지 않으며 바람직하지도 않다는 점을 인식하고 있다. 오히려 반대로 여성과 자연과 이민족의 식민화에 근거하지 않는 자급적 관점이야말로 아프리카나 남의 다른 나라들 그리고 북의 나라들이 나아가야 할 길을 보여줄 수 있다.

앞서 언급한 바와 같이 자연을 파괴하지 않고 존중하는 비착취적·비식민적·비가부장적 사회에 대한 새로운 비전은 연구기관이나 유엔조직 혹은 정부에서가 아니라 생존을 위해 싸웠고 또 계속해서 싸우고 있는 남과 북의 민중운동에서 나왔다. 그리고 이 운동 내에서도 산업성장체제로의 통합이나 지속이 아닌 자급적 관점이야말로 극빈층을 포함한 모든 사람들의 생존을 보장할 수 있음을 더 잘 이해하는 쪽은 남성들이 아니라 여성들이다.

환경악화가 여성들 특히 남의 가난한 여성들에게 미치는 영향에 대한 최근의 수많은 연구들은, 여성과 어린이가 자연에 대한 전쟁의 주된 희생자라는 사실뿐 아니라 자연을 보존하고 보호하며 손상된 자연을 치유하는 운동들에서 여성이 가장 적극적이고 가장 창의적이며 가장 헌신적이라는 사실도 잘 보여준다.[10] '환경의 구원자'로서 여성의 역할

---

10 I. Dankelman & J. Davidson, *Women and Environment in the Third World: Alliance for the Future*, London: Earthscan Publications 1988; Women's Feature Service, ed., *The Power to Change: Women in the Third World Redefine their Environment*, New Delhi: Kali for Women

이 생태계의 지속가능성을 영속적인 경제성장과 결합하길 원하는 사람들을 비롯하여 많은 이들의 환영을 받고 있는 반면, 이 풀뿌리 여성운동들이 명시적으로나 암묵적으로나 이윤과 성장중심의 현 자본주의 가부장제의 개발패러다임을 비판하고 새로운 대안, 즉 자급적 대안을 옹호하다는 사실은 강조하는 사람이 드물다.

이 관점은 칩꼬운동의 여성들이 가장 뚜렷이 표현하는데, 가르활(Garwhal)에서 반다나 시바가 이 운동의 몇몇 지도자들과 했던 인터뷰(16장)에서도 이들은 '개발'이나 화폐경제로부터 바라는 것이 아무것도 없다고 분명히 말했다. 그들은 자신들의 자급기반이자 공유자원인 토지와 물과 숲과 언덕에 대한 자율적 통제를 유지하기만을 원할 뿐이다. 그들은 역사와 그들 자신의 체험으로부터 이러한 자원을 통제할 때에만 자유와 긍지 — 이 모두 생존에 필수적인 것들이다 — 는 물론 생존자체(그들의 식량)를 확보할 수 있음을 알고 있다. 그들은 생존하기 위해 정부나 기업가들이 주는 돈을 필요로 하지 않는다. 자유와 좋은 삶에 대한 그들의 개념은 자본주의 가부장제 산업체제의 전지구적 슈퍼마켓이 제시하는 것과 다르다. 주목할 사실은 시장과 화폐경제가 약속하는 것들에 가장 먼저 유혹되는 다른 많은 남의 젊은이들과 달리 그들의 아들들은 이 슈퍼마켓 모델에 넘어가지 않았다는 점이다. 오늘날 "우리 어머니의 긍지는 돈 주고 살 수 없습니다"라고 말할 수 있는 젊은이는 그리 흔하지 않다.

자급·생존의 관점과 시장·화폐의 관점 사이의 갈등은 종종 남성과 여성의 갈등을 낳는데 이런 현상은 심지어 칩꼬운동 내부에서도 나타

1992: Zed Books 1993.

난다. 여성들이 나무를 껴안으며 저항하고 자신들의 자급기반을 보존하고자 하는 반면 그들의 남성들은 근대화와 임금노동을 원했다. 남성들은 그들의 여성들이 운동의 지도자가 되는 것도 반대한다. 고빨 조시(Gopal Joshi)는 둔가리 빠이또알리(Dungari Paitoali)에서 벌어졌던 칩꼬투쟁을 보고하는데, 그곳에서 여성들은 50헥타르의 마을 공유림을 베어 없애고 감자종자 농장을 세우려는 개발계획에 반대했다. 그러나 마을의 남성지도자들은 돈을 벌 수 있는 이 계획에 찬성했다. 그들은 여성활동가들에 대해 나쁜 소문을 퍼뜨렸고 특히 마을지도자로서 자신의 역할에 도전한 여성들에게 성질을 부렸다. 그러나 여성들이 지도자로 나선 것은 일상적 생존에 대한 책임감 때문이었다. 여성들은 이렇게 말한다.

남자들은 땔감이나 사료를 모으지 않기 때문에 숲을 유지하는 데 신경을 쓰지 않는다. 그들은 나무를 잘라내는 한이 있더라도 돈을 버는 데 더 관심이 있다. 그러나 숲은 여성들의 재산이다.[11]

세계의 다른 곳에서도 여성들이 남성들보다 생존을 유지하는 자급적 관점에 더 관심을 쏟고 있다. 대부분의 남성들은 더 많은 성장과 기술과 과학과 '진보'가 생태적·경제적 위기를 동시에 해결해주리라 믿는다. 돈과 권력을 생명보다 중시하는 것이다. 1992년 2월 스웨덴에서 열린 환경과 여성에 대한 회의에서 한 사모아 여성은 전지구적인 네트워

11 Gopal Joshi, "Alltag im Himalya," Ludmilla Tüting, ed., *Menschen, Bäume, Erosionen, Kahlschlag im Himalya: Wege aus der Zerstörung*, Lohrbach: Der Grune Zweig 1988, 38~41면.

크와 집단을 만들고자 하는 부족민들의 노력에 대해 보고했는데, 그녀는 그와 같은 전지구적 규모의 모임에서 남성들은 주로 조직 내의 정치적 권력을 다투는 데 관심이 있는 반면, 여성들의 관심은 정부나 NGO의 개발프로그램과는 독립된 그들의 문화적 기반과 생존기반을 보호하는 일에 집중되었다고 말했다. 반다나 시바 역시 ANC가 조직한 회의, '남아프리카에서 녹색이 의미하는 것'(1992년 9월)에서 나타난 남녀대립에 주목했다. 남성 지도자들과 강연자들은 남아프리카의 경제문제와 환경문제가 성장지향적 세계경제에 완전히 통합됨으로써 해결될 것이라 기대하는 반면, 지금까지 근대화와 개발의 짐을 감당해온 여성들은 훨씬 더 회의적이었다. 60세의 어느 여성은 이렇게 말했다. "(정부의) 개량조치는 우리를 가난의 구렁텅이로 몰아넣는데 꼭 맞는 정책이에요. 그것은 이주체제를 가속화했어요."

남성들은 일자리를 찾아 도시로 이주할 수밖에 없었지만 여성과 노인, 어린이는 농촌지역에서 살아남아야 했다. 그사이에 백인정권은 여성들이 생계를 유지하는 방편이었던 모든 자산과 소유물을 파괴했다. "우리는 염소와 당나귀, 그밖의 다른 가축들을 빼앗겼습니다. 그들은 강제로 빼앗아가면서 한마리당 고작 20센트를 보상금으로 주었지요."

이 여성은 정부가 말하는 '개량' 혹은 개발의 모순적 영향을 직접 체험했다. 그녀는 언제나 누군가는 이 개발에 대한 대가를 치러야 하며 그 희생자가 대개 여성이라는 점을 알고 있었다. 그렇기 때문에 인종차별적이지 않은 새로운 민주적 남아프리카가 세계시장에 더 통합되는 것을 달가워하지 않는다. 그녀는 차라리 토지나 독립된 자급경제의 보장을 요구한다(반다나 시바의 자료).

여성들이 근대적 개발과 세계시장으로의 통합에 점점 더 비판적이게

되는 한가지 이유는 이것이 여성에 대한 더 심한 폭력을 낳으며 특히 성
공한 지역에서는 더욱 그러하다는 사실을 인식했기 때문이다. 일례로
펀자브 같은 인도의 녹색혁명 지구에서는 더 부유해지면서, 지참금문
제로 여성이 살해되는 사례가 늘어났고 양수검사 후에 여자태아를 죽
이는 일도 증가하고 있다.[12]

북의 산업국들에서도 명시적으로든 아니든 많은 여성들이 계획적·
주도적으로 파괴적인 가부장적 자본주의체제에 대한 대안을 모색하고
있다. 여성·평화·환경 운동의 과정에서 싹튼 이런 단체들은 캠페인과
항의만으로는 충분치 않음을 알고 자신들의 신념을 직접 실행에 옮기
고자 하는 사람들이 세웠다. 일본에서 미나마따의 재앙 이후 주부들이
만든 세이까쯔클럽에 관해서는 이미 언급하였다. 북의 나라들에는 여
성들이 만들거나 주도하는 그와 같은 생산자-소비자 조합이 많이 있다.
몇몇 페미니스트그룹은 시골로 내려가서 정원사, 목양업자, 수공업자
로 자족적인 자급기반을 만들고자 했다. 쾰른의 한 실직여성단체는 새
것을 사는 대신 쓰던 물건을 서로 교환하는 계획을 만들어냈다. 페미니
스트 건축가와 도시계획자들은 도시가 다시금 여성과 아이들이 살 만
한 곳이 되게끔 만들 계획, 즉 도시에 자연을 재도입할 계획을 설계중이
다. 그들은 영구경작(permaculture, 재생가능한 자원을 이용하거나 지역의 환경
과 양립가능한 농업방식의 유지—옮긴이)과 식량생산을 실험하고 있으며, 또
다른 이들은 도시에서 공유지를 복원하여 여가공간으로 활용할 뿐 아
니라 빈민을 위한 식량생산에 이용할 것을 검토하고 있다. 또한 성장과

---

12 Chhaya Datar는 1992년 8월 1~2일, Pune대학에서 열린 'Challenges before Agriculture'
　라는 세미나에서 개발로 인해 몇몇 계층이 부유해진 농촌지역에서 늘어나는 여성 대상 폭
　력에 대해 보고했다.

이윤 지향의 체제에 적극적으로 반대하는 더욱 포괄적인 전지구적 규모의 시도들도 있다. 가령 대안 경제를 수립하려는 헤이젤 헨더슨의 노력,[13] 자본주의 산업사회의 노동 개념에 대한 매릴린 워링의 비판,[14] 그젤(Gsell)에 뒤이어 이자로 계속 증식하는 돈의 '생산력'을 없애자는 마르그리트 케네디(Margrit Kennedy)의 제안[15] 등이 그것이다.

기존의 파괴적인 체제에 대한 대안을 찾으려는 이러한 실천적·이론적 노력들을 모두 '자급적 관점'이라는 이름으로 묶는다면 잘못된 일일 것이다. 세부사항이나 관점 자체에도 많은 차이들이 존재하기 때문이다. 그러나 이러한 움직임에는 하나의 공통점이 있는바, 그것은 우리가 익숙하게 경제라 부르는 것에 대해 그저 양적인 변화만이 아닌 질적인 변화를 요구한다는 점이다. 남성들 역시 생태적으로 건전하고 여성과 어린이에게 우호적인 평화로운 사회는 성장지향적인 산업사회가 지속된다면 이룩될 수 없다는 것을 점점 더 깨달아가고 있다.

추상적인 모델(그것의 주된 원칙과 특징의 일단에 관해서는 앞에서 밝힌 바 있다)을 발전시키기보다는,[16] 여기서는 사람들이 어떻게 이 자급적 관점을 실천에 옮기고 있는가에 대한 두가지 예를 제시하고자 한다. 하나는 남에서 일어난 것으로서 물의 보존과 자급을 위한 인도 민중들의 운동이다. 또다른 하나는 쓰레기로 인한 환경문제를 자급적 관점의 틀로써 해결하고자 한 독일의 어느 콤뮨의 이야기이다. 이들은 특별

---

13 Hazel Henderson, *Creating Alternative Futures*, New York: Pedigree Books 1978.
14 Marilyn *Waring, If Women Counted*, London: Macmillan 1989. Mary Mellor, Breaking the Boundaries: Towards a Feminist Green Socialism, London: Virago Press 1992도 참조하라.
15 Margrit Kennedy, *Geld ohne Zinsen*, München: Goldmann 1992.
16 Mies et al., 앞의 책.

한 경우이기는 하나, 산업주의, 이윤을 위한 상품생산의 일반화, 영구적 성장과 소비주의에 근거하지 않은 사회의 주요요소들을 모두 담고 있다.

**민중의 댐, 인도의 발리라자(Baliraja)댐**: 수많은 남의 국가들에서 초대형댐 건설계획은 근대적 산업발전을 위해 자연자원을 이용하려는 전략 가운데 하나다. 이 계획은 거의 모든 곳에서 민중운동의 강력한 저항에 부딪혔으며 특히 댐으로 인해 조상대대의 땅과 생계기반이 떠내려가거나 잠기게 될 농민과 부족민들이 거세게 반대했다. 환경을 염려하는 사람들 또한 댐건설에 반대한다. 많은 경우 원시림과 고대의 사원 등 생태적으로나 문화적으로 독특한 지역들이, 네루가 '현대의 사원'이라 부른 이 거대한 댐들로 인해 영원히 파괴될 것이기 때문이다. 가장 유명한 저항운동 중 하나는 세계은행이 자금을 댄 초대형계획인 인도의 '나르마다계곡 계획'(NVP)에 대항한 운동이다. 이 계획은 동종의 계획 중에서는 세계에서 가장 큰 규모로 나르마다강에 건설될 2개의 아주 큰 댐과 28개의 주요 댐으로 이루어져 있다. 이 계획의 혜택은 220만 헥타르 이상의 땅에 대한 관개와 특히 구자라뜨(Gujarat)지역의 공업도시들에 공급할 전력 생산 그리고 물의 공급이다. 이 모든 혜택은 침수지역에 살지 않는 사람들과 이익집단에게 돌아가지만 댓가는 그 지역의 환경과 조상대대의 땅에서 쫓겨날 20만명의 부족민이 치르게 된다. NVP에 반대하는 캠페인 '나르마다 바차오 안돌란'(Narmada Bachao Andolan, '나르마다강 보존운동'이란 뜻—옮긴이)은, 이 계획의 희생자들은 어떠한 적절한 보상이나 재정착도 기대할 수 없으며, 급기야는 대도시 슬럼가에서 최후를 맞을 이주자들과 걸인 집단에 합류할 수 있을 뿐임을 강조한다. 더구나 숲, 야생생물, 생물다양성에 미칠 손상과 침수·침니·염화로 인한 피해는 현재로서도 미처 헤아릴 수 없을 정도이다.[17]

NVP에 반대하는 이 운동은 메다 빠뜨까르, 바바 암떼(Baba Amte) 등 중산층 사회운동가와 수많은 도시주민의 지지를 받고 있다. 그러한 운동과는 별도로 인도 내 가뭄빈발 지역의 물과 에너지 문제를 해결하기 위한 대안이 수년 동안 모색되어왔다. 대안적 해결책은 현재의 단기 이익을 위해 미래를 희생하지 않고 생태적·사회적 균형을 회복할 수 있는 것이어야 했다.

마하라시뜨라(Maharashtra)의 상글리(Sangli)지역의 카나뿌르(Khana-pur)에서 일어난 '민중의 댐' 운동은 대안적 개발 개념에 뿌리를 둔 대안적 물 관리법을 이렇게 탐색한 결과물이다. 이 운동은 봄베이 방직 노동자들의 긴 파업기간 중에 시작되었다. 이 파업을 위한 지원을 얻고자 고향으로 돌아갔던 많은 노동자들은 카나뿌르 사람들이 수년간 혹독한 가뭄과 흉작과 물부족에 시달려왔음을 알게 되었다. 파업 이전에도 노동자들은 고향으로 돈을 보내 사원을 짓거나 보수하게 하여 자신들의 마을을 도우려 했었다. 그러나 바라뜨 빠딴까르(Bharat Patankar)가 지적하듯이 이 노동자들이 자신들의 출신계급이기도 한 가난한 농민들과의 연대의식을 나타낸 적은 거의 없었다. 그러나 동시에 일어난 파업과 가뭄은 사태를 바꿔 놓았다. 돌아온 방직노동자들은 살아남기 위해 정부의 고용보장계획(EGS)에서 일자리를 얻으려 했다. 남의 다른 나라들과 마찬가지로 인도의 노동조합도 파업이 장기간 계속되는 동안

---

17 Paul Ekins, *A New World Order: Grassroots Movements for Global Change*, London: Routledge 1992.

노동자들에게 지급할 파업기금이 거의 없었다. 그럼에도 불구하고 봄베이 방직노동자들은 노동력대체 기술의 도입을 반대하는 파업을 일년 이상 계속하고 있었다.

노동자들과 가난하고 땅 없는 소작농들의 조직 — 무끄띠 상가르시 (Mukti Sangarsh) — 이 결성되어 적정 임금과 고용보장계획의 부패를 반대하는 운동을 성공적으로 벌여나갔다. 다른 노동조합과 정당들이 EGS노동자들에게 정규 노동자와 같은 지위를 주어야 한다고 요구한 반면 그들은 이 지역의 가뭄이 거의 정기적인 현상이 되었으므로 EGS 노동은 정규노동으로 간주되어야 한다고 주장했다. 무끄띠 상가르시와 주민들은 가뭄을 몰아내야 한다는 신념하에 그 빈발원인을 조사하기 시작했다. 그들은 노인들에게 예전에는 어떠했는지를 물었고 그 결과 1970년대까지 3개의 강이 이 지역에 연중 흐르고 있었다는 사실을 알아냈다. 수원도 충분했고 물도 많았다. 오늘날 이 강들은, 특히 가장 큰 강은 메마른 모래사장이고 몬순기간에만 이따금씩 물이 흐를 뿐이다. 왜 이렇게 되었을까? 1980년대 이래 개인 청부업자들이 마른 강바닥에서 모래를 채취해서 도시의 건설회사에 팔았다. 그 결과 여과되는 물의 양이 더욱 줄었고 수원이 말라버린 것이다.

더구나 1970년대 중반 이후 이 지역은 자급지향적 농업에서 녹색혁명의 자본주의적 농경으로 다소 변화가 일어났다. 바즈라(Bajra)와 조와르(jowar) — 기장 — 같은 예전의 자급작물들은 사탕수수처럼 화학비료와 제초제뿐 아니라 다량의 물을 필요로 하는 상업작물로 대체되었다. 이 과정에서 종래의 경작방식은 사라졌다. 농민들은 종자·비료·농약 회사, 은행과 시장경기에 의존하게 되었다. 시장을 위한 생산이 강제되자 영세농들은 점점 많은 빚을 지게 되었고 많은 이들이 일자리를 찾아 도시로 이주하게 되었다. 대규모 영농업자들만이 살아남아 물을 모두 써버렸다. 이곳이 안정된 표밭이었기 때문에 이러한 영농산업 개발은 마하라시뜨라정부의 지지를 받았다.

무끄띠 상가르시와 마하라시뜨라의 민중과학단체는 마을에서 과학박람회와 토론을 조직했고 이 기간에 주민들은 역사적 관점에서 물의 관리법을 연구하였다. 전통적인 작물재배법과 지리적 조건 그리고 지역의 식생 등이 조사되었고 대안 농업을 위한 실행가능한 계획들이 제시되었다.

사람들은 쇄석작업이나 도로건설 등 가뭄기간에 정부의 '노동을 위한 식량' 프로그램이 제공하는 일거리들을 거부하기로 결의했다. 이 프로그램은 도로확장이나 그와 유사한 기간산업 계획에 값싼 노동력을 제공할 목적도 있었다. EGS노동자들은 그들의 노동이 이 지역의 가뭄을 근절하는 데 생산적으로 사용되어야 한다고 주장했다.

1985년 가뭄에 대한 회의가 조직된 후 두 마을의 농민들은 민중의 댐, 발리라자댐을 건설할 계획을 세웠다. 그들은 또한 꼴하뿌르(Kolhapur) 대학에서 과학자와 학생들에게 가뭄에 시달리는 농민들을 도우라고 요구하는 시위를 벌였다. 그 결과 가뭄근절위원회가 생겼고 교수와 학생들이 연구작업으로 힘을 보탰다.

**자원에 대한 자율적 통제:** 댐건설에 드는 돈을 조달하기 위해 사람들은 예랄라(Yerala) 강바닥에서 채취한 소량의 모래를 내다팔기로 했다. 법에 의하면 강의 모래는 정부소유였다. 그들은 또한 외부 청부업자들의 모든 상업적인 모래채취를 중단시키고자 했다. 1986년 11월 댐공사가 시작되었다. 대학생들이 40일간의 캠프를 만들어 농민들의 무임금 노동에 자원봉사로 합류하였다. 이 운동에 공감한 봄베이와 뿌네(Pune)의 독지가들도 무이자로 10만 루삐 가량을 대부해주었다.

정부는 주민들이 추정한 70만 루삐로는 비용을 감당할 수 없고 적어도 280만 루삐는 있어야 하며, 주민들의 물추정량도 부정확하다고 주장하며 댐건설에 반대하였다. 그러나 주민들은 그같은 소규모 댐의 생태적인 장점과 수자원보존의 필요성, 수원 고갈의 방지 등을 강조하며 뜻을 굽히지 않았다. 그들은 댐건설을 허가해줄 것과 상업적인 모래채취를 중단시켜달라는 것 외에 정부에게 어떠한 도움도 요청하지 않았다.

1988년에 정부의 인가를 받았고 1990년에 댐은 완성되었다. 발리라자댐은 주민들이 어떻게 자신들의 자원을 이용하면서도 생태적 균형을 유지할 수 있는가를 보여주는 예이다. 그들은 자연으로부터 가져가지만 또한 돌려주기도 하는 것이다.

**새로운 물 분배체계:** 물문제에 대해 토의하면서 주민들은 가뭄이 빈발하는 원인 중 하나가 그때까지 이루어지던 물 분배체계가 불공평한 데 있다는 것을 알게 되었다. 땅을 많이 가진 사람이 상업작물을 재배하기 위해 대부분의 물을 끌어다 쓰는 식이었다. 그러나 발리라자댐에 채워진 물은 처음부터 다음과 같은 원칙에 따라 공평히 분배되었다.

- 자원으로서 물은 만인에게 속한 것이므로 토지소유 면적이 아니라 사람수에 근거하여 분배된다.
- 토지가 없는 소작인과 여성들까지 모든 사람은 동등한 몫을 받는다.
- 토지가 없는 사람들은 공동수확 방식에 따라 토지를 임대하여 자기 몫의 물을 사용하거나 아니면 그것을 임차하거나 팔 수 있다.

• 한번의 분배몫은 10루삐이지만 댐에서 하루 무보수로 일하는 것 (sharamdan)으로 대신할 수 있다.

결과적으로 물이 많이 필요한 사탕수수는 발리라자댐의 물로 관개하는 밭에서 자랄 수 없게 되었다.[18]

이리하여 사람들은 자신들의 자원에 대한 통제권과 이 지역의 생태적 균형을 회복했을 뿐 아니라 계급과 성에 따라 불평등한 사회관계를 변화시키는 시발점을 마련하였다. 사실상 여성들도 모든 사람과 자연의 것인 자원에 대해 처음으로 자신의 몫을 인정받은 것이다.

**새로운 경작체계와 대안적 농업**: 무끄띠 상가르시 운동은 또한 사회적으로나 경제적으로 해악을 끼치는 자본주의 영농체계를 변화시키고자 하였다. 땅, 물, 여러 종의 생물 등 다양한 자원들이 생태적·사회적·경제적으로 지속가능한 체계를 위해 이용되는 새로운 경작체계가 제시되었다. 작물, 토지, 물은 새로운 대안적 방식으로 분배되어야 한다. 즉 5인 가족은 평균 3에이커의 땅(이것이 마하라시뜨라의 평균치였다)을 가져야 한다.

무끄띠 상가르시 활동가 조이(K. J. Joy)는 이 새로운 경작양식, 특히 생물자원의 경작에 대해 이렇게 설명한다.

18 K. J. Joy, "Baliraja Smruthi Dharan: The People's Dam. An Alternative Path to Development," 미간행 원고, 1990년 10월; Bharat Patankar, "Alternative Water Management: The Case of Baliraja Dam," *Our Indivisible Environment: A Report of Perspectives*, Bangalore, 1990년 10월 1~7일, 51~52면; K. R. Dayte와 Gail Omvedt, Bharat Patankar와의 개인적인 대화.

생물자원의 생산이 자급작물 생산이나 지혜로운 수자원이용과 결합된다면 영세농민의 생산성은 크게 증대될 것이며, 상당기간 동안 그 추세로 지속가능할 것이고, 따라서 자급의 요구를 안정적으로 충족시킬뿐더러 농업에 필요한 현금투자를 감소시킬 것이라는 점은 이제 널리 인정된 사실이다. 땔감·목재·사료도 생산·소비의 필요량보다 많이 만들어질 수 있고 그리하여 약간의 가외소득도 생길 것이다. 생물자원(나뭇잎, 나뭇가지 등)의 약 20~40퍼센트가 농업 하위체계의 투입물로서 중요한 역할을 한다. 그것들은 사료와 (혹은) 비료로 쓰이며 … 농업 하위체계나 나무에서 나온 산물들은 (또한) 농업에 기초한 탈중앙화된 산업발전에 토대 역할을 할 것이다.[19]

민중의 댐 운동 과정에서 사람들은 자신들의 오랜 자급 지식과 기술(skill)을 재평가하게 되었을 뿐 아니라, 으레 주민들이 수동적이고 무지하다고 여겨지는 소위 후진지역의 '개발'에서 과학과 기술(technology)이 하는 역할에 대해 의문을 제기하게 되었다. 이 운동에서 주민들은 대안 기술의 개발에 전적으로 참여하였으며 이 운동을 지원한 과학자와 공학자들은 주민들의 지식을 창의적으로 사용하여 현대과학에 접목했다. 생물자원의 이용에 대한 새로운 통찰력은 농업에 기초한 새로운 탈중앙화된 산업(위의 인용문을 보라)을 고무했다. 생물자원은 비료나 살충제로도 이용될 수 있고 푸꾸오까(Fukuoka), 진 페인(Jean Paine), 빌 몰리슨(Bill Mollison)이 개발한 것과 같은 새로운 농업방식에서 사용될

19 Joy, 앞의 글, 7면.

수 있을 뿐 아니라, 지금까지 재생불가능한 에너지자원과 원료가 쓰이던 제조업에서 원료로 쓰일 수도 있다. 그리하여 가령 생물자원과 플라이애시(fly-ash, 석탄이나 석유 등의 연소로 발생하는 가스 속에 함유되어 있는 미세한 재의 입자―옮긴이), 작은 목재는 지오크리트(geocrete)라는 콘크리트 대용품을 만들 수 있다. 또다른 새로운 합성물질은 생물자원을 기초로 한 여과섬유로서 지오패브릭(geofabric)이라 불리며 배수와 침출 조절용으로 쓰인다.

생물자원을 이용한 새로운 물질과 기술의 개발은 에너지집약적이고 재생불가능한 수입자원을 대체해줄 뿐 아니라 사회조직을 통합하고 지식개발과 공동체사업 그리고 생태적으로나 경제적으로 지속가능한 생계수단의 재창조에 주민들의 적극적인 참여를 유도해낸다. 민중의 댐 운동에 협조했던 공학자들도 그러한 통합된 접근방식이 필요함을 분명히 깨달았다.[20]

카나뿌르의 발리라자댐은 그와 같이 자급지향적이며 통합된 공동의 접근법이 결실을 맺은 좋은 본보기로서, 그 주요 요소는 아래와 같다.

• 주민들의 사회조직
• 주민들의 자급 지식과 기술의 회복
• 개발과정에의 적극적 참여
• 성적 불평등과 착취를 포함한 사회적 불평등과 착취구조를 변화시키려는 진지한 시도

20 K. R. Datye, "Opportunities for Sustainable Livelihoods in Semi-Arid Environment," Expert Meeting on Vulnerability Generated by Water Scarcity in Semi-Arid Regions에 제출한 글, Sweden: Vadstena, 1989년 2월.

- 주류 과학과 기술에 대한 비판과 지역에 근거를 둔 생태적으로 지속가능한 대안의 개발
- 공유지의 사유화가 더 진전되는 것을 막고 대신 물, 모래 등의 공동자원에 대한 공동체의 통제를 회복하려는 노력

통합전략의 이러한 구성부분들은 모두 이 접근법의 주된 목표인 자립과 자급적 안전의 회복, 즉 외부 시장세력으로부터 생태적·사회적·경제적인 독립성을 회복한다는 목표에 집중하고 있다.


## 쓰레기에서 생계유지로

**제1단계: 학생운동에서 공유지점거 운동으로.** 퀼른 사회주의자조공동체(Sozialistische Selbsthilfe Köln, SSK)는 독일 퀼른의 가장 오래된 자조(自助)운동의 하나로, 이 운동의 시발점은 1970년대 초반의 학생운동으로 거슬러올라간다. 자본주의 산업사회의 대안으로서 '혁명'은 부유한 산업사회의 노동계급에게는 더이상 기대할 수 없고 낙후되고 주변화된 집단들과 제3세계 식민지에서 기대해야 한다는 허버트 마르쿠제(Herbert Marcuse)의 주장에 고무되어, 퀼른의 학생들은 권위주의적 가정이나 감화원, 심지어는 감옥에서 탈출한 젊은이들에게 거처를 제공하는 계획을 시작하였다. 그들은 자신들이 이 젊은이들에게 기성제도가 줄 수 있는 것보다 더 나은 교육과 더 나은 삶의 전망을 줄 수 있다고 주장하였다. 이것은 원래 '퀼른 특수사회교육계획'(Sozialpädagogische Sondermassnahme Köln, SSK)이라는 이름으로 발기되었고 누구든지

500

이 콤뮨에 들어올 수 있다는 원칙이 정해졌다. 애초에 이 계획은 쾰른시 사회복지과의 지원을 받았다. 사회복지과는 감화원에 지원할 돈으로 SSK에 집을 제공했을 뿐 아니라, 소년과 소녀들에게 같은 액수의 돈을 지급하는 데 동의하였다. 그러나 결국 이 계획은 시가 감당하기에 너무 많은 비용이 든다는 점이 분명해졌다. 게다가 이웃주민들이 알코올중독자와 마약중독자까지 누구나 받아들이는 SSK에 항의하기 시작했다.

1974년 사회복지과가 SSK의 문을 닫기로 결정했을 때 당시 약 100명 정도였던 SSK는 쾰른전문대학(Fachhochschule Köln)의 사회교육과와 사회복지과에 임시로 정치적 피난처를 마련했다.

그렇게 되자 시의 재정적 도움 없이 SSK가 존속할 수 있느냐는 문제가 제기되었다. 약 30명 가량의 사람이 직접 일을 하거나 친구나 동조자들의 도움에 기대어 계속 단체를 유지하기로 결정했다. 그때부터 그들은 쾰른 사회주의자조공동체로 명칭을 바꾸었고 성원이 되고자 하는 모든 사람에게 적용되는 일련의 엄격한 규칙들을 정했다. 그 가운데 가장 중요한 것은 다음과 같다.

- 국가로부터 어떠한 자금도, 사회복지 기금조차 받지 않는다. 자립이 주된 원칙이다.
- 남녀를 불문하고 모든 사람이 모두의 생계를 위해 일해야 한다. 매일 아침 하루의 일감이 전체 콤뮨에 분배된다.
- 모든 수입을 공동관리하며 평등하게 분배한다.
- SSK 내에서 어떠한 폭력(구타, 괴롭힘 등)도 허용되지 않는다.
- 술이나 마약은 금지된다.
- 모두가 정치적인 사업과 활동에 참여해야 한다.

• SSK에는 지도자가 없다. 모든 문제들은 전원이 참석하는 총회에서 토론되며 결정은 합의된 원칙에 따라 내려진다.

SSK콤뮨은 이 규칙과 원칙이 자신들의 생존을 위해 필요할 뿐 아니라 자본주의사회와 당시 동유럽을 지배하던 중앙집중적이고 관료적인 사회주의 사회모델을 모두 극복할 진정한 사회주의사회의 시작이라고 보았다. 그들은 자신들의 콤뮨을 그러한 사회의 모델이라 여겼다.

생계를 유지하기 위해서 SSK는 석탄 나르기, 중고 가구·의류·가사용품 수집과 되팔기, 수선, 집청소, 정원 가꾸기 등 여러가지 허드렛일을 하였다. 그들은 사실상 풍요로운 우리 사회의 쓰레기에 의존하여 살아갔다.

SSK의 정치활동은 상업사회와 도시계획의 근대화전략으로 인해 발생한 문제들을 중심으로 이루어졌다. 이 근대화전략은 주로 빈민층, 노년층, 외국인 노동자들을 궁지로 몰아넣었다. 쾰른시 중심가를 은행·보험·사업 중심의 복합체로 바꾸려는 이 정책으로 인해 오래되고 값싼 주거지역은 철거되고 그 주민들은 (더 비싼) 도시 근교로 내몰렸다. 수년 동안 SSK콤뮨은 쾰른의 공유지점거 운동에 앞장섰고, 오래되고 값싼 주거지역의 철거에 항의해왔다.

또다른 중요한 정치투쟁은 많은 국립정신병원의 비인간적인 상황을 개선하는 일에 집중되었다. 이러한 곳의 상황을 대중에게 공개하고 그런 기관에서 도망나온 환자들에게 쉴 곳을 제공함으로서, 그들은 독일 정신병원 체계에 대한 폭넓은 비판적 논쟁을 불러일으켰고, 당국이 가장 악명 높은 병원 한곳을 폐쇄시키고 다른 곳도 개선하도록 만들었다.

그밖에도 여러 정치투쟁들에서 SSK의 힘은, 빠르고 직접적이며 비판료적인 행동, 벽보를 통한 혁신적 홍보, 행동과 생각의 직접 연계, 자력 생존 방침의 실행, 산업사회의 모든 짓밟힌 사회적 '쓰레기들'에 대한 개방성에 대한 잠재력에 있었다. 해가 거듭되면서 SSK는 널리 알려졌고 투쟁을 통해 상당한 힘을 얻게 되었다. 쾰른 시청의 관리들도 SSK의 폭로를 두려워하게 되었고, 종종 그들의 요구를 들어주게 되었다. 마침내 동일한 원칙을 따르는 5개의 새로운 SSK센터가 쾰른 근교 지역에 세워졌다.

**제2단계: 체르노빌에서 환경문제와 자급의 발견으로.** 1986년경 체르노빌 참사 이후 SSK콤뮨은 환경문제에 눈을 떴다. 그들은 자신들의 사회주의모델에 의문이 생겼고, 방사능을 비롯한 산업사회의 유해폐기물로 중독되고 오염된 환경에서 그것이 무슨 소용이 있는지 자문하게 되었다. 그들은 좀더 생태적으로 건전한 사회를 만들기 위해 어떻게 SSK를 변화시킬 것이냐에 대해 많은 토론을 했다. 그러나 의견의 일치를 보지 못했고 조직은 심각한 위기에 봉착했으며 일부 성원은 콤뮨을 떠났다.

이때를 즈음하여 나와 내 친구 클라우디아 폰 베를호프는 바트볼(Bad Boll)의 복음전도학회(Evangelische Akademie)에서 '자급적 관점 — 열린 사회로 가는 길'이라는 회의를 조직했다. 회의의 목표는, 가능한 공동의 전략 혹은 관점, 즉 자급적 관점에 대한 우리의 의견을 분명히 하기 위해, 여성운동, 대안적 환경운동, 제3세계로부터 활동가와 이론가들을 결집시키려는 것이었다. SSK에서도 세명이 초청되었다. 그들이 수년간 이 관점에 의거하여 실천했다고 생각했기 때문이다. 나중에 이 회의는 SSK에게 있어 진정 '열린 사회로 가는 길'을 열어주었던 것으로 밝혀졌다. 이 세명의 활동가는 그들의 활동 및 이상과 베네수엘

라의 농민운동, 라다크의 근대화·산업화 반대운동, 인도의 칩꼬운동과 같은 다양한 운동들 사이의 전세계적 연관성을 발견했을 뿐 아니라, 자급이라는 개념이 담고 있는 풍부함 또한 발견하게 되었다. 그들은 이 개념이 지난 수년간 그들이 열망해왔던 것을 망라하고 있음을 깨달았다. 『보이는 땅』(*Land in Sight*)이라는 SSK의 소책자에서 로타르 고테 (Lothar Gothe, SSK의 창설자 중 한명)와 매기 루케(Maggie Lucke)는 이 개념을 이렇게 정의했다.

그 단어(subsistence)의 라틴어 어원은 subsistre로 '가만히 서 있기, 멈추기, 고집하기, 저항하기, 물러서 있기, 뒤처진 채 남아 있기' 등의 여러 의미를 지닌다. 오늘날 이 단어는 '기본적인(최소한의) 생필품으로 살아갈 수 있음' 혹은 '자력으로 존재하고 스스로를 부양하기'라는 의미이다.

오늘날 우리가 지나치게 성장한 폐쇄된 산업사회를 벗어날 비상구로서 자급적 관점을 말할 때는 이 모든 의미와 함축을 다 포함한다.

자급이라는 안내자를 따라 산다는 것은 더이상 환경이나 이민족들에 대한 착취에 의지해서 살지 않는다는 것을 뜻한다. 인간의 삶에 있어 이것은 주고받음 간의, 우리 각자와 다른 사람들 간의, 우리 민족과 다른 민족 간의, 우리 종과 자연의 다른 종 간의 새로운 균형을 의미한다.[21]

**제3단계: 쓰레기에서 퇴비로.** 바트볼에서 열린 자급회의는 새로운 안내

21 Lothar Gothe & Maggie Lucke, *Land in Sight*, Cologne 1990.

504

개념의 발견이었을뿐 아니라 오랜 유토피아가 새로운 생태적 틀 안에서 재창조되는 새로운 과정의 시작이었다. 이 회의에 참석한 한 친구를 통해서 세명의 SSK활동가들은 음식물 쓰레기를 폐쇄용기에 담아 퇴비로 만드는 방법을 개발한 페터 반 돌렌(Peter van Dohlen)이라는 생물학자와 연락이 닿았다. 그는 도시에 특히 적합한 이 퇴비공법을 보급하라고 쾰른의 녹색당을 설득했으나 뜻을 이루지 못하고 있었다. 세명의 운동가와 페터의 만남은 각기 떨어져 있을 때는 절망적이었고 위기를 헤쳐나갈 길을 찾을 수 없었던 사람들의 만남이었다. 그러나 함께 의견을 교환하면서 새롭고 창조적인 과정이 시작되었고 그것은 지금도 진행되고 있다. 요약하자면 페터가 개발한 기술은 SSK에 전혀 새로운 유형의 의미있고 자립적인 생태활동을 제공해주었고, 페터의 입장에서는 마침내 그의 퇴비공법의 중요성을 알아보고 집단적으로 그것을 실행할 채비가 된 사람들을 만난 것이다. SSK사람들은 낡은 석유용기를 구해다가 구머스바흐(Gummersbach)에 있는 그들의 이웃에게서 음식물 쓰레기를 수거하여 실험하였다. 결과는 매우 성공적이어서 3주 만에 음식물 쓰레기는 퇴비로 변했다. 나아가 그들은 진 페인의 방식도 배웠는데, 이 방식은 나뭇가지와 관목에서 나온 생물자원을 이용해 바이오발생기를 통해 열을 발생시킬 뿐 아니라, 토양의 비옥도를 회복시킬 수도 있었다.

그와 동시에 실제적이고 육체적인 자급노동을 정치적 활동과 연결한다는 그들의 원칙에 따라, SSK는 그들의 지회가 있는 도시와 읍의 당국과 접촉하여, 자신들과 계약을 맺어 가정의 유기물 쓰레기를 퇴비로 만들자고 요청했다. 그들은 시민들이 가정쓰레기를 버리는 데 내는 요금과 같은 금액을 자신들에게 내도록 요구했다. 현재 그것은 대략 톤당 300마르크에 이른다. 계약을 얻어내는 싸움에 수년이 걸렸지만 SSK는 이미 시작했고 그들의 퇴비사업은 점점 더 많은 시민들의 호응을 얻고 있다.

이 사업의 정치적 중요성은 새롭고 값싼 민간주도의 환경기술을 개발하여 생물자원(음식물 쓰레기)을 그냥 버리거나 태워서 환경을 더욱 오염시키는 대신 퇴비라는 형태로 토양에 돌려주게 되었다는 것이다. 출발 당시부터 로타르 고테는 산업사회가 아무런 해결책도 갖고 있지 않은 쓰레기문제의 전략적 중요성을 꿰뚫어보고 있었다. 소비주의사회가 쓰레기라 부르며 가능하면 빨리 없애버리려 하는 것이 새로 부상하는 쓰레기처리 산업의 원료이며, 쓰레기가 많으면 많을수록 이 산업에는 유리하다. 그 지역의 주요 쓰레기처리 기업 에델호프는 이 산업의 독점권을 쥐고 있으며, 유기물 쓰레기를 비롯한 각종 가정쓰레기를 치우기로 모든 시와 계약을 맺고 있었다. SSK는 가정쓰레기의 40퍼센트를 차지하는 유기물 쓰레기에 대한 권리를 주장함으로써 이윤추구 때문에 공동재산인 귀중한 생물자원이 사유화되고 파괴되는 것에 효과적으로 저항했다.

오늘날 SSK는 쾰른을 비롯한 4개의 도시 및 읍과 퇴비계약을 맺고 있다. 구머스바흐의 시의회가 에델호프와의 계약을 변경하여 SSK의 계약에 400여 가구를 더 포함시키는 데 동의했다는 사실은 주목할 만하다. 시당국도 음식물을 비롯한 쓰레기들의 산업적인 처리가 해결책이 아님을 이해하기 시작한 것이다. 애초의 반대와는 달리 이제 그들은 SSK 같은 집단들을 지지한다.

**제4단계: 퇴비에서 자급농업으로.** 처음부터 SSK는 실업, 환경문제, 대다수 노동의 공허함, 무력감, 외로움, 건강문제, 긍지와 인정의 결여, 과소

506

비와 중독 등 그들이 다루어야 할 다양한 문제들 간의 연관성을 강조했다. 따라서 그들의 실제적인 활동과 마찬가지로 정치적인 활동에서도 공조적인 해결책이 모색되어야 했다.

퇴비공정의 논리적인 연장으로 SSK그룹 중 일부는 땅을 물색하기 시작했다. 로타르 고테의 말처럼 퇴비는 땅에 속한 것이기 때문이다. 처음에는 녹색상점과 정원사 등에게 퇴비를 판매했으나, 도시나 읍에서는 퇴비를 필요로 하거나 원하는 주민이 충분치 않다는 사실이 분명해졌다. 그렇다면 이 퇴비를 어떻게 할 것인가?

그리하여 '두스터 그룬트헨'(Duster Grundchen)이라 불리는 골짜기의 작은 황무지를 매입하게 되었는데, 이 땅은 개인 명의로 구입되었지만 콤뮨 전체가 이용하였다. 도시생활밖에 모르던 몇몇 SSK성원들은 난생 처음 땅에서 일하게 되었는데, 이들은 청소하고 실험계획을 세우고 바이오발생기를 감독하는 등의 일을 했다. 이 도시출신자들은 난생 처음으로 육체적으로는 고되지만 생태적으로는 의미있는 일을 땅에서 하며 자연과 협동하는 즐거움을 느끼기 시작하였다. 구머스바흐의 젊은 SSK성원 중 일부는 매일 15킬로미터씩이나 걸어가서 일을 할 만큼 열성적이었다.

로타르 고테에게 문제는 이 생태적 자급노동이 SSK성원에게뿐 아니라 궁극적으로 사회 전체에 해결책을 제공할 수 있느냐는 점이었다. 사람들이 땅에서 하는 노동의 의미와 필요성을 이해하고 노동을 즐길 수 있어야만 비로소 이 접근법에 미래가 있기 때문이다. 부담으로서 노동과 즐거움으로서 노동의 결합이 지구와 사회 둘 다를 치유하기 위한 전제조건이었다.

두스터 그룬트헨의 노동, 소비비판 전략의 논리적 지속, 유기물 쓰레기를 이용한 퇴비제조는 우리가 '자급적 관점'이라 부르는, 사회와 환경에 대한 전체론적인 접근법이 지닌 상호연관의 특징을 나타내기 시작했다.

그것은 SSK성원들이나 그밖의 사람들, 특히 젊은이들에게 새로운 열정과 즐거움과 의미를 불러일으키고 정치적·개인적 목표를 세우게 했을뿐더러 그에 대한 반응으로 새로운 이론적·정치적 창조성의 물결을 일으켰다. 로타르 고테는 이러한 행동과 심사숙고의 과정에서 나온 논문 한편을 지방당국의 책임자(Regierungspräsident)에게 보냈는데, 거기에는 정부도 정당도 일찍이 그랬듯 상호연관된 다수의 문제를 단 한가지 사업으로 해결한 예가 없었다는 점이 지적되어 있다. 즉 SSK는 환경문제와 사회문제의 해결을 결합했으며, 의미있는 노동을 창조하여 지구를 치유했을 뿐 아니라 사회적으로 주변화된 사람들에게 새로운 목적의식을 심어줌으로써 사람들과 공동체를 치유했다. 또한 낡고 버려진 대상들에서 적절한 기술을 개발했고, 황무지를 개간했으며, 지구의 미래를 염려하고 책임감을 느끼는 사람들에게 새로운 공동체의식을 재확립시켰다. 마침내 이 계획에 직접 참여한 사람들뿐 아니라 지향점을 상실한 다른 많은 사람들에게 새로운 희망을 갖게 해준 것이다.

시너지효과라는 이 사업의 특징은 미리 계획되었다기보다는 필요에 의해 개발되었으며 이 특징이야말로 사업의 생존을 보장해주었다. 만일 전문가들이 그것을 한가지 문제에 초점을 맞춘 단일경작식 사업으로 개발했더라면 살아남을 수가 없었을 것이다.

자급적 관점과 동물에게 먹일 건초를 충분히 구해야 할 필요에 의해 그 다음 단계로는 오래된 농장을 구입하여 자급생산에 필요한 낡은 장비들을 수리하였다. 동시에 이 그룹은 몇몇 마을들과 음식물 쓰레기를 퇴비로 만드는 계약을 체결했다. 이 퇴비는 농장의 SSK노동자들이 먹을 야채를 생산하기 위해 실험적 유기농법이 실행되는 새 밭과 정원에서 비료로 쓰였다. 그들은 닭, 돼지, 오리, 염소, 양과 쓰레기 수거용 마차를 끄는 말을 농장에서 키웠다. 현재는 약 6~8명이 이 자급노동으로 살아갈 수 있다.


## 맺음말


위에서 예로 든 창의적 발의들을 비롯하여 이 책에 언급된 많은 민중의 환경운동과 여성운동에 지식과 영감을 제공한 자급적 관점의 주된 특징을 요약하면서, 우리는 생존을 위한 이 투쟁들이 호전적이고 착취적이며 환경을 파괴하는 기술에 대한 비판일 뿐 아니라 상품생산과 성장지향적인 자본주의 혹은 사회주의 산업체제 자체에 대한 실제적인 비판이라는 점을 알 수 있었다. 비록 이러한 운동이나 발의나 공동체 중 어느 것도 생태적으로 건전하고 페미니즘적이며 식민지와 착취에 근거하지 않는 사회의 새로운 유토피아를 완전한 형태로 내놓고 제시한 바는 없었으나, 그 실천과 이론에는 '좋은 사회'에 대한 그들의 개념이 고전적 맑스주의의 유토피아와는 다르다는 점을 보여주는 많은 증거들이 있다. 맑스와 그의 추종자들이 자본주의를 사회주의사회가 건설될 '물적 토대'를 낳을 '산파'로 본 데 반해 이러한 운동과 발의들은 더 나은 사회를 위한 모델로 보편화된 슈퍼마켓을 제시하는 것 자체를 거부하였다. 설사 그 슈퍼마켓이 누구나 평등하게 이용할 수 있는 것이라 하더라도 마찬가지이다. 또한 그들은 지배계급에게 좋은 것이 만인에게 좋다는 엥겔스의 진술도 받아들이지 않았다.[22] 이들의 경제·정치·문화 개념이 다른 것처럼 '좋은 삶'이나 '자유'에 대한 개념도 다르다. 그들의 유토피아는 아직 분명히 정식화되지 않았지만 그 구성요소는 매일매일의 실천을 통해 시험되고 있으며 따라서 잠재적으로 이미 유토피아를 구현하고 있는 셈이다. 그렇다면 이 자급적 관점의 주요한 특징은 무엇인가?

① 경제활동의 목표는 익명의 시장에 산더미 같은 상품과 화폐(임금 혹은 이윤)를 점점 더 많이 만들어내는 것이 아니라 생명의 창조, 혹은 재창조이다. 즉 상품구입이 아니라 사용가치의 생산에 의해 주로 이루어지는 기본적 인간욕구의 충족이다. 특히 식량과 다른 기본 필수품의 자급자족, 지역성, 국가관료주의로부터의 탈중앙집중화가 주된 경제원칙이다. 지역의 자원은 착취되는 것이 아니라 이용되며, 시장은 종속적인 역할을 한다.

② 이러한 경제활동은 새로운 관계에 근거를 둔다. ⓐ 자연과의 관계. 자연의 풍부함과 다양성은 그 자체로, 그리고 지구의 모든 생물체가 생존하기 위한 전제조건으로 존중된다. 그러므로 자연은 이윤을 위해 착취되지 않으며 오히려 가능한 곳에서라면 자본주의에 의해 손상된 자연이 치유된다. 자연과 인간의 상호작용은 존중과 협력과 상호성을 바탕으로 한다. 르네쌍스 이래 북의 사회들을 이끌어오던 인간의 자연지배라는 낡은 원칙은 이제 인간이 자연의 일부이며 자연은 자체의 고유한 주관성을 지닌다는 깨달음으로 바뀌어야 한다. ⓑ 사람들 사이의 관계. 인

22 Friedrich Engels, "Origin of the Family, Private Property and the State," Marx/ Engels *Selected Works*, Vol. 3, Moscow: Progress Publishers 1976.

간의 자연지배는 여성이나 다른 인간에 대한 남성의 지배와 관련이 있으므로,[23] 자연과의 새로운 비착취적 관계는 인간관계 특히 남녀관계의 변화 없이는 이루어질 수 없다. 이는 여러가지 분업(성별분업, 육체노동/정신노동, 도시노동/농촌노동 등)의 변화뿐 아니라 화폐나 상품의 관계를 호혜성, 상호의존성, 연대, 신뢰, 나눔과 보살핌, 개인에 대한 존중과 '전체'에 대한 책임과 같은 원칙들로 대체함을 뜻한다. 자급적 안전의 욕구는 개인의 은행잔고나 사회적 복지국가에 대한 확신에 의해 충족되지 않고, 자신의 공동체를 확신하는 데서 충족된다. 자급적 관점은 그처럼 믿을 수 있고 안정된 인간관계의 네트워크에서만 실현될 수 있으며, 시장경제의 원자화되고 자기중심적인 개별성에 근거해서는 불가능하다.

③ 자급적 관점은 참여민주주의 혹은 풀뿌리 민주주의에 토대를 두며 또한 그것을 고무한다. 비단 정치적 결정만이 아니라 모든 경제적·사회적·기술적 결정에 대해서도 마찬가지이다. 정치와 경제, 공적 영역과 사적 영역 간의 구분은 대체로 폐기된다. 개인적인 것은 정치적인 것이다. 의회만이 아니라 나날의 삶과 생활양식이 정치의 전장이다. 정치적 책임과 행동은 이제 선거로 뽑은 대표자들에게만 기대되지 않으며 공동의 실천을 통해 모두가 떠맡는다.

④ 자급적 관점은 필연적으로 다면적인 혹은 시너지효과를 낳는 문제해결방식을 요구한다. 그것은 서로 다른 지배체제와 문제들이 상호

---

**23** Murray Bookchin, *Toward an Ecological Society*, Montreal, Buffalo: Black Rose Books 1986; Mies, 앞의 책; Martha Ackelsberg & Irene Diamond, "Is Ecofeminism a New Phase of Anarchism?" Eighth Berkshire Conference on the History of Women에 제출한 글, Douglass College, New Brunswick, New Jersey, 1990년 6월 8~10일.

관련되어 있을 뿐 아니라 고립적이거나 단순한 기술적 처방만으로는 해결될 수 없다는 인식에 근거하고 있다. 그러므로 사회문제들(가부장적 관계, 불평등, 소외, 빈곤)은 환경문제와 함께 해결되어야 한다. 지구의 모든 생명체의 상호연관성, 그리고 모든 문제와 모든 해결책의 상호연관성은 에코페미니즘의 주요 통찰 중 하나이다.[24]

⑤자급적 관점은 과학·기술·지식에 대한 새로운 패러다임을 요구한다. 기존의 도구주의적이고 환원주의적인 과학과 기술 — 자연과 여성과 이민족에 대한 남성의 지배를 이루고 유지하는 이원론적 이분법에 기초한 — 대신 생태적으로 건전하고 페미니즘적인 자급 과학과 기술이 민중들의 참여하에 개발될 것이다. 여성과 민중에 기반을 둔 그러한 풀뿌리 지식과 과학은 오래된 생존지혜와 전통을 재평가할 것이며 근대적 지식 또한 민중들이 그들의 기술과 생존기반에 대한 통제를 유지하는 방식으로 활용하게 될 것이다. 사회적 관계는 기술의 외부에 존재하지 않으며 그러한 인공물에 통합되어 있다. 새로운 과학과 기술은 불평등한 사회관계를 강화하는 것이 아니라 더욱 확대된 사회정의를 가능하게 해줄 것이다.

⑥자급적 관점은 문화와 노동의 재결합, 부담으로서 노동과 즐거움으로서 노동의 재결합을 이끌어낸다. 그것은 불로소득을 약속하지 않으며 노고와 눈물 없는 삶을 약속하지도 않는다. 그 주된 목표는 이런 것들이 아니라 행복과 충만한 삶이다. 문화는 전문적인 엘리뜨들에게만 한정된 특수한 활동이 아니라 일상생활에 스며 있는 것이다.

⑦자급적 관점은 물이나 공기, 쓰레기, 토양, 자원 등의 공유재산을

24 Ackelsberg & Diamond, 앞의 글.

사유화 (혹은) 상업화 하는 데 반대한다. 대신 그것은 이러한 자연의 선물에 대한 공동의 책임감을 기르며 그것들을 보전하고 재생할 것을 요구한다.

⑧이러한 특징들의 대부분은 에코페미니즘의 사회 개념에도 해당될 것이다. 특히 모든 생명체의 상호연관성, 일상적 실천과 경험적 윤리 및 수단과 방법의 일치를 전면에 놓는 정치 개념 등이 그러하다. 그러나 앞서 보고한 두가지 사례는 흔히 이해하는 좁은 의미의 페미니스트 기획, 즉 남성이 할 역할은 없고 전적으로 여성들이 주도한다는 의미에서의 페미니스트 기획은 아니다. 사실 이 기획들을 발의한 사람들은 남성이다. 에코페미니즘운동에는 여성만으로 이루어진 기획이나 발의의 예가 많이 있다. 그러나 문제는 여성에게만 집중하거나 자본주의 가부장제의 넓은 바다에 여성으로만 이루어진 섬을 세움으로써 더 나은 미래 사회를 향한 전망을 만들 수 있느냐는 것이다. 에코페미니스트들은 기존의 이원론과 거짓된 이분법을 극복할 것을 강조하고 모든 생명체의 상호의존성을 새로운 윤리와 정치의 중심에 두고자 하므로,[25] 만일 생명의 창조와 지속에 대한 책임의 네트워크에서 남성을 제외한다면 이는 모순이 될 것이다. 에코페미니즘이란 일부에서 주장하는 것처럼 자본주의 가부장제의 남성들이 야기한 환경오염을 여성들이 다 치우겠다는 뜻이 아니다. 여성들이 언제까지나 '가부장제가 일으킨 전쟁의 폐허를 치우는 여성'(Trummerfrauen)이 될 수는 없다. 따라서 필연적으로 자급적 관점은 남성들이 지구의 생명을 창조하고 보존할 책임을 실제로

---

**25** Irene Diamond & Gloria Feman Orenstein, *Reweaving the World: The Emergence of Ecofeminism*, San Francisco: Sierra Club Books 1990.

분담하는 것을 의미한다. 그러므로 남성들은 자신들의 정체성을 재정의하는 운동을 시작해야 한다. 그들은 축적을 위한 파괴적인 상품생산에서 손을 떼고 생명보존을 위한 여성의 노동을 나누어 해야 한다. 현실적인 견지에서 볼 때 이는 그들이 가사, 어린이와 노약자 돌보기, 지구를 치유하는 환경 작업, 새로운 형태의 자급생산 등 무임금의 자급노동을 분담해야 한다는 뜻이다.

이런 점에서 1970년대 페미니스트들이 비판한 오랜 성별분업 —즉 남성들은 자급적 관점의 이론가가 되고 실제 노동은 여성들이 담당하는 —은 폐지되어야 한다. 육체노동과 정신노동 간의 이러한 분업은 자급적 관점의 원칙들을 정면으로 위배한다. 위에서 보고한 두가지 사례는 이 점과 관련해서도 매우 중요한데, 그 사례들은 남성들이 이분법을 극복하는 일의 중요성을 인식하기 시작했음을 보여주기 때문이다.

⑨ 더구나 생명의 창조 및 보존과 상품생산 활동 간의 이분법이 폐지되고 남성들이 지금까지는 여성의 영역으로 여겨진 보살피고 양육하는 자질을 갖게 된다면, 그리고 자립과 호혜성과 자급에 기초한 경제에서 여성뿐 아니라 남성들도 자급적 생산에 참여하게 된다면, 그들은 파괴적 전쟁놀이를 추구할 시간도 의향도 없어질 것이다. 자급적 관점은 남성들과 사회의 무장해제에 가장 중요한 기여를 할 것이다. 자급적 관점에 기초한 사회만이 자연과 평화롭게 살아갈 수 있으며 국가와 세대와 남녀 간의 평화를 지속시킬 수 있다. 이런 사회는 '좋은 삶'이라는 개념의 토대를 자연과 이민족의 착취와 지배에 두지 않을 것이기 때문이다.

마지막으로, 더 나은 사회의 비전으로 자급적 관점을 제시한 것이 우리가 처음은 아니라는 사실을 지적해야 하겠다. 모두 —남녀노소, 모든 인종과 문화 —가 '좋은 삶'을 할 수 있고, 사회정의, 평등, 인간존엄,

삶의 아름다움과 기쁨이 결코 실현될 수 없는(소수 엘리뜨에게나 가능한, 혹은 사후세계에서나 가능한) 비현실적 몽상에 그치질 않고 실제로 이루어지는 사회를 구상하는 곳이라면 어디든 우리가 자급적 관점이라 부르는 것과 유사한 시각이 있었다. '지속가능한 개발'이 전세계 모든 여성에게 무엇을 의미하는지 밝히고자 했던 인도의 페미니스트 까믈라 바신(Kamla Bhasin)은 자급적 관점의 특징과 유사한 지속가능성의 원칙들을 열거한다.[26] 우리가 제한된 세계에 살고 있다는 현실을 외면하지 않는 많은 사람들과 마찬가지로 그녀에게도 지속가능성이 기존의 이윤·성장 지향적 개발패러다임과 양립할 수 없음은 너무나 분명했다. 그리고 이는 북의 풍요로운 사회의 생활수준이 일반화될 수 없다는 뜻이기도 하다. 60년 전에 이미 마하뜨마 간디는 어느 영국 기자가 그에게 인도를 영국과 같은 생활수준으로 살게 하고 싶으냐고 물었을 때 이렇게 반문했다. "영국처럼 작은 나라를 그 수준으로 살게 하는 데도 지구의 절반이 착취당해야 했습니다. 인도를 그 수준으로 살게 하려면 착취할 지구가 몇개나 더 있어야 합니까?"[27] 더구나 생태주의적·페미니즘적 관점에서는 착취할 지구가 몇개 더 있다 해도 이러한 개발패러다임과 생활수준이 보편화되는 것은 바람직하지 않은 일이다. 그같은 개발이나 생활수준은 심지어 그로부터 이득을 보는 사람들에게조차 행복과 자유와 긍지와 평화의 약속을 지키지 못했기 때문이다.

26 Kamla Bhasin, "Environment, Daily Life and Health: Women's Strategies for Our Common Future," Speech at Fifth International Congress on Women's Health, Copenhagen, 1992년 8월 25일.
27 Kamla Bhasin, 같은 글, 11면에서 인용.

## 에코페미니즘: 전지구생명체의 구명보트

마리아와 반다나의 합작품인 『에코페미니즘』은 스스로 일으킨 환경
파괴에 당황해하는 지구인들에게 '구명보트'처럼 보인다. 극심한 환경
파괴를 야기한 오늘의 이 문명을 어머니의 눈으로 비판하고 해결책을
제시하는 이 두 여성의 목소리는 아주 명쾌하고 호소력이 있다. 이들은
지금껏 억압되고 경시되어온 어머니의 노동과 지혜 속에서 지구 구원
의 길을 발견하자고 말한다.

마리아와 반다나에 의하면, 자연 또한 모든 지구생명체의 어머니다.
어머니가 자식들을 낳고 먹이고 기르듯이, 자연도 생명을 낳고 영양을
공급하고 보살핀다. 여성이 가부장제에 의해 억압되고 착취당한 것처
럼, 자연도 가부장적·자본주의적 원리에 의해 착취당하고 거덜나버렸
다. 하지만 어머니의 '위대한 희생'은 인간에게 보복해오지 않았으나
극도로 피폐해진 자연은 보복할 수밖에 없어, 우리 모두 고통과 희생을
피할 수 없다는 것이다. 오염된 물과 공기, 시들어가는 나무와 숲, 신음

516

하는 짐승들과 물고기들은 어머니 자연이 수유(授乳)를 거부하는 바로 그 증거들이다.

인류역사상 가장 풍요롭고 발전했다는 이 시대에 왜 생명의 위협이 극에 달해 있는가? 상품과 화폐가 넘쳐나는 지금, 생명은 왜 이토록 헐벗고 신음하고 있는가? 한쪽에선 과학의 힘으로 생명을 창조한다는 미명 아래 인간신체를 조각조각 절단하고, 한쪽에선 풍요를 창출한다는 명목으로 생식력을 죽이는 이 사태를 과연 어떻게 보아야 하는가?

마리아와 반다나에 따르면 이러한 극단적인 사태를 낳은 주범은 여성과 자연과 제3세계의 식민화 위에서 기능하는 서구 자본주의 가부장제문명이다. 이 문명의 담론에서 여성·자연·이민족의 반대편이 위치하는 우월한 주체는 백인남성이며, 다른 이들은 부단한 노력을 통해 백인남성을 그저 따라잡아야 할 따름이다. 하지만 이 문명은 불평등만 심화할 뿐 따라잡기는 어디서도 성공한 적이 없으며, 그 심장부에서조차 심각한 공허와 박탈감을 강요한다. 이 자본주의문명이란 생명에 대한 무지와 몰이해 위에 세워진 '부도덕한' 것이기 때문이다. 오늘날 이 부도덕한 자본주의세력은 생명의 가장 내밀한 영역인 씨앗과 자궁에까지 손을 뻗치고 있는 중이다.

저자들에 따르면 이 피폐해진 세계는 가부장적 자본주의에 의해 가장 많이 상처입고 피 흘려온 여성들에 의해, 자본주의 가부장제의 파괴성에 맞서 생명을 지키려는 사람들에 의해 그리고 이들의 지혜를 배움으로써 구원될 수 있다. 이들이 열어나가는 새로운 비전이 바로 자급적 관점이다. 자신들 삶의 터전인 숲을 지키려는 칩꼬 여성들의 투쟁, 안전한 먹거리를 확보하려는 세이까쯔 여성들의 운동, 쓰레기를 퇴비화하는 SSK의 활동, 반핵운동 등에서 우리는 자급적 관점의 요소들을 확인할 수 있다.

자급적 관점을 몸에 익히게 될 때, 우리는 더이상 자연을 적으로 보지 않을뿐더러 대지 위에 사는 존재들의 다양성과 상호연관성을 찬양하게 될 것이고, 생명의 순환을 무너뜨리기보다는 거기에 맞춰사는 지혜를 얻게 될 것이다. 이러한 과정은 병든 자연을 치유하는 것일 뿐 아니라, 인간의 건강한 삶의 조건들을 만들어나가는 과정이기도 하다. 내가 에코페미니즘을 전지구생명체의 구명보트라 보는 것은 바로 이런 이유에서이다.

2000년 5월 15일
손덕수

# 찾아보기

520

개정판
# 에코페미니즘

초판 1쇄 발행 / 2000년 6월 5일
개정판 1쇄 발행 / 2020년 2월 14일
개정판 4쇄 발행 / 2023년 9월 19일

지은이 / 마리아 미스, 반다나 시바
옮긴이 / 손덕수, 이난아
펴낸이 / 강일우
책임편집 / 김새롬
조판 / 박지현
펴낸곳 / (주)창비
등록 / 1986년 8월 5일 제85호
주소 / 10881 경기도 파주시 회동길 184
전화 / 031-955-3333
팩시밀리 / 영업 031-955-3399  편집 031-955-3400
홈페이지 / www.changbi.com
전자우편 / human@changbi.com

한국어판 ⓒ (주)창비 2020
ISBN 978-89-364-8651-8  93330